René Lévesque

Attendez que je me rappelle...

René Lévesque

ÉDITION DU CLUB QUÉBEC LOISIRS INC.
© Avec l'autorisation des Éditions Québec/Amérique

ISBN 2-89037-294-4

*À la mémoire du
gars de Kamouraska,
Dominique Lévesque, qui
fut mon père et
l'homme le plus
important de ma vie.*

À ceux et celles à qui j'ai déjà rendu un hommage mérité au fil du récit, je tiens à ajouter ces vieux copains des années prépolitiques dont les visages me revenaient en même temps que les événements et puis, bien sûr, cette foule de citoyens que je remercie du fond du cœur pour la confiance qu'ils m'ont accordée à diverses reprises.

Un certain nombre d'écrivains et journalistes se sont donné la peine, par ailleurs, de suivre au cours des ans le rôle que j'ai pu tenir dans notre évolution collective: entre autres, messieurs Jean Provencher, François Aubin, Peter Desbarats, Graham Fraser et Alain Pontaut. C'est en relisant leurs ouvrages que j'ai souvent retrouvé des détails et, mieux encore, l'évocation de tel ou tel contexte que je n'avais jamais eu le temps de consigner personnellement.

Sur ce, j'espère que les éditeurs, messieurs Jacques Fortin de Québec/ Amérique et Avie Bennett de McClelland Stewart, n'auront pas trop à regretter le risque qu'ils ont pris — et m'ont fait courir moi-même — en m'embarquant dans cette galère. Quoi qu'il en soit, je les remercie d'avoir eu la patience d'attendre impatiemment jusqu'au dernier chapitre. Grand merci également à mesdames Anick Lapointe et Andréa Joseph, ainsi qu'à monsieur François Fortin, de Québec/Amérique, pour leur grande disponibilité et leur constante gentillesse.

Je souligne aussi, tout spécialement, l'apport de monsieur Philip Stratford, dont le sens de l'humour et les suggestions toujours pertinentes en sont venues à faire un collaborateur autant qu'un traducteur éminemment rapide et rigoureux.

Enfin, je suis grandement reconnaissant à ma femme, Corinne, qui, non contente de m'endurer pendant tous ces mois, a eu l'héroïque obligeance de transformer mes gribouillis en une copie propre et souvent améliorée.

AVANT-PROPOS

Le pari de retracer, en guère plus de sept mois, cette vie d'un enfant du siècle, ni plus ni moins mouvementée que l'époque elle-même, j'ai bien conscience de ne l'avoir tenu que de manière fort imparfaite.

Je sais que je vais décevoir ou du moins impatienter un peu ceux qui attendent d'un homme qu'on dit public des souvenirs également et purement publics, comme s'il n'avait eu d'abord une autre existence à l'instar de tout le monde.

Or, la vie politique a le don de provoquer à la longue un curieux déracinement. Elle vole les loisirs qu'il faudrait pour se replacer dans sa propre continuité. Je sentais donc le besoin de retrouver un minimum de perspective en remontant d'abord jusqu'à mon commencement du monde. Ce qui donne des choses d'il y a un an ou deux, et d'autres qui vont chercher jusqu'à plus d'années en arrière que je ne voudrais... Ces dernières m'ont apporté une surprise. Elles sont plus faciles à évoquer, comme si le temps, dans son creuset, les avait nettoyées d'un tas de scories pour ne m'en remettre que le métal solide. Si bien que si je m'étais écouté, ce livre se serait volontiers attardé davantage sur ma Gaspésie des années 20, cachot des parents mais paradis de mon enfance où, plus encore qu'ailleurs au Québec, on vivait alors bienheureusement en marge de l'histoire.

À la bibliothèque des souvenirs de guerre, par ailleurs, puis à celle qu'inspirait la télé naissante, les bribes que j'ajoute n'ont que le mérite d'évoquer familièrement l'effet sismique des deux grandes secousses au milieu desquelles notre génération atteignit l'âge adulte, en même temps que s'amorçait cette accélération infernale qui ne cesserait plus jamais de nous emporter.

Puis tout le reste est forcément politique. Éminemment discutable, par conséquent. La seule assurance que je puisse vraiment donner au lecteur, c'est que je me suis efforcé d'appliquer un principe fort simple qui m'a toujours guidé : on ne peut évidemment dire tout ce qu'on sait ni encore moins tout ce qu'on pense, sinon on ne parviendrait plus à dénombrer ses ennemis... mais il m'a toujours paru interdit de jouer avec les faits ou, pis encore, de faire semblant de croire quand on ne croit pas.

Sur ce, revenant à l'automne d'il y a deux ans, je commence par repartir exactement comme je suis parti. Au moment où, ayant comme on dit mon voyage, je ressentais justement la fringale de voyager pour de bon, d'être un peu ailleurs, très loin. Moins pour changer le mal de place que pour changer d'air, tout simplement, et m'aérer après un quart de siècle dans la marmite que l'on sait.

I

PARTIR

« L'émotion est toujours neuve et le mot a toujours servi. De là l'impossibilité d'exprimer l'émotion. »

(Victor HUGO)

Paris, le 17 octobre 1985

À peine une semaine que nous avons quitté, et déjà j'achève d'oublier. C'est ainsi depuis toujours. Dès le décollage ou la frontière, tout s'efface automatiquement.

Je dis bien : tout, pas tous ni toutes. Au contraire, celle-ci, celui-là, quelqu'un ou quelque chose ne cesse de me les rappeler. Ensemble, ils formaient la dernière équipe. Petite, mais les vraies ne sont jamais pléthoriques. Petite, mais chaude et tricotée serrée, avec ses mots de passe et une superbe indiscipline. Une équipe où chacun était encore capable après des années de ne penser à soi-même qu'en dernier lieu. Une dizaine peut-être sur la glace de plus en plus pourrie du « bunker ». Et d'autres sur le banc, dans tel ministère, ou encore à Montréal et dans divers coins du pays. Mobilisables comme au début, ou presque. Pendant quelque temps au moins, ce sera dur de ne plus les voir.

Cela également, c'est ainsi depuis toujours. Depuis qu'à quatorze ans je perdais ma première gang en partant de la Gaspésie... Ces poignées de mains qu'on voudrait prolonger, puisque chacune se termine par une sorte de déchirure sournoise. On a beau dire : ce n'est qu'un au revoir, on sait très bien que la vie aura tôt fait de nous éloigner en nous dispersant. Par-dessus le marché, j'ai cette

*fois un vague sentiment, parfaitement absurde, de culpa-
bilité, comme le capitaine abandonnant son navire et
laissant derrière lui, sur le pont qui s'enfonce, ce dernier
noyau sans faille de l'équipage...*

*Mais le reste, pfft, envolé! À commencer par Québec.
Le sinistre troisième de l'édifice J, où je lègue volontiers à
quiconque les tiroirs pleins de trombones et tout truffés de
boutons de commande que j'avais hérités de Bourassa.
Avec les moulins à mémérages qui tournent sans fin de la
Grande Allée à l'Aquarium. Et les journalistes de la tribune
parlementaire qui s'y nourrissent en les alimentant.*

*... Une semaine déjà. L'avion partait plus tard que
d'habitude, ce soir-là. À l'ouest, le ciel n'avait plus pour se
réchauffer qu'une maigre écharpe d'un mauve qui tournait
au noir, tandis que l'est achevait de se noyer dans la nuit.
Donc, Québec, nous ne l'aurons même pas vu.*

*Et maintenant, plus de télé ni de journal pour y faire
penser. Rien que l'Europe jusqu'à nouvel ordre. Mais comme
c'est pareil, au fond, derrière les façades!*

*Octobre 85. Ici aussi l'opposition triomphe d'avance,
les sondages la mettant à des années-lumière devant le
gouvernement. En dépit de ce congrès où les socialistes
viennent d'éviter le pire en colmatant, une fois encore, la
brèche-Rocard: « On a besoin de toi, Michel, de proclamer
Fabius Imperator, comme de toi, Lionel, et aussi de toi,
Pierre!» Ou je me trompe fort ou j'ai vu et entendu tout ça,
il n'y a pas si longtemps...*

*Qu'importe. Il fait soleil à Paris comme il en a fait
partout. Sur le trottoir d'en face, les respectueuses — rajeu-
nies depuis l'autre année, c'est la relève — sont au poste, et
ça négocie ferme. Le métro est toujours incomparable, et les
taxis, introuvables. Il y a presque dix ans que je n'avais
plus le droit, ou en tout cas plus l'occasion, de les pratiquer
à ma guise. Ni de refaire connaissance avec cette ville si
merveilleusement face-à-claques:*

*— Ah bon, ce sont des douces que vous voulez, me
rabroue-t-elle au drugstore. Il fallait le dire.*

J'avais demandé des légères, pensez donc ! Et puis un petit... sac pour les emporter.

— Monsieur veut une pochette...

Et ainsi de suite. Quand même, les Champs-Élysées, et les Boulevards, et Saint-Germain-des-Prés avec la Place du Québec et l'admirable « Embâcle » (plutôt débâcle mais si belle) de Daudelin qui étincelle en automne de tous ses jets printaniers, c'est une fête.

Mais, ô trahison, j'aime encore mieux Londres. Je n'y peux rien. À sa façon, c'est aussi une splendeur et qui, elle, est vraiment gentille. Et qui, surtout, a de l'humour. Paris a de l'esprit à revendre, bien sûr, mais sans humour, c'est parfois grinçant.

Revoici ce bon vieil hôtel Cumberland, face à Marble Arch et Hyde Park, à deux pas des baraques où nous avions nos « billets » en 1944 et que je ne retrouve plus. Le Cumberland où l'on se réfugiait pour échapper aux braves dames bénévoles qui nous tenaient pudiquement à l'œil en nous dorlotant à qui mieux mieux.

Dames si gentiment, si terriblement anglaises. Jamais je n'oublierai ce Christmas qu'elles nous firent cette année-là. Des quartiers de bœuf étaient arrivés des États, des pièces énormes capables de fournir des steaks épais comme ça. Que pensez-vous qu'il en advint ? Yes, sir, de la viande bien bouillie, tout effilochée dans son jus au milieu des patates et des choux de Bruxelles. C'est depuis ce jour que les Brussels sprouts, très peu pour moi.

Quel peuple pourtant que les Anglais chez eux. Les « bombes volantes » arrivaient en grondant et en hoquetant comme des camions sur une mauvaise route. Puis, brusquement, silence. Dix, quinze secondes qui duraient une éternité. Et la sourde explosion qui venait d'écraser une maison avec du monde dedans. Après quoi, sans rouspétance, stoïque, la vie reprenait.

De même, vers la fin, sous les V-2 (premières fusées supersoniques, bientôt accompagnées des premiers avions à réaction — tout ce que Hitler, heureusement, n'avait pas eu jusque-là). On n'entendait le sifflement qu'après le fracas et la destruction librement commentés par les fameux orateurs de « soap box » trépignant sur leurs tribunes bran-lantes et vitupérant sans merci cette perfide Albion qui avait eu la drôle d'idée de les accueillir. Cet Hindou barbu, en particulier, qui, un index vengeur pointant vers le ciel, appelait d'une voix stridente :

— Qu'il en vienne, des bombes, more and more ! Il n'y en aura jamais assez pour effacer tous les crimes de votre Empire !

L'auditoire appréciait gravement. Parfois même, d'aucuns allaient jusqu'à applaudir. Quant à la désappro-bation, elle ne dépassait guère le haussement d'épaules. « There'll always be an England... »

Et quarante ans après, Londres est toujours Londres. Mais plus dépenaillée, dirait-on, qu'en ce temps-là. Le petit Éros doré n'est plus là pour nous inspirer à Piccadilly Circus. Il est allé se réfugier ailleurs le jour où on s'est mis à démolir lentement, comme dans une foule d'autres quar-tiers, pour ensuite reconstruire interminablement, à l'an-glaise. Seuls les prix, eux, vont vite : tout est horriblement cher. Les Rolls et les Bentley s'affichent toujours avec la morgue classique des gens de la haute ou des Arabes du pétrole. Et le petit peuple qu'on éclabousse garde, en appa-rence, son imperturbable sang-froid.

Sauf pour ces accès de fièvre raciste qui se font de plus en plus fréquents. D'une émeute à l'autre, on sent la température monter. Comme si le vieil Empire, tout chargé de gloire et de mauvais coups, renvoyait à sa vraie source le mal de l'Afrique du Sud, de l'Inde, de tous ses anciens azimuts sur lesquels le soleil ne se couchait jamais...

Retour à Paris. Plus serein en ce moment. Mais jusqu'à quand ? Car le même virus est dans l'air. « Le Pen, vite ! » hurle un pan de mur. Avec ce terrorisme aveugle qui met sans cesse de l'huile sur le feu.

Par bonheur, on n'est plus en service commandé, « Pariscope » paraît chaque semaine et, comme au temps jadis, on se plonge dans une orgie de films qu'on ne se permettrait pas chez nous. Ce que je n'ai d'ailleurs jamais compris...

Mais attention ! Voici le dernier numéro de « Québec en bref » qui nous arrive de la Délégation. Laquelle sera donc veuve pour quelque temps, puisqu'on annonce la nomination de Louise Beaudoin aux Relations internationales. Et tout un remue-ménage préélectoral dont quelques aspects me donneraient le goût, si je m'écoutais...

Il ne faut pas. Ab-so-lu-ment pas. Cela pourrait très vite ressembler à ce que je tiens mordicus à ne pas faire : des jugements sur la suite ou, pis encore, des prêches pour ma paroisse. C'est-à-dire de ces Mémoires politiques dont Jacques Banville disait que voilà « ce qui contribue à donner à l'Histoire les plus fausses couleurs ».

Heureusement, on peut la laisser quelque temps dans le placard, la palette de peintre politique du dimanche. Nous avons encore dix, douze pays à traverser.

Le Caire, le 29 novembre

Voilà qui est fait. Du nord au sud, comme des oiseaux migrateurs.

La Scandinavie, que je n'avais jamais connue et dont j'ai tant parlé à travers mon chapeau livresque. Maintenant, vue. Avec trois jours par pays ($3 \times 4 = 12$) et trois de plus pour Léningrad, je me proclame expert.

Sachez donc que Copenhague est très chère, que la Petite Sirène d'Andersen a été victime d'un attentat et que les jardins défendus de Tivoli étaient déjà fermés pour l'hiver, que Stockholm, c'est Toronto ou le West Island sur un archipel qui fait rêver à ce que nous pourrions faire, que l'héroïque Helsinki a tant besoin des Russes qu'elle arrive *presque à oublier, et puis qu'à Leningrad, si belle même sous la pluie verglaçante avec ses pierres roses, beiges ou vertes qui rayonnent toujours de l'Amirauté jusqu'aux bords de la Néva, qu'à Leningrad la statue de Pierre le Grand et l'Ermitage de la non moins Grande (ni moins sanglante) Catherine voyaient passer plus de «vodka tourists» finlandais... que d'effet Gorbatchev.*

Mais voici la saison froide. À tire-d'aile, ou plus précisément dans un de ces trains de nuit à rendre une marmotte insomniaque — le jour ça va, on roule de la Venise du nord à la vraie, première du nom. Soleil de mai, mais un coup d'eau a si bien travaillé durant la nuit qu'on a dû sortir d'urgence les trottoirs de bois sur lesquels se perchent les étrangers affolés, exposés à tous les pigeons comme aux lazzis et aux exigences également à la hausse des indigènes bien bottés. Et Florence, qui vous rend normalement intarissable sauf que, hors de saison, c'est d'un œil torve que Neptune lui-même contemple sa fontaine : trop, c'est trop. Comme à Rome, où la monnaie s'envole dans la bourrasque avant que Trevi n'ait le temps de promettre que ce sera mieux la prochaine fois. Deux ou trois béatifications ne suffisent pas, ce dimanche midi, à empêcher Jean-Paul II de grelotter à la fenêtre. C'est tout dire.

Et là, grave erreur, départ pour l'Égypte : de la chaleur avant toute chose ! Mais erreur parce que la Grèce ensuite aura l'air d'une pâle copie, épigone des vrais débuts du monde qui ne se retrouvent — entre deux détournements d'avion — que sur les bords du Nil. Karnak, la Vallée des Rois, Assouan et ses barrages genre Manic-à-Nasser, mais surtout son temple d'Isis sauvé des eaux par la Cour supérieure de l'Unesco. Ces Nubiens à dos de mulet comme avant Jésus-Christ. Si peu d'autos et d'industries et de pollution que tout est encore intact, tout ce qui n'a pas été détruit ou effacé par l'interminable défilé des croyances et des conquérants qui tenaient à laisser leur marque. Devant ces colonnes incomparables qui forment des ensembles dont les architectes s'inspireront à jamais, et sur lesquelles d'éminents égyptologues du siècle dernier ont osé graver

*leurs noms, un compagnon de voyage s'exclamera « Bap-
tême ! C'est comme si nous autres on s'était mis à contre-
signer les Picasso !»*

*Un Québécois parmi tant d'autres, car il y en a désor-
mais partout. Nous aurons l'occasion d'en reparler. Québécois qui étudient, qui travaillent et qui font des affaires, et
qui tombent malades et se font soigner, comme ce chanceux
pris d'une crise cardiaque à Helsinki, c'est-à-dire quelque
chose comme la Mecque de la cardiologie. Et ces grappes de
jeunes en vadrouille. Et cette dame pincée, tout à fait
Haute-Ville de notre villageoise capitale, qui, débarquant à
Louxor du bateau de croisière qui va nous prendre à notre
tour (ça ne s'invente pas), laisse tomber du bout des lèvres
en m'apercevant :*

— Tiens, tiens, vous avez fini par partir. Bravo !

*Ce qui s'appelle se le faire dire ! Et qui appelle quoi, une
réponse ? Pas la peine. De grandes explications, non plus.
Peut-être de raconter tout bonnement — enfin, pas mécham-
ment — comment ça s'est passé. Je sens que ce bout-là ne
sera pas facile. Que n'ai-je attendu un an ou deux avant de
m'engager à pondre ce damné bouquin ?*

*C'est que d'abord j'avais peur de rester là à me tourner
les pouces, et cela je ne sais comment l'endurer plus de
quelques semaines à la fois. La faute aussi à ces vieux
copains qui soutiennent que j'écris encore plus mal que je
ne parle, même quand je parle bien ; ils m'ont donné la
tentation de noircir du papier pour le meilleur ou pour le
pire et à mes seuls risques et périls cette fois, loin des
« Grands Esprits » qui passaient leur temps à revoir et à
corriger au point de me rendre méconnaissable !*

*Enfin, et surtout, de ces choses que j'ai vues le long de
mon chemin, il en est, sauf erreur, qui méritent d'être
racontées et, peut-être, qu'on s'y intéresse un peu sinon
qu'on s'en souvienne.*

*J'ai là quelques vieux papiers pour me rafraîchir la (au
singulier) mémoire, faculté qui chez moi fonctionne comme*

une huître : se réveillant au contact du moindre grain, de nacre ou de sable — et on verra bien si ça donne quelques perles ou de la bouillie pour les chats.

Onze « je, me, moi » en une quinzaine de lignes. Décidément, JE prends la parole. Une fois n'est pas coutume !

LE COMMENCEMENT DE LA FIN

« Pas de cachette : Québec ou Canada...

Quiconque n'est pas capable d'accepter cette perspective, de la penser convenable, bonne, souhaitable, enfin, un peu beaucoup, passionnément, devrait sûrement voter ailleurs !»

Qui donc se serait permis tant de présomption ? Hé oui, c'est votre serviteur, suis-je obligé de répondre.

Il faut dire, ce qui n'est pas une excuse, qu'on était en mars 84 et qu'on s'en allait bientôt à un congrès. Et qu'on avait toujours sur le cœur ce « rapatriement » autour duquel Trudeau avait fricoté ce que l'on sait.

Ce qui devait (mais qui n'aurait jamais dû) arriver se produisit donc. Dans le climat d'étuve qui régna vite sur ce congrès comme sur tant d'autres, dans ce coude à coude surchauffé où l'on accède si facilement à l'infaillibilité, c'est ainsi qu'un soir de juin nous entendit proclamer la plus arrogante des exclusives. Tout juste une petite phrase, mais complètement aberrante, selon laquelle un vote pour le PQ ne pouvait être qu'un vote pour la souveraineté. Et que les électeurs se le tiennent pour dit !

Or c'était advenu en partie, hélas, par ma très grande faute. J'étais là, m'assure-t-on, le jour où cette fichue petite phrase était apparue au Conseil exécutif du parti, et je n'avais rien vu. J'étais également là, pas d'erreur possible, lorsque c'était revenu en atelier au congrès et qu'une intervention trop tardive m'avait fait gentiment rabrouer, tout en galvanisant davantage les «durs» qui avaient pris le contrôle. Enfin, j'étais toujours là quand Jacques-Yvan Morin, s'amenant presque seul au micro de l'assemblée plénière pour tâcher de réduire les dégâts, s'était vu conspuer par la bête fauve que devient toute foule déchaînée.

Il me revient que, tout émerveillé de pareil délire collectif, je m'étais mis à penser qu'au fond ce n'était pas si grave et que, tôt ou tard, comme eût dit Jacques Parizeau, on pourrait siffler la fin de la récréation.

Ce qui eut effectivement lieu quelques mois après. Mais à quel prix...

Un prix qu'on ne put évaluer avec précision qu'à la fin de l'année, une fois que tout fut pour ainsi dire consommé.

Dès la rentrée, on sentit bien que l'automne serait chaud. Revenant tout guilleret d'une fascinante et fructueuse tournée en Extrême-Orient, où j'avais enfin, à mon tour, commencé à découvrir la Chine, et sans même le loisir de décanter un peu convenablement une telle aventure, je me trouvai aussitôt coincé entre deux camps bien retranchés.

D'abord celui des indépendantistes à tout crin, «s'il n'en reste qu'un seul, je serai celui-là!» Ceux que notre collègue Clément Richard surnommait drôlement les «caribous», en souvenir de la malheureuse horde qui était allée se jeter dans les eaux de la Caniapiscau... À quoi répondit sans délai, à l'adresse des prétendus modérés, l'appellation de «kangourous», ces sauteurs qui dissimulent dans leur poche ventrale ce qu'ils ont présumément de plus cher...

Mais tout n'était pas drôle. Au contraire. En particulier pour celui (devinez) qui, peu auparavant, avait cru bon, ou plus précisément inévitable, d'approuver quelques interventions du genre révisionniste qui ne pouvaient qu'enclencher un débat. Or voilà que celui-ci tournait gravement et très vite au vinaigre. Là-derrière, parmi la ribambelle de sous-groupes qui constituent les « instances » au PQ, se profilaient comme jamais tout un lot de calculs. Des petits, cousus de fil blanc, jaillis surtout d'une lancinante insécurité préélectorale. Mais aussi ce qu'on appelle des profils de carrière et qui prenaient tout doucement, et par personnes interposées, l'allure de grands appétits de succession.

Rien de plus légitime. Combien de fois, pendant nos seize années d'action politique commune, n'ai-je pas dit et redit, à celui-ci comme à celle-là, qu'étant presque tous mes cadets ils devraient à un moment donné prendre la place de cet accident de parcours que j'ai toujours été à chaque détour de l'existence... si long qu'ait pu paraître le dernier ! À combien de reprises, aussi, me suis-je permis de souligner qu'en attendant, rien ne saurait mieux étayer une éventuelle candidature qu'un certain nombre de ces réalisations concrètes, de ces projets aux résultats probants auxquels un nom reste attaché.

On en connaît plusieurs qui s'y sont consacrés. Si bien même, et jusqu'au bout de façon si assidue, que, le moment venu, eux n'étaient pas préparés à entrer en lice... Alors que d'aucuns n'avaient guère songé à rien d'autre depuis un bon bout de temps.

Quoi qu'il en soit, nos propres ouragans d'automne, ces « orages désirés » plus que je n'avais su prévoir, achevaient de nous déchiqueter en risquant même de nous déraciner irrémédiablement. Il fallait essayer à tout le moins de recoudre ce qui pouvait l'être encore. Mais nous avions atteint ce point — ce qui n'était pas tout à fait sans précédent dans l'histoire du parti — où il fallait trancher dans le vif.

Dans tous les coins, chacun avait eu amplement l'occasion de s'exprimer. Maintenant, c'était mon tour. Trop tard, dirent certains gérants d'estrades, trop tard de nouveau. Eût-il été préférable d'écraser le débat dans l'œuf ? Peut-être, mais j'avais confusément senti, je crois, que ce ne serait plus possible. Pour quelqu'un qui avait dans le corps, comme on dit, près d'un quart de siècle de politique active.

Avec l'usure inévitable de bientôt neuf années de gouvernement. Et cette impatience en coulisse, renforcée par l'inquiétude de tant d'autres.

Ayant donc attendu qu'on en vînt presque à l'exiger, je décidais enfin, le 19 novembre, de jeter dans la balance le poids désormais bien amenuisé dont le « père fondateur » pouvait encore disposer, mais en m'assurant qu'à tout le moins ce fût clair et net :

> « *Il saute aux yeux dès l'abord qu'on devrait évacuer de notre programme et autant que faire se peut de tous nos propos "stratégiques" ce qui n'a cessé de s'y greffer ces dernières années : à savoir ce qui a fini, de congrès en congrès, par devenir la persistante ambiguïté d'élections soi-disant référendaires...*

> « *... Il nous faut très sûrement nous résigner, à mon humble avis — en tout cas pour la prochaine élection — au fait que la souveraineté n'a pas à être un enjeu, ni en totalité ni en parties plus ou moins déguisées...* »

Mais en lui permettant, bien sûr, de « *demeurer présente dans les esprits et toujours en vigueur, comme la suprême police d'assurance que notre peuple ne saurait plus jamais laisser tomber.* »

Il importait donc de maintenir la foi en notre option, « *ce Moyen dont, tour à tour, tous les peuples dignes de ce nom ont fait, font, et à travers la multitude de métamorphoses que réserve encore l'avenir, feront l'expérience...*

> « *Au fur et à mesure que cette évolution se poursuivra, quelle forme sera-t-il appelé à prendre, cet État-nation que nous croyions si proche et totalement indispensable tel que nous le dessinons depuis les années 60 ? Je ne le sais pas plus que quiconque.*

> « *Mais ce dont je demeure convaincu autant sinon plus que jamais, c'est qu'on s'en va désormais de plus en plus vite, et de mille façons qu'on n'avait jamais vues auparavant, vers une "souveraineté" constamment élargie de l'homme et de la femme d'ici... des créateurs et des entreprises d'ici.* »

Avant la fin de cette même semaine, une lettre circulaire annonçait aux membres du parti un congrès extraordinaire — encore un — pour la mi-janvier 85. Dans l'espoir de rallier un certain nombre de ceux qui n'avaient guère perdu de temps pour rejeter ma déclaration, j'y écrivais :

> « *On peut comprendre ceux et celles qui voudraient que la souveraineté soit l'enjeu des prochaines élections. S'il en est un qui pourrait être pressé de la réaliser, c'est bien moi.*
>
> « *Mais entre notre volonté d'atteindre notre objectif et son aboutissement, il y a... le peuple du Québec qui, seul, décide...* »

Holà. Me voici dangereusement proche de ces Mémoires qui plaident après coup. En un mot, ce que je voyais à tort ou à raison, et à retardement, Dieu sait, c'est que l'ensemble des gens n'avaient plus la sorte de « goût du Québec » que nous avions si fort — et non sans succès — travaillé à répandre. Depuis le départ de Trudeau, et surtout la victoire spectaculaire des conservateurs, on sentait plutôt s'affirmer dans les esprits la renaissance de ce phénix : la légendaire « dernière chance » du fédéralisme. Que faire ? Tout sauf un forcing à contre-courant : la garde qui meurt mais ne se rend pas...

À moins, évidemment, de renoncer tout de suite au pouvoir, à la moindre chance de le conserver. Redevenir une micro-opposition ou même, balayés de la Chambre, un « mouvement » comme au début ? L'occasion, certes, d'une bonne cure de rajeunissement ! Mais je ne parviens pas à croire au mérite du suicide, pas plus dans la vie publique que dans la vie tout court ; ni qu'il soit jamais sain, pour un parti qui pense avoir encore quelque chose dans le ventre, de se mettre à « avancer en arrière » comme dans les tramways d'antan. Car alors, c'est son idée-force, sa raison d'être elle-même, qui risque de sombrer en même temps. L'heure était venue, me semblait-il, non pas de l'oublier, surtout pas, mais d'apprendre la longue patience des Juifs de la diaspora en se répétant, le temps qu'il faudrait : « L'an prochain à Jérusalem »...

Mais voilà qui suffit pour de bon. En attendant la suite qui se chargera de nous dire, à sa façon, qui avait tort et qui avait raison ; elle qui, déjà, n'a guère mis de temps à nous faire savoir que, jusqu'à nouvel ordre, ça n'a plus tout à fait la même importance...

Ce qui restera vrai, cependant, c'est que l'idée de l'indépendance a besoin d'apprendre à patienter, à durer jusqu'au jour où elle reposera non plus sur un mouvement, si vaste soit-il, mais carrément sur un peuple. Pierre Vadeboncœur, qui nous en avait prévenus avant le référendum, venait maintenant nous le répéter en d'autres termes. Or, j'ai toujours trouvé chez ce diable d'homme, sitôt qu'il juge que l'instant est grave, un mélange non pareil de lucidité souvent prophétique et de passion proprement amoureuse à l'endroit du Québec.

> *« Il faut, écrivait-il, rebâtir sur le plus de réel possible. Autrement l'on en sera réduit à pratiquer une politique de l'imaginaire ou de l'abstraction.*

> *« D'ailleurs, la fortune de l'indépendantisme, remarquez qu'elle s'appuyait elle-même, bien qu'unique et tout à fait centrale, sur un mouvement d'affirmation nationale de tous ordres, et à grand renfort de peuple : mouvement économique, social, populaire, administratif, politique, constitutionnel, artistique, public, privé, voire, dans une marge, révolutionnaire. Ce n'est plus le cas. L'indépendance, dans le moment présent, est une idée maigre. Elle reviendra. Plus forte. Peut-être. Mais d'ici là, à condition de vivre...*

> *« On vit toujours comme on peut. Mais c'est la condition de base. Il faut faire d'immenses détours. On n'est même pas sûr de revenir sur le chemin. C'est de peu d'importance au prix d'un péril beaucoup plus grave. Il faut en effet risquer de s'égarer, sans quoi l'on s'expose à un égarement bien plus grand qui consiste à s'immobiliser comme une statue. Vénérable, absolue, altière, mais morte. Morte de faim probablement... »*[1]

Etc. Le tout d'un grand écrivain comme d'un Québécois les deux pieds sur terre et les yeux ouverts sur une réalité qui lui dictait, à lui aussi, cette conclusion :

> *« La consultation populaire sur l'indépendance est radicalement impossible lors des prochaines élections. L'indépendantisme ne doit pas tuer l'indépendance... Il ne doit pas devenir une politique imaginaire empêchant toute politique réelle. Autrement, que restera-t-il de nous, réellement ? »*

---

1. *La Presse*, 12 novembre 1984.

C'est «un peu beaucoup» la question que je me posais également vers la même date : qu'allait-il rester de nous ?...

Sur divers tons et au bout de cheminements non moins divers mais terriblement rapides, bon nombre de gens avaient en effet refusé net — mot éculé s'il en fut — le virage. On en trouvait, et en entendait davantage encore, un peu partout dans le parti. Quelques députés avaient quitté le caucus en claquant la porte, d'autres en la gardant entrebâillée le temps de réfléchir... Et comme de bien entendu, c'est au Conseil des ministres que la saignée était surtout visible et douloureuse. Bien qu'elle eut de-ci de-là ses à-côtés divertissants : cette chère Denise Leblanc-Bantey, par exemple, s'amenant à mon bureau avec une lettre de démission dont elle n'avait oublié chez elle que la dernière page... avec la signature ! Et quoique, en fin de compte, les pertes ne dussent pas dépasser ce que les «grands esprits» avaient escompté : plus ou moins une demi-douzaine. Mince consolation quand, parmi ces départs, on devait encaisser ceux de Camille Laurin et de Jacques Parizeau, ces vieux compagnons de route, indéfectibles à travers tant de vents et de marées et de divergences occasionnelles, mais avec qui, cette fois, c'était la rupture.

À nouveau, vite, avant même que la poussière ne retombât, il fallait donc boucher ces trous béants. Avant les Fêtes. Avant surtout d'accueillir les savants propos sur la pagaille du régime qui — rien de plus facile à flairer — se trouvaient déjà en préparation. Pas question, en l'occurrence, de s'offrir trop de nuits qui portent conseil.

Pour la petite histoire, je retrouve le brouillon hiéroglyphique à peu près final de ce qui devait à toutes fins utiles être mon dernier gros remaniement.

Puis le docteur Lazure revint de voyage pour repartir aussitôt pour de bon... Et Robert Dean, syndicaliste de choc perdu dans la forêt comptable du Revenu (ce ministère où l'on exile souvent ceux qu'on veut faire «monter» on ne sait où), prenant en charge une nouvelle délégation à l'Emploi et à la Concertation où il réalisait in extremis son rêve d'apôtre socio-économique. Vinrent donc nous rejoindre

	Partis	"Remaniés"	Députés qui montent
Finances	Jacques Parizeau	Yves Duhaime	
Energie - Ress.			Jean-Guy Rodrigue
Affaires Sociales	Camille Laurin	Guy Chevrette	
Loisirs, Chasse...			Jacques Brassard
Science et Techn.	Gilbert Paquette	Yves Bérubé (intérim - penser à Enseignement Supérieur)	
Communautés cult. et Immigration	~~Denise Leblanc~~ Louise Harel	P.-Marc Johnson (in- térim ?)	
Condition fémin.	Denise Leblanc	René Lévesque (intérim ?!)	
Transports		Guy Tardif	
Habitation et Consommateurs		!!	Jacques Rochefort

Maintenir les autres = Leader en Chambre = Marc-André ?
= Relations citoyens : Denis Lazure ?

D'où il ressort 1) que j'ai comme on verra un faible
pour la géométrie simpliste, et que
2) pour reprendre la vieille complainte de
John A. Macdonald, le "cabinet making" sera toujours d'une
facture laborieuse !

messieurs Élie Fallu (à la place de Denis Lazure) et Maurice Martel (à celle de R. Dean au Revenu). Sans oublier cette remarquable non-élue, madame Francine Lalonde, qui devait rapidement montrer beaucoup d'étoffe, aussi bien à la Condition féminine qu'en élection partielle.

Ce qui donnait, sauf erreur, un total de 28. Soit un de moins que la capacité limite de la grande table. Il restait même une marge de manœuvre !

Très sérieusement, je n'étais pas du tout mécontent du résultat. Il y avait là du sang neuf qui ne demandait qu'à faire ses preuves (en aurait-il le temps ?) et quelques vétérans encore jeunes et fort capables de relever d'autres défis, comme ils allaient le prouver à quiconque gardait des yeux pour voir.

C'était aussi mieux structuré, je crois. En particulier du côté de l'Éducation. On y prenait enfin le risque, maintes fois envisagé, de réunir sous un même chapeau ministériel toutes les chasses gardées de ce domaine, le plus important, parce que le plus fondamental, d'une société civilisée. On y greffait de plus le secteur « de pointe » des Sciences et de la Technologie afin d'ouvrir cet édifice tenacement poussiéreux aux vents de la grande mutation qui balaye le monde. Sur tout cela, mais après avoir malheureusement dû confirmer qu'il ne serait plus candidat, Yves Bérubé était prêt à mettre les bouchées doubles jusqu'à la fin.

Ainsi, au confluent de 84 et 85, étions-nous parvenus à retaper et à maintenir à flot un gouvernement, ma foi, plus que convenable.

En apparence du moins. Car en réalité, les secousses des derniers mois avaient laissé des fissures que rien ni personne ne pourrait plus réparer. Au lieu de faire corps, le Conseil des ministres n'était plus désormais qu'un assemblage hétéroclite. Seuls le mordant de quelques nouveaux rivés à la tâche et surtout la loyauté farouche d'un petit carré d'anciens allaient l'empêcher de voler en éclats. Mais que de sous-entendus, de restrictions mentales, de jupons qui s'étaient mis à dépasser chaque fois que, de près ou de loin, la «chefferie» se profilait dans la discussion... ou les silences.

C'était en effet devenu l'un des sujets de l'heure.

« LA GRANDE FATIGUE DE
M. LÉVESQUE »

Titre d'un éditorial bien senti qu'on pouvait lire le 19 décembre 84.

Un journaliste puis deux m'avaient trouvé un air épuisé. Aussitôt, tout l'essaim se mit à bourdonner sur ce thème, distillant l'évidence à force de répétitions. On en vint à scruter la moindre phrase pour y dénicher quelque cafouillage, ce qui, chacun le sait, est la marque du «burn-out». Encore un peu et je me serais cru à l'article de la mort!

Fatigué? Ça oui. Mais davantage excédé, avec un urgent besoin de changer d'air. Autour du Jour de l'An, avec ma sœur et son mari, Philippe Amyot, couple de vieux routiers des Tropiques, nous partions donc «en famille» pour la Barbade, que nous allions voir pour la première fois. Le coin où l'on nous avait casés, à l'extrême-sud, était juste à la frontière entre l'Atlantique et la mer des Antilles. Ici, devant nous, l'océan roulait vers la plage des vagues plus que respectables; et à droite, au bout d'un sentier rocailleux de deux cents mètres à peine, une autre bande de sable fin sur laquelle ne venaient plus mourir que de minuscules frissons caraïbes. De l'eau tiède, d'une transparence inouïe. Un soleil de feu, atténué par la plus légère des brises, qui apporte chaque après-midi vers la même heure quelques gouttes de pluie, perlant une minute et aussitôt évaporées.

Un vrai paradis. Mais quel retard ! Une poignée d'hôtels, une ou deux petites chaînes d'alimentation et Bridgetown, la capitale, qui est comme une ville à l'abandon. Sur tous les chemins de maigres troupeaux de chèvres dont le lait, paraît-il, ne sert à rien. Presque exclusivement noire ou admirablement sang-mêlé, une population gentille, souriante, qui semble partout — taxi, restaurant, magasin — demeurée sous la coupe des anciens patrons coloniaux dont l'indépendance, après tant d'années, n'a guère desserré l'étreinte. Mais ça change peu à peu : c'est pendant notre séjour que ce petit pays, avec le soleil et la mer pour seuls trésors, s'inventait enfin un... ministère du Tourisme. Comme nous !

Mais revenons à mon « cas ». Parti pour quinze jours, je rentrais pourtant au bout d'une semaine. La raison est fort simple. Le virus-média n'ayant pas épargné les miens, ma malheureuse santé les inquiétait si fort eux aussi que toute discussion là-dessus prenait aussitôt un tour dramatique. C'était en train de devenir une cure forcée plutôt que des vacances.

J'arrivai au bureau, et là, dès le premier soir, alors que je commençais à retrouver les dossiers, il m'advint une aventure dont le souvenir garde aujourd'hui encore quelque chose d'âcrement irréel. Je n'entre pas dans le détail, c'était du pur Molière avec un peu de Kafka sur les bords. En un mot, je fus bientôt rejoint par deux ou trois personnes qui m'abreuvèrent sans tarder de reproches amicaux. Le mot « fatigué, fatigué, fatigué » revenant sans cesse comme un leitmotiv, je finis par exploser. Trop, c'est trop...

Je me résignai donc à me laisser conduire à l'hôpital, institution où je n'avais pas remis les pieds depuis la pleurésie de ma douzième année, si j'oublie le bref séjour auquel un mal presque innommable m'avait condamné à la fin de la guerre, en 45. Quant aux examens médicaux, mon dernier datait de 1951, du temps de la guerre de Corée... Comment expliquer pareille aversion ? Je ne sais trop, sauf que jamais je n'ai oublié que mon père, mort si jeune, aurait sans doute vécu beaucoup plus longtemps s'il n'avait été charcuté par une couple d'éminents praticiens des années 30. Et puis, j'ai toujours eu le sentiment que moins on tombe entre les griffes de la Faculté et plus on a de chances de rester bien portant. À tort ou à raison. Et sauf tout respect...

Ce soir de janvier 85, cependant, j'eus vite compris que je n'y couperais pas. Pendant les vingt-quatre heures qui suivirent, et tandis qu'un ou deux limiers de la presse déguisés en infirmiers guettaient ma civière ou mon linceul, je pus savourer l'ordinaire hospitalier accompagné d'un «kit» complet, des auscultations aux prises de sang en passant par le tunnel du scanner. «Tant qu'à y être, avais-je demandé, surtout n'oublions rien!»

Au bout du compte, avant de retrouver ma liberté aussi discrètement que je l'avais perdue, j'appris avec soulagement que je faisais partie «du dix pour cent le plus en santé de mon groupe d'âge». Rendu public, est-il besoin de préciser que ce résultat ne fit pas la manchette. On l'escamota aussi promptement que toute autre bonne nouvelle... Et les caricatures, ces éditoriaux impitoyables entre tous, continuèrent sans pitié à «décatir» le vieux. Quand le pli est pris... Rien à faire, même s'ils avaient su qu'au bon certificat général s'ajoutait cette constatation, forcément impubliable en ces temps d'anti-tabagisme: «des poumons comme un bébé!» Mais comme la médecine peut toujours se tromper, je touche du bois quand même.

Fier comme un miraculé, faisant la nique à mes ex-Cassandres de la Barbade, je pus participer à la mi-janvier à un congrès serein et sans histoire, où il faut dire qu'on notait bien des absences. Les partis sont ainsi faits, le nôtre en tout cas, qu'après les grands défoulements, c'est comme une sorte de lendemain de la veille.

Nous reprîmes donc le chemin du sud où j'eus enfin le loisir de me reposer tout bonnement, comme un homme normal. Au fond de moi-même, y avait-il pourtant quelque chose de changé, de secrètement fêlé par l'invraisemblable avalanche de coups durs qu'on avait essuyés ? C'est l'observation que devait me faire, plusieurs mois après, une de mes plus proches et perspicaces collaboratrices, me disant qu'on m'avait vu à ce moment-là commencer à manifester un certain détachement.

Jusqu'à la fin du printemps, ce ne fut pas moins un train d'enfer. Sur des points bien concrets — la réfection de Domtar à Windsor, la bonbonne d'oxygène pour Pétromont, tel ou tel accord de développement — le fameux «beau risque» rapportait des dividendes. Le climat fédéral-provincial devenait respirable. On s'était attelé à la rédaction laborieuse d'un texte destiné à la reprise des négociations constitutionnelles. Ce fut au point, ainsi qu'on l'avait promis, bien avant la Trinité et même avant Pâques. Mais Brian Mulroney, qui avait souhaité avec tant d'insistance un règlement «dans l'honneur et l'enthousiasme», se montrait maintenant beaucoup moins pressé. Et sans doute continue-t-il à en parler à l'occasion, en parler pour parler. Mais la coupe est si loin des lèvres dès qu'une affaire lui semble épineuse. Or l'imbroglio constitutionnel, comme celui des paiements de péréquation, tout aussi inqualifiable sur le fond, voilà décidément des patates très chaudes et qui n'importent essentiellement qu'au Québec. Ce qui n'en finit plus, dans ce régime, de pouvoir toujours attendre la semaine des quatre jeudis.

J'allais oublier la session... Avouerai-je que, tout au long de ma vie politique, voilà qui m'est arrivé plus souvent qu'à mon tour ! J'ai le plus profond respect pour ceux et celles qu'on nomme les «simples députés», en particulier ceux du gouvernement. Pour eux, la Chambre n'est qu'un lieu de frustration. Ils y sont pour faire nombre et pour voter, avec si peu de chances de se faire valoir. Les débats marquants, qui forcent vraiment l'attention, sont en effet rarissimes. Et s'il en survient un, les ministres ont tôt fait de s'en attribuer la part du lion. Même la période de questions, cette corrida quotidienne, est d'abord l'affaire des picadors de l'opposition. Que reste-t-il au député d'arrière-banc ? Son comté, heureusement, là où l'élu peut encore se sentir quelqu'un, pourvu qu'il se donne la peine de piocher ses dossiers et surtout de garder un bon contact avec le monde. À chaque scrutin, n'est-ce pas ce qui explique ces victoires parfois surprenantes de députés obscurs qu'on ne remarque jamais à l'Assemblée nationale mais qui ont su s'attacher leurs électeurs ?

Ce n'est pas que telle ou telle loi n'ait pas d'importance. J'en sais plusieurs, au contraire, dont l'effet demeure éminemment utile. Il est vrai qu'elles surgissent d'ordinaire longtemps après qu'on en ait reconnu l'opportunité. Qu'importe, pourvu que ça finisse par se faire. Mais ce n'est justement pas au parlement que revient le plus gros de la tâche.

La loi 37, avec laquelle nous devions nous débattre jusqu'à la fin de la session, en est un exemple classique. Dans le secteur public, il y a longtemps que le syndicalisme n'est rien d'autre que la corporation du «toujours plus», profitant des avantages des régimes nord-américains aussi bien qu'européens mais sans les contraintes. La crise de 81-82 avait dramatisé les abus incrustés dans ce système de coqs en pâte. La ronde de négociations de 85-86 serait appelée à fournir enfin l'occasion d'y mettre le holà. Mais combien fallut-il de textes successifs, de tiraillements entre nous et de stériles palabres avec les *partenaires* pour amener le projet à l'Assemblée et le faire voter !

Plus souvent qu'à leur tour, de tels efforts peuvent quand même aboutir à des lois très mal foutues, ce qui permet aux députés de se défouler un peu : «On vous l'avait bien dit.» Mais tel ne fut pas le cas cette fois-ci. Il ne restait vraiment plus qu'à voter.

On a certes entrepris ces dernières années quelques projets de réforme dans le but entre autres de «revaloriser» le rôle des parlementaires : refonte du règlement, renforcement des commissions, etc. Mais il en résulte avant tout, me semble-t-il, une surcharge de travail pour les plus actifs et une certaine lourdeur bureaucratique du fonctionnement.

Pourquoi ne reprendrait-on pas l'idée, qu'évoquait déjà Jean-Jacques Bertrand, d'un système présidentiel ? Les

députés y découvriraient une responsabilité et une marge
d'initiative tout à fait enivrantes. Même trop peut-être, au
début. On s'y habituerait. Quant au gouvernement, il
pourrait désormais recruter des ministres hors du parlement. Et lorsqu'on voit comme le leadership politique est
devenu hyper-personnalisé, le suffrage universel pour
désigner celui ou celle qui doit occuper le poste suprême
n'aurait décidément rien de révolutionnaire. Chaque système a ses défauts comme ses qualités, c'est bien connu.
Mais pour une société comme la nôtre, petite et solidement
démocratique, je ne vois pas les risques d'un tel essai, alors
que les avantages m'en paraissent sauter aux yeux. Y
compris l'occasion de souligner une fois de plus la différence.

Fugitivement, cela me repassait par l'esprit, ce jour de
la Saint-Patrice où le président des États-Unis nous fit
l'honneur de tenir à Québec le petit «sommet irlandais».
Les pluies acides, prétexte sérieux, n'en furent pas le clou,
ni même Brian Mulroney grimpant en scène pour chanter
«Irish Eyes». Car il y avait eu auparavant cette phrase où
Reagan, obéissant à ses conseillers, évoquait le phénomène
sans précédent d'une véritable invasion des marchés américains par une foule de jeunes Québécois, compétents et
tout débordants de «French flair». Reconnaissance frappante autant qu'inattendue de cet élan qui, bien au-delà
d'une simple reprise économique, prenait d'année en année
une allure sans cesse plus sûre d'elle-même, se sentant
désormais capable d'affronter toute concurrence.

Les chiffres étaient là pour le confirmer. Et davantage
encore cette assurance tranquille avec laquelle nous
voyions, par exemple, les représentants de l'Hydro à New
York, et ceux de la Bourse à Boston, traiter d'égal à égal
avec leurs collègues d'outre-frontière, et même leur en
remonter à l'occasion.

Un des derniers sondages, en février, nous avait révélé
ce sursaut dramatique de confiance en soi et en l'avenir.

— Au Québec, est-ce que ça va très bien, assez bien, ou
plutôt pas?

Résultat: hausse de huit pour cent des bien et très bien.

Plus révélatrices encore, ces réponses à une vieille question, abandonnée depuis quelques années, et que j'avais demandé de reprendre :

— À quel gouvernement, selon vous, devrait revenir la pleine ou principale compétence dans les domaines que voici :

	Québec	**Ottawa**	**Les deux**
Éducation :	71%	14%	9%
Relations extérieures :	35%	39%	13%
Développement régional :	69%	10%	9%
Emploi :	42%	25%	19%
Agriculture :	49%	28%	15%
Pêcheries :	45%	34%	14%
Port de Montréal :	51%	28%	9%

À quoi ressemblait-il, ce tableau, sinon à une espèce d'attachement inavoué à quelque chose qui pourrait s'appeler, disons, de la souveraineté-association ?... Laquelle continuait d'ailleurs à rallier plus de 40% de «très et assez» favorables.

Mais du côté des intentions de vote, c'était une tout autre histoire : à peine quelque 30% pour nous contre environ 55% pour les libéraux ! Comme quoi même la plus belle remontée, psychologique aussi bien qu'économique, se déroule comme en marge de nous, en notre absence, dès lors que les gens ont l'impression de nous avoir assez vus.

Excellente matière à réflexion pour ce congé de Pâques 85.

LA DERNIÈRE CARTE

Mais en réalité, cette réflexion était déjà terminée. Subconsciemment. Il ne restait qu'à m'en formuler à moi-même la conclusion. Sur quelques bouts de papier où s'étalèrent comme d'habitude le pour et le contre, accompagnés de ces griffonnages où l'on s'amuse encore un peu à remettre en doute les choses claires.

La santé requise pour continuer? Pas de problème selon les toubibs.

Le goût de le faire, cependant, voilà qui était déjà plus compliqué. Oui mais... Oui, très certainement, le goût de faire campagne et d'essayer de reprendre le terrain perdu, je le ressentais toujours, avec celui de mener à terme tout un lot de projets qu'on nourrissait déjà — ou qu'on découvrirait en cours de route. Mais...

Mais dans mon for intérieur, en tâchant de m'y plonger sans ménagement, croyais-je vraiment que ce serait possible? D'aucuns, j'en étais fort conscient, étaient persuadés qu'un ou une autre aurait plus de chance, face au nouvel-ancien chef libéral, de redorer la précieuse «image». Il me fallait admettre qu'ils n'avaient pas nécessairement tort; d'autant moins que l'idée m'était apparue bien avant comme une carte à jouer quand la situation l'exigerait. Ce qui pourtant emporta le morceau, ce fut plutôt la façon dont ça se passait et qui allait d'ailleurs empirer : ce chassé-croisé de petites hargnes soigneusement anonymes, de lettres ou de communiqués, souvent bien orchestrés, où l'on me disait de fort belles choses tout en m'invitant à mots plus ou moins couverts à commencer, n'est-ce pas, à y songer... La plupart me laissaient, bien sûr, le privilège de choisir le jour et même la saison, mais non sans rappeler que le temps passait. Le tout me donnait de plus en plus la nausée ; laquelle disparut aussitôt ma décision prise. Quelle meilleure preuve que c'était bien la bonne !

J'allais donc accrocher mes patins. Pourquoi diable ne pas l'avoir fait ou du moins annoncé tout de suite ? La question m'est souvent posée. Or il me semble que la réponse va de soi, à condition de se replacer dans le contexte.

Mi-avril. La session reprenait pour deux mois. Sitôt ouverte, la course à la « chefferie » dégarnirait forcément nos banquettes. Il tombait sous le sens, en effet, que non seulement les candidats mais aussi leurs supporteurs, ministres comme députés, n'auraient plus d'autre envie que de prendre le chemin. La réputation de l'Assemblée n'étant pas d'avance si reluisante, fallait-il risquer d'offrir aux citoyens le spectacle d'un salon de la race à moitié abandonné et d'un gouvernement chancelant forcé de battre les couloirs pour survivre au moindre vote ? Peut-être exagérais-je le péril, mais tel était bien mon sentiment. J'attendrais donc la fin de la session, c'est-à-dire le début de l'été.

Jamais je n'aurais imaginé qu'on ne trouverait pas le moyen d'écourter cette inconcevable campagne de trois mois qu'on avait inventée sur papier pour désigner mon successeur. Celui-ci ou celle-ci aurait donc le temps voulu pour se faire la main, préparer sa campagne électorale et, profitant de la « chance au coureur », pouvoir même choisir de sauter dans l'arène immédiatement ou bien de laisser passer les Fêtes. Point n'est besoin d'ajouter que j'allais bientôt découvrir que dès ce moment-là, je n'étais plus dans le coup !

Il faut dire aussi que ce n'était pas, ou plus précisément que ce n'était plus, mon souci principal. L'avenir n'est à personne...

Tandis que le présent, lui, frappait à la porte avec insistance. D'abord et avant tout, nous avions un budget à déposer. Ce serait le dernier de ce mandat, et en même temps le premier depuis 1976 qui ne porterait pas la signature de Jacques Parizeau. On rappelait de celui-ci les prouesses qui souvent avaient confiné au grand art. Juste avant de partir, il nous avait laissé ce monumental ouvrage sur la fiscalité auquel on n'a pas fini de se référer, puisqu'il s'agit de la première redécouverte de cette jungle depuis le lointain safari de la Commission Carter. Pour Yves Duhaime, qui avait dû chausser de telles bottes au pied levé, le défi apparaissait écrasant. Il fut pourtant relevé d'une façon que je persiste à trouver magistrale. Le nouveau ministre avait commencé par détendre une atmosphère que son prédécesseur préférait pleine de mystère et parfois d'apocalypse. Cachant sous un air ultra-relaxe un bon sens rudement averti et un humour décapant, il parvint vite à tirer de la remarquable équipe des Finances les grandes lignes d'un budget réaliste et réformiste à la fois. Comme il se doit, les premiers commentaires ne devaient porter éventuellement que sur l'éternelle obsession : plus ou moins de taxes ? Réponse : à la fois un peu moins et pas mal plus. Plus surtout dans l'immédiat, mais avec une promesse de soulagement prochain qui amorcerait du même coup un retour à l'équité si bien perdue dans ce fouillis qu'on a trop toléré. Bref, un dernier budget dont je fus et demeure assez fier.

Si j'insiste un peu, tout profane que je suis, c'est que j'ai été « aux affaires » assez longtemps pour savoir que rien n'est plus important que le budget. Rien non plus qui révèle plus clairement les convictions et les intentions d'un gouvernement. Ou l'absence de... Le discours inaugural, à l'ouverture de la session, n'est guère plus qu'une ébauche de feuille de route, fatalement incomplète, parfois truffée d'illusions et, fort heureusement, malléable à volonté. Le budget, en revanche, ce doit être du fini, un tableau soigneusement chiffré de la situation économique et financière et des perspectives qui s'y dessinent. Un budget réussi, pourvu qu'on sache le lire, c'est chaque année la photo la plus précise qu'on puisse tirer d'une société, avec tout son pain et tout son beurre.

Et soit dit en passant, je ne puis m'empêcher de comparer les performances québécoises avec la manière dont on parvient ailleurs, pas si loin, à bousiller régulièrement cette étape essentielle.

Bon. Passé le budget, que restait-il à faire?

En feuilletant le petit carnet tout éculé que je traînais à ce moment-là, je retrouve d'abord le fouillis dans lequel sombrait inévitablement l'agenda. Sur le papier la semaine commençait dans l'ordre, mais en deux heures on se retrouvait comme d'habitude dans une vraie caserne de pompiers — les jours où ça chauffe.

Appels au secours, visiteurs imprévus et forcément de la plus haute importance, députés rageurs aux prises avec la «machine», quotidienne période de questions-pièges, perpétuel va-et-vient entre Québec et Montréal (la route 20, un de mes moindres regrets), trop rares escales dans le comté, et puis, à peine apaisée qu'aussitôt recommencée, la guérilla que se livrent et continueront à se livrer joyeusement les ministères mitoyens, à propos de tout et de rien.

Ces projets aussi qui tiennent à cœur et qui ne semblent aboutir que pour glisser de nouveau entre les doigts. Un seul exemple: la salle de l'Orchestre symphonique. Après cette première pelletée de terre qui signalait l'imminence de la mise en chantier, combien d'heures de discussion, combien de coups de fil, et de chicanes et de rafistolages allait-elle encore nous coûter, au maire Drapeau et à votre serviteur! À propos, où en est-on aujourd'hui?

«P'tite bière» pourtant que tout cela, à côté de la contestation interne qui reprenait de plus belle. Et si bêtement parfois que j'en venais à un cheveu d'oublier ma ferme résolution et de tout planter là.

Ce jour en particulier où nous parvint un rapport sidérant sur la *bonne marche* des conventions pour le choix des candidats : « autorisées et... reportées sur demande ferme » dans six comtés dont ceux de trois ministres... « Difficultés à faire avancer les dossiers dans les régions : Abitibi–Témiscamingue, Bas-Saint-Laurent–Gaspésie, Capitale nationale, etc. »

C'était du blocage systématique. Laissant prévoir un grand total d'une vingtaine de candidats pour la fin de juin — alors que les libéraux, si j'ai bonne mémoire, en alignaient déjà une centaine.

Pas très encourageant « aussi bien pour moi, dis-je au caucus suivant, que pour celui ou celle qui va me remplacer éventuellement ». À huit mois tout au plus du scrutin, probablement moins, c'était en fait suicidaire. Jamais depuis 1970 on n'avait vécu pareille impréparation. Mais l'on avait beau crier casse-cou, il n'est pires sourds que ceux qui ne veulent pas entendre. Car c'était voulu, planifié dans les coins par des gens qui n'avaient plus d'autre but que d'amener qui l'on sait à partir. Quitte à risquer, en perdant un temps précieux, de se détruire eux-mêmes, ce qui allait effectivement se produire dans certains cas. Bref, ils creusaient leur propre tombe en croyant s'occuper de la mienne ! Je faillis le leur dire, mais ils ne m'auraient pas cru.

J'avouerai surtout que je commençais à m'en ficher pas mal. Face à tout ce beau manège, je me sentais après tant d'années redevenir observateur...

Bienheureuse sérénité avec laquelle je sus même accueillir l'indispensable collection de GCCV (« Gros ch... de cahiers verts ») qui devaient nous accompagner jusqu'à Paris. Dernier voyage officiel chez les cousins, afin de rendre à Laurent Fabius la visite de l'automne précédent, très flatteuse pour nous puisque ç'avait été sa première sortie comme Premier ministre. Pour maintenir aussi cette excellente habitude qu'on avait prise des rencontres annuelles. Rien ne saurait en effet remplacer l'impulsion que ces échéances peuvent transmettre même aux dossiers économiques, nos amis Français demeurant parmi les interlocuteurs les plus coriaces et, disons-le, près de leurs sous (et des nôtres) que j'aie connus dans ce domaine.

Prenons l'automobile. C'est chez nous que Renault écoule le plus clair de ses exportations vers le Canada — mais c'est en Ontario que son mariage avec American Motors a fixé ses lignes de montage. Bon, d'accord, disions-nous. Pourtant, ne pourrait-on faire un petit effort au lieu d'abolir jusqu'aux derniers emplois au Québec? Oui, non, peut-être... même lorsqu'on rappelle que le menaçant Hyundai, avec sa Pony et bientôt sa Stellar, songe sérieusement à venir s'installer.

Il ne faut pas exagérer. Vingt-cinq ans de fréquentations ont fini par donner des résultats, dont le plus spectaculaire demeure jusqu'à nouvel ordre le chantier de Pechiney. Sans oublier un nombre croissant d'entreprises plus modestes, non seulement des leurs qui s'implantent ici mais des nôtres qui ont appris — ce qui n'est pas une mince affaire — à pénétrer là-bas. Comme en témoignent les notes squelettiques qui me servirent d'aide-mémoire pendant ces quelques jours :

« Sinorg et Ideonic (Hôpital Maisonneuve — soumissions considérées — Lois du marché)

« Cascades reprend cartonnerie à La Rochette en Savoie : 300 emplois.

« Outil Coupant Intern. Montréal acquiert Senoca, Garenne-Colombes-Minicut.

« Electromed avec Merlin-Gérin. Transfert technologique.

« Oxychem Canada, filiale Air Liquide : usine peroxyde oxyg. (Bécancour. 50 millions, dont 9 en prêt sans intérêt)

« Lyonnaise des Eaux, chicane avec la Squaw !... »

Je m'y perds moi aussi, désormais, mais ce qui se profile derrière ce charabia, c'est l'ébauche encore très floue de cette coopération économique sans laquelle les autres acquis resteraient voués à une certaine fragilité. Pour eux comme pour nous, ce doit être un pensez-y-bien à une époque où le français est aux prises même en France avec le raz-de-marée de l'impériale culture américaine. Disneyland si vite installé pendant qu'on reprend pour la énième fois cette tapisserie de Pénélope, la problématique Franco-phonie...

Hors d'Europe, en effet, ce dont on parle c'est d'un club à la mode du Commonwealth, qui n'éviterait pas d'avoir un peu l'allure d'un château de cartes. Sauf au Québec, pourvu que s'ajoute le minimum vital de rentabilité à ces vieux et nobles liens de famille que l'on ne cesse de redécouvrir dès qu'on sort de Paris pour aller voir «nos» coins.

Ainsi, à la fin du séjour, nous étions invités dans la circonscription du Premier ministre, tout au nord du pays normand. Contemplant de l'autoroute ce damier de champs et de bocages, je revoyais dans mon souvenir l'obscur «lieu-dit» d'Hautot-Saint-Sulpice, en banlieue d'Yvetot, où j'étais parti en une autre occasion chercher les traces du Pierre Lévesque qui, vers le milieu du XVIIIe siècle, fut le premier du nom à débarquer. Déception : plus l'ombre d'un Lévesque dans le patelin... Mais quelle chaleur, pareille à celle dont nous aussi sommes capables, dans cette famille d'agricul-teurs qui nous offrait le déjeuner. Copieux autant que bien arrosé, servi par la mère et la fille, celle-ci tout excitée d'avoir appris le matin même sa réussite au bac. Et le père nous faisant les honneurs de la maison, vrai petit manoir amoureusement entretenu, sûrement assez ancien pour être classé.

— Ma foi non, répondit-il, ce n'est pas de taille. Et puis, vous comprenez, ça remonte à peine au début du XVIe !

Tous ces siècles qui nous dépassent, mais cet accent si reconnaissable qui, lui, nous rapproche : on se sent à la fois très ailleurs et quand même chez soi.

Également familière et lointaine, cette impression que nous laissera cette fois-ci la ville portuaire du Grand

Quevilly où, comme tout politique français qui se respecte, le chef du gouvernement est en même temps un modeste élu municipal. Au parc des Fusillés, près des lugubres poteaux devant lesquels étaient abattus les maquisards de 44-45, tout le martyrologue est là, gravé sur un mur. Voici des noms : Morin, Pelletier... On n'a rien connu de leur combat. Des étrangers, donc. Tant que ça ?

Pas plus en tout cas que ces gens du Canada anglais avec qui l'on allait se retrouver dès le retour, à la réunion annuelle des Gouverneurs et Premiers ministres du voisinage : Maine, Vermont, New-Hampshire, Massachusetts et Rhode-Island, d'une part, et, de ce côté-ci de la frontière, Terre-Neuve, Nouvelle-Écosse, Île-du-Prince-Édouard et Nouveau-Brunswick. C'était au tour de ce dernier, en la personne de l'incroyable Richard Hatfield, de recevoir tout le monde. Homard à volonté, aussi bon que celui de Gaspésie avec lequel nous venions d'épater nos invités parisiens. Quelle histoire en revanche pour se procurer un modeste 26 onces, le dimanche, même dans cette « métropole » touristique de St. Andrews... Quels prix surtout : 115 $ (taxe incluse) ! Avis à quiconque s'y fourvoie en fin de semaine.

Il en faut davantage, évidemment, pour expliquer comment il se fait qu'on puisse se sentir comme perdu, et même parfois comme un intrus, dans le reste de ce pays supposément le nôtre. Affaire de langues, c'est sûr. Mais les Américains non plus ne nous comprennent guère, et jamais on n'aurait la drôle d'idée de leur en vouloir. Justement, on s'attendrait à autre chose dans *notre* pays, de nos présumés compatriotes. Voilà un des endroits — il en est quelques autres — où le bât nous blesse. Je dis bien nous, car je ne parle sûrement pas que pour moi. Mais pourquoi s'en faire, dira-t-on, lorsqu'on est né bilingue ? Ce n'est paradoxal qu'en apparence. Lorsqu'on comprend, et qu'on voit si souvent suinter entre les lignes le complexe de supériorité et ce vieux paternalisme majoritaire qu'il alimente, c'est alors qu'on a spécialement le goût d'être enfin, un bon jour, maître chez soi.

Mais cela, c'est une autre histoire, ou en tout cas un autre chapitre... Quant à celui-ci, griffonné à chaud sans attendre que trop de prudence intervienne, il n'y a plus qu'à le mener au point final.

CANARD BOITEUX

Une seule page pourrait suffire amplement.

Le vrai point final, en effet, se trouva vite posé noir sur blanc, quelques heures après l'ajournement des travaux parlementaires. Et quelques jours après que j'eus à me montrer bon perdant — vieille habitude — en accueillant pour la dernière fois des libéraux vainqueurs en partielles, dont le chef lui-même qui effectuait sa rentrée... pour les vacances. Le chroniqueur qui crut apercevoir à ce moment-là « un Lévesque revivifié par Robert Bourassa » aurait plutôt écrit « amusé » s'il avait su.

D'ailleurs on devait se permettre encore de s'amuser un peu, comme aussi d'éviter la meute qui veut toujours en savoir davantage, en émettant le plus tard possible, le soir du 20 juin, ces deux paragraphes quasi télégraphiques qui se passaient de commentaires :

Le 20 juin 1985

Madame la Vice-présidente (du parti),
Chère Nadia (Assimopoulos),

Vous n'étiez pas sans vous douter, comme bien d'autres, que tôt ou tard je quitterais la présidence du parti. Ayant tout pesé de mon mieux, je vous remets la présente qui constitue ma démission prenant effet ce jour même. Il vous incombera donc, sauf erreur, de mettre en marche le processus de remplacement qui est prévu dans les statuts.

Je vous saurais gré de transmettre pour moi au Conseil national ce simple message : merci du fond du cœur, merci à vous comme à tous ceux et celles, qui se reconnaîtront, et qui n'ont cessé depuis tant d'années de payer de leur personne et de leur portefeuille pour bâtir, enraciner, maintenir ce projet si sain et démocratique que nous avons dessiné ensemble pour notre peuple.

Amicalement,

René LÉVESQUE

Les commentaires, vous pensez bien, j'y goûtai tout de même. Imagine-t-on sortie plus indécente, tellement tardive qu'on n'a plus le temps d'en gloser ? Que devenait-il, notre strict devoir de respecter leurs heures de tombée ? Ce crime de lèse-médias avait pourtant l'avantage de constituer en soi un sujet, et sur lequel on me fit la «job» au point d'établir un savoureux contraste entre cette inélégance impardonnable et le «style» d'un Trudeau émergeant un soir de février des neiges d'antan. Mais au moins on me laissait — et jusqu'au bout dans mon cas — le titre essentiel de démocrate...

Le tout assaisonné comme il se doit de quelques pieux propos. «Amusant, constate André Rufiange, de voir les larmes de crocodiles... On se croirait dans un salon mortuaire, alors que les ennemis du défunt viennent dire à la veuve la grande admiration qu'ils portaient au disparu.»

C'est du dehors, et aussi du vrai dedans, que viennent les paroles qui touchent vraiment. Celles d'Elliot Fieldman, du Boston Globe, trouvant que «nothing more typifies René Lévesque's political leadership than his unprecedented leaving. We are not accustomed generally to such a voluntary surrender of power, but especially not from Québec... No premier has ever departed while entitled to stay.» C'était toujours ça de pris. De Michel Rocard également, qui me faisait l'honneur de voir dans ce départ «un geste de responsabilité».

Puis ces lettres, messages du cœur aux yeux, en direct, sans fatras médiatique. Celle-ci parmi tant d'autres : «... Sur le plan politique, je désire aussi vous assurer de mon entière fidélité à l'objectif d'affirmation définitive de notre pays, le Québec. Mon sentiment là-dessus remonte très loin, soit au moment où (...) nous préconisions *en 1964* ''la souveraineté du Québec assortie d'une association économique avec le reste du Canada''... Que nous semblions progresser dans la bonne direction sur ce plan me remplit d'enthousiasme et d'espoir.»

Perception tellement plus juste que les faciles nécrologies du rêve en même temps que du projet. On verra bien. L'avenir dure longtemps...

Pour l'instant, j'avais cessé d'être chef du parti. Mais il me fallait demeurer au gouvernement tant que la succession ne serait pas assurée.

Au lieu des cinq ou six semaines que j'envisageais dans ma candeur naïve, c'est donc l'été tout entier qui devait y passer. Avec cette rigueur bureaucratique dans laquelle elles sont portées à s'empêtrer, les «instances» en avaient ainsi décidé. Sans oublier, bien sûr, de réglementer les assemblées publiques des candidats de manière à les rendre incolores, inodores et sans saveur.

Dans d'autres partis, où ça traîne tout autant, l'essentiel est fait de tournées de recrutement discrètes et l'on ne débouche qu'à la onzième heure sur l'excitation et les pancartes. Au PQ pas de telles cachotteries. Le devoir de «transparence» commande de s'exhiber. On s'exhiba donc, interminablement, jusqu'à la fin de septembre, jusqu'après la disparition de toute attention, même celle des militants qui sommeillaient sur leurs chaises.

Est-ce à dire qu'il faudrait rejeter cette formule toute neuve d'un vote plébiscitaire pour le choix d'un leader? Je ne le crois pas. Bon nombre d'observateurs y virent au contraire une amorce de solution à ces intrigues de coulisse et à ces adhésions de taverne qui transforment tant de campagnes à la «chefferie» en foires d'empoigne toujours ridicules et souvent répugnantes. Mais tout est dans la manière, et c'est là qu'on avait raté le coche.

Canard boiteux, tel un président américain en fin de mandat (si l'on peut comparer les petites choses aux grandes), je «fis» donc mes trois mois.

De la campagne qui se déroulait entre temps, rien d'autre à dire. Les perceptions qui s'étaient imposées bien avant s'y virent simplement confirmées. Cette absence de surprise contribua sans doute à l'ennui général, mais ce n'était la faute de personne.

Pas de surprises non plus au Conseil des ministres. C'est-à-dire que plusieurs de nos collègues s'occupaient davantage du parti que du gouvernement. Cette fois encore, si l'on parvint régulièrement à dépasser le quorum de cinq, ce fut grâce avant tout à des vétérans, ceux en particulier qui s'apprêtaient eux aussi à quitter l'arène, et à quelques-uns des nouveaux que les défis de l'emploi intéressaient plus que les pérégrinations des candidats. Tant bien que mal, les principaux dossiers parvenaient ainsi à faire mine d'avancer, même en cette période estivale où la productivité n'est jamais à son meilleur...

En ajoutant deux engagements qu'il me fallut remplir à l'extérieur, je n'eus pas le temps de me sentir en chômage.

À Saint-Jean (T.N.) d'abord pour la rencontre des Premiers ministres des provinces. Rendez-vous où l'on s'occupe beaucoup de «public relations», mais qui peuvent également ment déboucher sur des séances fort instructives. Une en particulier sur le libre-échange, sujet que nous abordions entre nous pour la première fois, devint passionnée au point qu'on en oublia l'heure du déjeuner. Chacun à partir de sa perception des marchés, on s'offrit un raccourci du régionalisme canadien qui fut d'une franchise brutale, pas mal plus stimulant que tous ces «p'têt ben qu'oui, p'têt ben qu'non» qui se multiplient depuis lors. «Free-traders» de l'Ouest contre Ontariens protectionnistes, et nous qui nous tenions à mi-chemin, plus ouverts que les uns mais plus prudents que les autres. Car, d'une part, nous avons ces vieux secteurs « mous » auxquels nous devons ménager leur dernière chance de s'adapter ou sinon d'être accompagnés au cimetière de façon civilisée. Mais l'avenir, d'autre part, tout l'avenir du développement va dépendre sans cesse davantage de notre aptitude à faire face à la concurrence partout où elle nous attend au détour. Pour les gens dont le petit marché absorbe à peine la moitié de leur production, la règle c'est de se vendre et d'exporter ou de s'étioler dans leur coin. Comme ils disent à Paris, il nous faut des battants capables de se lancer sur la patinoire pour apprendre à jouer avec tous les « Gretzky » du monde économique.

Et le ton montait, montait, tant et si bien que, pour raccommoder tout le monde, on se rabattit sans délai sur une cérémonie qui entretient l'amitié, la remise des petits cadeaux qu'on offre traditionnellement à ceux qui s'en vont. Peter Lougheed était également sur le point de partir, cet Albertain assez farouchement souverainiste à sa façon pour nous comprendre tout en nous combattant, et de loin l'homme public le plus remarquable des Prairies de son temps. On nous offrit deux porcelaines artisanales. La sienne, prophétique ?, représentait un juge portant la majestueuse hermine de quelque tribunal supérieur. Quant à la mienne, elle évoque plutôt le passé : aux pieds d'un vieux pêcheur, un gamin qu'on prendrait pour un Gaspésien...

Puis, *a mare usque ad marem*, de Saint-Jean à Boise, petite capitale du petit État d'Idaho, célèbre pour la pomme de terre (au four seulement) et son extravagant temple mormon. Malheureusement, on connaît moins ces nombreuses autres traces qui se retrouvent sur la carte d'une Amérique qui faillit être française : Boise, qui se prononce avec l'accent aigu, Laramie, Cœur d'Alène...

Nous étions les invités de la Conférence annuelle des Gouverneurs, à laquelle nous eûmes l'impression que seuls les poids légers se font un devoir d'assister. Pour New York, la Californie et la plupart des États-mastodontes, c'est un peu la ligue mineure. Pourtant la réunion ne manquait pas d'intérêt. Pour nous surtout, qui retombions derechef sur ce même sujet que nous venions d'explorer. De nouveau les échanges et les marchés, mais vus tout autrement, avec des yeux à la fois soucieux et furibonds. Nous allions découvrir la grande tentation de repli économique, pouvant même aller jusqu'à une sorte d'isolationnisme, qui balayait déjà les États-Unis. Si l'on sait que, pour s'en tirer, nos voisins n'ont besoin d'exporter que cinq pour cent de leur production, cela peut s'expliquer. Vérité en deçà du 45e, erreur au-delà. C'est tout de même inquiétant lorsqu'on perçoit l'insondable ignorance qui règne là-bas dans une multitude d'esprits qu'il faut bien qualifier de provinciaux. Ainsi furent à leur époque ceux de l'Empire du Milieu, pour qui ce qui n'était pas chinois ne méritait au mieux que dédain, et hostilité sans doute dès que les affaires étaient moins bonnes...

... Enfin septembre vint.

Ultimes tête-à-tête avec Pauline Marois et Jean Garon, bien décidés à continuer. Si possible. Avec d'autres aussi qui, eux, se posaient des questions auxquelles je ne me serais pas autorisé à répondre.

Tâchant de contrer la paralysie voulue des conventions, on chercha jusqu'à la dernière minute à susciter des candidatures de qualité, surtout chez les femmes. Celles-ci ont-elles, à armes égales, plus d'audace et de détermination que les hommes? Je le crois. De surcroît, l'heure semblait propice à une certaine percée. Lise Payette l'avait perçu dès le printemps, en exagérant un tantinet: «Quand un parti est en débandade, disait-elle, c'est le moment de l'investir...» Sans aller aussi loin, il faut admettre que l'horizon immédiat apparaissait plutôt bouché. Si mes souvenirs sont bons, notre sondage du mois ramenait l'avance des libéraux à une bonne quinzaine de points sinon davantage.

Mais le temps arrange parfois les choses, c'est déjà arrivé... Aussi avions-nous préparé, en vue d'un bout de session qui permettrait peut-être au gouvernement de passer l'automne, une courte liste de projets :

- loi concernant le régime électoral municipal : simplification, etc. ;
- loi concernant les consultations populaires (référendums) : amélioration du processus, introduction de l'initiative populaire et parlementaire ;
- loi concernant le mode de scrutin : introduction de la proportionnelle ;
- loi concernant la protection... des non-fumeurs ! ;
- loi concernant le partage volontaire des emplois ;
- loi du retour, visant à inciter les Franco-Nord-Américains à immigrer ici (trouvaille «judéo-québécoise» de l'infatigable et original Guy Tardif) ;
- loi concernant les habitats fauniques ;
- loi visant (encore) à simplifier la réglementation gouvernementale...

Dans la plupart des cas, soulignait prudemment la note liminaire, il s'agissait «de marquer des intentions... compte tenu du temps».

Il advint très vite en effet que j'eus à peine le loisir d'assister aux deux extraordinaires soirées qu'on me réservait. Celle du parti, où le petit forban du «Matou», Monsieur Émile, n'eut qu'à se montrer pour voler la vedette, et où l'on m'offrit en cadeau une ligne de crédit vraiment excessive, assez pour un ou deux tours du monde : «Vous tenez donc à ce point à ce que je m'en aille !»... Puis une autre réunissant des amis de partout, tellement plus nombreux que je n'aurais cru et que je n'avais souhaité. «Il fallait s'attendre au pire, écrivait à ce propos une journaliste du Devoir. Après le coup bas du billet d'avion, etc., que pouvait-on réserver de pire à René Lévesque ?» Un repas suivi de charges à la bonne franquette, forcément inégales, et également insipides pour cette arbitre des élégances. L'article était même coiffé du célèbre vers mélancolique «Que sont mes amis devenus ?», faisant mine d'ignorer que j'avais eu le culot de corriger Rutebeuf en évoquant «amis que vent *rapporte...*»

La normalité, quoi! C'était le temps de partir. Coup bas ou pas, le trop généreux cadeau des militants permettait de le faire pour une fois sans avoir à calculer.

Mais d'abord, et enfin, la passation des pouvoirs. Chapeau pompeux pour coiffer une simple demi-heure purement *business*. Pour la circonstance, un dernier «GCCV» avait été terminé le 29 septembre, jour même où le premier tour de scrutin suffirait de toute évidence à désigner un vainqueur. Prudemment, il n'était adressé pourtant qu'«Au nouveau Premier ministre».

J'ai gardé mon exemplaire. M. Pierre-Marc Johnson aussi, je l'espère, car il y avait là un des meilleurs résumés de la situation qu'on pût s'offrir. S'offrir même avec plaisir: on avait pour une fois réduit le jargon technocratique à un strict minimum. Aussi, en le relisant, je me suis dit que peut-être des lecteurs pourraient s'y intéresser, puisqu'il s'agit non pas de secrets d'État mais des affaires courantes des citoyens. De plus ces quelques extraits [1] démontrent à merveille que, sur une foule de questions, le vieil adage s'applique étonnamment bien: plus ça change et plus c'est pareil.

Tout évolue, bien sûr, et chaque problème finit comme la vie elle-même par déboucher sur une solution, ou bien changer de direction et même de face, ou par disparaître de la circulation. Mais comme le démontrent des pages qui furent écrites il y aura bientôt un an, le temps est rarement pressé... Quant au pouvoir, ou aux pouvoirs, les limites en sont si vite atteintes qu'il ne lui (ou leur) reste trop souvent qu'à s'exercer à la patience. Et à l'humilité.

---

1. Voir l'annexe A, page 497.

C'ÉTAIT UN P'TIT POUVOIR
QUE J'AVAIS RENCONTRÉ

Félix, s'il avait frayé avec la politique, aurait peut-être pensé à quelque chose du genre. Loin de moi, je m'empresse de le souligner, l'idée de persifler le pouvoir et de donner l'impression que déjà les raisins seraient redevenus trop verts...

Il est d'autres sujets que j'ai effleurés et sur lesquels j'aimerais revenir également. Mais plus loin, à mesure qu'avancera ce tour de mon jardin. Le pouvoir, lui, je viens de le quitter en lui disant adieu. Je me sens donc libre d'en parler un peu pour la dernière fois. Pour la première, au fait.

Je l'aurai assez bien connu, paraît-il, et pourtant son vrai visage et sa quintessence continuent de m'échapper. C'est quoi au juste, ce Pouvoir qui s'écrit volontiers avec la majuscule ? Les savants propos bien profonds n'étant pas ma hache et tendant d'ailleurs à me laisser froid, je préfère répondre tout bonnement de manière descriptive. Voici à peu près comment j'ai vu et vécu mes modestes parts de pouvoir.

Ce qui frappe d'abord, c'est l'*appareil*. Ce bureau qu'on pense isolé comme une tour d'ivoire, les gardes-du-corps devant et derrière, cette aura qui est censée flotter tout autour, qu'on perçoit effectivement dans la plupart des yeux, sauf ceux des enfants. Il est évident que j'évoque ici ce poste de Premier ministre que j'ai dû remplir et subir de 1976 à 1985. Je dis bien : subir.

D'abord, le chef du gouvernement devient automatiquement captif. Le plus captif de tous. Du Conseil des ministres, en premier lieu, où il lui faut apprendre à écouter, écouter *ad nauseam* les pour et les contre, tout en cherchant à repérer au détour cette solution qui se dérobe comme l'aiguille dans une botte de foin. Si ça s'obstine à tourner en rond, c'est «prochaine séance ou séance subséquente» comme en Chambre, sauf en cas d'urgence. Car il ne saurait être question de prendre le vote. On voit d'ici les cabales : «Donnant donnant, tu m'appuies sur ceci et je te renvoie l'ascenseur sur cela!»

Infatigable auditeur, donc, seul à ne pas même se permettre d'aller aux toilettes tant que l'ordre du jour n'a pas été épuisé. Seul également, presque chaque fois, à s'être infligé de lire et d'annoter avant la séance tous et chacun des dossiers. Obligé, grinçant des dents, d'observer ceux ou celles qui se lèvent et se promènent, tiennent des conciliabules dans les coins, sortent pour faire ou recevoir des appels, n'écoutant rien de ce que disent les autres et ne revenant vraiment que pour défendre *leur* affaire ; et s'offusquant alors dès qu'ils aperçoivent quelqu'un qui les ignore à leur tour. Pas toujours facile, le travail en équipe. Ce n'est pas là une attitude généralisée, heureusement, mais il y aura toujours quelques incorrigibles.

Puis l'obligatoire présence à l'Assemblée nationale, au moins une fois par jour sauf exception. Les mandats de conciliation qu'il faut constamment assumer afin d'empêcher l'un de crêper le chignon à l'autre. Tout honorable ministre est en effet exposé à devenir une prima donna, et moins nombreux qu'on ne pense sont ceux qui évitent complètement ce travers.

Enfin tout ce que j'évoquais tant bien que mal, ci-dessus, dans ce récit de ma dernière année, la pire de toutes, il est vrai. Mais je ne me rappelle pas d'années sans histoire. Aucune à coup sûr qui ait été du gâteau.

Bref, ce fameux premier rôle vous dévore et vide son homme tout en le ligotant plus étroitement que quiconque. Plus limitées en apparence, les initiatives qu'un *simple* ministre peut se permettre de prendre — jusqu'à prendre des chances au besoin — profitent d'une certaine zone de libre arbitre. Au temps où je n'étais qu'un petit dernier dans le gouvernement Lesage, seul avec son commis-chauffeur et attendant son tour de parole, il me semble que la marge de manœuvre était bien plus large...

Il est si partiel aussi, foncièrement tronqué et sans cesse coincé par d'autres, ce pauvre pouvoir politique. Non pas d'abord parce qu'il est provincial, incomplet et très dépendant par conséquent, mais à cause de sa propre dilution dans ce fouillis des «agents» qui prolifèrent à tous les paliers. C'est ainsi qu'il y a un quatrième pouvoir puis un cinquième et pourquoi pas un douzième? Aux États-Unis, on dénombre même une bonne vingtaine de ces blocs d'influence dont un grand magazine d'information a pris l'habitude d'évaluer annuellement le poids relatif. Après la Maison-Blanche, qui demeure naturellement Number One, il faut voir en descendant cette ribambelle de pouvoirs qui se tiraillent dans l'escalier : le Sénat, Wall Street, Chicago, le monde agricole, GM («ce qui est bon pour GM est bon pour le pays!») et autres géants de l'industrie, les médias, la côte du Pacifique, les pétrolières et... même les milieux intellectuels. En modèle très réduit et sans l'illusion de toute-puissance qui peut réconforter nos voisins du Sud, il en va de même ici.

Alors pourquoi ce goût, assez répandu encore quoique décroissant de plus en plus visiblement, pour une occupation qui s'apparente plus souvent qu'à son tour non à celle de l'amiral conquérant mais plutôt à celle du galérien?

Au fond, c'est qu'il s'agit tout de même d'une tâche qui exige d'être remplie même si elle n'a plus l'ampleur superbe ni le prestige qu'on lui prêtait naguère. Partout, continuellement, des décisions à prendre ou à tâcher de faire prendre. Décisions qui, toutes, sont ou devraient être utiles à d'autres, parfois même nécessaires à l'extrême. C'est dévorant, je le disais, mais la médaille a son bon côté. Je n'imagine aucune besogne qui puisse donner une égale sensation d'être employé au maximum de ses forces et de ses idées, de fonctionner régulièrement au-delà du plein rendement pour obtenir à l'arraché ce pas en avant auquel on croit, et qu'on croit tel.

On en retire en même temps la satisfaction du ou d'un devoir accompli, avec cette certitude de manier là un moyen, le plus dégagé qui soit de l'intérêt personnel, de servir les gens. Les gens qui ont d'indiscutables et criants besoins auxquels on a pu répondre, ces choses tangibles également et solides comme un édifice ou un pont qu'on a contribué à faire surgir, voilà le vrai salaire. Sans oublier de garder un œil, en louchant s'il le faut, sur quelques grands objectifs qu'on a fixés sur l'horizon, qu'il faut tâcher d'atteindre, ou du moins qu'on ne doit jamais perdre de vue.

D'où il s'ensuit que je ne comprends pas mais pas du tout ceux qui, dit-on, pensent au pouvoir sans songer aucunement à l'usage qu'ils en feront. Le pouvoir pour le pouvoir pour le pouvoir, comme la rose qui est une rose qui est une rose... Alors que le pouvoir n'est pas une fin mais le commencement de l'occasion d'avancer, pas seul, et de faire avancer tout ce qu'on peut, avec d'autres.

C'est ainsi que, pour ma part, je l'ai accueilli quand il s'est présenté, à deux reprises et à deux intensités diffé-rentes. C'est lui qui s'est amené, alors que je ne m'y étais pas attendu. Il n'aurait pas été correct de faire la fine bouche, mais nous n'avons jamais été mariés à la vie à la mort. Ce qui vient de nous permettre une séparation à l'amiable.

Je ne regretterai pas de l'avoir rencontré. Et pas davantage de l'avoir vu s'en aller. Je demeure simplement assez content, fier même, que nous ayons pu faire ensemble un bout de chemin qui fut, somme toute, un bon bout de chemin.

Pensant à d'autres qui l'ont également fréquenté, à ces gars de Québec, de la Mauricie, des Bois-Francs ou à celui de Montréal (Saint-Laurent), je me dis qu'on a vu pire que cette liaison avec un gars de la Gaspésie.

II

IL ÉTAIT UNE FOIS...

«Ah! que le monde est grand à la clarté des lampes!

Aux yeux du souvenir que le monde est petit!»

(BAUDELAIRE)

L'ENFANCE SAUVAGE

1922. Année faste. Pour la Gaspésie et pour moi.

C'est cette année-là que fut érigé le diocèse. À défaut d'avoir le grand port de mer qu'eût appelé son incomparable rade si Halifax et les Maritimes n'avaient pas été là, au moins Gaspé s'inscrivait-il modestement sur la carte de l'Église.

Pour moi, c'est en 1922 aussi que je vins au monde. Gaspésien, mais né ailleurs. Je dus en effet aller trouver un hôpital à Campbellton, au Nouveau-Brunswick, pour pousser mes premiers cris. Lesquels faillirent bien être les derniers, puisque j'attrapai aussitôt une jaunisse carabinée dont la seule retombée indélébile serait cette peau de sang-mêlé qui fait qu'on me demande en toute saison si j'arrive du soleil. Officiellement, j'étais du 24 août, mais ma mère n'en fut jamais sûre, ni moi non plus. Peut-être le 23, très tard. Incertitude que divers astrologues m'ont souvent reprochée.

Selon mes parents je fus un beau bébé. Bien moins beau, cependant, que ce petit frère qui m'avait précédé mais n'avait pas vécu. Si gentiment que ce fût dit, quand vint le moment de me dire des choses compréhensibles, j'appris dès lors cette modestie qui ne devait plus jamais me quitter...

Qualité qui se trouva encore renforcée le jour où, vers mes deux ans et demi, je me sentis brutalement refoulé jusqu'au fond du salon par une grosse dame portant un paquet de linge d'où sortaient de vagues petits bruits. Mon frère Fernand faisait dans notre vie une entrée que j'avais attendue avec une certaine appréhension, tout à fait justifiée comme je venais de le constater. Je ne lui en voulus pas vraiment, mais ce souvenir ne s'effaça pas. C'était mon premier.

À cela aussi je survécus, si bien même que je devins rapidement pas endurable. Ce qui fut l'occasion de mon deuxième souvenir. Je me revois, le pied gauche emprisonné par une corde qu'on attachait au dernier barreau de l'escalier d'en arrière. On m'empêchait ainsi de me sauver, n'importe où, très loin, assez loin pour aller voir ce bord de l'eau que j'apercevais de ma fenêtre. Surtout on me privait d'un passe-temps dévorant qui était de voler des allumettes et de m'en servir. Un bel après-midi où le foin était d'un superbe jaune incandescent, j'étais parvenu à faire brûler la clôture, et avec un peu de chance la grange y serait passée elle aussi.

Comme on disait par chez nous, j'étais un enfant «triste». Tant et si mal que, dès cet âge et à maintes reprises par la suite, quand la mesure était pleine on m'expédiait pendant quelques semaines chez mes grands-parents, à Rivière-du-Loup. Je n'avais rien contre, loin de là. Mon grand-père avait un magasin général dont la grande spécialité était la fameuse couverture Hudson's Bay, mais j'y avais aussi mon comptoir attitré, celui des bonbons «à la cenne». Inutile de préciser que ça s'effondrait dans le rouge dès qu'on m'y embauchait certains jours orageux. Ma grand-mère était une vieille dame indigne. Je l'adorais à tous points de vue, mais d'abord parce qu'elle jouait aux cartes et m'offrait une place à table chaque fois qu'une de ses complices était empêchée de venir. J'avais droit à un dollar de capital de risque. Si je le perdais, la dette était effacée, mais j'étais autorisé à garder mes gains. Le bridge et le poker n'eurent bientôt plus de secrets pour moi...

Quant à ma corde au bas de l'escalier, on avait tout de même fini par m'en détacher. Pour me confier en quelque sorte aux enfants du voisin. Les Poirier étaient au nombre de quatre. Je parle des garçons. Les filles, ça ne comptait pas. Il y avait donc Wilson, l'aîné, puis Bert, qui était alors un « bum », et puis ma gang, Gérard et Paul.

Wilson, on ne le voyait guère. Il allait au séminaire, seul que la famille pouvait envoyer aux études et en qui elle mettait toutes ses espérances. En 39, il devait s'enrôler parmi les premiers dans la Royal Air Force pour s'écraser sans délai dans la Manche avec son Spitfire. Son père, humble « conducteur » de chemin de fer, blanchit presque du jour au lendemain, continua de vieillir à vue d'œil et mourut pas longtemps après. Gérard devait lui aussi partir pour « l'autre bord » vers 41, mais lui en revint chef d'escadrille dans les bombardiers, décoré, cité et marié avec une Anglaise.

Leader, il l'était déjà quand nous nous connûmes. C'est lui qui de nous tous savait le mieux où et comment tendre les collets dans les bois, au nord, passé la maison blanche du vieux protonotaire. Il avait un instinct pour subodorer des pistes qui nous étaient invisibles, et le lendemain, sans faute, un ou deux lièvres nous attendaient tout raidis dans le collier de broche. Lui seul avait officiellement — je dis bien officiellement — le droit de manier le fusil à plombs et, de toute façon, c'est lui seul également qui était capable de dénicher les perdrix et de les descendre. Mais ce qui nous rendait le plus envieux, c'est que lui seul, encore, savait rouler une cigarette. Juste assez grand pour oser se présenter au magasin, il en sortait avec le paquet de tabac Ogden et le papier dont j'oublie la marque. Puis, de ses doigts qui me semblaient pourtant si gros, avec quelle rapidité, quelle adresse consommée il nous en fabriquait chacun une, nous rendant immanquablement malades au point de nous faire oublier que nous avions payé notre part. Alors il gardait le reste.

D'une saison à l'autre, nous courions ainsi de la forêt à la mer. Galopant à travers la « Commune » puis enjambant la voie ferrée, nous arrivions au quai, de chaque côté duquel s'étendait une des plus belles plages du canton qui demeure toujours quasi inconnue. À droite, l'eau était d'un beige sableux, donc moins profonde. C'est là que, l'un après l'autre, nous dûmes apprendre à nager. On vous jetait tout bonnement au bas du quai, où Gérard et un autre grand assuraient au besoin le sauvetage. On buvait des tasses, mais on s'en tirait tout seul. Battant des jambes comme les chiens, poussé par-ci, tiré par-là, on finissait par rattraper l'échelle. Désormais on était sacré nageur, bientôt appelé à subir l'épreuve suprême, celle d'aller plonger de l'autre côté, en eau profonde, du quai ou même du haut des bateaux venus charger notre bois pour l'emporter au Nouveau-Brunswick. Tout ce manège nous faisait considérer comme des imbéciles heureux par les enfants des pêcheurs, pour qui la mer n'était qu'un lieu de travail purement pénible où ils n'avaient pas la moindre envie de retourner pour le plaisir.

Mais la grande aventure, c'était d'échapper aux familles pour se rendre à pied jusqu'à Paspébiac, à cette anse étroite qui formait le goulot d'un vaste barachois. À marée montante, l'eau y entrait pour se réchauffer au soleil. Puis au baissant, c'était une vraie mer du Sud qui en ressortait, tiède et plus salée qu'avant. On pouvait s'y prélasser longtemps, en se laissant porter par le courant qui déferlait vers le large. Et c'est ainsi que je me noyai... Incapable de revenir au bord, j'avalai, j'avalai encore et je me mis à étouffer tranquillement tandis que se déroulait derrière mes paupières un magnifique kaléidoscope aux couleurs sans cesse plus vives. Puis rien. La noyade, un charme...

Et quel réveil plus irrésistible encore : penchée sur moi, c'était la déesse de la plage, flamboyante rousse aux longues jambes qui m'avait sauvé. Elle avait une douzaine d'années et s'appelait Frances. J'en fus amoureux muet pendant bien des lunes. N'osant ni d'ailleurs ne pouvant me la représenter en chair et en os, je rêvais d'elle et m'assoupissais peu à peu en écoutant à travers le sable le sourd roulement de tonnerre des vagues perpétuellement renouvelées.

Cette vie de bons sauvages, comme on disait dans le temps en toute innocence, eut pourtant une fin. Il fallut «marcher» à l'école et au catéchisme.

De ce dernier, je me rappelle seulement qu'il me fit pour ainsi dire perdre la foi. C'était une merveilleuse matinée de mai ou de juin. Le soleil chauffait comme en pleine canicule, les oiseaux en étaient tout fous et là, sous nos yeux, les siffleux émergeaient de leurs trous au bord du ruisseau pour effectuer d'un air méfiant un premier tour d'horizon. Nous, adossés au mur de l'église, nous étions là comme en pénitence, à répéter en bayant aux corneilles : «Combien de personnes en Dieu? Il y a trois personnes en Dieu : le Père, le Fils et le Saint-Esprit. Où est Dieu? Dieu est partout...» Je savais tout ça par cœur, mais nous devions rester là, assis, immobiles, à répéter encore. Brusquement, j'eus un mouvement de révolte. Je jetai le livre et, me levant, m'approchai prudemment des siffleux. Monsieur le Curé s'en aperçut mais ne dit mot, ignorant qu'il voyait s'éloigner à petits pas un pratiquant à jamais égaré. Et Dieu, qui est partout, savait sûrement que nous en avions assez l'un et l'autre.

Plutôt suspect, en fait, Monsieur le Curé. On l'avait félicité lorsqu'il avait inventé, bien avant Nos Seigneurs les évêques, le chapelet quotidien à la radio. Mais ce mérite, fort mince au demeurant, se trouva vite effacé le jour où, afin de renflouer la fabrique, il eut l'audace de transformer la salle paroissiale en cinéma. Surtout quand on vit s'étaler l'annonce du film inaugural où les enfants eux-mêmes étaient admis : «Jungle Princess» avec Dorothy Lamour! Ce fut un beau tollé qui mit bientôt fin à cette dangereuse initiative. J'eus quand même la chance d'admirer la Dorothy en sarong, roucoulant à un partenaire qui, lui, retomba dans l'oubli : «I belong to you, you belong to me, my looove.» Un petit air obsédant que je fredonne encore à l'occasion.

Quant à l'école, ce fut un vrai pique-nique. Misérable cabane à plus d'un kilomètre de la maison, de celles qu'on nommait «one-room schoolhouse». Certains jours d'hiver où la poudrerie fouettait au visage, je me rappelle avoir fait tout le parcours à reculons. Autour du poêle à bois qui rougeoyait au milieu de la place, on empilait foulards et coupe-vent d'où montait rapidement un solide nuage de vapeur qui empêchait la maîtresse d'y voir clair. Derrière cet écran, toute la bande se retrouvait pour se pousser des coudes en lançant des farces plates et des avions de papier qui énervaient la malheureuse Miss Gorman et, vers la fin de la journée, la rendaient enragée. Y apprenait-on à compter ? Un peu, malgré tout. À écrire ? Si peu que pas. A parler ? Oui, et dans les deux langues à la fois.

À lire ? Pas nécessaire. L'électricité n'était pas encore entrée dans nos vies, mais nous avions de belles lampes à l'huile dont nous pouvions augmenter ou réduire la force à volonté, et dans cette souple lumière j'avais appris mes lettres sur les genoux de mon père, dans un grand livre rouge des Éditions Mame. On y racontait des histoires abondamment illustrées, d'un certain LaFontaine, dont je sus plus tard qu'il s'agissait de chefs-d'œuvre. Et c'est ainsi que, de fil en aiguille, non seulement j'appris à lire mais contractai un appétit dévorant pour le papier imprimé.

Je n'avais pas à chercher loin. Le foyer regorgeait de livres. Mon père, jeune avocat, avait dû se résigner, après une grippe espagnole qui était venue à un cheveu de l'emporter, à cette pratique rurale. Étudiant au début du siècle, il avait fait partie de ces jeunes libéraux pour qui Laurier était un dieu et avec eux avait songé à la politique active. Mais, n'ayant plus assez de santé pour affronter la mêlée, il avait abouti dans ce minuscule chef-lieu où, pendant plusieurs années, il fut le sous-ordre d'un confrère plus âgé qui était surtout devenu — à la mesure de la région — un gros homme d'affaires regardant les gens du haut de son affreux petit château baroque à l'entrée du village. C'était un Irlandais du nom de Kelly, prénom John, dont je fus menacé de porter le nom vu qu'on l'avait prié d'être mon parrain. Seule l'intervention maternelle m'évita ce malheur d'être un «Tit-Jean Lévesque» pour le reste de mes jours. Des années après, j'eus à m'en réjouir doublement lorsque mon père, écœuré des manigances dont le parfum douteux flottait dans tous les tiroirs, rompit l'association pour ouvrir son propre bureau, où il connut enfin le succès et la considération qu'il méritait. Ce qui n'empêcha nullement le parrain d'être «siré» et nommé haut-commissaire en Irlande, où il devait s'éteindre en odeur de sainteté.

Entre temps, j'achevais de dévorer la bibliothèque. Ayant commencé par les livres «à lire», parce qu'il y avait également, selon ce cher abbé Bethléem qui était alors au pouvoir, «ceux à proscrire». Avec les entre-deux à ne pas mettre entre toutes les mains.

Vieille amie Rostopchine, comtesse de Ségur, toi qu'on accuse de vrais crimes lèse-petits, comme tu savais pourtant me faire compatir aux *Malheurs de Sophie* et partager les mésaventures du brave Cadichon dans ses *Mémoires d'un âne!* Et toi, immortel Jules Verne dont j'ai accompagné le capitaine Némo sous toutes les mers et jusqu'au cœur de *l'Île mystérieuse*. Et vous l'abbé Moreux, qui répondiez selon vos lumières à ces questions existentielles : «D'où venons-nous ? Où allons-nous ?» C'est chez vous sans doute que j'attrapai le virus de la science-fiction, si fort que je me souviens toujours de mes deux premières incursions dans ces autres mondes : *L'anneau de feu* de je ne sais plus qui, c'était un voyage à Saturne ; et *Le félin géant*, d'un célèbre écrivain dont j'ai le nom sur le bout de la langue et qui, lui, nous ramenait à la guerre du feu et autres fascinantes redécouvertes (puisque nous, nous les connaissions!) de l'homme des cavernes.

Mais, ces rayons orthodoxes vite épuisés, je me mis à attendre fébrilement les trop rares absences de mes parents pour aller faire mon tour en «enfer» dès que j'étais sûr d'avoir un peu de temps devant moi. Vite, la clé. La cachette avait beau changer de place, je la retrouvais chaque fois en un tournemain. Ah! ces beaux bouquins interdits! Auxquels, j'avouerai, je ne comprenais pas grand-chose à cet âge. Mais quel plaisir que celui du fruit défendu! Que d'éblouissements — en puissance — dans *La Garçonne*, et de voluptés tout juste devinées chez les *Demi-Vierges* de Marcel Prévost... De ce dernier, pourtant, mon préféré était

Le Vent du boulet, qui vous plongeait, si j'ai bonne mémoire, dans le grand tourbillon guerrier de la Révolution et de l'Empire. J'avais le goût de l'aventure, pas encore celui... des aventures.

Aussi, le jour mémorable entre tous fut-il celui où j'obtins la permission de faire connaissance avec *Les Trois Mousquetaires*, puis de les retrouver en pleine forme *Vingt ans après*, pour les voir enfin dans *Le Vicomte de Brage-lonne* se courber lentement sous le poids des ans et enfin, un à un, disparaître en me laissant le cœur brisé. D'Arta-gnan, Athos, Porthos, Aramis, je vous ai souvent revus mais jamais plus je n'eus le courage de vous accompagner à nouveau jusqu'à la fin. Il en va encore ainsi avec tous les personnages auxquels je parviens à m'attacher. Me refusant à les quitter, j'ai une peine de tous les diables à entamer le dernier chapitre.

À l'orgie de grand air, de sel marin, d'horrible et rituelle huile de foie de morue, s'était donc ajoutée cette rage de lire. Rage omnivore qui ne crachait sur rien, pas même sur ces «pulps», par exemple, grossier papier de pâte à dix cents, depuis Nick Carter le détective et Tarzan, Roi de la jungle jusqu'à de futurs grands écrivains comme Raymond Chandler, à qui cette sous-littérature fournissait leur banc d'essai. Et puis, ultime recours, la véranda du député provincial dont la fille possédait toute la série des Bécas-sine, que je dévorai sans me douter un instant que ça empestait de paternalisme parisien. Subrepticement, j'ins-pectai ensuite la maison, de fond en comble, et n'y trouvai plus rien à me mettre sous la dent. Rien de rien. Chez cet honorable élu en passe d'être nommé ministre, on n'était pas plus curieux que ça. Évidemment, cela a bien changé depuis.

La politique, soit dit en passant, on en recevait de vagues échos à la radio. En période électorale uniquement. Le reste du temps, on était si loin, si peu nombreux. Eh oui, on avait la radio. Depuis fort longtemps la radio des autres d'abord, Charlottetown et, tout là-bas, WJZee New York, qui nous parvenaient au fil de l'eau. Rien de plus, jusqu'au jour où mon père commanda deux grands arbres, troncs géants entre lesquels on posa des fils pour nous faire une antenne. Remplaçant le «cristal», un énorme appareil Stromberg-Carlson vint envahir tout un coin du salon. Dès lors, en repérant le «pionnier des postes français d'Amérique», où nous prenions le «train de plaisir» de Fridolin et puis nous chicanions mon frère et moi à propos du hockey (il était pour Toronto, le traître), nous eûmes cette sensation nouvelle, presque étrange, de commencer à faire partie de quelque chose qui pourrait être le Québec. Ou plutôt le Canada français jusqu'à nouvel ordre.

C'était vraiment «once upon a time...»

À NEW-CARLISLE, PQ

— Madame Lévésque, voulez de la morue frréche à matin ? Ou ben du beau maqrreau ?

Cette voix rauque, un peu chantante, qui parlait « pospéya » (Paspébiac), c'était le pêcheur venant peddler son poisson pour se faire un peu d'argent. Au quai de la Compagnie, lui comme les autres n'aurait reçu qu'un bout de papier, négociable au magasin de la même entreprise où ces analphabètes se faisaient rouler de père en fils.

Nous nous moquions de son accent guttural et ne songions pas un instant à admirer la pureté fondamentale du langage. Le nom de l'homme également nous faisait bien rire : Antoine de la Rosbille. C'est plus tard que je me demanderais de quelle gentilhommerie angevine ou bretonne cet impressionnant patronyme était issu.

Le littoral de la baie des Chaleurs partage en effet avec moult autres finistères de par le monde une vocation que l'on pourrait qualifier de naufrageuse. Entrée dans notre histoire avec le régime français, c'était déjà, depuis toujours, une terre de passage pour les Indiens et aussi, selon toute probabilité, un mouillage occasionnel pour les Vikings. Et ces noms portugais, par exemple, sur quels corsaires nous étaient-ils arrivés ? Cette poignée de familles noires, de quelle lointaine plantation étaient-elles parvenues à s'enfuir ?

Touchant les Jerseyais, par contre, aucun mystère. Ces Robin, Lebreton, LeGallais, Lebouthillier étaient de ceux qui avaient mis la main sur les affaires après la Conquête et les avaient aussitôt réorientées vers les marchés anglais.

Mais l'apport principal à ce peuplement bigarré demeurait celui des « boat people » que deux grands dérangements successifs avaient semés le long de la côte.

Les Acadiens d'abord. Comment avaient-ils pu échapper à la sollicitude des soldats chargés de les éparpiller au diable vauvert? Les eaux du Golfe sont vastes et les brouillards y sont fréquents. On disparaît vite dans cette purée de pois. C'est sûrement de cette façon qu'un bon nombre de déportés voguèrent jusqu'à cette pointe qui abrite du vent et reçoit de plus une rivière richement poissonneuse. Ayant baptisé le tout Bonaventure, ils en firent leur nouvelle capitale.

Pour moi, ce devint avant tout la capitale de la crème glacée, la meilleure du pays. Chaque dimanche ou presque, c'était tout un voyage, vingt milles aller-retour sur la gravelle, dans l'épais nuage de poussière que la moindre accélération faisait lever.

— Plus vite, plus vite! criaient les passagers.

— Mais vous exagérez, ma parole, répondait la mère co-pilote. On fait du 30 à l'heure, c'est pas raisonnable!

Pas un cornet qui ne fut le fruit d'une telle odyssée.

Après quoi nous rentrions chez nos Loyalistes. C'est-à-dire chez les expulseurs expulsés.

L'Acadie s'était vue ravagée et vidée de son monde sous les ordres de Sa Majesté britannique. Juste retour des choses : peu de temps après, ladite Majesté se faisait mettre à la porte à son tour par les Américains. Elle laissait derrière elle quelques milliers d'indéfectibles supporteurs, trop compromis pour s'attarder ou encore viscéralement incapables de respirer un air républicain. Ces jusqu'au-boutistes vinrent donc s'entasser à l'ombre de la Couronne, dans la vallée de la rivière Saint-Jean au Nouveau-

Brunswick et surtout dans nos Cantons de l'Est. Mais il y eut bientôt trop-plein. Où mettre les autres ?

C'est ainsi qu'un jour de 1784 une flottille de trois petits bricks et quatre baleinières pas plus grosses que des canots de sauvetage appareillaient aux environs de Trois-Rivières, portant à leur bord quelque 300 de ces réfugiés, hommes, femmes et enfants. On leur offrait gracieusement d'aller s'établir dans un coin jusqu'alors inhabité et anonyme, mais qui prendrait sans délai le nom de Carlisle, ville-forteresse du vieux pays, aux marches de l'Écosse. Ainsi, racines et nostalgie pourraient-elles se perpétuer.

Pour les racines, elles étaient dans leur genre aussi résistantes que les nôtres. Ces très anciennes tribus de Beebe, Astles, Chisholm, entre autres, qui seraient d'origine huguenote, trempées par tant de pérégrinations forcées, de France en Angleterre, aux Pays-Bas, en Amérique... Ceux encore dont les ancêtres avaient suivi Cromwell pour aller «coloniser» cette pauvre Irlande, qui ne s'en est jamais remise. Bref, ils avaient de la branche, noueuse et «tough».

Quant à la nostalgie, on devine qu'en un rien de temps elle ne fut plus ce qu'elle avait été. Sortant, sortis, de ces treize colonies où des congénères ingrats achevaient de s'émanciper, voilà qu'ils retrouvaient tout de suite l'ordre monarchique tel qu'en lui-même. Au milieu d'indigènes fraîchement conquis, donc résignés, et qui plus est d'une autre «race», donc n'y comprenant rien. La vraie vie, quoi ! Imaginons les transports de ce coq en pâte, ex-tout-petit-boss d'un hameau du Vermont ou du New Hampshire, apprenant que l'on transférait (provisoirement, par bon-heur) de Gaspé à New-Carlisle le «siège» du gouverneur, et qu'allaient suivre non seulement un palais de justice mais «au coin de la maison un poteau de flagellation!» Vers 1860, on vit même un prospectus du gouvernement où New-Carlisle était choisi, je cite sans sourciller, «comme un endroit idéal pour comparer les conditions climatiques avec celles de places telles que New York, Édimbourg et Londres...»

Voilà bien ce bourg de moins de mille âmes où je vécus, sans rien savoir, mes premières années. Vrai petit nombril du monde très très Wasp. Microcosme d'une minorité béatifiquement dominante. Le poteau de flagellation s'était envolé, mais le palais de justice était toujours là avec la prison de poche où régnait le shérif G... qui était revenu de 14-18 avec un bras en moins et la sécurité d'emploi en plus. Le magasin général de Caldwell à un bout du village, à l'autre celui de Legrand, et entre les deux un Red-and-White assez mal vu parce que le patron était en même temps le preacher d'une nouvelle secte remuante, inventée aux States évidemment. Comme si notre bonne demi-douzaine de «mitaines» n'eussent pas suffi : la United Church, la baptiste, la presbytérienne, la loge obscure et tentatrice des Free Masons avec ses fenêtres à l'étage (que rejoignait l'arbre d'en face mais on n'a jamais rien vu) et, dominant cette mini-jungle œcuménique, l'église anglicane, celle de l'establishment dont le pape ou la papesse est à Buckingham et d'où le Révérend pouvait surveiller, juste à côté, le grand bâtiment jaune et blanc du high-school.

(Ce GRAND bâtiment, j'y pense tout à coup, n'était en fait qu'une modeste baraque de deux étages en planche. De même pour ces *énormes* ci et ces *gigantesques* ça dont les pages précédentes sont parsemées. C'est que je tâche de revoir les choses avec des yeux d'enfant. Ce *grand* érable au bout du terrain, dans lequel je grimpais pour épater frères et sœur et affoler ma mère : «Il va se casser le cou!» prédisait-elle, et j'étais fier comme Artaban. Depuis, je l'ai rencontré à nouveau, l'érable : petit arbre nordique plutôt rabougri. Comme cette demeure *immense* qui n'est plus qu'une maison de poupée. Et le reste à l'avenant. À cet âge, on se sent si loin en bas...)

Le souvenir de ce malheureux érable vient de me remettre en mémoire l'admiration qui m'envahit vers mes sept ou huit ans devant tous ces arbres, plantés si serrés et si jalousement entretenus, créant un flot continu de verdure sous lequel le village devenait pratiquement invisible. Au début, je ne voyais rien là de très spécial. Non plus que dans ces autres endroits, à Bonaventure et ailleurs, où l'on avait pratiqué de vraies «coupes à blanc» avant de se construire sur un sol bien nu. Mais un jour, on me fit remarquer cette différence en m'expliquant que nous autres, hélas, nous nous fichions éperdument des arbres. Les Anglais, au contraire, avaient apporté de leur ancienne mère-patrie, en passant par la Nouvelle-Angleterre, ce respect des bois et des fleurs et ce besoin d'en vivre entourés. Nous avons fait du rattrapage depuis ces temps immémoriaux, mais quand je repasse par mon vieux coin, ou par les petites villes si joliment ombragées des États voisins, je ne puis m'empêcher de penser que nous n'avons pas fini de replanter.

Enfin, autre titre de gloire, New-Carlisle était aussi un nœud ferroviaire de première importance... gaspésienne. Avec sa cour de triage, s.v.p., et sa «shop» pour les réparations. Là se rejoignaient les convois du «p'tit train», jamais pressé sur sa voie étroite, longeant au pas les précipices, suant et soufflant dans toutes les côtes et s'arrêtant volontiers pour prendre ou déposer un colis. Quelle humiliation, la première fois où je le vis à Matapédia, comme un nain poussif écrasé par ce goliath, l'Océan Limitée qui arrivait des Maritimes sur son emprise tellement plus large, dans un mélange titanesque de fumée aveuglante et de métal hurlant. C'est dur à tout âge de prendre la mesure de notre taille...

L'hiver, notre avorton ferroviaire disparaissait souvent pendant deux jours, parfois davantage. On savait qu'il était pris dans la neige et on «espérait» patiemment le courrier et les journaux.

Parmi ces derniers, le vieux *Montreal Standard* était d'une nécessité absolue, parce que ses savants mots croisés fournissaient chaque semaine l'occasion d'un affrontement homérique avec mon père. Il me parut toujours parfaitement injuste de perdre à tout coup, puisque moi je parlais (mal) anglais comme on respire. Mais lui, sans jamais perdre son accent de vache espagnole, s'était fabriqué de peine et de misère, d'un client à l'autre, un vocabulaire d'une richesse époustouflante. On retrouvait cela avec émerveillement dans les réponses qu'il envoyait à ces lettres qui lui étaient adressées : « Dominique Lévesque, Esq., etc. » Je fus un peu déçu quand j'appris que cette abréviation, alors courante, du mot « Esquire » ne désignait pas, à tout le moins, un écuyer de petite noblesse mais servait simplement à remplacer Monsieur.

Baignant dans ce micro-univers anglophone, nous n'étions pas moins français. Enfin, francophones. Même trop à mon avis. Parmi les merveilles que le p'tit train finissait par nous apporter, il y avait d'année en année les catalogues. Celui de « Chez Eaton », épais et sûr de lui, et le maigrichon des colonisés, celui de « Chez Dupuis ». Ils surgissaient vers la fin de l'automne et nous étions sûrs que c'était exprès pour nous faire languir jusqu'aux Fêtes. Or les paquets rutilants et mystérieux qui arrivaient ensuite en décembre (et qu'on dénichait sans tarder au fond des armoires), c'est à Noël que les Anglais pouvaient déjà les ouvrir pour étrenner les patins, les traîneaux, les skis pendant une semaine de plus, une précieuse semaine de vacances ! Car nous, il nous fallait nous morfondre jusqu'au Jour de l'An. À la française.

Mais l'heure devait fatalement sonner où cette survivance approximative ne suffirait plus. Je n'étais pas vraiment bilingue. Je parlais le plus effroyable des franglais. Le phare sur le cap, c'était la « litousse » (light house). Le rendez-vous où l'on flânait l'après-midi en attendant, c'était le ou la post-office. And so on...

Cet été-là, on prit donc la décision barbare de me déraciner en me mettant pensionnaire.

LE SÉMINAIRE
DU BOUT DU MONDE

Mon père regardait le préfet du coin de l'œil, avec un sourire également en coin. Ma mère, elle, était dans tous ses états.

Dès l'arrivée au séminaire, j'avais manifesté le désir de visiter la bibliothèque, et là, formulé en entrant cette première requête : « Avez-vous des Arsène Lupin ? J'en vois pas. » On me flanquait pensionnaire alors que je n'avais pas eu le temps de finir *L'Île aux trente cercueils*... J'espérais semer un peu de remords chez les deux coupables.

— Ma foi non, de répondre le père Mayer, faisant mine d'être pris de court. Pas de Lupin. Mais il y en a beaucoup d'autres. Regardez.

Tout Jules Verne, ouais. Lu. Léon Ville : qui c'est, celui-là ? Et Karl May ? Connais pas. Ah ! des Walter Scott quand même, toute une collection. Pourvu que ce soit aussi bon qu'*Ivanhoé*.

Rassuré, mon père partit avec le jeune jésuite, entraînant ma mère et me plantant là. Lorsque, un peu plus tard, je fus convoqué pour le souper, les deux scélérats avaient repris la route de New-Carlisle et j'étais livré sans défense aux gardiens de cette prison.

À onze ans presque et quart (à cet âge où chaque fraction s'additionne si impatiemment, alors que plus tard...), je n'étais pas en mesure de sentir à quel point c'était pauvre. La pauvreté, c'est toujours relatif, c'est par rapport aux autres, et je n'avais encore vu personne qui tranchât vraiment dans l'autre sens.

Cette bibliothèque, guère plus fournie que celle de la maison. Ces couloirs d'une nudité monastique. Ces jésuites dirigeant à titre «contractuel» le petit séminaire d'un diocèse dépourvu de tout, même de clergé. C'était pauvre comme Job, mais ça ne me frappait pas. À quoi comparer ? Et puis, voici l'essentiel, je ne tardai pas à être heureux.

J'y mis tout de même une quinzaine de jours. Apprendre à se lever, ou plutôt à se faire jeter hors du lit, paillasson par-dessus tête, à cinq heures quarante-cinq, au début c'est atroce, quand on est couche-tard et non réveillable de naissance. Surtout si c'est pour descendre non pas au réfectoire mais à la chapelle où la messe quotidienne n'est, par bonheur, sous forme d'apparente méditation, qu'un bon petit supplément de sommeil. L'estomac crie. Tant pis, une heure encore, la pire de toutes, à faire semblant d'étudier les «dossiers» du jour sous l'œil implacable de ces finissants imberbes qui portent déjà la soutane, vocation ou pas, l'avenir le dira.

Enfin, on peut aller déjeuner. Les bonnes sœurs nous ont préparé leur chiard maison : des patates, avec des patates, que cimente un mélange d'eau, d'oignon et de farine. Et qu'accompagne jusqu'au «Deo gratias» la lecture d'une vie de saint. On notait que bon nombre de ces bienheureux avaient probablement été aussi mal nourris... Le sinistre chiard et à l'occasion des fèves au lard, voilà tout ce qu'il m'en revient. Sauf que, fils de «professionnel», forcément en moyens par conséquent et capable de payer le supplément, j'aurai droit à mes œufs trois fois par semaine. Les autres, à peu près sans exception, se contentent de l'ordinaire. Ils viennent des petits ports de pêche et, pour la plupart, sont boursiers des curés qui ont discerné chez eux quelque appel du Très-Haut ou simplement du talent.

Dehors, maintenant. Beau temps mauvais temps, veut veut pas, il faut évacuer les lieux. S'il pleut, on tourne interminablement autour du préau, attendant son tour au jeu de mississipi ou au fil de fer. Grimpe discrètement du dessous un arôme de tabac. Pourvu que ça ne passe pas les bornes, les surveillants, boucaniers eux-mêmes, ferment les narines.

Quand il fait beau, l'automne essentiellement (le printemps, sous ces latitudes, on en reparlera en juin), alors on a le choix : le tennis, à condition de l'entretenir soi-même, le drapeau, la balle au mur, un équipement de gymnastique antédiluvien et tout ce que l'imagination peut encore aller chercher. L'hiver, sur la patinoire que nous arrosons et déblayons nous-mêmes, le hockey est roi, bien sûr. Soit qu'on fasse partie d'une équipe soit qu'on traîne le long des bandes en reluquant les filles du village qui, elles, sont venues se pâmer sur nos deux champions, les Duguay d'«Anticosse», Sauveur, l'as des as, et Tit-Philippe, qui n'ira pas moins loin pourvu qu'il se décide à grandir un peu.

Rien d'obligatoire, si ce n'est cette directive sans appel : dehors et que ça bouge ! Derrière laquelle se profilait évidemment la crainte de ces amitiés particulières qu'un pensionnat unisexe peut engendrer tout aussi bien que la marine ou le pénitencier. Mais il n'est pas moins vrai qu'on répondait à ce besoin de mouvement, d'activité physique débordante qui est le propre de l'adolescence normale.

Aujourd'hui, après tant d'années et de réformes et par conséquent de progrès, quand on voit ces amas de jeunes flancs-mous affalés dans tous les coins, potant et placotant, on ne peut se défendre d'un sentiment de malaise. Faire des enfants forts en les laissant ainsi à la traîne ?

Allons plus loin. Tout ce bag du moindre effort, la mode des «s'éduquant» qui persiste même après avoir sombré dans le ridicule, les leçons à ne pas savoir, les devoirs pour rire et les bulletins bidons, qu'est-ce d'autre que la lâcheté des adultes qui s'étale ? On n'ose plus imposer aux jeunes la moindre vraie contrainte, pas même à ces 10-15 ans, animaux particulièrement fringants et sauvages, que l'on prive ainsi bêtement du minimum de discipline qui leur ferait tant de bien. Or ils le savent au fond et, confusément, ils en viennent tout de suite ou plus tard à nous en vouloir et à nous mépriser quelque peu.

De tels propos vieille barbe ne sauraient que déboucher de nouveau sur le bon vieux temps. Eh bien, oui, sur ce plan et quelques autres aussi, c'était le bon temps. Cette rigueur qui nous encadrait ferme de l'aube jusqu'à vingt heures quarante-cinq, — « En rang pour la classe. Lévesque, attention, on va partir sans vous, c'est de la retenue que vous voulez ? », elle collait admirablement à une sorte d'ordre naturel que l'on reconnaissait d'instinct tout en le vouant aux gémonies. C'était pensé, ajusté comme un mécanisme ultra-précis, auquel on ménageait même quelques ratés pour la souplesse.

L'étude « sacrée », par exemple. Elle s'étirait tous les jours pendant une heure et demie avant le souper. L'aspect stratégique en était lourdement souligné par le fait qu'on y dépêchait pour nous tenir à l'œil non plus de simples finissants mais de *vrais* pères ceinturés d'un chapelet dont le cliquetis prévenait de leur approche. On y était pour faire ses devoirs avant toute chose. Mais une fois terminée cette ennuyeuse besogne qui n'exigeait guère que la moitié du temps et parfois moins encore (par ex., l'anglais pour un gars de New-Carlisle), on n'avait plus qu'à trouver à sa guise de quoi s'occuper. Fructueusement. Exclues par conséquent choses frivoles comme les romans, même ceux du Reverend Father américain dont les aventures scoutes étaient d'ailleurs d'une infâme platitude.

C'est ainsi qu'on était sournoisement amené, faute de mieux, à rouvrir tel ou tel manuel, lequel, ô surprise, devenait soudain intéressant puisque c'était « librement » qu'on s'y replongeait...

L'Histoire du Canada, comme elle s'appelait alors. Tout petit livre naïvement illustré de ces images d'Épinal qui s'incrustent à jamais dans une mémoire aussi neuve qu'insatiable. Jacques Cartier dressant sa fameuse croix à cet endroit exact que l'on ignore, qui n'a aucune importance, qu'on cherchait toujours lors des fêtes 1534-1984 et dont je n'ai pas à vous dire que nous pouvions discuter entre experts, nous qui étions sur les lieux pour le quatrième centenaire. Quels lieux donc ? L'emplacement de la cathédrale inachevée, à deux pas de l'endroit où l'on devait ériger cette pataude croix de granit gris ? Peut-être, mais trop facile, franchement, simple attraction épiscopo-touristique. En bas, le long de la grande — et seule vraie — rue d'où partaient d'humbles ruelles qui s'en allaient finir en terrains vagues ? Moins orthodoxe, c'était déjà plus plausible. Mais ma réponse à moi, à cette question qui n'a pas fini de hanter les esprits désœuvrés, c'était Penouille, Penouille sans l'ombre d'un doute. Penouille, Peninsula, maigre bande de sable qui ose tout juste montrer le bout de sa queue au flanc de l'immense estuaire. Pourquoi diable un loup de mer serait-il allé, tout détrempé, s'écorcher les orteils en escaladant le roc, alors que l'occasion s'offrait de débarquer tout doucement à pied sec ? Et de rembarquer dare-dare si ces Peaux-Rouges, sait-on jamais, allaient refuser de se prosterner... et de nous laisser en otage ce mignon cuivré qu'on pourrait si bien épuiser de toutes les manières à la Cour du Roy.

Il faut dire que Penouille rentrait dans l'Histoire quoi qu'il advînt, puisque nos pique-niques l'avaient choisie pour décor et que, de surcroît, je m'y affirmais comme tourneur de crêpes. Ajoutons que, bien plus tard, ayant constaté après nous qu'une réserve anglophone avait succédé aux Indiens et qu'un crime légendaire (dont mon père fit d'ailleurs condamner le coupable) y avait été commis, c'est là qu'Anne Hébert devait faire tournoyer ses *Fous de Bassan*. Ce qu'elle n'admettra pas, je vous préviens : d'un Gaspésien à l'autre, je lui ai adressé des félicitations auxquelles j'osais accoler ce détail important. J'ai reçu un accusé de réception chaleureux mais bouche cousue sur la source, qui tient à son secret...

Champlain. Pas très stimulant, le fondateur. Sa femme paraissait de loin beaucoup plus « le fun ». Ce gars toujours mal pris avec son chantier de l'Abitation que les Anglais ne cessaient de prendre et de reperdre, alors que la belle

Hélène ne s'embêtait surtout pas dans ces palais lointains où peut-être avait-elle rencontré à la sauvette un certain cadet de Gascogne, ou Athos aux yeux de velours, ou encore ce jésuite à la jupe si vite troussée, Aramis...

Oh ! l'Histoire, ce tas d'histoires inépuisables et brodables à l'infini. Ma préférée, notre préférée à tous, c'était celle du mousquetaire de Longueuil, d'Iberville. De la baie d'Hudson au golfe du Mexique. Raquetteur comme nous et flibustier comme nous aurions aimé devenir. Qu'un Anglais se cache derrière chaque épinette ou au fond de chaque échancrure, qu'importe, il ne fera pas vieux os ! Notre homme.

Puis ça déboulait tristement, après un petit arrêt pour saluer le soldat de Carillon, jusqu'aux plaines d'Abraham. Fini. Désormais, c'était l'histoire des autres qui s'ouvrait, celle d'un autre pays qu'on n'avait pas le goût d'apprendre. Exception faite pour cette équipée de Montgomery et d'Arnold le transfuge, qui, peu après, faillirent nous réannexer au continent — et régler du coup toute la question du libre-échange... Benjamin Franklin lui-même, cependant, devait laisser sa langue au chat face à cette loyauté coloniale si vite transférée... C'était bien fini. Pour longtemps.

Oui, mais l'Histoire n'est-elle pas — les sages font les proverbes et les sots les répètent — un perpétuel recommencement ? Sait-on jamais ? Prenez cette *Antiquité* de P. Gagnol, «pour les classes de Sixième A et B». Se peut-il vraiment qu'on nous ait permis de manier pareil explosif ? Comment en douter quand c'est bien écrit noir sur blanc : «Cours d'histoire, J. de Gigord, Éditeur, 1927». Pas d'erreur, c'était mon temps.

Dès le départ une phrase m'accroche, phrase que je viens de revoir en voyage, l'autre mois, un demi-siècle plus tard : Hérodote proclamant que «l'Égypte est un don du Nil.» Les crues, les trois saisons, le nilomètre, tout y est. Y était donc aussi, *nihil obstat*, ce passage qui m'estomaque. On y évoque la religion omniprésente des Égyptiens d'avant et après l'ami Ramsès : «Leurs prêtres ont eu sur la divinité des notions sublimes que l'on serait souvent tenté de rapprocher de la révélation mosaïque. Ils reconnaissaient un Dieu un en substance mais triple en personnes. La Trinité comprenait le père, la mère (sans manière) et le fils. Ce Dieu triple et un avait tous les attributs du Dieu chrétien, l'immensité, l'éternité, l'indépendance, la volonté souveraine, la bonté sans limites.» Quoi de nouveau, par conséquent, sous Râ-le-soleil? Et à vous, bons pères, chapeau. Même si ce fut par inadvertance. Quand je pense qu'aujourd'hui tant d'élèves sont admis à ignorer que Montcalm fut un général avant d'être un quartier... Ô Histoire, toi sans qui les choses ne savent plus ni d'où elles viennent ni où elles nous mènent.

Nous, en tout cas, ça nous menait tout droit d'Égypte en Grèce. Et au grec. Au grec ancien, qui allait avec le latin nous accompagner d'alpha à omega, aussi loin que le français et plus loin que l'anglais. Qu'en reste-t-il? Ces racines qui gardent leur très relative utilité pour qui n'est versé en aucun des jargons techno-socio-scientifiques où l'on en fait une consommation délirante. Des bribes de Socrate et d'Aristote et, flou, le visage de la touchante Antigone de Sophocle. Mais Xénophon, lui alors on s'en souvient, ce casse-pieds dont il fallait suivre mot à mot l'*Anabase*, reportage répétitif et squelettique de sécheresse. Heureusement que le vieil Homère était aussi de la partie, avec ses grandes sagas rejoignant d'emblée notre goût pour les belles batailles, les voyages dans l'inconnu et les contes de fées (ou de nymphes) tout parfumés de rêve. L'aurore aux doigts de rose... D'où l'on redescendait, avec un rire gras, sur cette expression très «classique» elle aussi: *Ouk élabon polin, elpis éphê kaka.*

Plein de ressources, décidément, ce bon vieux Grec qui savait se promener du plus éthéré au plus terre-à-terre; les potaches d'avant Jésus-Christ y trouvaient-ils eux aussi de quoi faire jongler et rougir leurs blondes?

D'ailleurs, les profs ne se gênaient pas non plus pour utiliser à nos dépens ce vénérable charabia. Je fus ainsi victime, tout un long après-midi, d'un de ces mauvais plaisants qui m'avait enjoint d'aller chercher d'urgence et de lui rapporter son... ictus. De salle de cours en salle d'étude, et de la chaufferie jusqu'au pied de la colline, constamment renvoyé de Caïphe à Pilate, je dus revenir penaud, essoufflé, pour me faire rappeler qu'on était le premier avril et qu'un ictus est un poisson ! Le pire, c'est que le fumiste-en-chef de l'affaire n'était nul autre que le père recteur.

Nous fûmes quand même bons amis, nous deux. J'étais le plus petit de tous et de quelques semaines plus jeune que Bourget, mon seul inséparable. Mais lui était externe, la belle vie. Moi j'étais le captif qui avait grand besoin d'un sentiment d'appartenance. Le recteur me prit donc sous son aile et, voyant qu'il me restait des loisirs, m'exploita sans vergogne. Commissionnaire, préposé à la chambre noire et à l'époussetage d'instruments bizarres, je devins même, grâce à ma limpide calligraphie de maîtresse d'école, rédacteur exclusif des bulletins mensuels : les *optime* dorés, les *bene* plus ternes mais encore potables, et puis rien si ce n'est la porte à brève échéance.

Hors les miens, les tout proches, la première grande personne qui m'ait marqué fut ce recteur. A. Hamel, s.j. : signature à la hussarde qui dénotait la «vocation tardive». Il avait fait un stage dans la marine de guerre d'où il était sorti officier, scientifique, photographe et bricoleur, et quand il s'y mettait, homme du monde. Il se réservait le cours de physique en Philo II, mais suivait aussi de près les sciences naturelles qu'on enseignait dans les petites classes et forçait les profs à nous emmener ramasser des cailloux et herboriser sur le terrain. Court et râblé, chauve comme un œuf, il détenait comme personne ce don du bon leadership, l'autorité tranquille, tranchante au besoin mais tempérée par le sourire et l'art de mettre les gens à leur aise. Il aimait la vie, et sa santé fragile lui interdisant les longues visées, il se rabattait sur les choses simples et nous montrait à les apprécier. Il s'amusait avec nous comme à nos dépens. Le pli des lèvres sévère mais l'œil malicieux, c'était vraiment un père. Substitut mais presque aussi vrai qu'un vrai.

Il comprenait fort bien, par exemple, l'horreur indicible qu'inspirait le bain du samedi, et tolérait la fraude monumentale que c'était devenu. En escouades de quatre ou de six, on montait au dortoir et, prenant au passage le paquet de linge propre, on grimpait jusqu'à ce galetas sibérien où s'alignaient les baignoires qui ne donnaient jamais que de l'eau glacée. D'une poche de la robe de chambre, on tirait alors le bouquin qu'on y avait glissé au préalable. Avec un frisson, plongeant un orteil puis deux dans cet étang polaire, on arrivait à maintenir pendant les vingt minutes réglementaires un clapotis fort convenable, à condition de varier un peu les mouvements pour donner le change au garde-chiourme de service. Ayant enfilé la tenue de rechange, la serviette et les cheveux savamment humectés, on redescendait avec le sentiment du devoir accompli. Inutile de dire qu'en très peu de temps nous étions tous transformés en bêtes puantes. Mais comme c'était le même parfum qui se dégageait de chacun, y compris de plusieurs des pères s'il faut tout dire, l'atmosphère n'avait quant à nous rien d'anormal.

Aux premières vacances de Noël, on me fit comprendre le genre de pot aux roses que j'étais devenu. À peine m'eut-elle embrassé et soumis à l'examen visuel qui lui révélerait le déplorable état de ma santé, ma mère eut soudain un haut-le-cœur et, se bouchant le nez, m'ordonna d'un ton sans réplique :

— Ah non, d'abord tu vas te laver. Sale à ce point-là, on est porteur de microbes. Vite, vite, avant de nous rendre tous malades !

Ce n'était qu'un début. Ces vacances tant attendues ne furent que déception sur déception. Plus que jamais je n'aurais cru possible, mes trois cadets étaient encore d'une lamentable puérilité. Après Fernand étaient en effet apparus André, puis Alice. Le plus élancé des quatre, André était d'une adresse diabolique, et seules ses jambes d'échassier l'avaient sauvé de mille morts lorsque, l'été d'avant, il s'était mis à me battre régulièrement au croquet. Sitôt franchis les deux derniers arceaux, il avait appris à détaler vers la maison en me jetant son maillet à la tête pour briser ma course vengeresse, et puis j'attendais qu'à la fin de la journée la chère petite sœur unique, chouchoute et délatrice comme elles sont toutes, me dénonçât au paternel pour tentative de meurtre.

Ces deux-là demeuraient donc insupportables, tandis qu'avec les amis, drop-out ou passés au high-school, je n'étais plus dans le coup. Eux non plus, vis-à-vis de moi. Si vite, en trois ou quatre mois, nous avions perdu le plus clair de notre naturel, et le temps des Fêtes était trop court pour que nous puissions le rattraper.

Sans me l'avouer, c'est donc avec une certaine impatience que j'en attendis la fin. Et avec soulagement que je repris le train après les Rois. J'y retrouvai ceux qui, je venais de m'en rendre compte, formaient ma nouvelle gang.

Qu'il fut pourtant lugubre, ce retour à Gaspé. En moins d'une heure la nuit était tombée. Dans l'interminable clic-et-clac des rails raboteux, on eut bientôt fini d'écouter les grands se vanter de leurs prouesses. Les paupières s'alourdissaient en dépit du froid qui entrait par toutes les fentes de l'antique wagon. Lorsque nous arrivâmes enfin, peu avant minuit, c'est un troupeau ronflant et bien congelé que le comité d'accueil eut à secouer, emmitoufler et convoyer péniblement sur le pont de Monseigneur Ross, où la bise nous frigorifia de nouveau, puis à travers le village endormi jusqu'aux lumières qui nous faisaient signe d'arriver, à tous les étages de ce morne bâtiment, notre collège du bout du monde, première ouverture sur ce monde même et désormais notre second chez-nous.

FIN DU COMMENCEMENT

Éléments, Syntaxe, Méthode, Versification, Belles-Lettres, Rhétorique, Philo...

Ils avaient de l'allure, ces paliers sonores du vieux cours classique qu'on gravissait pendant huit ans. Autrement plus, on l'admettra, que la monotone escalade de première à deuxième à troisième, ou bien l'inverse comme en Europe.

À mon humble avis, le contenu n'était pas non plus inférieur à cette cafétéria d'options si souvent prématurées qu'on sert à la volée aux jeunes consommateurs d'aujourd'hui. Les quatre langues d'abord, plus ou moins maîtrisées mais qu'il fallait piocher assidûment. Le français, moins mauvais que maintenant, je crois, et l'anglais, sûrement un peu meilleur. Après s'être colletés pendant cinq ou six ans avec Virgile, Horace et leur époque, on parvenait à baragouiner un latin de cuisine très convenable pour la chapelle et aussi pour servir les messes des pères, afin d'avoir droit ensuite à leur réfectoire où il y avait des fruits. Mais le plus important, c'est qu'une passerelle avait été lancée entre la Grèce et Rome et qu'on commençait à deviner comment se fabrique une civilisation.

Jamais je n'arriverai à comprendre qu'on ait si complètement éliminé — en jetant le bébé avec l'eau du bain — tout

le «tronc commun» de l'éducation traditionnelle. L'étude
des langues en particulier. Face à cet univers ratatiné où
les descendants des coureurs de bois sont appelés à devenir
coureurs de continents, le dénuement de ce secteur est
proprement catastrophique. Pourquoi n'a-t-on pas remplacé
les langues mortes, qui avaient effectivement fait leur
temps, par une sinon deux langues modernes? Pas des
options pour rire, mais parties intégrantes et obligatoires
du curriculum, avec leur grammaire, leur littérature et tout
le trésor culturel·dont elles sont chargées.

Le français, cependant, avant toute chose. Langue qui
répond si mal au moindre effort et aux bébelles audio-
visuelles. Ardue bien plus que l'anglais, elle exige d'être
bûchée au début puis longuement dégustée à la table des
grands auteurs. Si l'on se contente du «français instant»,
c'est comme pour le café : ça donne un succédané pâlot qui
n'a ni corps ni saveur. Sans doute ma présente décoction
n'est-elle pas un modèle, mais du moins s'efforçait-on de
nous doter d'une langue correcte, de cet indispensable
instrument d'une communication claire et précise sans
lequel la pensée elle-même reste pâteuse.

Ce prof entre autres que je me rappelle spécialement,
un des très rares qui savent provoquer et qu'on n'oublie
pas. C'était en Méthode ou peut-être en Versification. Sa
passion, c'était le vocabulaire. Le roman, aussi extraordinaire qu'un autre, de l'évolution des mots, et leurs
parentés également, si complexes et si trompeuses. Une
semaine entière, il nous avait promenés, à partir de fierté
ou d'orgueil, dans tout ce qui de près ou de loin leur
ressemblait sans être pareil : dignité, vanité, amour-propre,
valeur, morgue, hauteur, arrogance, alouette... D'où ressortait une amorce de perception de ce richissime fouillis des
nuances. Au fond de la nuit des temps, on enfourchait
ensuite les petits chevaux aryens et, galopant des déserts
asiatiques aux confins de l'Europe, on y semait d'un terreau
à l'autre des sons primitifs qui conserveraient toujours un
certain air de famille tout en s'articulant de moult manières :
father, vater, pater, padre, père. Indubitablement, je prouve
là que nous n'étions ni philologues ni même linguistes, pas

plus que le prof. Mais ce dernier nous avait tout de même éveillés à la magie du verbe.

Et à cette volupté des «morceaux choisis» que le pensum de l'analyse appelée littéraire n'arrivait pas à étouffer. Hugo à pleines pages jusqu'à l'œil dans la tombe qui regardait Caïn. Lamartine revenant soupirer au bord du lac et le pélican de Musset lassé du long voyage... Ma première passion et la plus durable fut pourtant pour ce pauvre Rutebeuf. J'avais mis la main je ne sais trop comment sur *Une histoire de la littérature* par Kléber Haedens, pas l'histoire mais *une* histoire hors des normes grâce à laquelle je saisis que choix, appréciation, c'est chacun pour soi, puisqu'on ne lira jamais tous les livres. Naturellement Rutebeuf surgissait très tôt, lui que nos manuels escamotaient, et ses amis «de si près tenus et tant aimés» devinrent les miens aussi pour la vie. Je les écoute encore, parfois, tels que Léo Ferré les a si joliment mis en musique, surtout ces derniers temps qu'il ventait de plus en plus fort devant ma porte...

Curieux, cet instinctif retour aux sources. Mes vraies idoles étaient et sont toujours ces pionniers de la langue. Peut-être parce qu'ils savaient chanter si simplement les choses simples et qu'ils étaient les premiers. Villon et sa *Ballade des pendus* dont les ossements cliquettent encore dans la mémoire. Du Bellay ramenant son Ulysse à la maison et «*faites du feu dans la cheminée*». Et la Mignonne qui se fanera comme la rose, et alors

> *... direz, chantant mes vers et vous émerveillant, Ronsard me célébrait du temps que j'étais belle.*

Sans oublier cette Louise Labé dont le nom même était à l'Index mais dont je pouvais avec beaucoup d'âme, dès qu'une auditrice se montrait réceptive, réciter longuement les sonnets les plus évocateurs, les plus troublants.

Bref on grandissait. On devenait distrait, secret, insupportable. Les grandes vacances se déroulaient entre le tennis et la plage. La plage surtout, bordée de bosquets où l'on tâchait d'entraîner nos victimes. Ou alors jusqu'au sommet excitant du rocher Christie, à l'abri des regards indiscrets. Mais tant d'efforts n'aboutissaient, hélas, qu'à de pénibles frustrations. Aucune qui acceptât d'aller jusqu'au bout : « Non, non, pas plus loin ! » Même avec S. qu'on disait dévergondée, mais ce n'était qu'une réputation surfaite. Le sens du péché n'avait pas tout à fait disparu, et la contraception facile, la pilule n'apparaîtraient que bien plus tard. On enrageait donc, mais au fond on n'était pas si malheureux d'avoir à attendre que le fruit voulût bien se laisser cueillir...

Mais comment pouvait-on se laisser obséder par ces futiles préoccupations, alors que la Grande Dépression était à son plus creux ? Ils me font bien rire, tous ceux qui parlent ainsi des jeunes comme d'une espèce à part qu'eux n'auraient pas connue : démobilisés, dépolitisés, sans dessein. Comme si l'adolescence n'était pas pareille depuis que le monde est monde. C'est son monde à elle, justement, que ce personnage tourneboulé, parcouru de courants inédits et de sourdes angoisses, sur lequel elle est tout entière centrée et qu'elle teste cruellement sur l'entourage pour rentrer aussitôt dans sa coquille. Et seule la tempête ou quelque enivrant refrain l'en fera sortir pour défiler dans la rue. Le calme plat n'est pas son fait.

Or la Crise pour nous, sans être vraiment le calme plat, n'existait guère. On en parlait de plus en plus dans les journaux de la ville. De vraies histoires de Martiens, ces « camiliennes » qu'on édifiait à Montréal. Plus tard, je me rappellerais surtout que, pendant cette période, on gardait plus longtemps la même bagnole et qu'il fallait penser davantage aux pauvres. Car pauvre, tout le monde l'était plus ou moins, sauf certains étrangers comme ces Américains des clubs privés qui se firent d'ailleurs de plus en plus rares à mesure qu'empiraient les années 30.

En réalité, la Crise était là tout autour de nous, mais permanente. Nos voisins d'à côté, les C., mourant un à un de tuberculose qui fut LA maladie de l'époque. (Combien d'autres choses dissimulait-elle lorsqu'elle prenait l'allure d'une « consomption galopante » ?) Ainsi faisions-nous connaissance, d'un service funèbre à l'autre, avec la mort. Cette mort bien propre et fardée, gentiment emmaillotée dans la bière, ça ne m'impressionnait pas, c'était de l'irréel. Tandis que l'agonie, aïe, même une agonie animale comme celle que les C. nous infligèrent. Les restants d'autrui ne suffisant plus, ils avaient trouvé la force d'élever languissamment quelques poules et une couple de cochons. Un jour, une terrible clameur, vrai cri de mort, nous vrilla soudain les oreilles. Accourant, que voit-on ? Le malheureux porc crucifié à la porte de grange, la gorge ouverte et qui saignait... comme un porc et qui hurlait, hurlait. Il hurla ainsi tout l'après-midi, avec des à-coups, puis ça reprenait en plus faible, s'abaissant peu à peu du suraigu jusqu'au grave. Enfin, au coucher du soleil, les derniers râles. La mort, il n'y avait rien là. Mais mourir...

À force de faire parler d'elles, les difficultés sans précédent qu'on subissait ailleurs eurent tout de même leur effet. La misère, la maladie, c'était monnaie courante. Mais l'exploitation éhontée, qui l'était tout autant, se mit tranquillement à paraître moins tolérable. Le matin avant d'aller à l'école, j'accompagnais souvent mon père lorsqu'il descendait au quai pour acheter du homard. Un pêcheur jetait quelques-unes de ses prises dans la grande marmite, attisait son feu puis nous vendait le résultat ; combien ? Vingt-cinq cents pour un gros ? Sûrement pas plus, et les petits étaient pour rien. Mon père en profitait pour me raconter l'histoire des « Robin » (Robin, Jones and Whitman) et de l'incroyable servage dans lequel ils emprisonnaient leurs gens. Eux comme d'autres, tout autour de la Gaspésie. Comme ces travailleurs forestiers à qui la James Richardson et la Hammermill versaient bien, pendant la brève saison de coupe, un gros cinq piastres par jour. Se rabattre sur la terre pour mieux vivre ? Quelle terre ? Les fraises en juillet et les bleuets avec les premières neiges... Minuscules lopins où la vache maigrissait à vue d'œil et où ne venaient bien que les excellents petits pois du nord. Heureusement, il y avait plein de moutons sur les collines, des bois grouillants de lièvres et de chevreuils et des eaux où l'éperlan et le capelan passaient en « bancs » miraculeux.

Certains soirs où la lune argentait la mer, tout à coup une énorme tache se répandait, noire comme de l'encre, éteignant tous les reflets. Chacun prenait un seau et courait à la grève. Quand les seineurs ramenaient le filet tendu à craquer entre les deux barques, on perdait pied dans cet étincelant raz-de-marée de petits poissons qui scintillaient et sautillaient en cherchant à se faufiler jusqu'à la vague qui les ramènerait au bercail. Il en restait toujours assez pour s'empiffrer le lendemain au milieu de grands débats : à qui le tour d'avoir les œufs ? Régal aujourd'hui introuvable. On est sans doute devenu trop paresseux pour s'occuper de si peu.

Rien ne pouvait plus cependant, pas même ces « colonies » où l'on parquait le monde comme du rebut, déguiser une situation générale dont on s'apercevait, mieux vaut tard que jamais, que ça ne pouvait plus, ne devait plus continuer comme ça. Des grondements sans précédent se faisaient entendre, derrière lesquels, hésitantes, se brassaient des idées encore informes de coops et d'unions [1].

En attendant, on acquérait là sans trop y penser une ébauche d'identité. Les autres, parmi eux la majorité des « boss » et des exploiteurs, n'étaient-ce pas aussi les conquérants ? Jamais ça ne m'avait dérangé lorsqu'on se houspillait cordialement en échangeant des cailloux ou des balles de neige et en leur assénant notre « English crawfish » en réponse à leur « French pea soup » également idiot. Sport bon enfant qu'on n'avait jamais pris au sérieux, qui restait pour ainsi dire dans la famille. Tels ces matins où mon père devait m'accompagner jusqu'au coin en dépassant la maison de la sanguinaire tribu des Law, après quoi, en toute sécurité, je prenais mes jambes à mon cou ! Mais voilà que lentement, comme à regret, je me mettais à percevoir la différence.

Bientôt, j'y fus plongé jusqu'au cou. Dans *Notre maître le passé*, noblesse oblige, mais tellement prêchi-prêcha que

---

1. Voir à l'annexe B, page 503 un petit récit où j'évoquais à la fin des années 40 les premiers résultats de cet éveil.

algarades avec ma mère qui, elle, était d'ascendance conservatrice. À cause de quoi j'étais même passé à un cheveu de
ne pas voir le jour : «Quoi, te marier avec ce libéral. Il va
falloir que tu me passes sur le corps, ma fille!» Ainsi,
m'avait-on dit, avait longuement résisté le vieux bleu
«teindu» avant de se résigner de guerre lasse à devenir
mon grand-père maternel.

Finalement, le lendemain, d'un pas traînant de condamné à mort, mon père partit pour le studio, tenant les
quelques feuillets sur lesquels il continuait nerveusement à
raturer ses notes. Ce fut pourtant un superbe quart d'heure
que ma mère suivit avec le même ravissement que moi : un
panégyrique éloquent, émouvant de l'illustre sir Wilfrid —
mais pas un traître mot sur Taschereau et autres naufragés
de l'heure!

Affront impardonnable que mon père n'eut guère le
temps de s'entendre reprocher. Il tomba malade peu après.
Loyal aux confrères du milieu, il alla se faire opérer, très
mal, dans ce même hôpital de Campbellton où j'étais né.
Revenu à la maison, il ne se remettait pas. Des semaines
durant il dut garder le lit, où il s'affaiblissait visiblement.
En désespoir de cause, il accepta de se faire transporter à
Québec. Au moment du départ, c'est un homme tout émacié
et qui avait subitement grisonné qui me serra dans ses bras
comme quand j'étais petit. J'en ressentis une vague appréhension, qu'un appel de Québec vint, hélas, confirmer. Il
fallait arriver au plus tôt si nous voulions le revoir. Sur la
route casse-cou, la voiture d'un ami nous entraîna à
90 (milles) à l'heure jusqu'à Matapédia d'où «l'Océan»
partait à l'instant. Au milieu de la nuit, alors que je venais
de m'endormir, je fus brusquement secoué, extrait de la
couchette et amené à l'extérieur devant une gare que je
reconnus aussitôt: Rivière-du-Loup. Je compris du même
coup que c'était fini.

Le matin des funérailles, on me laissa seul avec lui
pendant quelques instants dans le salon des grands-
parents. Que je regrettais de l'avoir si peu connu, pensai-je,
et si mal apprécié. Je le lui dis tout bas. Il avait été un

homme bon, le plus droit peut-être et le plus discrètement serviable que j'aie rencontré. Esprit cultivé qui s'en cachait bien, idéaliste qui n'avait perdu que les illusions. Honnête au point de mourir raide pauvre.

Si tôt disparue, cette présence avait eu le temps de me marquer comme aucune autre, jusqu'au mimétisme : le stylo que je tiens curieusement entre l'index et le majeur, c'est de lui, comme ma signature qui est toujours un décalque de la sienne.

Je l'embrassai à mon tour sur ce front de marbre. Puis je sortis du salon sans savoir que je venais aussi de prendre congé de la prime jeunesse et de son insouciance. Ni que ma toute nue et bien-aimée Gaspésie, c'était déjà le paradis perdu.

EN GUISE D'ENVOI

J'irai la revoir, ma Gaspésie, plus souvent maintenant que me revoici citoyen ordinaire. Impossible d'en jouir tant qu'il fallait y aller «en» Premier ministre et qu'on ne lâchait la *grande* politique que pour aborder la question du bout de chemin ou du garde-chasse qui se prend pour un autre, sans oublier la panoplie des subventions et le grave problème du budget municipal.

J'y suis pourtant retourné à quelques reprises ces dernières années. Assez pour voir qu'il s'est produit là comme ailleurs une accélération de l'histoire qui métamorphose et modernise mon éden du bout du monde, mais sans l'enlaidir, ce qui ne m'a pas surpris puisqu'il n'est pas enlaidissable.

J'ai revu notre petit séminaire lors des Fêtes de Cartier auxquelles on avait greffé une réunion des anciens. J'ai reconnu à grand-peine les briques usées et ternies de cette première baraque où nous ne fûmes jamais plus de quatre-vingts, tout écrasée désormais entre les ailes du cégep qui accueille aujourd'hui par centaines des élèves de tous les coins de la côte et même des Îles-de-la-Madeleine. Enfin, on la met en valeur, cette richesse qu'on a si longtemps gaspillée. Comme on le fait aussi en Abitibi, dans l'Outaouais, dans le Bas-Saint-Laurent, au lac Saint-Jean, toutes ces extensions du pays qu'on appelle drôlement les

« régions-ressources ». Après avoir si longtemps et si bêtement ignoré la ressource dont tout le reste dépend, qui peut
au besoin se passer de tout le reste. Regardons le Japon ou
la Suisse.

L'armature humaine est enfin en place. Jusqu'au clergé
du diocèse qui a tous les effectifs requis pour remplir la
tâche qui naguère le dépassait, même si les responsabilités
sont dorénavant en forme de peau de chagrin... Et ces
médecins, ces enseignants, ces techniciens qui se multiplient, fils et filles du pays qui, leurs études terminées, ont
opté pour le retour à l'air marin. Au-delà du métier, ces
encadreurs débordant d'énergie sont également maires,
conseillers municipaux, syndicalistes, leaders culturels,
inventeurs d'entreprises, bref le levain dans la pâte. Une
pâte qui lève bien et vite après avoir été tant laissée à
l'abandon.

Même les pêcheurs, si longuement négligés, sautent
avec une confiance et un entrain croissants dans ce nouveau
petit train du changement qui est celui du progrès.

L'une de mes toutes dernières sorties « officielles », en
août 85, m'amena à Newport pour assister en compagnie de
Jean Garon à l'inauguration de la nouvelle conserverie de
poisson.

— Un établissement, de clamer mon collègue, qui nous
place même en avant des Islandais. Et on va y rester, en
avant !

Applaudissement et bonne humeur et, plus encore, une
fierté qu'on ne voyait pas autrefois. La même qui rayonnait
sur le visage de ces deux capitaines dont les chalutiers tout
neufs allaient être lancés après la cérémonie. En nous
faisant faire le tour du propriétaire, ils ne nous épargnèrent
aucune des pièces d'équipement dernier cri ni aucun de ces
détails qui vont assurer au bateau et à la cargaison une
méticuleuse propreté.

— Vous voyez, on a même des toilettes ! dit l'un d'eux.
Fini le temps où tout était sale et sentait mauvais, nous
autres autant que la morue !

Ce souci de la qualité et du beau produit, il m'avait déjà frappé aux Îles, en une occasion similaire. Au cours d'une visite aux établissements rénovés de Madelipêche, un grand gaillard avait tenu à m'apporter quelques échantillons.

— C'est écrit là, me fit-il remarquer en me désignant l'emballage, que ce filet va partir de Cap-aux-Meules, Îles-de-la-Madeleine, Québec. Il a besoin d'être bon, c'est notre nom qui va nous faire une réputation à c'te heure. Avant, on n'avait pas de nom, on était noyé dans celui des Pêcheurs-Unis où il y en avait qui faisaient des saletés et ça retombait sur tout le monde...

Cette dernière fois, pour revenir de Newport nous avions pris l'hélicoptère. Le soleil d'août, ce soleil qui se dépêche à taper pendant son bref paroxysme estival, éclaboussait de ses rayons les jeux incessants de l'eau qui s'amusait à changer ses couleurs en les mélangeant, l'aigue-marine du large se métamorphosant en émeraude juste sous nos pieds, et au milieu des crêtes toutes blanches qui filent vers le bord on aperçoit le fond grenat, et la grève rose qui mène aux incomparables falaises rouge-sang, avec au-dessus, sertis dans le sombre vert des bosquets de résineux, ces champs dont l'or pâle annonce déjà l'automne. Au moment où nous repassons par New-Carlisle en rasant le rocher et la «Commune», puis les petits clochers de toutes les sectes, je me suis retourné pour un dernier coup d'œil et, au sud où la lune s'apprêtait à remplacer le soleil, le bleu de la mer commençait à se fondre dans celui du ciel. Ou vice-versa.

Je sais bien que Charlevoix aussi, c'est très beau, on ne cesse d'ailleurs de le répéter. Et le fjord du Saguenay. Les gorges encaissées du Saint-Maurice. Ce vieux Québec qui se rengorge d'avoir été admis dans le «patrimoine mondial». Et Montréal, qui se passe volontiers de ces honneurs, sachant qu'il n'est guère de villes au monde qui puissent égaler sa vitalité non agressive, les beautés de ses îles (pourvu qu'on s'en occupe) et son âme de village accueillant dans un corps de métropole.

Tout ce Québec, en un mot, d'où je ne vois pas comment l'on pourrait partir pour ne plus revenir. Même si l'on sent parfois l'envie de s'en aller pour «changer le mal de place» ou voir ce qui se passe et comment ils font ailleurs.

III

NOS APOCALYPSES

«Nous sommes une civilisation qui
sait faire la guerre, mais qui ne sait
plus faire la paix.»

(Guglielmo FERRERO)

DÉPART POUR
« QUELQUE PART »

Dès 1943, ce n'était plus tenable : à moins d'être en uniforme, c'est bien simple, on ne trouvait plus de filles à sortir.

Les études de droit, de leur côté, s'étaient vite mises à dégager un ennui mortel. D'un ton monocorde, le juge Roy répétait ce cours de droit romain qu'il avait concocté un quart de siècle auparavant et qui depuis lors n'avait pas varié d'un soupir — pas plus que le droit romain lui-même. Quant au professeur Pigeon, plus tard conseiller intime de Jean Lesage, plus tard encore un des grands juristes qui ont honoré la Cour suprême de leur présence, il m'horripilait : de sa voix haut perchée, il nous défendait de fumer dans sa classe et, me voyant continuer comme si de rien n'était, m'avait fichu à la porte. Et puis après ? Il était loin le temps où, dressé sur mes ergots, je répondais à tout venant : « Ce que je vais faire plus tard ? Avocat comme papa, avocat, avocat, avocat ! » Mon père était mort, et seule ma mère y croyait encore, elle qui avait dû louer la petite étude de New-Carlisle mais refusait mordicus de s'en départir complètement. L'aîné la reprendrait un jour, elle en était sûre. Même lorsqu'elle devint sûre du contraire, elle ne cessa jamais d'en reparler à l'occasion. Alors que j'étais Premier ministre depuis deux bonnes années, je devais l'entendre me dire tristement, recouvrant ma main de la sienne :

— Pauv' p'tit garçon, que je te plains. C'est tellement cruel et incertain la politique. Ah ! si seulement tu avais fini ton droit !

Elle devait avoir alors quatre-vingts ans et c'était longtemps après ce matin de l'hiver 43-44 où je cherchais dans le port de Montréal un certain quai et mon premier départ pour l'étranger. J'étais rentré de New York la veille, muni d'un job paramilitaire dans l'Office of War Information américain, et avec en poche le certificat A-1 que m'avait décerné une virago en blouse blanche qui fut la première et dernière «docteure» à m'avoir examiné sur toutes les coutures. «Allez-vous-en chez vous, m'avait-on ordonné, et attendez qu'on vous dise quoi faire. Pas un mot à personne en attendant.» Silence imposé par les U-boats qui menaient leur ultime offensive désespérée pour enrayer le flot d'armes et de véhicules partant d'Amérique pour les éventuelles plages du débarquement. J'étais allé prévenir la famille de mon non-retour à Québec, puis avais attendu sagement jusqu'à ce matin, alors que mon recruteur mont-réalais, Américain en service commandé dans la colonie canadienne, me donnait enfin le coup de fil fatidique.

Je finis par dénicher le quai. Et le bateau, petit cargo mixte capable d'accommoder tant bien que mal une quin-zaine de passagers. Il s'appelle «L'Indochinois» et, comme une foule d'unités françaises, est venu se mettre sous les ordres des Alliés après la chute de la France en 40.

Les Allemands qui entraient dans Paris... Au moment où nous passons en pleine nuit devant Québec, je revois l'événement et comment il nous avait rejoints par un bel après-midi de juin. Nous revenions des cours et, sur la Grande Allée, toutes les fenêtres étaient ouvertes pour respirer cette douceur printanière. Nous marchions lente-ment en écoutant la voix, toujours la même, qui, de maison en maison, parvenait à nos oreilles. Nous suivîmes ainsi mot à mot le commentaire sobre et émouvant de l'excellent journaliste et «retour de Paris» qu'était Louis Francœur.

1940, l'année aussi où j'avais dû me réfugier au milieu des extra-collégiaux, ces moutons noirs que le Séminaire parquait avec méfiance au fond des salles. Car j'avais quitté les jésuites. Plus précisément, c'étaient eux qui m'avaient quitté lorsque, en Philo I, connue également sous le nom de Mathématiques, j'avais obtenu un sur cent à l'examen de... maths, justement! Un point hautement mérité pour avoir transcrit sans une faute la donnée des problèmes.

— Peut-être un changement d'air vous serait-il profitable? de s'enquérir le recteur avec un parfait humour jésuitique.

M'étant bien vengé l'année suivante avec un miraculeux 19,5 sur 20 au deuxième bac (où l'on nous avait servi de la géométrie plane, seule science élémentaire qui m'ait jamais touché), j'entrai donc en droit par loyauté filiale et commençai aussitôt à m'en repentir. Par bonheur existait sur la rue Couillard un infect tripot, le vieux cercle des étudiants, repaire de joueurs aussi notoires que Robert Cliche, Jean Marchand et autres célébrités, qui, elles, étaient pourtant destinées à se rendre jusqu'à leurs diplômes. En trichant, j'en suis demeuré convaincu. Parmi nos mouches du coche les plus assidues se trouvait un certain Lussier qui, sous la défroque du Père Gédéon, devait bientôt tourner encore plus mal que moi.

Car, pour nous aider à joindre les deux bouts, il m'arrivait pourtant de travailler, et même très fort, dans ce noble et puissant métier, le journalisme où j'avais fait mes premières armes l'été de mes treize ans. Tanné de me voir tourner en rond, mon père m'avait sans doute pistonné pour ce poste de traducteur de dépêches à la radio locale. Celle-ci était alors si peu exigeante que, l'annonceur régulier parti en vacances, on alla jusqu'à me faire débiter mes propres textes au micro. Voluptés dont j'avais gardé une incurable nostalgie, laquelle avait fini par m'amener à Radio-Canada à titre de «temporaire du temps de guerre», et maintenant sur ce rafiot qui glissait devant Québec endormi, en route pour Halifax...

Pourquoi? Quelle était ma motivation? J'aurais eu de la peine à répondre. C'était très confus. J'enviais cette petite Bernice qui m'avait adopté dès notre arrivée à bord, et qui était là maintenant accoudée au bastingage, avec moi, racontant tout excitée les souvenirs et les espérances dont elle débordait. Elle avait quatorze ans et pour elle tout était clair. Elle rentrait chez elle, dans le Yorkshire, en compagnie de cinq ou six autres jeunes Anglais qu'on avait évacués au Canada lors du Blitz, quand les Allemands bombardaient à volonté. S'ajoutaient une collection hétéroclite de techniciens yankees, mécanos, radios, électriciens, allant travailler aux infrastructures de l'invasion prochaine, et quelques réfugiés européens, dont un Polonais multilingue, qui avaient recommencé de loin à sentir l'air du pays. Quant à l'équipage français, mené à la baguette par un géant barbu et colérique, on y pariait déjà sur la date de la première grande virée dans Paname libéré.

Mais ce Québécois de 21 ans, petit provincial perdu dans leur cacophonie, qu'allait-il faire dans cette galère ? Les réponses, autant que je m'en souvienne, n'étaient que bribes, d'instinct plus que de raison. En vrac. Aucune envie de me battre pour tuer des gens mais une véritable fringale de guerre, de la voir de près, cette guerre, de savoir ce que c'était au juste. Pour défendre la démocratie, comme on disait ? Peut-être un peu, vaguement et sans ferveur excessive pour cette Angleterre qui en constituait la première ligne. Si j'avais un «objectif», c'était plutôt la France. En partie au moins par esprit de contradiction. Le Québec pensant, en effet, après s'être pâmé sur les trains que Mussolini faisait arriver à l'heure, avait aussi flirté avec l'homme fort du Reich que l'on nous proposait parfois comme modèle vers 34-35, et puis avait viré d'un bloc à ce pétainisme d'après 40 dont Duplessis n'aurait pas renié les slogans : «Travail, Famille, Patrie...» On ne rencontrait encore qu'une poignée de gaullistes réduits à se parler entre eux en écoutant la mini-émission hebdomadaire, seule tribune qu'on leur eût concédée, où l'honneur de présenter la porte-parole, Madame Simard, revenait d'ordinaire à votre serviteur. Est-ce là que s'effectua ma conversion ? Chose certaine, j'étais devenu les derniers temps l'un des rares partisans du Général dans ces incessants débats où nous pesions le pour et le contre de notre propre et aléatoire engagement. Mais le contre l'emportait à tout coup grâce à cet argument massue :

— Aider les m... Anglais ? Pas question. Et s'ils (ceux d'Ottawa) ont le malheur de sortir la conscription comme en 17, on prendra le bois !

Or la conscription, elle commençait justement à se profiler sur notre proche avenir. « Pas nécessairement la conscription, avait astucieusement déclaré l'inimitable Mackenzie King, mais si nécessaire... » Nécessaire ou pas, elle n'était plus très loin. Et le moins que je puisse dire, c'est que la perspective d'aller à Valcartier me faire ordonner en anglais d'éplucher les patates au nom de Sa Majesté ne m'emballait guère. Tandis qu'avec les Américains, pas de problème ni surtout de complexe. Si je voulais vraiment participer avant trop tard à ce conflit qui était la grande aventure de notre génération, c'est de ce côté-là que je devais me tourner. Et voilà. Sans fard.

À Halifax, des navires de transport de tous acabits se serreraient frileusement les uns contre les autres au milieu du port, non loin des vaisseaux de guerre qui s'apprêtaient à les escorter. Hurlements de sirène perçant une bruine glacée, va-et-vient important de remorqueurs et de vedettes à fanions. C'était ou plutôt ce devait être notre convoi. Le commandant, qui ne cachait pas son mépris pour cette navigation à la queue leu leu, était descendu, seul avec un adjoint, pour aller aux renseignements ; mais non aux instructions, comme nous devions l'apprendre sans délai. Sitôt revenu à bord, avant même qu'on eût hissé son embarcation, il se mit à distribuer des ordres entrecoupés de remarques bien senties sur ces « cons » d'experts à la manque.

— Ici le commandant. Nous partons. Oui seuls. Oui tout de suite, avant d'être pris avec ces traînards qui s'en vont se faire tirer dessus. Vite, les machines, nous sortons de ce port de malheur.

Il était furieux comme d'habitude, à la suite d'une chicane dont il ne daigna pas nous faire part. Pas plus à Cooney qu'à quiconque. Mais Cooney avait cru saisir.

— What d'he say ? We're leaving without a convoy ? Not me, brother !

Irlandais de Brooklyn, spécialiste en matériel de communications, c'était un brave type court et trapu, le sanguin boute-en-train. Mais pour l'heure, c'est la face assez blême et sans un mot qu'il fila vers sa cabine pour en émerger cinq minutes après ses valises à la main.

— I'm getting off, dit-il simplement.

— Ah non, il ne va pas getter off, l'Amerloche, de rugir le commandant. Pour tout raconter au premier bar venu ! On serait foutus, il y a des oreilles boches partout. Qu'on me le ramène chez lui et qu'on le tienne à l'œil !

Cooney partit entre deux matelots, criant des injures brooklynoises auxquelles l'autre ne comprenait heureusement goutte. Il demeura enfermé jusqu'au lendemain. Nous le fûmes tous également pendant douze jours sur cet esquif solitaire dont le moindre craquement, la nuit surtout, donnait des sueurs froides. Le jour, c'était pire. L'océan à perte de vue, l'océan jour après jour, plein d'énormes vagues qui défilaient vers nous avec dans chaque creux le possible périscope. La seule fois de ma vie où je n'ai pas vraiment aimé la mer. On dut pourtant manger deux ou trois fois par jour. Je ne m'en souviens pas. De loin, on aperçut enfin quelque chose de solide qui se montrait au-dessus de l'eau : les Açores. On avait fait un long détour pour éviter les mauvaises rencontres. Précautionneusement, on se faufila vers le nord. De plus en plus rassurés, nous saluions bien bas le commandant (« Hein, je vous l'avais bien dit ») qui nous annonça d'un air presque satisfait, le dernier jour, que notre ex-convoi, lui, en avait pris pour son rhume : deux ou trois torpillés et disparus.

Ce n'est qu'au moment d'entrer au port que je me rendis compte que pas un soir de tout le voyage je ne m'étais dévêtu complètement. Les autres non plus, sauf erreur, y compris la petite Bernice qui, elle, me l'avoua.

Le souvenir même de ces émotions transatlantiques ne résista pas une heure à la magie de Londres. Magie de ma première grande ville de l'autre bord. Magie spécifique et très spéciale aussi, qui a survécu à toutes les comparaisons que j'ai pu faire par la suite. L'affreux climat en est partie intégrante. C'était la saison du brouillard permanent d'où sortaient, du côté de la Tamise, les plaintes assourdies de bateaux irréels. On se heurtait dans la rue à des gens qu'on ne voyait pas venir. Les gros taxis, patauds mais si pratiques, dont le chauffeur s'excusait d'avoir raté de justesse l'ignorant qui regardait soigneusement *à gauche* avant de s'engager sur la chaussée. Cette gentillesse, peut-être issue simplement de la superbe indifférence d'un peuple potentat, avec laquelle on tolérait cette salade d'épaves de toute l'Europe occupée et ce fourmillement d'Américains pas du tout tranquilles. Les V-1 qui, par moments, arrivaient si bien espacés qu'on pouvait dire l'heure en les comptant.

Et toute cette histoire monumentale sur laquelle, «oubliant» de me présenter au rapport, je me précipitai pendant les deux premiers jours, courant de Westminster à la Tour et de Buckingham à Trafalgar, où l'on contemplait prudemment le bunker de Churchill émergeant des profondeurs comme la pointe de l'iceberg, pour rentrer enfin par le dernier métro et sortir dans le black-out en enjambant ces gens du quartier, par familles entières, qui s'installaient là pour la nuit.

Puis je fis mon entrée dans la maison de fous où l'on était censé m'attendre. Entrée si peu remarquée que j'eus grand regret d'avoir sacrifié toute une semaine de vagabondage dont personne n'aurait jamais rien su. Ce capharnaüm s'appelait ABSIE : « American Broadcasting System in Europe», mais n'avait d'américain que le nom et une infime poignée de *contremaîtres* pour assurer la présence. C'était la tête du faisceau de propagande dont l'Oncle Sam s'était doté pour compléter — et contrer à l'occasion — la solennelle BBC et son lourd débit à la Big Ben. Dans toutes les langues de l'immense cachot nazi on émettait à jet continu des informations bien tronquées par la censure, des commentaires d'une clairvoyante insignifiance, des interviews balisées d'avance avec le ministre belge en exil, le chef de parti norvégien en exil, le petit roi de Yougoslavie en exil, et surtout ces fameux messages sans queue ni tête : « Un ami viendra ce soir... Les carottes sont cuites... » Eux seuls pourtant ne parvenaient pas à devenir banals, car on imaginait le maquisard écoutant là-bas dans un grenier et décodant ces idioties qui, de jour en jour, semblaient se faire plus pressantes, particulièrement en français.

À la section française, nous savions en effet comme tout le monde que c'était juste en face qu'*Overlord* se déchaînerait bientôt. L'interminable suspense contribuait à exciter sans cesse davantage la bande d'énergumènes haïssables, querelleurs, attachants, qui transformaient la salle de rédaction en un bordel indescriptible sur lequel régnait le personnage le plus inénarrable de tous, Pierre Lazareff.

Lazareff était déjà célèbre. À peine avait-il atteint l'âge de raison, si l'on peut dire, que déjà il devenait le Péladeau parisien propulsant au sommet cette infâme et essentielle pâture quotidienne, « Paris-Soir ». Juif, il n'avait pas attendu son reste et dès l'arrivée des Allemands s'était enfui de France aux États-Unis. C'est lui qui m'avait auditionné à New York, en français seulement ; mon anglais, il le confia à un subordonné pour l'excellente raison qu'il était absolument imperméable à cette langue, dans laquelle il baignait depuis trois ans et dont le mystère continua à lui échapper jusqu'à la fin de ses jours. Haut comme deux pommes, perdant dix fois par jour les lunettes qui étaient là perchées sur sa boule de billard, criant, tempêtant, postillonnant, il n'émergeait de son bureau que pour semer encore un peu plus de confusion dans le désordre. On l'adorait, c'est la seule explication d'un tel succès, autrement inconcevable, et qui allait se renouveler quelques mois plus tard.

J'ai retrouvé par hasard, dans une chemise pleine de vieilleries jaunies, une œuvrette obscure autant qu'inachevée et qui mérite de le demeurer, où j'avais tracé un petit portrait sonore, presque pas caricatural, du phénomène en question. Le titre reprenait cette expression qui garantit une information fiable : « *ET NOUS CITONS...* »

MONOLOGUE

MUSIQUE : marche funèbre

(7.55 pm)

Qui c'est qui m'a fichu ?... On sera jamais prêts à l'heure... Non non non, c'est pas — très bien ça, très bien, chez le censeur vite vite !... C'est idiot, complètementabsolumentidiot ! Faut reprendre ça. Hé coco, non pas toi... Coco ! pas toi ! Coco là-bas, arrive ici. Le show est à huit heures, il est moins quatre et rien n'est prêt !... Faut-y que je fasse tout tout seul ? On peut pas continuer comme ça ! (*Le crayon vole au plafond*)... Ah, te v'là coco. Prends ces feuilles, pas celles-là, pas celles-là, non, celles-là non plus... A-t-on jamais vu ? J'ai pas quinze mains, j'ai pas quinze pieds, on peut pas continuer comme ça !... Quoi, tu dis ? Mais non, c'est fou ce que tu dis là, coco, fou fou fou fou ! (*Grand coup de pied*) Peut pas pas pas continuer comme ça !

(9.05 pm)

Trrrès bien messieurs dames, un show magnifique, magnifique... Très bien Balbaud. Ah ! Diana, trrès bien Diana ! Etting, Lévesque, Sauerwein, parfait mes cocos. Parfait ! Continuez comme ça, mes enfants, continuez comme ça !

MUSIQUE : « Quand on est si bien ensemble »

J'anticipe. C'est cette même petite dynamo perpétuellement emballée qui ne devait pas hésiter, quelques semaines après, à passer le chapeau pour défrayer son voyage de retour à Paris. Je lui prêtai pour ma part mon dernier billet de *five pounds* dont je ne revis jamais la couleur. Mais en un rien de temps « France-Soir » fit son apparition et, non moins décrié que son prédécesseur, ce journal fit à son tour un malheur appelé à durer aussi longtemps que Lazareff lui-même.

Quant à nous, les obscurs, les sans-grade, nous vivions les derniers moments d'attente en répétant inlassablement nos maigres dépêches de «quelque part sur le front de l'est», ou bien de cet étau resté légendaire qui n'en finissait plus en Asie de «se resserrer autour de Mytkina»... (J'ai cherché l'endroit dans le dictionnaire : il n'y est plus, sans doute l'étau l'a-t-il pulvérisé.) Nous en venions à consacrer plus de temps aux cartes qu'au travail, plongeant sous la table lorsqu'une bombe volante faisait mine de s'arrêter à notre adresse, puis ramassant — premier arrivé premier servi — l'argent éparpillé dans tous les coins. On se rendait ensuite Chez Auguste, petite enclave française dans le bazar cosmopolite de Soho, pour y prendre un café-croissant à peu près potable et discuter le coup avec les braves filles qui terminaient à la même heure leur quart de nuit sur le trottoir d'en face, lui aussi reconnu territoire français. On n'était pas trop mal nourri Chez Auguste, on restait même étonné de voir ces plats qui tranchaient sur la faillite culinaire anglo-saxonne ; le civet de lapin tout spécialement, dont Auguste n'avoua qu'après la victoire qu'il avait presque toujours été à base de chat de gouttière.

Il arrivait aussi que nous ayons des soucis un peu plus élevés. Au milieu du foisonnement monotone de cette littérature combattante où Dieu était fatalement avec nous, on dénichait des choses comme la *Chronique des Pasquier*, que Georges Duhamel sut faire durer de l'avant à l'après-guerre. On pouvait savourer ce conte très pur, *Le Silence de la mer*, où Vercors était parvenu à créer une oasis de beauté en pleine barbarie. Et cette chanson de Kessel, qui est peut-être de toute son œuvre le plus immortel fragment, et à laquelle on entendit un soir Anna Marly prêter son admirable voix grave :

> *Ami, si tu tombes,*
> *Un ami sort de l'ombre*
> *À ta place...*

Enfin, ce fut le jour, celui où, au matin, c'est par centaines que des amis allaient tomber.

La veille, on ignorait encore que c'était effectivement la veille, mais on sentait la fin du suspense. Tout le sud du pays avait été si bien mis au secret qu'une foule de gens étaient naturellement au courant. En furetant à la périphérie, aux environs de Southampton, je finis par tomber sur un groupe de gars en uniforme, détrempés par la pluie, dont l'attitude laissait deviner que, s'ils ne faisaient pas partie d'une première vague, ils n'en étaient pas loin. Les brusques algarades et les rires faux puis les longs silences le disaient mieux que toute indiscrétion. Ces hommes m'apparaissaient comme marqués d'un sceau invisible qui les rendait plus impressionnants que nature. Leurs «goddamit» et leurs «fuck you» en acquéraient une résonance qui n'avait plus rien de trivial. Seraient-ce leurs dernières paroles?

Je ne serais pas avec eux, moi qui étais de leur âge. Cela me gênait, me rendait vaguement honteux. Soulagé de ne pas avoir à franchir ces maudites plages, je ressentais en même temps un mélange d'envie et de regret en pensant que je ne verrais pas cette véritable apothéose de notre époque.

Eux non plus peut-être. En contemplant ce ciel exécrable, on pouvait jurer que les dés n'étaient pas sur le point d'être jetés. Au même moment, dans tous les ports de la côte, on larguait les amarres.

Plus tard, j'eus l'occasion d'y goûter et même d'en avoir ma claque. Mais ce n'était pas pareil. On ne faisait plus guère que du nettoyage, si meurtrier fût-il encore à l'occasion. On avait raté le grand rendez-vous.

NI WALKYRIES
NI LOUPS-GAROUS

Ce 6 juin, la fin de la guerre avait commencé.

Elle allait s'éterniser pendant des mois interminables et sanglants. Mais on était sûr du contraire. Après la réussite du débarquement, l'élargissement lent et coûteux du pied-à-terre normand et puis, brusquement, l'élan qui s'était amorcé à St-Lô et que le général Patton, ce cow-boy avec les défauts comme les qualités de l'espèce, eut vite transformé en galop infernal, il semblait évident que l'empire nazi allait s'écrouler à l'ouest. Déjà les GIs se promettaient « Home for Christmas ».

De ce temps de grands mouvements, que dire qui n'ait été cent fois redit par les figurants aussi bien que les vedettes du drame ? Je n'en ai d'ailleurs rapporté qu'un fort mince album.

D'abord *mes* quelques premiers morts, en particulier un très cher ami d'enfance dont j'eus à aller confirmer l'identité. Il fut l'un de ceux, plus nombreux qu'on ne l'avoua jamais, qu'écrabouillèrent nos propres bombes. Passé le sursaut de fureur et le dégoût, on commence déjà à s'endurcir, puisqu'il le faut.

Autant qu'on pût s'en rendre compte à la sauvette, la France entière apparaissait elle-même, à ce moment-là, comme un corps disloqué. Tout le monde était de la Résistance, bien sûr ! C'était vrai, indiscutablement, dans le cas des communistes qui avaient combattu autant sinon plus pour le p'tit père Staline que pour le grand Charles ; ce qui leur valait le droit de s'afficher impunément comme l'armée à venir d'une tout autre *libération*... Un temps, plutôt bref par bonheur, d'excès et d'hypocrisie. Parmi les juges de ces pauvres femmes tondues pour avoir frayé avec l'ennemi et de ces quelques pendus, présumés collaborateurs ou profiteurs des mauvais jours, combien étaient de ceux qui acclamaient encore Pétain, trois mois auparavant ?...

Puis en août, Paris. Les Français de la division Leclerc furent les premiers à y rentrer, les Américains s'étant effacés à la porte pour les laisser passer (et je rencontrai des « boys » qui rouspétaient encore longtemps après). Mais le champagne à l'œil bientôt épuisé, la guerre s'éloigna vers l'est et l'on eut la certitude que le rideau n'avait plus qu'à tomber.

Dès l'automne on dut déchanter. À mesure que le front s'approchait de l'Allemagne, la route des fournitures, la fameuse « Red Ball Highway », s'étirait démesurément et compliquait du même coup le ravitaillement civil. On allait jusqu'à dire que les disettes devenaient pires que sous l'occupation.

Et là, tout à coup, rien ne va plus. Les Allemands se raidissent, font volte-face et mordent comme l'animal acculé. D'aucuns prétendront même que c'est... à Québec que fut commise la faute qui devait ainsi les galvaniser. On venait d'y adopter, en septembre 44, le plan Morgenthau où était décrite à l'avance une Allemagne rasée à laquelle on arracherait tous ses moyens avec ses griffes, condamnée à perpétuité à la pure vocation pastorale. Que non seulement le Reich d'Hitler mais la patrie elle-même se vissent condamnés à mort, c'en était trop pour un grand peuple. Il se battrait jusqu'au bout. Et personne ne serait « Home for Christmas »...

Sauf pour ceux dont la guerre servait la carrière et que la paix rejetterait dans la médiocrité, je fus certes parmi les rares originaux de qui cette prolongation fit l'affaire. Autrement, on n'aurait pas eu le temps de m'envoyer enfin couvrir officiellement ma parcelle des combats.

J'étais dans mon char... Recroquevillé au fond de la carlingue, disloqué par les secousses constantes qui me projetaient d'une excroissance métallique à l'autre, grelottant sous l'uniforme rugueux, le trench-coat et deux couvertures, je jurais mais un peu tard qu'on ne m'y reprendrait plus. Terrible comme un froid du Grand Nord, l'air glacé tombait en sifflant du haut des Vosges à travers lesquelles nous brinquebalions vers l'Alsace. Enchaîné comme des douzaines d'autres à une des plates-formes du convoi, mon char s'en allait muscler une quelconque unité de choc en vue de la reprise des opérations. Quant à moi, je me demandais si je pourrais survivre jusqu'au lendemain.

On survit à tout à cet âge, et je réussis à passer l'hiver sans gros problèmes. On restait tapis dans les caves de maisons délabrées, «quelque part» non loin de Metz. Largement majoritaires, les rats venaient nous y tenir compagnie. On mastiquait, en les arrosant de bière, de vins «libérés» et même une fois de toute une caisse de... cointreau, les infectes K-rations, dans lesquelles, grâce au ciel, se trouvaient toujours quelques cigarettes et un morceau de chocolat noir très dur. Ce dernier était assez nourrissant pour que le reste fût souvent consacré à des trocs qui entretenaient simplement de bonnes relations avec une partie de la population civile, le beau sexe essentiellement. Seule avarie notable, je perdis de bronchite en laryngite le mince filet de voix qu'une intervention miraculeuse ne devait me remettre qu'une quinzaine d'années après.

Mais on sortait aussi, tous les jours ou presque, afin de justifier le compte rendu qui répéterait avec un minimum de variantes qu'à l'Ouest il n'y avait toujours rien de nouveau. La seule chose, banale entre toutes, qu'on aurait pu ajouter, c'est que la peur s'était trouvée au rendez-vous.

Les premières vraies peurs. On entend siffler des balles ou le coup de vent d'un obus de mortier. Mais seul est dangereux, on se le fait dire, ce qu'on n'entend pas. Qu'importe, on a les tripes qui se nouent et les mains qui se crispent dessus : la vie résiderait-elle au niveau de l'intestin ? On en voit qui vomissent, pliés en deux, et qui continuent même lorsqu'ils n'ont plus rien à rendre. De ceux-là, les incurables seront évacués vers l'arrière, à la cuisine ou aux ateliers. On ne leur fait pas d'histoires. Leur mal est purement physique, viscéral au sens propre. On n'y peut rien. Ceux qui n'ont pas un tel réflexe ou qui arrivent à le maîtriser sont-ils plus courageux ? Si l'on veut, et même parfois téméraires, mais je persiste à croire que c'est d'abord parce qu'on est plusieurs *ensemble*! L'esprit de corps, l'appartenance à son unité, voilà ce qui retient chacun à sa place, encastré dans le tout comme une pièce de puzzle. Un pour tous. Quelques Rambos solitaires ont pu se manifester, mais je n'en ai pas connus. La règle, c'est celle du cimetière le soir quand nous étions petits et que, tout seul, on passait prudemment au large tandis qu'en groupe nous piquions au travers en sifflotant d'un air détaché. C'est ainsi que les armes sont demeurées depuis leur invention l'affaire des jeunes, lesquels, dit-on, auraient également moins peur de la mort...

De la mort, peut-être. Mais de mourir ou de voir mourir, encore une fois je n'en crois rien. Voir, écouter quelqu'un de plus ou moins écharpé qui n'en finit plus de mourir, cela, c'est l'intolérable absolu. D'autant plus qu'on se met à sa place... Quant à moi, les vrais héros seront toujours ces médecins et infirmières et ces brancardiers de première ligne qui ramassent et rafistolent tant bien que mal ces débris vivants — quoique eux aussi doivent s'endurcir.

Nous allions ainsi, la peur à nos côtés, patrouiller du côté de Haguenau, de Bitche (dont le nom me resta fatalement en mémoire), puis de Sarre-ceci, Sarre-cela et autres lieux. On avait remplacé la banquette arrière de la jeep par une lourde génératrice fort capricieuse qu'il fallait réactiver sans arrêt pour recharger l'appareil d'enregistrement, le tout constituant à l'époque le dernier cri du *portatif* en fait d'équipement audio.

Çà et là, on apercevait de petites grappes d'Allemands en train d'effectuer leur propre sondage du no-man's-land. Le plus souvent, on se saluait entre gentlemen de quelques rafales sans conséquence. Parfois ça s'envenimait et alors, mon camarade opérateur à l'abri derrière son blindage diesel, moi je racontais à l'univers, micro en main sous le véhicule, ce vif accrochage qui mériterait au mieux une couple de phrases dans le communiqué du jour. À titre de « second lieutenant (assimilated rank) » — c'est-à-dire de non-combattant — je n'étais pas autorisé au port d'armes, mais je m'étais muni d'un revolver pour avoir l'air plus sérieux jusqu'au moment où je l'aurais prestement lancé dans le fossé en cas d'encerclement. Il m'arriva de tirer de loin non pas sur mais vers des silhouettes confuses auxquelles je certifie que je ne fis jamais aucun mal ; ce qui peut être confirmé par quiconque a connu la portée et la précision des armes légères de cette année-là.

Puis, l'hiver tirant à sa fin, le front se remit à bouger et à foncer vers l'Allemagne à une vitesse telle qu'on n'arrivait plus à noter les panneaux indicateurs. Au temps des Fêtes, l'ennemi avait brûlé ses dernières cartouches dans cette folie furieuse des Ardennes qui avait semé une brève panique dans les rangs alliés et disséminé derrière les lignes une multitude de disparus temporaires qu'on avait vus un à un rentrer ensuite au bercail. Mais chez ceux d'en face, les pertes étaient irréparables. À peine quelques escarmouches pour montrer les dents, comme à l'orée de ce village alsacien, autour d'un charnier où l'on nous garda bloqués pendant une heure. Après quoi le commandant de la compagnie, un vieux tout blanchi qui n'avait pas trente ans, fit déposer côte à côte deux des leurs devant cette dernière demeure tout indiquée, et l'on rapporta les deux nôtres. Rien là qui pût, cependant, enrayer cette avance qui nous amena bientôt au bord du Rhin.

Autre moment historique que ce passage du grand fleuve-frontière. En face, derrière un léger écran de brume matinale, c'était le sol allemand qu'on entrevoyait. Il fallait donc s'attendre à quelque Gotterdammerung où des nuées de guerriers sortis des cavernes mythologiques viendraient nous entraîner avec eux dans le Walhalla. Il n'en fut rien. Sans le moindre accompagnement wagnérien, les petites embarcations firent une navette plutôt tranquille et à midi on avait bâti une tête de pont assez solide pour que l'état-major pût traverser à son tour.

En tête, moustaches et culotte de peau, l'air conquérant et revanchard à la fois, c'était un général français, de Monsabert, qui venait amorcer la contre-occupation. Suivi d'un méli-mélo de métropolitains, de Marocains, de Sénégalais, qu'on avait amalgamés pour en faire la Première Armée française et assurer ainsi au drapeau tricolore une place à la table des vainqueurs.

Pour moi, c'était une première mission de liaison franco-américaine, fort effacée mais combien intéressante et non moins amusante à l'occasion. Déjà à Londres, on remarquait l'absence presque totale des Français Libres dans nos studios de l'ABSIE. Ici, je constatai très vite qu'il n'y avait pas d'amour perdu, comme on dit, entre ces fidèles mais intraitables alliés. Bien après le cher La Fayette mais bien avant les accrochages Roosevelt-de Gaulle, s'était établie une espèce de relation « love-hate » que l'humble petit officier de liaison n'avait qu'à observer sans se fourrer le doigt entre l'arbre et l'écorce. N'oubliant surtout pas de souligner que sous l'uniforme américain battait un cœur de Nouvelle-France.

Cette sourde animosité, à laquelle la nouvelle Rome sur le Potomac est aujourd'hui confrontée à l'échelle du monde, n'était pourtant rien auprès de la jouissance nettement haineuse qui s'empara au début des envahisseurs français. Je n'ai plus que de vagues images des sévices qui marquèrent ces premières semaines. Cette grande ville, entre autres, qui devait être Stuttgart, où ne se trouvaient plus que des femmes, des enfants et des vieillards. Ils survécurent mais après y avoir goûté...

Ajoutons que ça ne valait guère mieux ailleurs. Tout le monde sait que ce fut bien pire du côté des Russes. Dès février, ouvrant toutes grandes les vannes au malheur des vaincus, il y avait eu le bombardement anglo-américain de Dresde. C'est plus tard seulement qu'on apprit la vérité sur ce raid qui avait poussé la barbarie au-delà de toute limite imaginable. Justice immanente si l'on veut, Hitler et ses hordes ne s'étant certes pas gênés tant qu'ils avaient tenu le haut du pavé. Mais devant ces troupes qui n'étaient plus que l'ombre falote des surhommes de 40 et 41, ces unités squelettiques où l'on ramassait des adolescents et des anciens de 14–18 recyclés dans le Volkssturm (l'armée du peuple), au milieu de ces gens décimés et résignés, on ne tarda pas à sentir que le sang avait assez coulé.

D'ailleurs, en descendant vers le sud et le printemps, chemise ouverte au soleil, nous avions le goût de faire l'école buissonnière autrement plus que la guerre. On ne cessait de nous rappeler à l'ordre : nous étions en pays ennemi, fallait pas l'oublier. Plus nous nous y enfoncions et plus probable devenait l'apparition subite des Werwolf (loups-garous), ces féroces maquisards dont Berlin avait maintes fois annoncé l'organisation. Et ces retranchements inexpugnables qui avaient censément transformé la Bavière en forteresse.

Rien de tout cela ne se produisit. Ce n'était que fiction, délire terminal d'un régime insensé. Il ne fallait pas moins avancer avec précaution, car ce même délire pouvait gagner quelques esprits et les rendre dangereux.

Voilà justement ce qui nous arriva à Nuremberg. Dans la ville sainte des nazis, nous cherchions le chemin du stade où le cinéma nous avait souvent montré un Führer tonitruant entouré de flambeaux. Nous approchions du but lorsque, d'un soupirail à ras de sol, jaillirent deux grenades. L'une roula sans plus dans un caniveau, mais l'autre vint déchiqueter l'avant d'un de nos véhicules. Le réflexe conditionné nous avait jetés à quatre pattes le long du mur. Deux ou trois coups de feu partirent aussitôt en direction de la cave, d'où émergea d'abord un chiffon plus ou moins blanc, puis, une à une, quatre têtes enfantines, trois garçons et une fille, dans leurs tenues de Hitlerjugend. Le plus vieux

n'avait pas quinze ans. Que faire de ce kindergarten assassin qui aurait fort bien pu nous avoir ? Chacun des dangereux prisonniers fut soigneusement fouillé, quelque peu
tabassé et prié en anglais, en français et en gestes sans
réplique d'aller «Schnell» se faire pendre ailleurs.

Chez la plupart des Allemands, cependant, fort peu de
jusqu'au-boutisme. C'était plutôt l'obséquiosité qui était
frappante. Ces gens étaient rompus depuis si longtemps à
se tenir cois et à obéir aveuglément. À travailler aussi avec
une incomparable diligence. Nous vîmes des établissements
industriels partiellement en ruines, qu'on avait réparés de
bric et de broc et où il était clair que les machines avaient
fonctionné la veille ou le jour même. Plus tard, après ses
vingt ans de cachot, Albert Speer, d'abord architecte favori
d'Hitler puis son ministre des armements, racontera qu'à
la toute fin du conflit l'Allemagne était parvenue à battre
ses propres records de production !

Traits de caractère que l'on vit affichés de saisissante
façon dans la petite ville de Donauworth, près des sources
du Danube. Un escadron de chars venait de l'occuper en
renversant au passage les pans branlants d'une vieille
porte. Le centre-ville était kaput. De la grand-rue restaient
quelques bâtiments éventrés et noircis et des tas de moellons
épars sur lesquels flottait cette fumée âcre que dégagent les
cendres et la pourriture. Soudain apparut un groupe de
personnes âgées qui, tête nue, s'approchèrent du «Burger-
meister», c'est-à-dire du commandant des chars qui faisait
office de premier magistrat en attendant l'arrivée de l'équipe
administrative. Ils saluèrent en s'identifiant puis présen-
tèrent une requête dont voici la substance :

— Si vous n'y voyez pas d'objection, Herr Offizier, on
pourrait commencer à déblayer tout ça. On vous dégagerait
le passage, et en même temps on trierait et on empilerait de
chaque côté tout ce qui est encore bon...

Ils songeaient déjà à la reconstruction. En repartant de
zéro. Ce qui devait transformer un mal sans précédent en
un bien miraculeux. À force de discipline et contraints par
la nécessité, c'est ainsi que l'Allemagne, comme le Japon et

la Corée, et l'Autriche et quelques autres, durent se rebâtir, en tout ou en partie, et toujours en plus moderne et plus efficace. Cela leur permit bientôt de rattraper puis de dépasser ceux qui les avaient écrasés. Ces pays surtout qui en étaient sortis intacts et laissèrent alors vieillir et se démoder bon nombre de secteurs essentiels. Parmi ceux-là, qui se retrouvent maintenant lanternes rouges du progrès et du niveau de vie, est-il besoin de mentionner le Canada ? Nous pourrions souhaiter dans certains cas que, sans guerre ni carnage aucun, nous eussions pu «bénéficier» nous aussi d'une bonne dose de destruction !

LA VÉRITÉ DÉPASSAIT
LA FICTION

Le reste est comme une série de sketches dont un véritable écrivain ferait du Shakespeare : ça va du burlesque à l'horrible en passant par le mélo.

Les derniers jours de ce Troisième Reich, dont le chef préparait sa sortie sous les décombres de Berlin, furent ponctués de capitulations tous azimuts, et l'Allemagne y acheva de dégorger ces millions de prisonniers, de forçats et de morts vivants qui formaient le butin humain de tant de razzias.

Par un bel après-midi, un homme mince et athlétique s'en vint vers nous en courant sans se presser, faisant du jogging avant la lettre. Ma passion du tennis me le replaça presque aussitôt. C'était Borotra, l'un des plus grands champions de tous les temps. À peine essoufflé, il nous raconta qu'il avait pris la clé des champs à quelques kilomètres seulement, au château fort d'Itter dont la garnison venait de s'évanouir dans le paysage et où des captifs de marque n'attendaient plus que d'être cueillis. Dans une salle du rez-de-chaussée, on les trouva réunis par petits groupes qui semblaient se parler fort peu les uns les autres. Il y avait là tout un gratin presque oublié, celui du Paris d'avant-guerre : le syndicaliste Léon Jouhaux, le général Gamelin, commandant en chef de la défaite de 40, et, chacun dans son coin, les derniers présidents du Conseil de l'ex-République, Édouard Daladier et Paul Reynaud. Cadeau du ciel que l'occasion d'interviewer ces revenants. Respectant l'ordre chronologique, je commençai par aborder Daladier. L'ancien taureau du Vaucluse avait légèrement fondu mais demeurait costaud, la mine incertaine cependant, comme s'il avait appréhendé des questions gênantes. Eh bien, pas du tout. Il avait eu le temps de se préparer...

— Monsieur le Président, lui demandai-je après les formalités d'usage, dites-nous un peu, si vous le voulez bien, les réflexions que le recul vous a sûrement permis d'approfondir.

— Cher monsieur, répondit-il, j'ai en effet beaucoup de choses à révéler et surtout des faits à rétablir. J'entends publier tout cela dès mon retour au pays. Mais il y a ici, ajouta-t-il en baissant le ton, les oreilles indiscrètes de certaines gens qui s'y verront démasqués ainsi qu'ils le méritent. Je ne puis vous en dire davantage.

En prononçant ces mots, il fusillait du regard Paul Reynaud qui, à l'autre bout de la pièce, le dos tourné, affichait la plus parfaite indifférence. Espérant pourtant contre toute espérance, je m'approchai du petit homme sec et pointu. Incroyable mais vrai, je n'eus droit qu'à une reprise quasi mot pour mot de la scène précédente. Lui aussi, dit Reynaud d'une voix cassante, il en avait des choses à déballer et d'aucuns — même regard mauvais — n'auraient qu'à se bien tenir ! Bref, non seulement on ne se parlait pas, on ne songeait qu'à s'entre-dépecer... Gros-Jean comme devant, je dus me contenter de faire savoir notre trouvaille, sans plus et sans m'attendre à plus d'échos qu'elle n'en eut.

Par bonheur, une autre rencontre fortuite, compensant ce scoop chichement refusé, me valut toute une gerbe de compliments. Comme quoi le reporter n'est souvent bon que si le hasard fait bien les choses.

Pendant que nous allions notre petit bonhomme de chemin, les yeux rivés sur le titanesque rempart des Alpes dont les cimes neigeuses étincelaient au soleil, un taillis s'était soudain agité un peu plus loin, quelques minutes auparavant, et l'on avait vu surgir un gros homme immédiatement reconnaissable : Hermann Goering.[1] Pour sa reddition il avait re-revêtu le grand uniforme bleu pastel qu'il avait, paraît-il, troqué contre une livrée kaki en se sauvant de Berlin. Sur cette vaste toile de fond rutilaient les épaulettes du Reichmarshal sacqué par Hitler de même qu'un pan de décorations. Mais en moins de temps qu'il n'en faut pour le dire, on lui avait arraché le tout et, ainsi dégradé, la mine basse, il attendait qu'on disposât de son sort. Dès notre arrivée, on le planta sans cérémonie sur un siège de fortune, où il commença par subir la série de questions-et-réponses scatologiques des GIs. Exemple expurgé :

— THAT'S the great Marshall, huh ? Grand, ça ? Tu parles, juste un gros tas de m...!

Puis, profitant d'une pause, il adressa à notre petite poignée de reporters, qui n'eut ensuite droit qu'à des oui et des non, la brève déclaration que voici à peu près :

— Vous ferez de moi ce que vous voudrez. Je ne me fais pas d'illusion et ne me plains pas. Je vous trouve simplement très malappris. Mais notre peuple, je vous en prie, qu'on ne le fasse pas souffrir davantage. Il a déjà payé amplement tout le prix de ce qu'on lui reproche à tort ou à raison. S'il faut payer encore, c'est de moi et de gens comme moi qu'on doit l'exiger.

À ce moment-là, on ne put s'empêcher de le trouver impressionnant sinon convaincant. Sous la carcasse du reître épaissi subsistait donc un petit quelque chose de l'héroïque jeune pilote de la Première. C'est ce cran retrouvé qui fit de lui sans doute, au procès de Nuremberg, un leader de l'impossible défense, cynique mais impavide jusqu'au choix final : le cyanure plutôt que la corde.

---

1. J'ai réparé ici un petit «embellissement» des faits que je m'étais permis à l'époque et qui me pesait depuis lors sur la conscience. Je m'y campais tout bonnement en spectateur des scènes ignominieuses qui venaient de se dérouler. J'avais 23 ans, ce qui n'est pas une excuse,
(*suite de la note page 136*)

Nous n'aurions certes pas mérité d'être pendus, quand même, mais nous non plus n'étions pas des anges. Pas un objet de quelque valeur qui ne fut «libéré» pour être ensuite rejeté si quelque chose de mieux se présentait. Chez les sous-officiers spécialement, on connaissait de vrais mafiosi, à la tête de réseaux de rapine qui n'eurent qu'à se recycler lorsque, dès la fin des hostilités, les mêmes se retrouvèrent en charge des premiers PX («magasins généraux» militaires). À ce point de vue, les armées ont toujours su apprécier l'«entrepreneurship», semble-t-il. Dirai-je ce que procurait un seul paquet de cigarettes? Avec une cartouche, on devenait irrésistible. Quand on y repense, on n'est pas plus fier que ça. C'est moins gênant cependant que le souvenir de ce qui se passa, fin avril, dans un faubourg de Munich.

J'accompagnais une poignée de «scouts» de la Seventh Army, celle de Patch, commandant fonceur à ses heures mais avare de la vie de ses hommes. Les rares fois où je le vis, grand jack dégingandé à l'air soucieux, il me rappela Gary Cooper jeune. (Mais j'y songe, Cooper aussi était jeune dans ce temps-là!) Toujours est-il que nous roulions sans bruit sur le bas-côté d'une rue bourgeoise qui n'avait presque pas souffert quand partirent du carrefour, à moins de cinquante mètres, des coups de feu dont le son n'était pas catholique, pas plus que les ordres brefs d'un individu encore invisible mais clairement pas américain. Se rendant compte qu'on s'était fourvoyés, on abandonna à leur sort jeep et command-car, détalant par la première ruelle et un autre bout de rue puis une cour au fond de laquelle une porte eut l'amabilité de s'ouvrir sur un escalier qui menait à un sous-sol richement tapissé de tableaux et de rayons pleins de belles éditions. Nous n'étions pas tombés chez le premier venu. Pas un bruit au-dessus de nos têtes. Les proprios s'étaient envolés. Mais par la fenêtre nous parvenaient des voix dangereusement identifiables, discutant le coup un peu loin, puis plus près et à quelques reprises si près même que nous tâchions de rentrer dans les murs. Nous en eûmes pour une bonne heure d'éternité avant que le silence ne se rétablît, au milieu duquel se fit entendre le cher vieil accent yankee.

Avant de rejoindre les autres, il fallait cependant décompresser un peu et se venger d'une telle frousse. Sur quelque chose sinon sur quelqu'un. Une idée géniale rallia d'emblée tous les suffrages et la pétarade ne cessa qu'une fois les chargeurs vidés jusqu'au dernier.

— Prenez ça, ta ta ta, et ça, you f... Krauts !

Lorsque nous partîmes, pas une toile et fort peu de livres s'en étaient tirés indemnes. Défoulement explicable. Inexcusable. C'était encore la guerre.

Mais ce péché assez mortel n'est rien, absolument rien, en regard de l'enfer sur terre dont le lendemain ou le surlendemain nous réservait la primeur. Dans la grande banlieue, à Dachau, nous savions que se trouvait un des mystérieux camps dits « de concentration ». Déjà des rumeurs nous en étaient parvenues, de Pologne d'abord où les Russes racontaient des histoires inimaginables que nous prenions avec un grain de sel, et tout récemment d'unités françaises qui elles aussi avaient évoqué des choses à faire frémir du côté de la Forêt-Noire.

À notre tour d'aller voir de quoi il retournait.

Nous passâmes devant des rangées coquettes de jolies petites maisons bavaroises, portant chacune au-dessus de la porte, dans une niche, la statuette ou le chromo du saint tutélaire. À l'ombre dans leurs jardins, de braves et pieuses gens du troisième âge qui, au moindre signe, s'approchaient timidement et, si gentiment, nous indiquaient le chemin.

— Konzentrazions lager ? Ja, ja, c'est par là. À cinq minutes au plus. Danke. Bitte.

Le camp apparut sous la forme de convois inertes, deux files de wagons de fret d'où pendaient par les portes ouvertes quelques cadavres et puis d'autres épars sur le remblai. Sous le soleil qui était torride ce jour-là, l'odeur était écœurante. Vite on entra dans la ville, car c'en était une : derrière les murs bas piqués de miradors, cela semblait être une sorte d'agglomération industrielle où l'on voyait un bon nombre de « PME » et d'ateliers de réparation. Mais cette première impression s'évanouit dans la foule indescriptible qui se précipita aussitôt sur nous. Harcelés de questions dans toutes les langues à la fois, tirés à hue et à dia par des mains d'une maigreur effrayante au bout de poignets devenus translucides, nous étions là, ahuris, contemplant ces fantômes en pyjamas rayés qui sortaient en titubant des baraques où ils s'étaient terrés jusqu'à notre arrivée en compagnie de quelques éclaireurs des services sanitaires. Moins d'un quart d'heure auparavant, en effet, les derniers vestiges de la garnison s'étaient éclipsés sans attendre leur reste.

Un homme encore jeune, à qui ne restaient également que la peau et les os, m'apprit en excellent français qu'il avait naguère vécu quelque temps à Montréal et, comme les autres, demanda une cigarette. Je fouillai dans ma poche. Le paquet avait disparu. Je m'aperçus que toutes les poches de mon blouson avaient subi le même sort. Au tréfonds de la misère et de la faim se révèlent parfois des héros ou des saints, voilà du moins ce qu'on raconte ; mais le plus souvent elles rabaissent au niveau de l'oiseau de proie.

Ce qui peut aller jusqu'au spectacle qu'on nous offrit. S'approchant à l'allure d'une ronde enfantine, en se tenant par la main, un groupe de détenus en cernait d'autres, les fouillant des yeux. Tout à coup de sauvages cris de joie s'élevèrent en même temps qu'on extrayait du cercle un gaillard qui, lui, était bien en chair : un « kapo » qui, n'ayant pu s'enfuir, s'était déguisé en attendant l'occasion propice. On le força à se mettre à genoux et, tandis qu'on lui tenait la tête bien droite, un grand slave au rictus édenté s'amena avec un bout de bois et, tranquillement, gloussant de volupté, écrabouilla le bas du visage et la mâchoire qui n'étaient plus à la fin qu'un informe paquet d'os et de viande sanglante.

On n'y pouvait rien. D'ailleurs on n'aurait pas su que faire. Ni voulu, dès qu'on fut mis au courant du fait que, littéralement, ce n'était qu'œil pour œil, dent pour dent.

Avant de le mettre au travail, les Allemands dépouillaient toujours chaque détenu de toutes ses possessions — y compris de ses dents en or. Puis on le tuait à la tâche, surtout la dernière année où les rations s'étaient faites de plus en plus rares. En fin de compte on l'expédiait aux «bains» (Baden), médiocre bâtiment utilitaire relié à un réservoir par une couple de tuyaux. Quand c'était rempli à craquer, on ouvrait le gaz, puis, les derniers gémissements s'étant éteints, on transportait la fournée aux crématoires juste à côté.

À Québec, au retour et encore quelque temps après, on refusa d'y croire. C'est avec scepticisme qu'on daignait écouter de tels récits qui dépassaient l'entendement. Et aujourd'hui, tant d'années plus tard, c'est parfois pire. Des gens, qui osent se proclamer néo-nazis et savent que la mémoire est une faculté qui oublie, vont jusqu'à soutenir que rien de tout cela n'est vraiment vrai.

Je vous assure qu'elle était pourtant bien réelle, dans son irréalité de cauchemar, cette chambre à gaz dont les serveurs s'étaient sauvés en nous laissant leur dernier stock de corps nus comme des vers, d'un blême terreux. Près de moi, un cameraman à qui j'avais promis un bout de commentaire dut sortir par deux fois pour tourner ses trente secondes. Et le brigadier américain qui survint sur les entrefaites eut, en voyant cela, le réflexe de dégainer son revolver et, les yeux hagards, d'aller répétant qu'il avait besoin d'en descendre quelques-uns de «ces gens-là». Son entourage eut fort à faire pour le calmer.

Épouillés et couverts de DDT des pieds à la tête, nous reprîmes le chemin de nos pénates au nom harmonieux de Rosenheim. Repassant devant le quartier tranquille et les vieux si gentils, nous nous posions des questions du regard : «Est-ce qu'ils savaient? Comment pourraient-ils ignorer? Qu'y a-t-il derrière ces bonnes faces auxquelles on donnerait le bon Dieu sans confession?» Mais à quoi bon. Nous commencions à souhaiter de n'avoir rien su.

Pour nous changer les idées, nous allâmes en touristes voir Berchtesgaden et le nid d'aigle perché sur sa montagne.

Mais les amis de la division Leclerc l'avaient déjà passé au peigne fin. Dans un tas de rebuts, je dénichai au moins un disque autographié (illisible) de «Lili Marlene», cette pin-up imaginaire de tous les camps. Nous piquâmes une pointe jusqu'à Milan pour y constater que la dépouille de Mussolini, César sur qui venait de tant cracher la foule qui l'avait tant acclamé, était déjà dépendue. Plus de guerre, plus d'armée allemande, rien que des reliquats refluant par le col du Brenner vers Innsbruck.

Grâce au bel équipement légué par nos prédécesseurs en fuite, c'est dans cette oasis tyrolienne que le Jour V, le 8 mai 45, nous rejoignit aux sports d'hiver.

---

et, de plus, dans cette fin dantesque des deux empires ennemis, où la chute de Berlin et le suicide d'Hitler occupaient toute la place, nous nous sentions presque oubliés sur notre front secondaire. De cette frustration naquit la dramatisation... C'est, par ailleurs, d'un simple mais embarrassant trou de mémoire qu'est issue l'erreur concernant Goering (je l'avais vu non pas au moment de son apparition mais quelques minutes après) que je corrige à la page 131 après m'en être excusé auprès des premiers lecteurs. Seule explication : tout ce chaos d'avril-mai 45 me revenait en mémoire avec une telle précision apparente que, pressé par le temps, je n'ai pas senti le besoin de vérifier davantage. Glissante témérité, après 41 ans, face au fouillis de souvenirs où décors et dates se confondent si facilement.

MON ENTRE-DEUX-GUERRES

Mais il était trop tard pour que l'air de la montagne purifiât l'héritage de tant de semaines anti-hygiéniques. J'avais contracté un mal qui fait bien rire ceux qui ne savent pas à quel point il peut rendre enragé : la gale, puisqu'il faut l'appeler par son nom. Tous n'étaient pas frappés, mais c'est en bonne et assez nombreuse compagnie que j'aboutis dans cette aile d'un hôpital de Bruxelles où l'on s'occupait conjointement de nous et de toute la gamme des vénériens. On ne jurait plus désormais que par la pénicilline dont on nous bourra de je ne sais combien de milliers d'unités, et, assommée par cette drogue inédite, la gale disparut comme par enchantement. Je refis mes forces à grands renforts de steaks-frites dont les Belges débrouillards, alimentés de plus par le port d'Anvers enfin rouvert, avaient recommencé à s'empiffrer tandis qu'à Paris régnait toujours le carême.

Le carême et les Américains. Avec leur ostentation de nouveaux riches, ces derniers apprenaient diablement vite à se faire honnir. Je me rappelle cette soirée de poker, par exemple, où s'empilaient sur la table tant de monnaies diverses qu'on gardait chacun par-devers soi sa table de conversion. Un billet vert s'aventurait-il par mégarde dans cette jungle de papier de toutes les couleurs que, aussitôt, un bras s'allongeait et une voix d'outre-45e laissait tomber :

— Ah, *real* money !

En juillet, je fus dépêché dans le Sud où refluaient d'Allemagne vers les ports méditerranéens des troupes qui seraient appelées à prendre part à l'inévitable invasion du Japon. J'en profitai pour explorer à loisir les petites villes et les hameaux de cette autre France si accueillante après Paris. Le choc américain m'attendait à nouveau sur la Côte d'Azur. À l'entrée de Cannes, ville réservée aux officiers, puis de Nice où gîtaient les sans-grade, d'immenses panneaux se dressaient portant une mise en garde appuyée par des dessins qui se voulaient amusants : « Beware ! VD area ! » Je n'en croyais pas mes yeux. Mais un certain lendemain de la veille, je fus bien obligé d'en croire mes oreilles. Comme les autres j'étais en uniforme américain, et par conséquent le barman du Miramar se crut à l'abri de toute indiscrétion lorsqu'une demande un peu brutale le fit exploser :

— Nom de Dieu, maintenant qu'on les connaît, ceux-là, vivement que les Boches reviennent !

Pourtant une certaine admiration perçait derrière cette hostilité. Tels des adultes comme-il-faut aux prises avec des garnements, les Européens ne pouvaient se défendre d'un sentiment d'envie face à l'assurance et au franc-parler du Nouveau-Monde. Devant ce know-how, également, dont la suprême manifestation éclata sous la forme des trois mots noirs qui, un matin d'août, remplirent toute la une du *Stars and Stripes*, le quotidien de l'armée US : « A-Bomb on Japan ». C'était quoi, cette bombe-A ? Nous l'ignorions. Mais ce que nous devinâmes tout de suite, c'est que l'embarquement pour le Japon venait d'être remis aux calendes grecques.

Mon propre embarquement, à la fin de l'été, se fit à bord du Normandie, qui ne se montra guère à la hauteur de sa réputation. On était là quelque douze mille entassés comme des sardines, et plutôt que d'étouffer dans les cabines, on préférait dormir ou du moins passer la nuit sur le pont. Mes deux traversées de l'Atlantique ayant décidément manqué de confort et le progrès devant par la suite me condamner à l'avion, je nourris depuis lors la nostalgie d'une belle croisière en première où tout ne serait enfin que luxe et volupté.

Pour le moment, cependant, j'allais avoir à me contenter de vache enragée, dans ce modeste emploi d'homme à tout faire qu'on voulut bien m'offrir au Service international de Radio-Canada. Je retrouvais un peu, moins la tension et la folie, le climat cosmopolite des studios de Londres-44. Devenu «puissance moyenne», le Canada se faisait mousser sur ondes courtes en plusieurs langues pas tellement percutantes. Je ne mis guère de temps à comprendre que j'étais ainsi relégué dans le ghetto de la radio. Mais comment prétendre à un sort meilleur? Avec une voix plus qu'éteinte, inexistante, jamais on ne m'appellerait pour ces «commerciaux» qui, à l'antenne populaire, faisaient le renom et la fortune des Baulu, Bertrand, Lecavalier et autres organes en or. Dans ce métier de reporter que personne ne prenait alors au sérieux, non seulement demeurais-je obscur mais je souffrais du handicap additionnel d'être un «retour» des États.

Sans illusion, donc, je gagnais mes deux à trois mille dollars par année, pactole qui me permit tout de même de convoler en justes noces avec celle qui avait eu la patience de m'attendre et avec qui je contribuai sans délai au Baby Boom. Deux enfants firent bientôt leur apparition et je sombrai illico dans l'émerveillement classique. Rien ne sera jamais si fascinant que ces yeux neufs qui découvrent le monde sans être sûrs de l'accepter. Pierre refusant d'aller se coucher et qui, Josué sanglotant à fendre l'âme, sommait l'astre d'obéir à ses ordres : «Soleil pas s'en aller! Non, Pierrot veut pas!» Pierrot, jusqu'au jour où, s'étant laissé appeler et chercher en vain, il reparut alors qu'on était sur le point d'alerter la police et fit savoir froidement : «Je m'appelle Pierre». Ce qu'entendant le cadet, qui restait affligé de son étiquette de pouponnière, décréta pour sa part que désormais il n'était plus «Bébé Lévesque» mais Claude. On se le tint pour dit.

À cet esprit contestataire s'ajoutaient la gloutonnerie et une croissance vertigineuse. Il fallait arrondir les fins de mois. Le bilinguisme vint à la rescousse et je fis de la traduction, besogne généralement sous-estimée quoique parmi les plus exigeantes si elle est faite avec soin. Traduire peut même devenir un travail d'orfèvre lorsqu'on vous demande, par exemple, de rendre en français le texte d'un film anglophone où chaque phrase et si possible chaque mot doivent coller avec précision au mouvement naturel des lèvres. Vingt fois sur le métier... quand le miroir s'obstine à renvoyer un a béat au lieu du cul-de-poule de l'o!

Bénédictin des lettres... de l'alphabet, j'étais donc en voie d'acquérir la cote et j'aurais continué tranquillement à remplir cette noble mission, si les gars du 22 ne s'étaient mis en tête d'aller faire leur part en Corée. La CBC se fit enjoindre de trouver quelqu'un qui leur tiendrait compagnie et enverrait de leurs nouvelles à la maison. Emploi pour lequel on ne se battit pas beaucoup, si peu qu'on fit appel à celui qui héritait déjà, à l'occasion, de sorties dont personne d'autre ne voulait.

La Corée ne me disait pas grand-chose, mais j'avais envie de connaître l'Asie. Le plus difficile fut de s'y rendre...

De Montréal à Tacoma sur le Pacifique, tout baigna dans l'huile, notre North Star tirant sa charge vaillamment, comme l'ont fait aussi — et le font encore dans les coins perdus — les C-47, Caravelles et autres increvables ancêtres de nos «jets» à l'épiderme inquiétant. C'est plus que de l'inquiétude, mais proprement de la panique, qui m'envahit pourtant le lendemain matin. Je faillis prendre mes jambes à mon cou en apercevant notre pilote qui s'amenait en titubant après une bringue qui avait duré jusqu'aux petites heures. Le navigateur n'avait pas meilleure mine, mais le copilote, heureusement, paraissait juste fatigué. Et puis Hawaï valait bien le risque. Hawaï mon œil! Escale sans doute réservée aux manitous de l'Air Force. Nous, on nous expédiait via les Aléoutiennes.

Nous, c'est-à-dire cet équipage amoché, un sergent qui rentrait de permission et, au milieu de la carlingue dénudée, un énorme moteur de rechange qui prenait toute la place.

Coincés dans nos baquets de part et d'autre de cet encombrant compagnon, le sergent et moi nous assoupissions en contemplant la monotonie sans fin de l'océan. Après quelques heures nous n'eûmes plus rien à voir qu'un brouillard opaque, dans lequel l'avion se mit à descendre lentement, interminablement, à la recherche de ce minuscule rocher, Attu ou Kiska, où nous étions censés atterrir. Plus bas, toujours plus bas, puis brusquement l'appareil reprit de la hauteur avec un rugissement de bête féroce. Deux fois de suite le manège se répéta. Figés, le sergent et moi échangions des regards où se lisait une même préoccupation : nos trois épaves volantes auraient-elles la force de tenir le coup ? Enfin, une échancrure découvrit un bout de piste sur lequel l'avion piqua du nez et, lorsqu'il consentit à s'immobiliser, nous perçûmes le bruit des vagues qui se brisaient à quelques pas.

Des phares émergèrent du brouillard et l'on nous emmena en jeep jusqu'à une porte étroite. Au-dessus brillait faiblement une ampoule solitaire. Petit dortoir pour la visite, pensai-je. Mais, la porte ouverte, c'est à perte de vue, sur un bon kilomètre, que s'allongeait un corridor donnant sur d'autres allées interminables. Pas la moindre fenêtre. Partout le long des parois, en revanche, le plâtre était percé de trous sans nombre. On nous expliqua que c'étaient les traces de coups de poing furibonds provoqués par les crises de nerf. Depuis que les Japonais y avaient mis leur nez lors de l'autre conflit, des milliers d'Américains devaient se relayer ainsi pour monter la garde sur ce promontoire rocailleux, désert et perpétuellement noyé dans les voiles frigides de cette partie Nord du Pacifique. Seuls les dés et les cartes permettaient, en se ruinant pour la vie ou en ruinant les autres, d'endurer tant bien que mal cette existence de troglodytes.

Je conclus que, à tout prendre, je préférais la Corée.

NUIT SUR LA
COLLINE CHAUVE

Chosen : « pays du matin calme ».

Au détour de 1952, le vieux nom poétique s'appliquait de nouveau à l'ensemble de la Corée. Sauf aux abords de la rivière Imjin, là où se trouve encore aujourd'hui la ligne de démarcation entre le Sud et le Nord.

À une cinquantaine de kilomètres plus bas, Séoul n'était plus que ruines après avoir changé de mains deux ou trois fois pendant la guerre de mouvement des années précédentes. Le gros de la population s'était enfuie au Sud, laissant derrière elle un nombre effarant d'enfants perdus ou orphelins, qui fouillaient dans les décombres comme de petits chiens errants. Nous en avions adopté un, qui s'appelait Chung — comme tout le monde — et était devenu notre batman.

Car désormais j'étais un vétéran qui savait y faire, de même que notre compagnon de chambre Bill Boss, qui était un as de la Canadian Press. Dans cette désolation urbaine, nous avions trouvé une planque assez convenable où notre technicien, Norman Eaves, s'était aménagé un studio de fortune que je partageais avec McBain, mon homologue de la chaîne anglaise. Voici encore un détail insignifiant mais qui souligne cet esprit d'initiative que l'Europe avait développé. Pour la nourriture, qui ne s'était guère améliorée depuis 45, l'amalgame international baptisé Armée de l'ONU dépendait des Américains. Bientôt nous fûmes plus ou moins neuf cents et *un* à recevoir avec nos rations, pour en flamber le goût, une bouteille de tabasco par semaine : ceux du bataillon thaïlandais et votre serviteur !

Auto, boulot, dodo. Telle eût été notre vie sauf pour ces ultimes sursauts du conflit qui nous jetaient semaine après semaine dans une guérilla plus vicieuse et rebutante que la vraie guerre. Au bout d'une paisible promenade en banlieue, on parvenait à l'Imjin serpentant au fond de sa vallée. Sur la rive d'en face, des Coréens, tout de noir vêtus et coiffés de leurs curieux chapeaux coniques, s'affairaient çà et là dans les rizières. Amis ou ennemis ? Allez donc savoir. Les gens d'une autre couleur ne sont jamais faciles à démêler.

Au-delà de ces champs inondés, une zone de bambous et de hautes herbes, plus hautes qu'un homme, s'étendait jusqu'à des collines dont les sommets dénudés s'éloignaient en dents de scie vers les positions adverses. C'est par là qu'on devait aller, traversant la rivière, puis les rizières où les paysans impassibles nous ignoraient d'une manière énervante, puis on arrivait enfin à ces sacrées collines. Une demi-heure pour se hisser jusqu'en haut, davantage pour redescendre. Une autre fois, et encore une autre. J'étais dans ma trentième année, à l'âge où déjà les jambes ne sont plus tout à fait ce qu'elles ont été. De plus, il fallait se méfier comme de la peste de ces petites mines, assurément les plus malpropres jamais inventées, qui vous envoyaient au moindre contact leur volée de plomb entre les deux jambes avec les drôles de conséquences qu'on imagine. À quoi s'ajoutaient quelques insectes particulièrement ragoûtants. Un jour, sur le piton où nous avions établi notre bivouac, je m'étais endormi du sommeil du juste lorsque, tout à coup, je sentis quelque chose qui remuait sur mon avant-bras. J'ouvris l'œil et demeurai paralysé. C'était une énorme araignée velue avec un ventre tout distendu par une poche brunâtre d'allure maléfique. Quelqu'un eut la bienheureuse idée de me servir un grand coup de pied qui délogea le monstre en risquant de me rompre les os.

Titre d'ascendance

Levesque

Première génération		
Robert	22 – 4 – 1679 L'ange – Gardien	Jeanne Chevalier
Deuxième génération		
François-Robert	7 – 11 – 1701 Rivière – Ouelle	Charlotte Aubert
Troisième génération		
Dominique	19 – 7 – 1745 Rivière – Ouelle	Dorothée Bérubé
Quatrième génération		
Dominique	29 – 10 – 1781 Saint-Roch des Aulnaies	Angélique Pelletier
Cinquième génération		
Zacharie	3 – 9 – 1812 Rivière – Ouelle	Isabelle D'Auteuil
Sixième génération		
Dominique	26 – 9 – 1845 Rivière – Ouelle	Marcelline Pearson
Septième génération		
Zacharie	19 – 9 – 1879 Saint – Pacôme	Célina Levesque
Huitième génération		
Dominique	4 – 10 – 1920 Saint – Patrice	Diana Dionne
Neuvième génération		
René		

Authentifié par François Beaudin à Québec, le 3 juillet 1978
Conservateur des Archives
Nationales du Québec

La Fête du retour aux sources

Denis Vaugeois
Le Ministre des Affaires Culturelles

René Lévesque à 10 mois. Un bébé qui n'attire pas la pitié!

La maison à New-Carlisle.

Diane D. Lévesque, mère de René Lévesque, vers 1925.

M. Dominique Lévesque et son fils René vers 1925.

Retour de la guerre, 1945.

Gréviste en 1959, sortant des cellules.

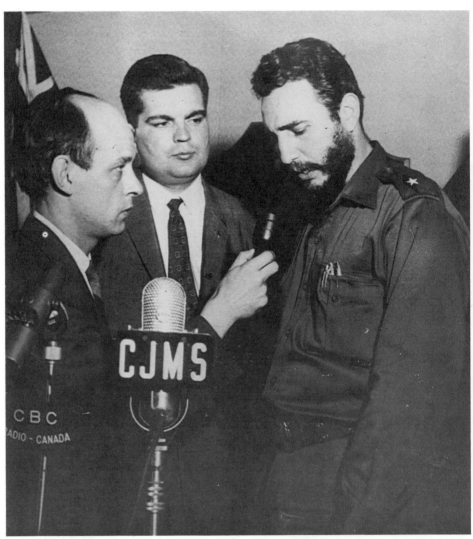

À Dorval, en 1960, avec Fidel Castro… et le Président de la Chambre de
Commerce des Jeunes.

À l'arrière de l'hôtel de ville, parmi les invités qui attendaient patiemment sur une grande terrasse, on retrouvait deux députés, Yves Michaud et moi, lui élu pour la première fois et moi réélu l'année précédente. Déplorant l'un et l'autre de n'être plus journalistes en ce moment historique, nous regardions d'un œil frustré le téléviseur où de Gaulle venait d'apparaître au balcon de la façade. (...) C'est dans cette pose que le «Vive le Québec... libre» nous garda paralysés quelques instants.

Venant à ma rencontre, il prit ma main dans l'une des siennes et attrapa de l'autre celle de Lesage, puis, amenant ce dernier à fermer le triangle, nous fit poser une photo qui demeure l'une des plus belles de ma collection.

(photo prise la veille de la mort de Daniel Johnson en septembre 1968)

Bien sûr, et plus maléfique encore, il y avait l'ennemi qui rôdait alentour. Le soir surtout, il fallait garder l'œil ouvert. Rien de plus simple, au demeurant, puisque les Chinois commençaient toujours par nous offrir, d'abord de loin puis se rapprochant peu à peu, le concert cacophonique des cors dont les mugissements devaient glacer le sang dans les veines. Ils se jetaient ensuite, assez souvent, à l'assaut de la colline du haut de laquelle on leur tirait dessus jusqu'à ce qu'ils finissent par décamper en emportant ceux qui restaient sur le carreau. Pas une fois, sauf erreur, nous ne tombâmes sur un cadavre ennemi. Personne non plus n'écopa gravement de notre côté. Ce n'était plus qu'une guéguerre sans importance, mais sale, triste et terriblement déprimante. De fait, les vraies victimes en étaient ces hommes qui finissaient par se tirer eux-mêmes une balle dans le pied ou le mollet avec l'espoir de se faire évacuer, ou pis encore qui s'attaquaient à un officier, et alors leur compte était bon.

J'ai pourtant connu quelques exceptions qui nageaient et même frétillaient dans ce chaos comme des poissons dans l'eau. Dont ce sergent-major Juteau, Montréalais de trente ans que ses camarades surnommaient affectueusement «Pipeau» et que des centaines de Coréens considéraient comme leur Providence. Froidement, comme il faisait naguère sa journée de travail à la météo de Dorval, il occupait l'un des postes les plus périlleux du bataillon. La première fois que je le rencontrai, c'était en avant des lignes. Depuis vingt minutes, j'avais quitté le gros de l'unité, qui faisait du sur-place, les pieds dans la boue, en attendant l'ordre d'avancer. Entre deux rizières inondées, je marchais sur les traces (du moins c'est ce que je croyais dans ma candeur naïve) des «pionniers», c'est-à-dire des porteurs de pelles et des creuseurs de tranchées. Mais le sentier devenait sans cesse plus étroit. La montagne d'en face, plus haute et plus inquiétante. Et le silence, surtout, plus profond. De moins en moins rassuré, j'allais faire demi-tour quand tout à coup j'aperçus un curieux personnage.

Un homme seul, terriblement seul, comme on peut l'être en pays hostile, à la pluie battante, à l'entrée d'un défilé sinueux au bout duquel Dieu sait ce qu'on trouvera. Immobile, perdu dans son «poncho» verdâtre comme au fond d'une tente, il ne montrait qu'une paire d'yeux vifs, un sourire narquois et, entre les deux, une superbe moustache de bandit sicilien. Et le canon luisant de la carabine, qui pointait en avant à travers des plis de l'imperméable. À ses pieds, la langue pendante, un chien policier était accroupi paisiblement dans une flaque.

— Vous allez encore loin de ce train-là ? me dit-il d'un ton sarcastique.

Et très vite, honteusement, j'ai répondu :

— Je cherche les pionniers. Vous ne les auriez pas vus, par hasard ?

Il me contemple avec pitié. Puis, s'adressant au chien :

— Dis donc, Pancho, t'aurais pas vu les pionniers, toi, pendant qu'on cherchait les Chinois ?

L'homme et le chien se regardent longuement. J'ai l'impression très nette que l'animal aussi se paie ma tête !

— Il n'y a pas de pionniers ici. Pas de Chinois non plus, heureusement. C'est-à-dire qu'il y en a toujours quelques-uns, mais ils se cachent dans leurs trous et ils attendent la nuit.

— Et vous, alors, qu'est-ce que vous faites ici ?

— Nous autres, me répond-il tranquillement, on est les *scouts and snipers*. Éclaireurs et francs-tireurs. On marche en avant. On déniche les Chinois. Vous les voyez pas, mais mes gars sont là de chaque côté, à gauche et à droite, en train de fouiller toute la place.

Pendant trois, quatre jours d'affilée, «Pipeau» faisait ce terrible métier. Et, au retour, tandis que d'autres se soûlaient pour oublier, lui, de son pas égal et mesuré, se promenait à travers le camp et, ma parole, donnait... des

conférences pour expliquer ses «Charités Kaki», l'organisation de secours qu'il avait fondée! Homme d'ordre et de
logique, ce sergent-major. Pas plus que pour les Chinois
embusqués il ne se laissait démonter par l'indescriptible
misère du peuple coréen et, si peu que ce fût, il s'efforçait de
la soulager. Il se rappelait le jour et l'heure où lui en était
venue l'idée : «29 mai 1951 — Pluie — On est en ligne.»

Consignées dans son journal, un vieux cahier d'écolier,
ces trois notes brèves ouvraient un récit que je m'empressai
de recopier avec le respect que mérite un grand cœur qui
peut se passer d'instruction.

«Il y a quelques secondes, je regardais une jeune
Coréenne de 7 à 8 ans. Il pleut, elle est pieds nus, une
longue robe qui lui descend presque à la cheville et rien sur
la tête. Ses cheveux noirs de jais sont lissés par la pluie.
Elle cherche de quoi manger et elle sourit peureusement
pendant qu'elle se promène à travers les soldats et les
camions... En la regardant, un remords violent m'a saisi.
Je viens à peine de terminer deux barres de chocolat. Sans
penser, j'avais faim et j'ai mangé. Là, je suis misérable.
J'aurais dû l'inviter à venir s'asseoir avec moi dans le
camion, la couvrir des trois ou quatre couvertures que j'ai et
essayer de la réchauffer... Ce qui me frappe le plus, c'est
l'égoïsme qu'il y a dans moi-même... Pipeau».

Et, se trouvant égoïste, «Pipeau» décida de se réformer.
Depuis ce jour, il avait consacré tous ses loisirs à «tanner»
les gens, quêtant chocolat, gâteaux et tous les vêtements
qu'on pouvait lui refiler. Dès qu'il avait rempli son camion,
il partait pour l'hôpital civil de Uijongbu, pitoyable cité de
tentes, aux portes de Séoul, où l'on parquait les réfugiés :
enfants hâves à la recherche des parents, vieillards aux
plaies rongées par la gangrène, femmes qui s'apprêtaient à
mettre au monde des enfants de pères disparus. Et quelques
médecins et volontaires, perdus dans ce flot de misère, qui
tâchaient de multiplier leurs minces stocks de vivres et de
médicaments.

— Quand je leur ai apporté ma première charge, me dit
le bon Samaritain, le médecin qui m'a reçu avait les larmes

aux yeux. C'était la première fois que quelqu'un dans l'armée s'occupait d'eux autres. Et puis moi, pour la première fois aussi, j'étais content d'être en Corée.

Mais sauf pour lui, tout le monde en avait jusque-là de la Corée et ne rêvait qu'à sa prochaine évasion dans les délices du «R and R», c'est-à-dire la période de repos et *récupération*, que la jactance militaire traduisait ainsi: «rape and ruin». Avec un peu de chance, on en profitait pour s'offrir quelques jours de congé au Japon. Pays occupé dans les deux sens du mot, vivant sous occupation étrangère et fébrilement occupé aussi à relever les villes presque entièrement aplaties. Dans certains quartiers de Tokyo qui avaient surnagé comme par miracle, la trépidante avenue commerçante de Ginza et le «red-light district» de l'autre côté du port, on s'employait ferme à vous distraire en vous détroussant avec le sourire. En une couple d'heures on était à Kyoto, cœur de tous les bouddhas nippons, que par bonheur les bombardements avaient épargné. Partout ailleurs, fourmilière d'une vitalité démentielle, le pays se remontait à vue d'œil. Jusqu'à Hiroshima où la reconstruction avait déjà fait des pas de géant.

Devant le seul rappel concret de l'instant apocalyptique, carcasse noircie d'un bâtiment qu'on laisse dans cet état *in memoriam*, l'on se représentait ce spectacle surréaliste de milliers d'éclopés et de mourants, se redressant au milieu des ruines pour écouter cette voix qui était sortie des haut-parleurs sept ans auparavant, cette voix jusqu'alors inconnue du mikado, Fils du Ciel, ordonnant à son peuple de déposer les armes. Grâce à l'inspiration qui avait ensuite dicté des propos et des gestes généreux à l'illustre mégalomane que fut le généralissime américain Douglas Mac-Arthur, les choses s'étaient remarquablement bien passées. Une fois le désespoir collectif purgé par une grande vague de suicides, il régnait une atmosphère paisible où l'on ne sentait rien d'artificiel. On pouvait se perdre en pleine nuit dans les obscures rues anonymes sans courir plus de danger qu'à Montréal, moins qu'à New York.

Détente contagieuse qui affectait tout le monde. Ce jour, entre autres, où je m'étais résigné à rentrer à Séoul, puisqu'il le fallait bien, et constatai que l'avion ne m'avait pas attendu. Me voyant faire du pouce au bord de la piste, un pilote débraillé me prit en pitié — voilà du moins ce que je croyais — et me fit signe de le suivre. Aussi délabré que lui, les hublots disparus, son appareil aux prunelles vides aurait dû m'amener à réfléchir. À l'intérieur, je tombai sur une cargaison d'oranges destinées aux boys en Corée. Comme on crevait de chaleur, j'appréciai grandement le courant d'air qui parcourut la carlingue au moment du décollage. À trois mille mètres je changeai d'idée. J'avais l'impression d'être au-dessus du Pôle. Deux heures durant à frissonner dans ce maelström assourdissant, si bien surgelé que je ne fus pas conscient de la descente. Je repris mes esprits lorsque, sortant de sa cabine, mon aimable pilote me demanda, goguenard, si la climatisation m'avait plu. Je partis sans un mot.

Sans un mot, c'est aussi l'expression qui convenait au début à ces étranges rencontres où l'on palabrait interminablement au sujet du cessez-le-feu. On survolait les lignes chinoises en hélicoptère pour atterrir près d'une espèce de fortin entouré de palissades. Au milieu un petit bâtiment au toit de pagode. On nous parquait près de la porte réservée aux négociateurs de l'ONU. À l'autre bout une foule de soldats orientaux, l'étoile rouge à la casquette, gardaient jalousement leur propre enclave. Ils se parlaient entre eux à mi-voix, mais si l'un de nous faisait mine de s'approcher, il était accueilli par un silence de mort. La plus souriante question n'obtenait qu'un regard indéchiffrable. Par bonheur une faille finit par apparaître dans ce mur. C'était le journaliste britannique Wilfred Burchett, communiste original, bavard de surcroît, depuis longtemps installé à Pékin où il servait de «voix blanche» au régime. De nos quelques discussions, je me souviens de celle qui portait sur l'expulsion, récente encore, de nos missionnaires. Sérieux comme un pape, Burchett m'apprit que les jésuites surtout auraient mérité les pires châtiments, eux qui recueillaient des enfants pour en faire non pas seulement des convertis mais des esclaves. Évoquant toutes les oboles jadis versées au «Brigand», feuille polycopiée qui venait au collège nous presser d'acheter des petits Chinois, j'affirmai que les jésuites, en dépit de tous leurs défauts, ne se seraient jamais permis de tels abus. L'humour reprenant ses droits, Burchett m'avoua d'un air malicieux qu'il ne donnait là que la version officielle...

Quant aux négociations, elles continuaient tout aussi officiellement à piétiner de jour en jour. Elles le firent le temps qu'il me fallut pour réaliser le reportage qui, pour moi, demeure inoubliable entre tous.

Perchés sur un de nos pics abhorrés, un soir de pluie battante, une demi-douzaine de Québécois s'étaient réfugiés sous la tente en se disant que l'*ennemie* ne serait pas assez *folle* pour sortir par un temps pareil. Il faisait très noir, les gouttes crépitaient sans relâche sur la toile, l'eau boueuse se répandait lentement dans tous les coins. Que faire en ce gîte à moins que l'on n'y cause? Du fond de l'obscurité s'élevaient de grands soupirs qui ponctuaient des phrases à la fois rageuses et lamentables où il était question de chez nous, là-bas si loin. C'était prenant. Je m'éclipsai sans bruit, et tout aussi discrètement l'opérateur Norman Eaves m'aida à glisser un micro sous la tente. Je n'avais plus qu'à laisser s'épancher ce mal du pays qui s'exprimait en des termes que j'hésite à reproduire mais qu'on retrouve toujours dans le vocabulaire. Quelque chose dans ce genre:

— Baptême, on va-t-y finir par en sortir de ce câlisse de pays de c...! Quand je pense que je pourrais être sur la Côte-Nord, tabarnacle, en train de prendre du saumon! Aie, le saumon de la Côte-Nord, vous connaissez pas ça. Ça se débat en hostie, c'est beau de voir ça! Maudite m... de Christ que j'ai donc hâte de retourner chez nous!...

Lorsqu'il y eut sur le ruban une demi-heure de ces propos bouleversants, je repartis en toute hâte pour Séoul où il ne restait plus qu'à diffuser le chef-d'œuvre après un minimum de nettoyage. Légère complication, cependant, l'opérateur ne comprenait pas un traître mot de français, et la plupart des fortes expressions ci-dessus étaient alors absolument interdites sur les ondes. Ciseaux en main, nous reprîmes dix fois les mêmes passages en éliminant un à un les sacres les plus sonores.

— Norman, non, « Côte-Nord-nacle », ça ne marche pas. Faut couper le nacle... Attention, « stie-que c'est beau », le stie est de trop...

Le jour était levé lorsque nous allâmes enfin nous coucher. À mon réveil, je trouvai au pied du lit une seconde petite bobine qu'un Eaves outré s'était donné le mal de fabriquer en recollant bout à bout toutes les bribes de ruban dont nous avions jonché le parquet. « Tes goddam French Canadian jurons, disait sèchement sa note, tu peux te les f... quelque part ! »

L'*ennemie* était sans doute du même avis, puisqu'on raconte que jamais ne fut percé le secret des communications du 22 qui se déroulaient invariablement dans le joual le plus pur !

JE SUIS FÉDÉRALISTE...

La guerre ne s'écrit pas bien, je m'en rends compte. Les parcelles que j'en ai vécues et racontées ne sont que de fugitifs extraits perçus par le petit bout de la lorgnette. Mais au fond, comment rendre justice à cette ample folie aux cent actes divers ? Seuls y parviennent quelquefois les grands historiens, et ce qu'ils nous démontrent alors, c'est l'incohérence, la parfaite absurdité de chacun de ces accès de sauvagerie collective.

Il en est qui épiloguent savamment sur la vocation de sage-femme de toute grande guerre, accoucheuse de chambardements et de révolutions. Mais il faut voir dans quel état l'accouchée se retrouve. Les forceps de 39–45 ont laissé l'Europe ainsi que l'Allemagne et la ville de Berlin coupées en deux. Elles le sont toujours. L'écrasement du Japon ouvrait de son côté la voie à Mao et au communisme chinois. La Grande-Bretagne et la France n'étaient plus que des poids très moyens et deux empires nouveaux se partageaient le monde. Puis la Corée devenait deux autres tronçons de pays qui ne sont pas près de se recoller.

Pour aboutir à ce résultat tordu, tant de morts et de vies brisées, le plus aveuglément barbare de tous les holocaustes que se soit offerts l'animal doué de raison. Que je sache, les représentants d'aucune espèce ne s'entre-détruisent qu'à la dernière extrémité, et jamais avec cette volupté morbide qu'y mettent les petits de l'homme. Comme les cinquante pays fondateurs de l'ONU, on voulait croire en 1945 que l'excès d'horreur engendrerait cette fois un sursaut durable. Cinq ans après, c'est l'ONU elle-même qui prenait les armes en Extrême-Orient. Depuis lors, a-t-on connu une seule journée sans tuerie organisée? Les deux Grands, que Churchill nous montrait comme un couple de scorpions enfermés dans la même bouteille, se laissent au moins retenir par leur propre terreur juste au bord, à un cheveu trop souvent de l'abîme. Cela ne les empêche aucunement d'ajouter sans arrêt de nouveaux engins de suicide planétaire à des stocks qui étaient déjà plus que suffisants. L'un ou l'autre finira-t-il par céder au goût de s'en servir, et dès lors l'un *et* l'autre? L'inconcevable n'est malheureusement pas impossible, nous ne le savons que trop.

En attendant... le plus pernicieux effet de cette épée de Damoclès est de rapetisser par comparaison tout autre conflit, de le banaliser en l'affublant du qualificatif de «limité». Comme fut banale cette guerre du Viêt-nam, si bellement limitée que, en deux ans et demi, y furent largués plus d'explosifs qu'au cours de TOUTE la Deuxième Guerre mondiale.

Sauf lorsqu'on trouve un Bébé Doc ou un Marcos pour incarner le mal, qu'elles deviennent vite insignifiantes à force de se répéter, ces guerres civiles ou tribales ainsi que les invasions, les coups d'État et les attentats qui se succèdent entre les pauses commerciales! Le pire, c'est que tout ça aussi c'est du commerce. Combien de villes et d'États américains, de centres de production soviétiques, d'usines européennes, brésiliennes ou canadiennes, etc., ne se verraient-ils réduits au chômage par une sérieuse menace de paix? Ce business[1] crée d'innombrables emplois de fabrication, alimente la recherche derrière l'écran de la «défense» et du drapeau et va jusqu'à servir au besoin — comme à Montréal il y a quelques mois — à cacher la stagnation sous de plantureux contrats militaires.

---

1. Voir *The War Business* de Georges Thayer, qui demeure un ouvrage classique sur le sujet. Simon & Schuster, 1969.

Quant à ces poudrières qu'on entretient en les endettant jusqu'au cou dans trois continents sur cinq, les gens y sont en général les plus pauvres des pauvres. Et partout, en Amérique centrale, du Cap au Caire et du Moyen-Orient au Cambodge, on les pousse pourtant à troquer leur pain contre des fusils. Privés de ces livraisons d'armements dont ils sont gavés par leurs parrains respectifs, maints petits peuples n'arriveraient-ils pas à régler leurs problèmes ni mieux ni plus mal que par des bains de sang?

Quelle extraordinaire révolution si l'on se mettait une bonne fois à fondre les épées pour en faire des charrues, toute cette ferraille sophistiquée pour en faire du développement. À l'échelle mondiale, il s'agit de budgets qui vont chercher annuellement tout près d'un trillion (1 000 000 000 000 000 000 $).

Un petit dixième de ce gaspillage multiplierait par six ou sept l'aide alimentaire aux affamés, haussant à un pourcentage moins honteux de leur richesse la contribution des nantis qui, chez les Scandinaves, les moins mesquins de tous, n'atteint pas encore *un pour cent*.

Rêve en couleurs? Jusqu'à nouvel ordre, sans doute. N'est-ce pas dans le rêve, cependant, que naissent la plupart des projets qui en valent la peine? Ces nouvelles générations, recrues de missiles et de guerre des étoiles, ne pourraient-elles être le fer de lance d'une croisade pour la paix et la fraternité véritables? Pour elles, rien à perdre et fort possiblement tout à gagner. Que cela forme éventuellement une tache d'huile aussi bien répartie autour du globe que les bases militaires et les troupes d'occupation, et l'on parviendra à remplacer peu à peu le business des armements par l'obsession des aliments. De la jungle à la civilisation, ce n'est qu'un pas à franchir, celui qu'appelle à l'évidence cette boule terrestre ratatinée, où le nord ne vit pas sans le sud mais où le sud crève sans le nord, où le confort ne saurait continuer bien longtemps à se nourrir de la faim d'autrui ni la vie à ignorer que trop de morts inutiles sont un virus dont la période d'incubation ne durera pas toujours.

Cela signifie que, sur deux ou trois plans absolument existentiels, l'État-nation a fait son temps. Il lui faudra céder cette portion de ses pouvoirs et de ses ressources à une autorité qui soit un Conseil de Sécurité pour l'humanité tout entière. Ce n'est pas demain la veille, bien sûr. Mais si l'on veut compter sur demain, quelle autre issue ?

Pour ma part, en tout cas, voilà ce que je pense et que je répète à chaque occasion, et que je me risque à écrire ici : pour mettre un vrai holà au massacre des innocents, pour donner aux enfants de partout un minimum d'égalité des chances, on ne peut qu'être fédéraliste. Mondialement parlant...

IV

TOUS AZIMUTS

« Heureux qui, comme Ulysse... »
(du Bellay)

DEUX SUPERPUISSANCES:
LA CAMÉRA ET LES USA

La Corée — et mes grands sacreurs devant l'Éternel — m'avaient pour ainsi dire mis au monde. Au retour j'appris que des chroniqueurs aussi impitoyables que Gérard Pelletier allaient jusqu'à faire de votre serviteur «la révélation de l'année».

En haut lieu, on commençait aussi à saisir que le sport n'est pas l'unique activité humaine susceptible de capter l'attention. Sans jamais égaler la magie des jeux du stade, la présentation d'autres aspects de ce qui se passe a le mérite additionnel de coûter une fraction minime des budgets que dévorent les feuilletons ou les spectacles de variétés. Je crois de plus que les années 39-45 avaient été le véritable creuset de la métamorphose que devait bientôt connaître le Québec[1]. Ces milliers de jeunes hommes qui étaient sortis du pays et qui avaient comme moi changé sans trop savoir comment, et ces milliers de femmes que la guerre avait trimbalées des bureaux aux usines et qui ne furent plus tout à fait les mêmes par la suite, c'est à ce

---

1. Soulignons que ces mêmes années permirent au gouvernement Godbout, effacé de la mémoire pour avoir cédé à Ottawa avant d'y être forcé, de mettre en place trois traits essentiels d'une société montrable: l'obligation scolaire, le vote des femmes et l'amorce d'une politique de développement (création d'Hydro-Québec).

«brasse-canayen» sans précédent qu'il faut attribuer la disparition si rapide du vieux Québec traditionaliste et isolé. Entre autres effets, cela produisit une curiosité nouvelle qui s'éveilla d'abord à notre propre originalité. Par la chanson, le théâtre, les premiers films, nous nous mettions à nous découvrir en détail et à nous trouver intéressants.

Quoi qu'il en soit, c'est dans ce contexte que l'on mit sur pied un service dit des reportages dont la direction m'échut. Mini-direction appelée à demeurer microscopique, mais quel cœur à l'ouvrage dans cette petite équipe où l'on commença par meubler quotidiennement un magazine radiophonique intitulé «Carrefour».

Les autres ne m'en voudront pas de souligner que nos modestes succès reposèrent en grande partie sur le talent d'une collègue sans pareille. Il est moins banal qu'il ne semble de rappeler que Judith Jasmin parlait et écrivait une langue non seulement correcte mais d'une pureté de source. D'elle-même elle exigeait le maximum tout en demeurant disponible chaque fois qu'un ouvrage mal foutu était à reprendre ou un absent à remplacer au pied levé. Rien de bonasse, cependant, chez cet esprit sans cesse en éveil, capable de s'appuyer sur une structure faite d'expérience et de culture bien digérées. Sa connaissance de l'art, du théâtre surtout, se mariait d'étonnante façon à un vif souci de précision et de franchise dans le récit des faits. De plus, je n'ai connu personne qui fût plus écorchée par l'injustice. Elle avait ses défauts, si c'en est un, par exemple, de ne pouvoir tolérer la bêtise ou les faux-semblants. En un mot Judith Jasmin, camarade et amie pendant quelques belles années, était une grande journaliste et une femme exceptionnelle dont la carrière si cruellement abrégée par la maladie l'avait déjà menée au sommet de notre métier.

Ce métier qui se voyait au même moment condamné à retourner à l'école de la vie, comme dirait l'autre, pour apprendre l'ABC de la télévision, laquelle menaçait dès son entrée en scène d'envoyer tout le reste aux oubliettes. Parmi les acteurs en particulier, on assistait à une hécatombe. Ayant si longtemps joué leurs rôles texte en main, plusieurs avaient complètement perdu l'aptitude à mémoriser qu'exige le théâtre en direct. Passé le choc initial, ce déclin provoqua pourtant une remise en question qui devait redonner peu à peu de la vigueur et un public à la radio de qualité (à l'autre aussi, hélas, où l'on continua simplement à se disputer le plus bas commun dénominateur). Si bien que je suis loin d'être seul à préférer les beaux sons qui créent leur propre décor et gardent une place pour le silence, à cette omniprésence de l'image, de l'image à tout prix dont il est faux de prétendre qu'elle vaut infailliblement dix mille mots ou dix secondes de repos.

Sur ce, revenons à nos moutons des années 50 qui allaient s'écraser pour la vie devant — ou derrière — le petit écran. Ruée en masse comme aucune autre qu'on ait pu voir. Créant une dépendance de drogués à laquelle bien peu échappent encore aujourd'hui puisqu'elle happait ses victimes à tout âge.

Notre aîné avait trois ans quand l'appareil fit irruption dans son existence. Arrivant de son pas de sénateur, il aperçut un avion qui se promenait devant lui en ronronnant avant de disparaître à gauche. Aussitôt le bambin d'aller chercher de ce côté, puis tout autour, pour revenir vers nous en marmonnant : « Où l'est, l'avion ? »

Quel aura été l'effet de ces *vues animées* sur des générations auxquelles on les sert sans arrêt depuis une trentaine d'années ? Bien malin qui pourrait l'évaluer avec certitude, ou mieux, bien présomptueux qui prétendrait le faire. Chose certaine, presque rien n'a échappé à cette alchimie où le plomb vil n'est pas devenu que de l'or pur : pas plus les études que les routines du foyer, et la personnalisation outrancière de la politique autant que celle du sport. L'éblouissante évolution technique de ces étranges lucarnes ouvertes sur le monde compense-t-elle la superficialité grégaire qui en dégouline jour après jour ? Surtout dans une petite société que le monstre a si vite et globalement asservie comme si tout le monde se retrouvait sur une seule longueur d'ondes aux choix plus impérieux que ceux de l'Académie : *Un homme et son péché* (viande à chien) et la soirée du hockey (À toi, Jean-Maurice) et maintenant *Le temps d'une paix* (Oui, cherrr...)

Sur ce phénomène un souvenir des temps préhistoriques. On avait commencé à nous offrir de faire un peu de suppléance aux informations lorsque, un jour de poudrerie à ne pas voir le bout de son nez, un bon samaritain me prit dans sa voiture. Je ne fus pas long à remarquer qu'il jetait sur moi des coups d'œil intrigués. N'y tenant plus, il finit par me demander :

— Il me semble que je vous connais, mais où diable nous sommes-nous rencontrés ?

Je donnai moi aussi ma langue au chat jusqu'au moment où il eut une soudaine révélation :

— J'y suis, c'est fort simple, je suis sûr que vous êtes déjà venu chez moi !

Ainsi Victor Barbeau, élégant vieux gentleman devenu irascible sur les bords, me reprocha-t-il un peu plus tard ce manque de bonnes manières avec lequel je me présentais dans son salon la cigarette au bec... On était décidément en famille.

Quant à cette mutation de la perspective et des sens mêmes dans laquelle nous allions être emportés, dès 1948 j'en avais vu une fulgurante avant-première. Cela se passa à Chicago, où je couvrais le congrès du parti démocrate. Pour la radio, alors que la télé était déjà au pouvoir chez nos voisins. Point n'est besoin de dire que nous, du Canada, étions les parents pauvres, relégués au bout de la table et quémandant les miettes d'un festin où il n'y en avait plus que pour les seigneurs de la caméra. Sur l'écran de location qui nous permettait au moins de n'être pas tout à fait hors circuit se déroulait en fin de journée l'appel nominal des délégués. Arriva le tour du Missouri et, dans l'ordre alphabétique, la lettre T :

— The delegate from Independence, Missouri...

Sur ces mots, une image surgit instantanément d'un aéroport du Middle-West où l'on reconnut le petit homme qui se hâtait vers son avion.

— ... President Harry S. Truman! conclut triomphalement la voix du speaker. Sauf erreur, c'était la première
fois qu'on parvenait à jumeler, en direct, deux facettes d'un
seul instant d'actualité. On en a vu d'autres depuis, mais ce
jour-là nous en étions restés baba et mon topo suivant ne
porta que sur les merveilles que l'avenir nous réservait.

C'était aussi le début de ce que j'appellerais ma période
américaine. Politique d'abord, de Truman à Eisenhower à
Kennedy, mais également, chaque fois que l'occasion ou le
prétexte s'en présentait, n'importe quel autre aspect de cet
énorme bouillon de culture juste à nos portes. Ces grèves
d'ici qu'on télécommandait de Pittsburg ou Washington,
les liens du sang qui empêchent les Franco-Américains
d'oublier complètement, les Germano dont la bière de
Milwaukee demeurait le fanion, la rentrée discrète puis la
revanche des berceaux des Orientaux sur la côte ouest,
bref, ce mouvement perpétuel dont le rythme nous envahis-
sait en effaçant la frontière sous les flots de Coke et les
pneus des V-8.

Étant donné que ma propre ligne de démarcation
s'était bien auparavant fixée sur l'Outaouais, il m'était
facile de suivre ce penchant normal du continent qui porte
le nord vers le sud et inversement, plutôt que cette ligne
contre nature le long de laquelle s'est édifié le Canada.

Mes fréquentations du temps de guerre n'avaient fait
que renforcer cette préférence. En 45, puis en 52, à chaque
retour la tentation avait été forte d'emboîter le pas à
certains camarades américains rentrant qui à New York
qui à Boston pour se tailler des places enviables dans ces
médias dont la croissance se faisait géométrique. C'est
alors que je sentis que jamais je ne saurais devenir un
produit d'exportation. J'étais condamné à demeurer Québécois. Par la suite cela ne fit que se confirmer lorsque, à
diverses reprises, on me proposa des exils plus ou moins
dorés, dont au moins une fois celui qui m'aurait amené
dans l'arène fédérale — du mauvais côté de la rivière.

Mais autant le Canada hors Québec m'apparaissait en
gros comme une morne grisaille collective, autant les États-

Unis ne cessaient de me fasciner, double impression qui s'est d'ailleurs maintenue jusqu'à ce jour.

J'avais découvert et je piochais à retardement les années de Roosevelt. Sauf erreur on ne trouve nulle part, à aucune époque, quelqu'un qui puisse servir de modèle pour sa propre vie ; mais il y a des affinités plus ou moins étroites qui s'établissent avec les gens qu'on admire. Sans penser un seul instant à l'action politique, je me suis abondamment nourri de F.D.R. En premier lieu, c'est par le grand communicateur que j'étais frappé. Écoutant ces «causeries au coin du feu», cette voix chantante qui rythmait ses phrases comme autant de poèmes en prose, j'enviais ce don qui chaque fois forçait l'attention et créait un suspense en ciselant des mots de tous les jours. Cet humour qu'il employait pour désarmer ou confondre l'adversaire, comme durant une campagne hargneuse où il finit par s'exclamer avec juste le soupir qu'il fallait : «Ma parole, les voilà qui s'en prennent même à Fala !» (son inséparable toutou). Surtout l'incomparable instinct qui devait permettre à cet aristocrate de maintenir si longtemps une coalition faite de minorités, de cols bleus et de pauvres. Dès 1932, en remerciant les membres de son brain-trust pour la brique monumentale dont le contenu était tout le programme du New Deal, il les priait aussitôt de se résigner à voir leur chef-d'œuvre condensé, réduit à sa plus simple expression, concis comme un manifeste.

C'est sans doute ce qui me revint à l'esprit quand je rédigeai le texte-tremplin du MSA en 1967 et puis, en 1968, *Option Québec*, dont la seconde partie, traitant de «ce pays qu'on peut faire», s'ouvrait sur cette phrase : «Nous n'avons rien à craindre si ce n'est la peur elle-même.» Ces mots, par lesquels Roosevelt avait voulu conjurer les paniques de la Grande Dépression, me semblaient s'appliquer non moins bien à nos appréhensions et à nos complexes de colonisés.

Nous en sommes aux années 50, celles qui virent la Guerre froide s'installer à demeure en même temps que les Américains se donnaient un autre président invincible, espèce de faiblard bien-aimé, le général «Ike» Eisenhower.

Pendant que lui se consacrait plus à son golf qu'à ses dossiers, on assista à l'une de ces crises que nos voisins savent mener jusqu'à des excès inouïs. Ce fut la période honteuse du maccarthysme. Je me rappelle cette assemblée où l'on vit le chasseur de sorcières se lever pour brandir un bout de papier sur lequel il prétendait avoir les noms — qu'il garda prudemment pour lui — de «crypto-communistes» répartis de l'Atlantique au Pacifique. Le faciès huileux, l'œil fuyant, le ton vulgaire autant que grinçant, le sénateur McCarthy était de ces hommes de qui l'on se dit spontanément : «Un gars qui ne me vendrait jamais une voiture usagée!» Comme d'autres, et moins scrupuleux que quiconque, il exploitait avec un parfait cynisme et un succès épeurant la vague d'anticommunisme hystérique qui balayait le pays. Contrairement à d'autres parlements plus près de nous, qui se refusent comme nous verrons à faire leur propre acte de contrition, le Sénat de Washington finit pourtant par acculer son mouton noir au pied du mur et mettre fin à la curée. Après que des centaines de réputations eurent été détruites et des carrières valables jetées au rancart ou forcées de se rebâtir en Europe ou ailleurs.

Au cours de ces années noires on vit tout de même, de loin, commencer à scintiller une étoile du nom de Kennedy. C'était en 1956, alors que le parti démocrate cherchait en vain un couple de candidats capables de se mesurer sérieusement avec l'imbattable tandem Eisenhower-Nixon. Au moment de désigner le numéro deux de l'équipe, tout le monde parlait de cet astre ascendant du Massachusetts, fils de famille à l'élégance décontractée, héros de guerre par surcroît, qu'un discours percutant venait de consacrer homme du jour. À la dernière minute, on choisit le vétéran Kefauver, pseudo-*hillbilly* (rustaud des collines) qui cachait sous son bonnet Davy Crockett un esprit à la fois retors et progressiste. Ennemi juré de l'infâme racket qu'était devenue l'industrie des médicaments[2], c'est lui qui devait m'inspirer, au temps du gouvernement Lesage, une cam-

---

2. Ne l'est-elle pas toujours? On apprend que depuis 1981 le prix des médicaments a augmenté aux USA deux fois plus vite que l'inflation,

pagne malheureusement trop solitaire contre les mêmes exploiteurs. Pour l'heure, Kefauver but battu conjointement avec le très distingué et inefficace Adlai Stevenson. Et Kennedy resta en réserve de la république jusqu'à sa victoire en 1960. S'il avait décroché l'obscure vice-présidence quatre ans plus tôt, serait-il encore vivant? L'avenir n'est à personne...

J'étais donc en passe de me transformer en «yankee-bécois». Le sud de la frontière m'attirait si fort que les vacances aussi me retrouvaient infailliblement quelque part par là, n'importe où pourvu que ce fût au bord de la mer. On s'y rendit d'abord par le train, à Hampton ou Old Orchard, dans ces taudis saisonniers dont l'unique attrait est d'être à deux minutes de la plage. Enfin, vers 1955, mon traitement ayant atteint le niveau stratosphérique de cinq mille dollars par an, je pus acheter une voiture et élargir nos horizons. Cela nous conduisit finalement à Cape Cod, cette merveille du monde dont le sud reçoit les courants tièdes du Gulf Stream et où le littoral tout entier a été sagement versé au patrimoine national, ce qui lui épargne les méfaits qui défigurent tant de sites incomparables, de Capri à Acapulco et de Miami à Percé. C'est là que nos trois enfants — Suzanne étant venue s'ajouter aux deux aînés et régentant désormais la famille — acquirent le goût de l'eau salée et des fruits de mer tout en apprenant l'anglais sans douleur. C'est là que je retourne sans faute chaque année pour deux ou trois semaines d'une thalassothérapie dont mon organisme gaspésien ne peut se passer, mais pour baigner aussi dans cette société si proche et si profondément différente de la nôtre.

---

générant des profits qui frisent le triple de la moyenne industrielle! Un comité du Congrès s'est fait dire par des personnes âgées que les ordonnances dévoraient jusqu'au quart de leurs revenus. «Ou bien l'on nous fournira des explications satisfaisantes, de remarquer un élu californien, ou bien nous devrons conclure que nous voici devant un record de cupidité.» Est-ce tellement mieux chez nous? Oui, bien sûr, puisque ça ne coûte rien aux citoyens modestes. Mais on oublie volontiers que cette *gratuité*, qui a fait de nous les premiers pilulomanes du monde occidental, coûte en revanche les yeux de la tête à la collectivité.

Rien de plus proche, en effet, que cette démocratie en quelque sorte innée, émanant comme chez nous de gens simples et frustes qu'aucune cloison de classe ne divisait et qui, à leur tour, profitèrent également des espaces illimités d'un continent neuf et presque vide.

De là provient cet égalitarisme foncier qui maintient chez chacun la conviction, ou l'illusion si l'on veut, d'être aussi bon que le voisin et, pourquoi pas, que le président. C'est là aussi que s'est forgée l'habitude, que les vertus puritaines ont mieux conservée que chez nous, de travailler dur sans demander la lune (ni même exiger des services aussi essentiels que l'assurance-maladie et une éducation dont le coût soit abordable). Dans la vie quotidienne, tout cela fait de l'Américain moyen le plus sympathique « étranger » qu'on puisse connaître, celui en qui l'on se reconnaît soi-même plus qu'en tout autre.

Mais cette proximité qui dépasse largement l'aspect géographique tend à camoufler le fait que l'Histoire nous a par ailleurs donné des traits éminemment dissemblables. Fils d'une France obsédée par l'Europe et assez riche pour vivre chez elle, nous n'étions encore qu'une poignée au moment de la Conquête. Pauvre et coureuse au long cours, l'Angleterre avait au contraire déversé un flot d'immigrants dans sa propre colonie. Sur les Plaines d'Abraham, c'est d'abord ce poids du nombre qui l'emporta, et c'est lui également qui pesa ensuite sur toute l'Amérique du Nord. Il l'effectua avec une violence qui, au cours des interminables campagnes contre les Indiens, donna naissance à ce racisme et cette culture du revolver dont les USA demeurent affligés. Une indépendance arrachée à la baïonnette puis une guerre civile plus meurtrière que toute conflagration antérieure ne purent qu'enraciner davantage cette propension à la manière forte.

Sautons un siècle et les conflits avec le Mexique et l'Espagne, et 17-18 et 41-45, et le Viêt-nam. Nous voici en 1986. La société américaine continue à sécréter une violence telle que le taux de criminalité y est le plus élevé au monde. La puissance du pays a engendré ce qu'Eisenhower appelait le «complexe militaro-industriel» dont l'intérêt est d'éterniser la tension avec les Soviétiques, justifiant ainsi les budgets démentiels engloutis par une soi-disant défense. Soi-disant: aussi loin qu'on puisse voir en avant, jamais l'URSS n'aurait la témérité ni surtout les moyens de passer à l'attaque. Car elle est pauvre, et de nos jours c'est la richesse qui mène le bal et non le drapeau comme autrefois. À ce compte-là, c'est Tôkyô et bientôt tout l'Orient qui vont succéder à New York et Chicago. Après la greffe qui le transféra naguère d'Europe en Amérique, le cœur du monde s'apprête à réintégrer son organisme originel.

En courant le risque sans cesse croissant de vietnamiser l'Amérique centrale, ou encore en s'enfermant dans les fantasmagories de la *guerre des étoiles*, un Reagan ne peut que masquer ruineusement cette dérive et retarder une prise de conscience qui ne sera rien moins que facile. L'inévitable transition nous promet sans doute la plus grande de toutes les démonstrations que les Américains auront eu à donner de leur proverbiale faculté d'adaptation.

À peine moins exigeant sera l'abandon partiel du «melting-pot» auquel pourrait bien les contraindre le bi-ou-tri-culturalisme qui s'affirme en particulier sur la côte du Pacifique.

L'évolution interne des États-Unis comme la diminution de leur poids international nous réservent donc sursauts et surprises, qu'il importe au petit voisin que nous sommes de suivre très attentivement. Et ça continuera d'ailleurs à être passionnant.

D'ELISABETH II...

Ces années-là, en fait, rien qui ne fût passionnant. À voir, à entendre, à rapporter le moins mal possible. Par tous les truchements : ceux du micro et de la caméra, évidemment, mais aussi l'écrit qu'on me laissait commettre à l'occasion et dont je me permets, histoire de retrouver des ambiances, de vous infliger çà et là quelques pages. Sachant bien qu'on n'y arrive jamais, j'aurais désiré que rien d'humain ne me fût étranger. D'où une seconde période de globe-trotting, en civil cette fois, qui m'amena pour commencer dans l'univers mystérieux du Grand Nord.

C'était en 1952. Nous étions chargés d'accompagner leurs gracieuses Altesses Elisabeth et Philip dans leur découverte du Canada d'un océan à l'autre — et puis encore à l'autre, c'est-à-dire l'Arctique. Découverte pour moi aussi, car je n'avais jamais vu le pays en entier. La propagande de l'unité « nationale », le CN, Pétro-Canada et tutti quanti ne cessant de nous en gaver depuis lors, je ne vais pas vous faire les honneurs de Toronto la moins pure que jadis, ni du Greater Winnipeg dans lequel s'est noyé Saint-Boniface, ni de *nos* montagnes Rocheuses, ni de Vancouver qui nous presse bien assez de re-revoir son Expo. Ni même de Powell River, petite ville déjà nordique où je me rappelle cette hôtesse de quinze ans qui se nommait, disons, Pauline Lamoureux et qui eut deux grosses larmes sur les joues quand j'eus le malheur de la saluer en français.

— I don't speak French, m'avoua-t-elle dans un sanglot, ajoutant que si je restais pour la soirée son père, ouvrier importé du Québec, pourrait me démontrer que lui n'avait pas perdu sa langue...

Non, parlons plutôt du Yukon et du Klondyke, deux territoires et aussi deux rivières turbulentes qui se rejoignent à Dawson, dont ne subsistait plus lors de notre passage qu'un village fantôme où le Charlot de la ruée vers l'or aurait vraiment été réduit à ronger ses bottes. Vu, comme dirait le touriste qu'on tâche désespérément d'attirer dans ce décor d'une légende en allée...

C'est tout en haut, à Coppermine, que nous débou-châmes sur le vrai Nord. Sur les Inuit surtout, que l'on s'obstinerait à appeler Esquimaux pendant une autre génération. C'était l'été boréal. Sitôt descendus du Canso à quelques mètres du rivage, nous fûmes assaillis par d'invrai-semblables escadrilles d'insectes volants de toutes les tailles et de toutes les couleurs. Chaque année, ces quelques brèves semaines de réchauffement font éclore une éphémère vie animale et végétale qui en profite fiévreusement, comme si elle savait que les minutes lui sont comptées. Les Inuit nous apparurent aussi comme un essaim affolant. Massés sur la grève, si près du bord qu'il fallut forcer le passage pour débarquer plus ou moins à pied sec, ils faisaient autour de nous un cercle plein de rires et de monosyllabes rauques. Une vieille dame, m'indiquant d'un doigt revendi-cateur le mégot qu'elle mâchouillait au coin du bec, me signifia qu'elle voulait une cigarette. Dès que le paquet apparut, sa main jaillit à la vitesse de l'éclair et aussi vite elle se perdit dans le groupe avec son butin. Rigolade générale. Brusquement, je compris ce qui se passait. Avec nos souliers de cuir et nos fragiles épidermes offerts aux moustiques, c'est nous qui étions les péquenots. Et ces primitifs se payaient gentiment notre tête. Ils continuèrent tout le long de la visite, gloussant lorsqu'on trébuchait sur un de leurs innombrables chiens heureusement assommés par la chaleur et se donnant de joyeuses bourrades en empilant sur l'assiette une viande aussi huileuse que le poisson.

La princesse et le duc y goûtaient également, et c'est alors que ce dernier trahit une nature que nous avions quelque peu subodorée depuis le départ. Contemplant gens et choses du haut de sa grandeur, la lippe méprisante, ne daignant s'adresser qu'à l'entourage, il commençait à nous faire suer. O'Neill l'avait tout spécialement pris en grippe. Eddie O'Neill, Irlandais irrédentiste, bon enfant mais soupe au lait et qui d'avance ne portait pas les Anglais dans son cœur, c'était le cameraman, et il se heurtait à ce mur de morgue chaque fois qu'il osait suggérer telle pose plutôt que telle autre. Ce jour-là, il prit sa décision finale : désormais l'Altesse n'aurait qu'à se bien tenir, ou plus précisément se tiendrait comme bon lui semblerait, O'Neill lui réservait son traitement de faveur. Jusqu'à la fin du voyage, la pellicule ne fixa plus rien d'autre que les grimaces ou les godasses princières !

L'avant-dernière étape fut un chantier du Nouveau Québec dont le nom n'était pas encore sur la carte. Pataugeant dans une mer de boue, nous y suivions à la trace un soupçon de ruisseau chocolat qui surgissait, disparaissait, cherchant sa voie et redessinant la frontière hypothétique du Labrador au gré de sa fantaisie. C'était Burnt Creek, qui finit de s'évanouir le jour où le lieu mérita pour un quart de siècle de s'appeler Schefferville.

Le dernier jour nous trouva dans un minuscule *outport* de la presqu'île d'Avalon, non loin de Saint-Jean de Terre-Neuve. Sur une mer démontée, le yatch royal roulait à quelques encâblures. À la hâte, le canot menaçant de chavirer, la princesse nous fit dans la bourrasque l'honneur de nous serrer la main pour la première et dernière fois et de nous remercier tous, sans oublier O'Neill, de nos bons et loyaux services. Elle était alors toute menue, presque gracile, avec ce teint de pêche translucide qui est le cadeau aux jeunes Anglaises de leur climat exécrable. S'agrippant d'une main à sa robe, ce qui n'empêcha pas de découvrir le jupon et des jambes ma foi bien tournées, elle remplissait ce tout petit devoir avec une application d'écolière. On avait quasiment le goût de la plaindre.

L'année suivante, je la plaignis pour de bon. Maintenant que j'étais une vieille connaissance, rien de plus normal que d'être désigné pour décrire *urbi et orbi* le couronnement d'Elisabeth, seconde du nom, par la grâce de Dieu, etc. Judith Jasmin et moi, côte à côte avec des collègues français et belges comme une francophonie avant la lettre, étions terrés derrière des barricades à Trafalgar Square, au pied de la colonne Nelson. Arrivés au petit matin, au milieu de braves gens qui avaient passé la nuit à la belle étoile pour s'assurer une place au premier rang, nous eûmes à fournir là une des grandes performances de l'histoire de la radio : pendant *cinq heures*, jusqu'au passage du cortège revenant de Westminster à Buckingham, nous dûmes faire du remplissage, en parlant des cloches lointaines et des pigeons trop proches, et de cette foule compacte d'où, périodiquement, on extrayait avec délicatesse une femme évanouie pour se la passer de main à main jusqu'aux ambulances en prenant grand soin de rabattre ses jupes. De tout et de rien donc pendant une éternité, et puis, en une minute, Horse Guards, carrosse avec dedans une souveraine invisible, toute la high société mondiale jusqu'à ce souriant monument de chair et de tissus flamboyants, la reine Salote des îles Tonga, plus impressionnante que son royaume — indépendant — de 90 000 âmes, le spectacle était terminé. À cinq, nous avions eu droit chacun à un membre de phrase bien senti. Nous étions crevés, n'ayant jamais tant travaillé pour si peu.

Pour nous en remettre, nous décidâmes d'aller faire un tour à Paris. Qu'il fallait d'abord justifier, cependant. L'œuf de Colomb : dans trois jours on serait le 6 juin, anniversaire du Débarquement. Parmi les bons copains, on comptait un certain Léon Zitrone, qui n'était à l'époque qu'un obscur pigiste. Un coup de fil et l'affaire fut réglée :

— Vous en faites pas, dit-il, je me charge de tout. Vous n'avez qu'à être là.

À midi, ce 6 juin, Judith et moi étions bien là, faisant le pied de grue à Courseulles-sur-mer, premier port libéré par les Alliés en 1944. La mairie entourée de bosquets, le cimetière militaire face à la Manche qui dansait au soleil, la scène n'attendait plus que la distribution. Mais de Zitrone, pas plus que sur ma main. Nous allions le maudire lorsque soudain une moto-miniature surgit en pétaradant et en geignant sous un poids gargantuesque complété par celui de madame Zitrone, qui était derrière et par bonheur toute petite.

— Tut tut tut, fit-il en coupant court à nos récriminations, je vous ai dit que je me chargeais de tout, je tiens parole.

Il disparut du côté de la mairie. Moins d'un quart d'heure après, nous étions invités à sabler le champagne sous la charmille tandis que la clique municipale nous ressuscitait toutes les consolatrices de combattants, de la Madelon à Lily Marlene en passant par Mademoiselle from Armentières. Après quoi le repas, émaillé de discours à l'amitié éternelle, s'éternisa pour sa part jusqu'à seize heures passées, et lorsque le dernier convive rubicond sortit en appuyant son calvados sur deux bras secourables, Léon avait effectivement tenu parole. Si bien que plus tard je ne fus aucunement surpris de le voir au zénith de la télé-divertissement, parvenant à tout coup à faire quelque chose de rien... Paroles, musique, atmosphère, nous avions une émission du tonnerre, qui nous valut de chaleureuses félicitations. Et nos trois jours à Paris. C'était, je le rappelle, le 6 juin *1953*. Depuis, on a réalisé quelques autres tours de force, par exemple ce trois-cent-soixante-dixième anniversaire de Québec en 1978. Mais rien jamais qui égale cette trouvaille : le *neuvième* du Débarquement !

... À NIKITA Ier

Revenons dans le grand monde et aux choses sérieuses. Nous y voici replongés en 1955, en URSS, peu de temps après la mort de Staline. Traînant derrière Lester Pearson, ministre des Affaires extérieures, notre groupe de presse effectuait sa première incursion derrière le rideau de fer. Via Prague où, au pied du château de la reine de Bohême, les Tchèques se défoulaient en finissant de réduire en pièces de plus en plus menues l'énorme statue du petit père défunt, puis la Pologne qui était de son côté à reconstruire pierre par pierre le Vieux Varsovie. Nous verrions aussi Leningrad et l'impériale enfilade du palais d'Hiver avec, sous les combles, pudiquement dissimulée, une incomparable collection de ces bourgeois décadents, les plus grands impressionnistes. On nous amena dans un faubourg, presque à portée de fusil du centre-ville, contempler les restes d'un tank allemand qui était parvenu jusque-là tandis que la grande cité encerclée mourait de faim mais ne lâchait pas. Sûrs de la prendre, les nazis avaient donc épargné Leningrad comme un trophée, et c'est ce qui me permit il y a quelques mois de la redécouvrir toujours aussi belle sous Gorbatchev, mais curieusement plus tendue, plus rogue et moins accueillante qu'il y a quarante ans, lors de cette autre transition. Du moins me semble-t-il.

Mais c'est à Moscou qu'il nous tardait d'arriver, c'est là que ça se passait... Eh bien, non, comme on va le voir. Ville alors sans banlieue, émergeant soudain d'une steppe colorée par une palette automnale aussi riche que la nôtre, Moscou nous accueillit royalement, mettant les petits plats dans les grands avec une exubérance que n'expliquait pas seule la fin récente d'une si longue terreur, car de plus les Slaves ont naturellement le cœur sur la main. Au théâtre Bolchoï, au milieu d'un *Don Quichotte* démesuré où toute l'Espagne semblait s'être donné rendez-vous, je revois à l'entracte ces jeunes s'achetant une coupe de champagne et une tartine de caviar pour quelques kopecks et retournant aussitôt s'enfouir dans un manuel en attendant les trois coups. Puis dans l'immense salle de réception du Kremlin, l'aréopage des héritiers groupés vis-à-vis de nous derrière la table et à nouveau le caviar, mais cette fois une montagne de caviar. La grosse main terrienne de Kaganovitch, beau-frère de Staline, émiettant son pain noir d'un geste distrait, tandis que Malenkov, provoqué par une remarque innocente, s'évertuait à nous démontrer que sur un plan à tout le moins, celui des minorités, nous n'avions guère de leçons à donner.

— Souvenez-vous, disait-il, de ce que vous avez fait à tous vos sujets coloniaux et chez vous aux Noirs et aux Indiens, et donnez-vous la peine de découvrir ces peuples de nos républiques auxquels nous avons laissé leurs langues, leurs cultures, leurs traditions ancestrales...

Il était cramoisi et, ma parole, on avait les yeux mouillés. Sauf qu'il nous confondait avec les Américains, le reste était-il vrai, faux, moitié moitié? Nous tâchions de soupeser cet étonnant personnage dont certaines rumeurs faisaient le prochain tsar. Mais un instant plus tard, au moment où tous saluaient bien bas une ravissante jeune personne, étoile montante appelée à devenir la grande ballerine Maïa Plissetskaïa, un membre du protocole s'approcha de Pearson et lui glissa un mot à l'oreille: QUELQU'UN nous attendait là-bas, dans le sud du pays, quelqu'un dont les invitations étaient des ordres.

L'avion, tout petit, d'une nudité militaire, était tout de même doté d'une hôtesse qui nous servit le verre de thé et nous permit de fumer au moment où les moteurs commençaient à tourner : nitchevo ! Cet équipage de cow-boys nous laissa pourtant sains et saufs sur la piste de Sébastopol où nous attendait une flottille de voitures antédiluviennes. À travers les collines qui ondulent vers la mer Noire, je me rappelle que notre chauffeur coupait invariablement les bougies dès qu'il arrivait au haut d'une pente, laissant sa pièce de musée dévaler en silence, et puis rallumait avec fracas pour la montée suivante. C'était, nous fit-il comprendre, afin d'économiser l'essence... L'ignare et joyeux bonhomme devait aussi nous faire savoir qu'il filait le parfait amour avec sa femme — qui était médecin.

C'est un amalgame également curieux que nous découvrîmes en fin de journée dans un des sites les plus imprenables de Yalta. Devant cette grande villa blanche avec ses colonnes d'une exquise élégance, encore une couple de bagnoles noires plutôt déglinguées et une nuée de gorilles brusques et lourdauds dans leur uniforme de grosse étoffe, comme un petit personnel grand-ducal auquel on aurait permis d'envahir les plates-bandes.

Typiquement moujik lui aussi, le costaud engoncé dans son costume de bonne coupe qui nous reçut au salon : Nikita Sergheïevitch Khrouchtchev. Immobile, il se laissa approcher comme pour une audience royale. Mais l'œil vif et sans cesse en mouvement vint soudain s'arrêter sur le petit appareil d'enregistrement que je portais en bandoulière. Il n'attendit même pas la fin des présentations pour me demander ce que c'était.

— C'est pour la radio, répondis-je.

— Ah ! radio, da da, horosho !

Balayant d'un regard les gardes du corps un peu nerveux, il me fit déposer mon fourbi sur un guéridon et me pria de le mettre en marche. Après quoi, comme un boxeur bien entraîné, il sauta littéralement sur le pauvre Pearson.

— Ainsi vous venez du Canada, cette colonie américaine. Et vous avez le culot de critiquer ceux que vous appelez nos satellites !

— Mais, euh... mais, de bafouiller notre ministre désarçonné.

— Et cette organisation, reprit Khrouchtchev en bousculant son interprète, celle que vous avez baptisée OTAN, c'est-à-dire Atlantique nord, n'est-ce pas ? Ne se permet-elle pas d'en sortir et de s'approcher dangereusement de nos frontières ?

— Euh, mais c'est pour la défense...

— Alors là vous me faites bien rire ! Défense contre qui ? Contre nous ? Ridicule. Nous, oui, nous savons ce que c'est de se défendre et ce qu'il en coûte, et aussi l'agression. Nous n'avons pas la moindre envie de remettre ça. C'est vous qui nous menacez et je vous saurais gré de le dire à vos partenaires.

Pearson s'était fait envoyer au tapis. Reprenant ses sens, il demanda sans plus qu'on les conduisît à leurs chambres, lui et ses deux adjoints dont l'un était George Ignatiev, qui fut plus tard délégué à l'ONU. La presse emménagea pour sa part dans une superbe suite au rez-de-chaussée. La presse : juste deux journalistes, Bob Needham du *Globe and Mail*, scribe anglophone, et moi pour l'audiovisuel et le français. Vu l'exiguïté de l'avion et le départ en catastrophe, le groupe nous avait désignés comme représentants, chargés de fournir au pool tout ce que nous aurions recueilli.

La moisson était déjà exceptionnelle. En débouchant un champagne du Caucase, nous ne tarissions pas sur cette bonne fortune qui nous avait amenés chez le nouveau maître de toutes les Russies pour passer la nuit dans ses pénates en faisant bombance. Et quelle aubaine que ce match à poings nus avec Pearson ! Ne me tenant plus de joie, je sortis sur la terrasse avec mon sandwich de saucisson et mon verre de vin géorgien et, voyant comme la mer était belle, j'avalai d'une bouchée, baissai le pantalon et me jetai à l'eau. Mal faillit m'en prendre. Traîtreusement tiède pour un estomac alourdi, un courant très fort me déportait au-delà du promontoire derrière lequel était dissimulée la villa. Constatant que m'attendait une vaste baie qui s'en allait à perte de vue, je fis un suprême effort et parvins à revenir peu à peu jusqu'à ce qu'une vague me précipitât sur le rocher en m'écorchant vif.

Le cognac me remit sur pied et nous nous endormîmes comme des bienheureux. Sauf que pendant toute la nuit un vacarme de chasse d'eau ne cessa de nous réveiller de demi-heure en demi-heure. L'explication nous fut donnée le lendemain matin par les trois comparses blêmes qui descendirent de leurs chambres les jambes flageolantes en s'accrochant à la rampe. Ce qui s'était passé était fort simple. Son message transmis dès notre arrivée, Khrouchtchev s'était entendu avec sa gang pour s'amuser aux dépens de ces Canadiens. À sa façon qui n'eut jamais rien à voir avec l'étiquette. À tout bout de champ au cours du dîner, lui ou un autre avait levé le coude dans le but de soûler en particulier cet Ignatiev — Russe blanc et donc dégénéré — qu'il fallait absolument voir rouler sous la table !

De ce second Waterloo fédéral nous ne soufflâmes mot en rentrant à Moscou. Pearson était d'une humeur si massacrante que nous eussions pu craindre pour nos visas. Ce retour permit d'ailleurs de noter que sous le demi-sourire gamin et l'incontestable habileté du diplomate se cachait un très mauvais caractère que la moindre contrariété poussait au bougonnement et aux mots acerbes. Nous n'en avions cure. Nos topos de Yalta contenaient du nouveau qui, les autres nous le confirmèrent d'emblée, avait relégué tout le reste au second plan. Cette émergence subite de Khrouchtchev, je pus la retrouver en compagnie de mon interview, à Bruxelles, à Paris et à Londres, partout à la une. Sitôt débarqué à Montréal, je m'enquis donc modestement du sort qu'on avait réservé à mes envois.

— Quels envois ? me répondit-on. T'as vraiment expédié quelque chose ? On te croyait disparu en Sibérie.

— Ben voyons. Et mon matériel de Moscou, de Yalta surtout?

— Ni vu ni connu, pauvre vieux. Tu peux toujours fouiller.

Point n'est besoin de dire que voilà ce que je fis sans perdre une minute. Pour me heurter à de grands airs étonnés et des phrases drôlement évasives. Je finis par harceler les Affaires extérieures où le chat sortit du sac. Ma très excellente interview, je le comprendrais sans peine, n'est-ce pas, avait le défaut d'être plutôt mauvaise pour l'honorable ministre. Au point de pouvoir lui faire du tort. Alors, n'est-ce pas, on s'était permis de la mettre provisoirement sous embargo, mais rien ne m'empêchait plus de la reprendre...

Tu parles. Rien de moins réchauffable qu'une vieille nouvelle. Je tempêtai, qualifiai ce beau cas comme il le méritait de censure politique et m'en retournai avec l'envie de me rejeter à l'eau et une solide et définitive antipathie à l'endroit de ce cauteleux mandarinat *Canadian*. Sous la signature des collègues, je m'étais relu partout ailleurs, mais ici ce scoop, le plus flamboyant de ma carrière, avait été étouffé pour les beaux yeux de Lester Pearson. C'était assez pour devenir... séparatiste.

Tristement, je transformai mon ex-actualité brûlante en un documentaire pépère et bien refroidi.

Puis je tirai de mes notes de voyages quelques articles, dont l'un conserve peut-être quelque intérêt puisqu'on y retrouve non seulement Khrouchtchev amorçant son effort de «déstalinisation», mais aussi les propos compromettants que j'y tenais sur notre propre stalinisme au très petit pied, qui avait nom duplessisme [1].

---

1. Voir en annexe C, page 508.

« DANIEL JOHNSON PEUT-ÊTRE,
MAIS DUPLESSIS, JAMAIS!»

Rue Bonaventure. Une étroite maison de briques, modestement bourgeoise, dont on hésite à nous ouvrir la porte. Et pour cause. Avec son lourd attirail, les valises, les trépieds et les fils qui pendent, la radio-télé a plutôt l'air d'une entreprise de démolition. Prenant son courage à deux mains, la dame discrètement distinguée dont on nous dit qu'elle est sa sœur nous laissera pourtant pénétrer chez Duplessis, mais pour nous expédier aussitôt au sous-sol.

Nous venons assister au jour des élections, en juin 1956. Un de plus, un de moins, je commence à en revenir. J'ai suivi, décrit, commenté tant de scrutins, aux États-Unis, au Canada, fédéraux ou provinciaux, sans compter ceux de Montréal ; je l'ai fait sur le terrain comme en studio, car on m'emploie toujours comme l'homme à tout faire. Cette fois, je dois tout de même avouer que ça me fait quelque chose. D'être ici, à Trois-Rivières, dans la demeure du petit avocat de province qui, depuis une douzaine d'années, est le grand boss du Québec, du Québec politique et, ma foi, du Québec tout court.

En attendant les résultats, j'examine ce bureau où l'on nous a confinés. Oubliant les quelques rayons poussiéreux où sommeillent les vieux codes et les statuts refondus, je tombe en arrêt devant trois objets, les seuls qui ne soient pas purement utilitaires. Au mur, derrière le fauteuil en cuir, je remarque d'abord le portrait d'une femme qui sourit dans ses plus beaux atours du début du siècle. C'est la mère de ce vieux garçon endurci ₍qui ne se mariera jamais quoiqu'il ait un faible bien connu pour les personnes du sexe. (Ainsi, lui qui déteste cordialement Radio-Canada, où l'on se permet à l'occasion de le critiquer, nous envoie tous promener, nous les hommes, alors qu'il réserve imman-quablement un accueil plus qu'onctueux à Judith Jasmin et ne lui refuse jamais l'interview!) Puis, sur un coin du pupitre, j'aperçois un petit buste de Bonaparte devenu Napoléon : la main droite glissée dans le gilet. Enfin, sur l'appui de la fenêtre, en face, une statuette du frère André. La piété filiale, le pouvoir sans scrupules et... la dévotion à saint Joseph. Tout l'homme est là, en résumé. Et c'est sûrement voulu. Sacré Maurice, va.

Il apparaît soudain pour nous faire part des premières compilations qui placent son Union nationale loin devant les libéraux, comme d'habitude. Quant à lui, à toutes fins utiles il est déjà réélu dans le comté.

— Monsieur Duplessis, juste un mot pour nos auditeurs, s'il vous plaît ?

— Vos auditeurs, quels auditeurs ?

— Radio-Canada, Monsieur...

— Nan nan et nan, j'ai pas le temps.

Ce qui ne l'empêchera pas, le vieux snoreau, de répondre gentiment au collègue qui représente une station privée. Puis, de cette voix enrouée et grasse qui sent toujours le terreau, il nous rappelle que ses premiers commentaires s'adresseront à ses électeurs qu'il s'en va de ce pas rejoindre au parc des Cèdres.

C'est à l'autre bout de la ville. En brûlant quelques feux rouges nous y sommes avant lui. Dans la nuit tombante, plusieurs centaines de Trifluviens s'entassent autour du kiosque à musique transformé en estrade. Ça crie, ça chante et ça n'écoute guère l'homme qui se démène au micro pour faire patienter le monde. Mais voici la voiture noire qui s'approche lentement, et les acclamations qui s'élèvent tandis que Duplessis salue de la main.

— Et maintenant, mesdames messieurs, tonne l'orateur en suant à grosses gouttes, voici celui que nous attendions... Voici le grand défenseur du Canada français, l'homme qui sait tenir tête à Ottawa, l'homme qui protège l'autonomie, l'homme qui nous a donné le crédit agricole, l'homme qui...

Duplessis arrive sur l'estrade au moment où l'autre arrive à bout de souffle.

— L'homme qui est de nouveau député de Trois-Rivières et certainement Premier ministre de la province, et que j'ai l'honneur et le plaisir de vous prés...

D'un index sans réplique, Duplessis lui fait signe de poursuivre et, sortant une cigarette, va s'asseoir au premier rang. Il fouille dans sa poche, cherchant du feu. En un clin d'œil, une bonne douzaine de briquets et d'allumettes se précipitent. À qui l'insigne privilège. Impassible, le Chef examine ces offrandes qui brillent devant lui comme autant de lampions partisans, prend bien le temps de réfléchir et, ayant écarté les plus insistants, choisit son feu dans la deuxième rangée des thuriféraires.

— ... Et dans un instant, vous allez pouvoir entendre cet homme qui...

S'épongeant le front pendant quelques minutes encore, le pauvre présentateur doit vasouiller jusqu'à ce que le fumeur daigne écraser sa cigarette...

À force d'en voir, il était ainsi devenu quelque peu sadique. Le bon peuple appréciait, puisque les coups de griffe n'allaient qu'aux courtisans et aux adversaires de marque. N'empêche qu'un égal mépris, qui s'exprimait à travers les méthodes, était voué à l'ensemble de l'électorat. On m'a raconté, par exemple, cet ABC des partielles à la mode duplessiste.

— Tiens, tit-gars, disait le patron à l'organisateur, la poche est prête. Prends-la et sers-toi-z'en comme il faut. Dépense mais gaspille pas.

La poche, c'était en billets de banque le budget de la campagne : pour la caisse de bière ou l'occasionnel 40 onces, avec le frigidaire ou le pavage pour les notables. Invariablement ou presque, le candidat était élu, et l'organisateur triomphant venait raconter ses hauts faits en rapportant le reliquat de la poche.

— Félicitations, mon garçon, t'as bien travaillé, faisait Duplessis en lui donnant une tape sur l'épaule. Comme ça la poche tu l'as gagnée, tu peux la garder.

Lui-même parfaitement insensible à l'argent, il en connaissait le pouvoir et en usait sans vergogne. En fait, il n'était prodigue que lorsqu'il s'agissait de contrer ou d'abattre ces infâmes qu'étaient les syndicats et les progressistes, surtout les intellectuels, ces «joueurs de piano». Quant aux autres, c'étaient purement et simplement des «communisses», capables de faire sauter le pont de Trois-Rivières ou de salir notre réputation en tuant des Américains, comme cet obscur Gaspésien, Wilbert Coffin, que l'on expédia à l'échafaud après une enquête et un procès pour la frime dont le récit demeure insoutenable.

Ni plus ni moins sans doute que ses prédécesseurs, Duplessis n'hésitait pas non plus à se servir des fonds publics comme d'un instrument de chantage. Votre route, laissait-il entendre, on y pensera sérieusement si vous votez du bon bord. Sinon, vous l'aurez quand les poules auront des dents! Entre Québec et Montréal, un comté, celui de Saint-Hyacinthe je crois, eut l'audace de faire la sourde oreille — et la Transcanadienne demeura inachevée jusqu'aux années 60. Pis encore, aux portes mêmes de son fief personnel, le comté de Saint-Maurice s'obstinait à réélire le libéral René Hamel. Duplessis enrageait et, s'adressant à ces hérétiques, fulminait :

— Ah! vous le voulez, ce sacré pont? Eh ben, vous l'aurez un jour, je vous le promets, le jour où vous m'aurez débarrassé de René Hamel!

Saint-Maurice tint bon, Duplessis également. Si bien que, en 1960, lorsque Jean Lesage me confia provisoirement le ministère des Travaux publics, le premier appel d'offres que je lançai prit figure de symbole : on allait enfin remplacer le vieux pont de Shawinigan, qui était devenu un « tue-monde » depuis vingt ans. Chaque fois que je passe par là aujourd'hui encore, je m'attends à voir surgir un fantôme furibond...

Et pourtant, ce cynique croyait en quelque chose. Quelque chose de très profond et de très étroit à la fois, qui était son Québec à lui, catholique et français, même « français amélioré » ce qui voulait dire instruit mais pas trop parce que « l'éducation, c'est comme la boisson, y en a qui portent pas ça ! » Ce Québec rural et à son image prudent et pince-la-piastre, il fallait absolument le garder à l'abri des miasmes du siècle. D'où ce mot-clé d'un nationalisme d'assiégé : l'autonomie. L'émancipation ? Jamais, car si peu que ce fût, ça pourrait donner des idées... Comme ce projet de nationalisation de Philippe Hamel que trois mots, repris d'une assemblée à l'autre, suffirent à ridiculiser : « Électeurs... électrices... électricité... »

La bible, c'était l'autonomie, ligne Maginot derrière laquelle rien ne devait trop changer. N'excluant pas les incursions occasionnelles en territoire ennemi, cependant, telle cette contre-attaque fiscale qui vit en 54 un Duplessis rayonnant au sortir d'un corps-à-corps avec son homologue fédéral, Louis Saint-Laurent, nous annoncer qu'il venait de récupérer le droit de lever son propre impôt sur le revenu. Je me souviens qu'à ce moment-là je ressentis à mon corps défendant une certaine fierté. Notre poids-coq avait terrassé le Goliath d'Ottawa.

Pour le reste j'étais de ceux qui, tout en étant forcés de rire à ses meilleures farces, l'exécraient. On sentait partout un besoin de changement que lui, couvercle rigide sur une bouilloire en ébullition, étouffait et de toutes ses forces empêchait même de s'exprimer. Le plus sacrant était de savoir qu'il n'y avait rien à faire. Il avait pour lui l'argent, un sens infernal de l'organisation et cet inébranlable troisième pilier, l'Église.

Prononça-t-il réellement cette phrase qu'on a si souvent répétée : «Les évêques ? Ils mangent dans ma main.» ? Chose certaine, il n'avait pas son pareil pour mettre le clergé à tout le moins dans sa poche. C'est son ancien chauffeur, longtemps après, qui nous raconta l'anecdote suivante, modèle de psychologie appliquée où l'on apprend aussi le secret d'une mémoire réputée infaillible.

Ainsi donc, Duplessis s'en allait faire sa visite pastorale dans un coin du pays. À ses côtés, son fidèle secrétaire tenant sur ses genoux le fameux petit carnet noir. À l'entrée du village, le chauffeur prenait d'instinct la direction de l'église en même temps que le secrétaire consultait rapidement le carnet.

— Bon. Ici c'est Monseigneur Latulippe. Oui, oui, Monseigneur, il a été fait prélat domestique depuis votre dernière visite qui remonte à deux ans. N'oubliez pas, *monseigneur* Latulippe, et ça fait dix ans qu'il est curé. Ok, monsieur ?...

— Ah ! ben que ça fait donc plaisir de vous revoir, Monseigneur ! de s'exclamer Duplessis en grimpant l'escalier. Commençait à être temps qu'on reconnaisse vos mérites, après quoi ? neuf ans, dix ans au service de cette belle paroisse...

Au bout de la galerie le prélat se rengorge. Les bonnes femmes venues faire la jasette échangent de l'œil des commentaires admiratifs : «Aie ! jusqu'au Premier ministre qui connaît Monseigneur. Et qui s'en souvient !» Le prône sera tout spécialement bon, dimanche prochain...

... Peu de temps après sa mort, on lui fit une statue qu'on n'osa pas dresser : les mauvais souvenirs, disait-on au temps de Lesage, étaient trop frais ; ils le furent encore sous Johnson et Bertrand, puis sous Bourassa I. Finalement la gauche — si j'ose dire — appliquant comme elle seule peut le faire une politique de droite, c'est votre serviteur qui ordonna d'extraire la malheureuse statue des caves du Parlement. Le jour où elle fut dévoilée à deux pas de la Grande Allée, il vint de toutes les régions quelques centaines de supporteurs. En tête, se déplaçant péniblement sur deux cannes, l'honorable juge Ti-Toine Rivard. Personne de moins de soixante-quinze ans. Personne qui n'eut les larmes aux yeux pendant la brève cérémonie. Après quoi chacun se fit un devoir de me serrer la main en me disant d'une voix chevrotante des choses comme «C'est beau ce que vous faites là, le bon Dieu saura bien vous le rendre. Nous vous remercions du fond du cœur et nous allons prier pour vous...»

Du coup je compris que j'avais ignoré l'essentiel. Pour ces braves gens et tous les autres qui le suivirent, Duplessis était véritablement l'incarnation du Québec de son temps, avec tous les défauts et les faiblesses aussi bien que certaines qualités. Pour le meilleur comme pour le pire, on s'était reconnu en lui. Trop longtemps. Ce qui le rendit invincible jusqu'à la fin, et par la suite inégalable dans l'esprit des survivants.

Terminant un jour une de ces biographies politiques dont il était friand, mon beau-père, humble ouvrier d'Alma qui avait dû prendre le bois à onze ans et n'avait appris à lire que passé la vingtaine, devait m'asséner ce jugement sans appel :

— Ouais, si tu continues comme ça, tu seras peut-être aussi bon que Daniel Johnson. Mais Duplessis, jamais!»

PROPHÈTE EN SON PAYS

Suez et son canal... Qu'est-ce ? où est-ce ? pourquoi en parle-t-on ? comment est-ce devenu ce baril de poudre ?

Instinctivement, les bons vieux topiques du collège m'étaient remontés à la mémoire avec leur batterie de questions, et je faisais subir à mon sujet son enquête préliminaire. Sujet qui occuperait la première d'une série d'émissions que Radio-Canada m'avait commandée pour cette saison de l'automne 56.

Auparavant il m'avait fallu effectuer un saut périlleux, abandonnant la sécurité d'emploi et les droits de pension pour l'existence toujours aléatoire du pigiste. J'avais un premier contrat, faramineux pour l'époque, quelque chose comme quinze ou seize mille dollars ! Mais qu'adviendrait-il par la suite ? Inch Allah, l'aventure était trop belle. Dire qu'elle présentait aussi certains risques serait un euphémisme. Selon les experts en programmation, rien de plus mort-né que cette idée de faire entrer chez les gens, après Séraphin et Donalda, les vraies histoires des pays lointains.

Penché sur Suez, j'étais fortement tenté de leur donner raison. Bien sûr, on en discutait depuis des mois, depuis que Nasser l'Égyptien avait eu le front de nationaliser le légendaire filet d'eau. Français et Britanniques, propriétaires de droit divin, étaient écumants. Pour les Israéliens,

par ailleurs, ces Arabes commençaient à se prendre pour
d'autres et un de ces jours il serait indiqué de leur rabattre
le caquet. Tout cela était bel et bien, mais ce n'étaient que
palabres de chancelleries. Pas une goutte de sang dans le
paysage, donc pas de mauvaises nouvelles et par conséquent, selon la règle d'airain de l'information, pas de
nouvelles du tout. Comment ranimer ce thème exsangue,
même si là-bas, au Proche-Orient, le ton s'était remis à
monter depuis quelques jours ?

Comme il s'agissait d'une première émission qu'on
avait vue venir de loin, j'avais vraiment tout lu sur le
problème. Trop lu. À travers ce monceau de notes, je
cherchais désespérément un fil conducteur lorsque soudain
la lumière se fit. Tout le monde se passionnait pour nos
petites intrigues familières qui allaient s'éternisant d'un
feuilleton à l'autre. Si éloignées fussent-elles de Saint-
Denis et Sainte-Catherine, les grandes secousses du monde
ne seraient-elles pas au moins aussi captivantes, peuplées
qu'elles étaient de personnages ultra-dramatiques et pleines
de rebondissements plus étonnants que tous ceux de Leme-
lin ou de Grignon ? Le fil conducteur était là. Non sans
expliquer, évidemment, il fallait d'abord raconter et tirer
des faits, en tâchant de ne pas les fausser, un récit où il y
aurait le suspense.

Suez, par exemple, n'était-ce pas la tragédie conjointe
des empires coloniaux et des peuples humiliés, l'arrogance
inconsciente des dominateurs et enfin, après une si longue
résignation, le sursaut rageur des dominés ? Le tout se
passant sur une minuscule bande de sable où l'Histoire a
vu défiler, les armes d'une main et la pelle de l'autre,
Pharaons, Perses, Turcs et Européens également obsédés
par cette idée d'un canal qui relierait océans et continents.
Un des quartiers les plus encombrés de la planète ; des plus
convoités aussi.

Ce quartier stratégique du village global, montrons-le
maintenant comme s'il était à deux pas. Maniaque de
géographie depuis mon plus jeune âge, je prends un plaisir
extrême et sans cesse renouvelé à faire dresser des cartes

détaillées, presque cadastrales, et à les situer ensuite par rapport au contexte. Voici donc Suez dans son environnement désertique et flanqué de voisins plus hostiles encore.

Il ne reste plus qu'à peupler ces lieux pour faire voir un peu la vie qu'on y mène. Pendant des heures, le réalisateur Claude Sylvestre et moi nous enfermons dans la « morgue », épluchant les moindres bouts de film, des plus anciens jusqu'aux images de la semaine, afin de camper dans leur décor les acteurs de ce drame exotique.

Exotique mais en réalité pas si loin de nous ni de nos grosses minounes. Si par malheur cette étroite voie d'eau était obstruée et que le pétrole se trouvait bloqué dans les ports du sud, nous aussi serions atteints dans nos œuvres vives...

Est-ce assez clair ? Le récit est-il par ailleurs suffisamment bandé pour retenir l'attention ? Il a fallu choisir, laisser tomber des pans entiers de l'histoire. Ce que j'en ai gardé rejoint-il correctement l'essentiel ? Un peu tard pour se le demander puisque, au bout de la répétition, on se retrouve devant dix minutes de trop-plein. Je remercie le ciel qui m'a inspiré de fuir le texte qui rend captif. En sabrant dans mes notes télégraphiques, je refais deux ou trois transitions assez différentes l'une de l'autre pour éviter de sécher devant la caméra et que « les mots pour le dire arrivent aisément »...

Ce soir-là, en quittant les téléspectateurs, j'osai souligner que selon toute apparence on aurait bientôt à reparler de Suez. Le lendemain ou le surlendemain, c'était la guerre. Israël passait à l'attaque, Britanniques et Français débarquaient en Égypte, et puis l'ONU se saisissait de cette affaire au cours de laquelle notre ami Pearson devait mériter le prix Nobel de la paix.

À un niveau plus modeste, je fus pour ma part considéré comme un peu sorcier. Mieux, comme une espèce de prophète en mon pays, si mineur fût-il. Ai-je besoin d'ajouter que notre émission — baptisée « Point de Mire » — y gagna du coup une cote qui lui assura une assez longue carrière ?

Elle dura en fait plus de deux ans, jusqu'au printemps de 59. D'une semaine à l'autre, nous y scrutions les points chauds de l'actualité internationale, sans oublier de revenir chez nous à l'occasion, comme pour une sanglante grève des bûcherons terre-neuviens ou ce congrès libéral qui élut Jean Lesage.

Une demi-heure d'antenne hebdomadaire et parfois davantage, cela transformait chaque voyage en une course contre la montre. Ainsi, en 58, afin d'assister au premier référendum gaullien, celui où le Général fit voter sa constitution présidentielle, nous dûmes prendre l'avion Montréal-Paris le lundi, tasser rencontres, interviews et tournage d'atmosphère en deux jours, puis rentrer à Montréal et, ayant consacré la nuit entière à démêler le fouillis, nous amener le soir même en studio avec sous les yeux des poches qui exigèrent le plus épais des maquillages.

Par bonheur, nous n'étions qu'une toute petite équipe très mobile. Un trio formé du réalisateur, de la scripte Rita Martel et de moi, que complétaient au besoin un caméraman et un technicien du son le plus souvent recrutés sur place. Choix des sujets, recherche et ce qu'on pourrait appeler le scénario, c'était exclusivement mon boulot, que je ne pouvais déléguer à personne. Devant travailler en solo, donner comme on dit en anglais un « one-man show », et sans filet par-dessus le marché puisque toute émission se faisait en direct à ce moment-là, je préférais n'avoir que moi-même à blâmer si jamais je me cassais la figure.

Tout compte fait, ce fut l'une des périodes les plus trépidantes et les plus enrichissantes de ma vie. J'étais pour ainsi dire étudiant à temps plein. Pour communiquer sans erreur la substantifique moelle d'un événement avec ses tenants et ses aboutissants, il faut d'abord en apprendre dix fois plus, sinon on risque de passer à côté. C'était un minimum de soixante-dix à quatre-vingts heures de travail par semaine. Mais quelle satisfaction d'entendre le chauffeur de taxi me dire que la Chine et Formose, ce n'était pas tout à fait ça, ou qu'une discussion s'engageât au restaurant du coin à propos des problèmes de l'Amérique centrale!

Suprême consécration, bon nombre de nos fidèles protestèrent avec véhémence l'année où les éliminatoires du hockey nous chassèrent de l'écran pendant près d'un mois.

Je finis par croire que nous faisions décidément un boulot utile lorsque, dans *Le Devoir*, M. Michel Roy écrivit le genre d'aveu dont on n'est guère prodigue dans la confrérie : «Certains journalistes soutiennent qu'il est impossible d'intéresser le peuple aux informations politiques et internationales. Ils ont manifestement tort. Il n'est que de mesurer l'extraordinaire popularité de «Point de Mire», émission au cours de laquelle le commentateur René Lévesque, pendant une demi-heure, accomplit l'œuvre de vulgarisation que les journaux d'information négligent de faire depuis dix ans.»

Ces Québécois dont on prétendait en effet qu'ils étaient trop repliés sur eux-mêmes, trop systématiquement isolés par le régime et leurs élites pour se préoccuper du reste du monde, on les découvrait au contraire curieux comme des belettes, non seulement ouverts à autrui mais singulièrement capables de se mettre dans sa peau. À condition que cet autre soit présenté simplement et comme un *semblable*, ce qu'il est effectivement derrière le masque des différences et des inégalités. M'efforçant de familiariser les gens d'ici avec ceux d'ailleurs, j'en venais à établir des comparaisons qui m'étonnaient et me ravissaient à la fois. De société plus accueillante, plus spontanément fraternelle, plus prête à partager ses peines comme sa joie de vivre, je n'en avais rencontrée nulle part.

De plus, trop d'hirondelles semblaient annoncer le printemps. En dépit des éteignoirs qui l'avaient si bien coupé du siècle, le Québec se préparait visiblement à un réveil spectaculaire. Confusément, je sentais monter le goût d'en faire partie de quelque façon. Si attaché que je fusse au journalisme, j'avais une vague envie de devenir pendant quelque temps acteur plutôt qu'observateur. Oui, mais dans quel rôle, me demandais-je, moi qui ne savais rien faire d'autre que mon métier ?

À point nommé, il se produisit un autre accident de parcours qui régla la question.

SERVIR

Il est une phrase lapidaire que j'ai lue il y a bien des années et qui s'est imprimée dans ma mémoire comme un rappel incisif de la responsabilité du journaliste : « Être informé, c'est être libre. »

À mon sens, tout l'essentiel est là.

S'il n'est pas raisonnablement au courant de ce qui se passe dans la société, de ces choses sans cesse plus nombreuses qui peuvent affecter son sort, le citoyen n'est plus à toutes fins utiles qu'un esclave. Son ignorance risque de le livrer pieds et poings liés à l'exploitation sous toutes ses formes ; c'est lui que visent les propagandes les plus éhontées, le faisant saliver ou trembler à volonté.

Ce danger d'être bernés et spoliés que courent consommateurs, électeurs, contribuables, voilà ce que le « quatrième pouvoir » a pour mission de combattre. S'il ne le fait pas ou, comme il arrive trop souvent, s'en rend complice, alors le journalisme n'est plus qu'un métier rabougri et m'as-tu-vu dont on est en droit de se demander à qui et à quoi ça peut bien servir.

Servir : le mot-clé qu'André Laurendeau soulignait dans une de ses chroniques de 61–66[1] qui demeurent des modèles

---

1. André LAURENDEAU, *Ces choses qui nous arrivent*, Montréal, Éditions HMH, 1970.

du genre. Parlant de ce métier qu'il pratiquait alors depuis vingt ans : « Il a ses moments exaltants, écrivait-il. Il donne à quiconque l'exerce sérieusement l'impression de *servir*. »

Que je sache, personne n'aura mieux illustré cette exigence fondamentale. D'une culture raffinée plus encore qu'étendue, Laurendeau était l'homme qu'on sentait à la fois serein et frémissant, dont le jugement se faisait d'autant plus sûr et équilibré que la passion menaçait de l'emporter. Alors que mon journalisme était foncièrement celui du « rapporteur », le sien était un journalisme d'opinion, mais il était tout aussi conscient que je pouvais l'être du caractère sacro-saint des faits. Pour tout dire, c'est de lui surtout et parfois de lui seul que j'acceptais volontiers la critique, même lorsque, à l'occasion, elle prenait un tour mordant.

— Qui parle en ce moment, me demanda-t-il un jour que je déblatérais à tort et à travers, la vedette ou bien l'homme politique ?

Ainsi pouvait-il se montrer doucement impitoyable. Homme d'idées et de convictions profondes qu'il savait faire passer dans une langue lumineuse, il n'en gardait pas moins cet humour décapant que l'on retrouve, par exemple, dans ces quelques phrases sur l'engagement : « Prendre parti : risque à mon avis nécessaire, sans lequel il n'y a pas de vrai journalisme, et pourtant qu'il faut avoir su mesurer. *Sinon on prend ses propres opinions pour des nouvelles importantes.*[2] »

Savoir qu'on est là pour servir le public, croire à ce qu'on dit ou qu'on écrit, mais sans se prendre pour un autre : ce modèle d'une simplicité trompeuse, l'informateur d'aujourd'hui le suit-il aussi bien que celui d'hier ? Tout ce que j'oserais répondre, c'est qu'il ne le fait certes pas mieux.

J'ajouterai même qu'il a des raisons. Dans un contexte où, dit-on, les capsules télévisées constituent les neuf dixièmes de l'information qu'absorbent les gens et où la

---

2. *Id., ibid.*

nouvelle écrite a tendance à s'amaigrir elle aussi pour survivre, dans ce monde que balayent nouveautés et changements, des plus futiles aux plus fondamentaux, et où les drames les plus poignants de la condition humaine se retrouvent coincés entre l'aspirine et le désodorisant, ce n'est certes pas un métier facile pour qui tient à l'exercer consciencieusement.

Mais toujours, avec celui de l'éducateur, si proche parent, c'est non seulement le plus beau mais aussi l'un des plus indispensables des services publics. Informer : d'*informare*, c'est-à-dire former, façonner. Il faut être un esprit très léger pour n'en pas apercevoir l'aspect excitant et redoutable.

V

CETTE RÉVOLUTION DITE TRANQUILLE

« Désormais… »

(Paul Sauvé, 1959)

S'IL N'EN RESTE QU'UN SEUL...

Un soir de 1960, vers le début du printemps, nous étions quatre candidats potentiels qui cherchaient quoi répondre à la grande demande. Jean Lesage nous attendait au Windsor, à deux pas du Mont-Royal où Jean Marchand, venu tout exprès de Québec, nous avait convoqués à sa chambre. Comme il devait arriver de nouveau par la suite, mais cette fois au fédéral, c'est lui surtout qu'on espérait. Syndicaliste de choc, Marchand était d'autant plus avantageusement connu chez les dirigeants libéraux qu'il avait en quelque sorte incarné la résistance à l'Union nationale. Puissant orateur populiste, ce vieux copain possédait de plus ces deux précieux ingrédients du succès politique, le «common touch» et ce côté Roger Bontemps qu'il n'a jamais perdu. Aux environs de la quarantaine comme nous tous, il arrivait à sa croisée des chemins. Président de la CTCC[1], emploi d'une enviable stabilité, il craignait sans doute de se perdre dans la facilité maintenant que Duplessis n'y était plus pour le pousser, comme à Asbestos et ailleurs, à de vrais dépassements. Il était mûr pour d'autres défis.

Gérard Pelletier m'était moins proche. Pour moi, c'était plutôt le très estimé collègue. Engagé lui aussi dans le combat social, autant sinon plus que dans le journalisme,

---

1. Confédération des travailleurs catholiques du Canada, plus tard laïcisée sous le nom de CSN.

je le trouvais aussi réfléchi que Marchand pouvait être
animal d'instinct, d'une précision sans cesse plus exigeante
à mesure que l'autre devenait plus lyrique. Ensemble, ils
me faisaient un peu penser — de façon admirative, je
m'empresse de le souligner — à Don Quichotte et Sancho
Pança.

Quant à Pierre-Elliot Trudeau, quatrième de ces mousquetaires qui n'étaient pas promis aux mêmes aventures,
comment définir l'indéfinissable ? Très cultivé, certes, mais
en matière juridico-politique à peu près exclusivement. Le
bagage additionnel que les humanités lui avaient laissé,
j'avais l'impression que sauf pour l'épate ça l'indifférait
profondément, comme une semence tombée sur le roc.
Même en conversation sa pensée prenait constamment un
tour dialectique, ne se refusant pour avoir le dernier mot ni
le sarcasme ni l'argument le plus logiquement spécieux.
Écrite, cette pensée était sèche, typiquement technocratique,
telle qu'il la développait dans *Cité libre* où il préconisait
«d'emprunter à l'architecte cette discipline qu'il nomme
fonctionnelle». C'est à propos de cette petite revue où il
tenait le rôle de maître à penser que s'était produite notre
première rencontre. Remorqué par Pelletier, qui allait le
rejoindre à la cafétéria de Radio-Canada, j'avais offert à
Trudeau une collaboration occasionnelle.

— D'accord, dit-il sur ce ton baveux qu'il affectionnait,
mais simple question : est-ce que vous savez écrire ?

On aura deviné que déjà il n'y avait guère d'atomes
crochus entre nous.

Tous trois se sentaient fortement attirés par la politique.
Par le risque et aussi, je crois, par la carrière. Ce n'était pas
du tout mon cas, même si le petit écran m'avait apporté une
notoriété plus grande que la leur. Dans ce temps-là, con-
fondant joyeusement les genres, on dénommait volontiers
«artistes» tous ceux et celles qu'on y voyait de façon
régulière [2]. Ça risquait de ne pas faire assez sérieux. Pour-

---

2. Ce qui passa tout près, comme on verra, de me coûter ma première
   élection !

tant j'étais mordu. J'avais subitement le goût de faire autre chose après le pénible hiatus d'une grève qui avait durement secoué le milieu de la radio-télévision en laissant derrière elle un climat empoisonné.

Au départ, le 28 décembre 58, cet affrontement entre la direction et le petit groupe des réalisateurs d'émissions ne devait être qu'une simple escarmouche qui serait réglée en deux ou trois jours. Cruelle épreuve tout de même, puisque mon propre gréviste de réalisateur se vit dans l'obligation d'annuler un voyage qui aurait dû nous permettre d'assister à l'un des grands événements de l'heure. Les bagages étaient prêts et les places d'avion réservées pour La Havane où, le 1ᵉʳ janvier 59, était prévue l'arrivée triomphale de Fidel Castro et des «barbudos» qui, dévalant de la Sierra Maestra, balayant les forces ennemies à Santa Clara, venaient de mettre en fuite Batista et sa pègre cubano-américaine [3].

Puis, les deux ou trois jours se prolongeant, on dut déchanter. L'affaire devenait grave, comme le sont infailliblement les luttes de principes. Les réalisateurs avaient osé se former en syndicat. Or le fait d'avoir à diriger des équipes, si modestes fussent-elles, les situait parmi les cadres, c'est-à-dire dans la direction, et jamais le droit de négocier n'avait été accepté ni sérieusement envisagé à ce niveau. Les ondes étant de compétence fédérale, les pôvres se heurtaient de plus à ce légalisme particulier aux Anglo-Saxons : où sont les précédents ? Il n'en existait pas. Je me rappelais comment l'ex-patron du Service international, ce

---

3. Mince consolation : le printemps suivant, j'eus l'occasion de rencontrer Castro à l'aéroport de Dorval où la jeune Chambre de commerce avait tenu à lui offrir... des jouets pour les enfants de Cuba ! Il revenait des États-Unis, qui l'avaient reçu comme un chien dans un jeu de quilles, l'influence du lobby sucrier ayant tué dans l'œuf toute chance de dialogue. Comme un naufragé à sa bouée de sauvetage, il persistait à s'accrocher mordicus, avec une sorte de sincérité angoissée, à cette seule étiquette idéologique : *Humanismo*. Mais il pressentait clairement que l'attitude américaine ne lui laisserait d'autre choix que cet «isme» différent qui règne encore là-bas.

brave Mr. Dilworth, avait paternellement éconduit la poignée de syndiqués en puissance que nous étions quelques années auparavant : « But, my friends, it isn't done. » Ça ne se faisait pas — parce que ça ne s'était jamais fait.

Je sentais donc qu'à leur tour les réalisateurs n'étaient pas sortis du bois. Et nous non plus. Car on en vit bientôt des centaines, auteurs, comédiens, chanteurs, techniciens et autres « artistes », qui arrivaient à la rescousse. Alors que je pesais le pour et le contre avec cette prudence innée qu'on ne m'a pas toujours reconnue, c'est par Jean Marchand que je me fis littéralement projeter dans l'action. Dans une autre chambre d'hôtel où, s'étant lui-même promu général en chef, il avait installé son poste de commandement.

Ensuite la grève s'éternisa pendant dix longues semaines, déroulant la trame familière de rassemblements houleux, de vitres cassées, d'interventions policières et de brefs séjours en cellule, tandis que les « scabs » tapis à l'intérieur continuaient à remplir l'horaire avec des informations, des documentaires et surtout des films, de superbes longs métrages d'une qualité jamais vue, d'où les spectateurs sortaient enchantés, pas pressés le moins du monde de retomber dans la normale. Quand on pense, nous disions-nous en grinçant des dents, que c'est l'argent que nous perdons qui paye ce festival du film !

Deux souvenirs en particulier sont demeurés indélébiles. Le premier, c'est celui de *Difficultés temporaires*, spectacle qu'on avait organisé de bric et de broc dans le but de constituer un fonds de secours. Chacun tâchait bien de dénicher un emploi provisoire comme celui que je m'étais procuré à la radio, mais beaucoup furent vite aux abois dans ce milieu généralement dépensier mais également capable d'une générosité étonnante. Ainsi, tous ceux qui s'arrangeaient encore pour joindre les deux bouts venaient offrir leurs services et tous leurs loisirs, se montrant offusqués si d'aventure l'affiche ne pouvait plus les accueillir. Pas question d'accepter un cachet, c'était vraiment de chacun selon ses moyens et à chacun selon ses besoins. Avec fierté, j'acceptai de rédiger et débiter de brefs « points de mire » où chaque soir je traçais de la situation un tableau — quelque peu engagé, je l'avoue, et qui le devint plus encore quand nous eûmes fait connaissance avec l'immobilisme systématique du gouvernement fédéral.

C'est mon second souvenir. Plusieurs centaines d'entre nous, voyant le conflit s'installer dans la morne routine des dialogues de sourds, avions décidé d'aller plaider notre cause à Ottawa. Notre délégation eut l'honneur d'être reçue par le ministre du Travail, Michael Starr, et la surprise de constater que la paralysie de tout le réseau français, c'était pour lui quelque chose qui se passait sur la planète Mars. Digne émule de son patron Diefenbaker, dont l'idéal était « one language, one nation », il nous fit aimablement comprendre qu'il ne bougerait pas. Comme de bien entendu les libéraux fédéraux, irresponsables comme toute opposition qui se respecte, nous prodiguèrent en revanche leurs plus chaleureux et incendiaires encouragements.

Sur le chemin du retour, je ne pouvais m'empêcher de songer à la rapidité avec laquelle le moindre feu de paille anglo-canadien savait mobiliser Ottawa, et à la façon dont on laissait avec la plus grande sérénité se consumer notre propre maison. Et plus j'y pensais, plus je me sentais furieux. Cela parut tellement dans mes propos des jours suivants qu'André Laurendeau, qui était de tout cœur avec nous depuis le début, me fit un soir cette réflexion :

— Savez-vous qu'en vous écoutant j'ai l'impression que vous vous en allez tout droit vers la politique ?

— Hein, première nouvelle, lui répondis-je le plus sincèrement du monde.

Les pires choses aussi ont une fin. En mars, de guerre lasse les parties consentirent à se revoir et la grève se termina. L'honneur était sauf : le premier syndicat de cadres était officiellement reconnu. On pouvait rentrer la tête haute. Mais la mine et le moral, eux, étaient au plus bas entre ces clans qui ne se parlaient plus et se regardaient à peine tandis que de sournois règlements de comptes remettaient les plaies à vif. De peine et de misère on se rendit ainsi jusqu'à l'été. Presque avec soulagement, j'appris que « Point de Mire » ne reviendrait pas à l'automne. Je devais me faire dire par la suite qu'au-delà de ressentiments fort compréhensibles s'était aussi exprimée chez les dirigeants la crainte du « pouvoir » excessif qu'une telle tribune était susceptible de conférer à son détenteur.

Redevenu oiseau sur la branche, je me promenai quelques mois de station en station, de la télévision à la radio, mais le feu sacré n'y était plus. Comme on dirait aujourd'hui, j'étais sans trop le savoir en disponibilité, au moment même où les événements se précipitaient, dynamitant les embâcles et ouvrant la voie à ces courants de renouveau qui bouillonnaient depuis longtemps sous la surface. Duplessis était allé mourir à Schefferville. À peine le temps de lancer son fameux « Désormais » et Paul Sauvé avait vécu ses cent jours, puis son successeur, Antonio Barette, avait déclenché les élections.

Un vent de changement se levait. Il était perceptible mais encore hésitant, et comme chaque fois que l'hiver achève on n'était pas à l'abri d'un regel, soit quatre autres années de ce régime usé jusqu'à la corde.

... À l'hôtel Mont-Royal, tandis que l'heure avançait dangereusement, c'est en ces termes que je plaidais de mon mieux. Autant et plus que le Parti libéral, disais-je à mes trois copressentis, ne croyions-nous pas nous aussi qu'il était « temps que ça change » ? Mais si des hommes comme eux, si bien préparés, refusaient de mettre l'épaule à la roue, cela se ferait-il ? Même si ça se faisait, ce gouvernement neuf mais issu d'un vieux parti aurait-il la force de réaliser son programme et de faire vivre ses structures démocratiques de si récente invention ?

Je me sers ici de ma seule mémoire, qui ne revoit pas nécessairement les choses du même œil que les autres.

Ce dont je crois bien me souvenir, c'est que Marchand était plus tenté que Pelletier, lequel l'était bien davantage que Trudeau. En fait ce dernier ne l'était guère, flairant surtout dans les discours et les engagements libéraux des effluves de ce nationalisme qui était sa bête noire ; nationalisme *québécois*, s'entend...

Avec d'autres que j'oublie, cet argument-là et plus encore le dédain olympien qu'il exprimait à l'endroit de cette arène provinciale dans laquelle on nous offrait d'entrer finirent par emporter le morceau. Tout en y étant insensible, je ne pouvais qu'admirer cet ascendant que Trudeau exerçait déjà sur son entourage. Marchand resterait donc à la CTCC, le temps de préparer sa relève, et Pelletier de même.

Passé minuit, je m'amenai au Windsor annoncer à Jean Lesage qu'il n'en restait qu'un seul et que j'étais celui-là. Plus qu'à moitié endormi, ce couche-tôt fit contre mauvaise fortune bon cœur, m'offrant le choix entre deux des comtés vacants qui se faisaient de plus en plus rares à mesure que se déroulait la campagne électorale : Laurier ou bien un quelconque comté du West Island dont le nom m'échappe puisque je l'écartai aussitôt.

LE JOURNALISTE ET L'ARTISTE

Le comté de Laurier, dans le nord de Montréal, était comme il arrive souvent dans les grandes villes une curieuse catalogne de pièces rapportées. Italiens, Grecs, Juifs dans leurs coins respectifs et, de Saint-Denis à Christophe-Colomb, un cœur français découpé en villages serrés autour de leurs églises. Quartier aussi de la Plaza Saint-Hubert, avec son chapelet de petits commerces et la foule toujours animée où j'allais depuis des années rencontrer «l'homme de la rue» pour mes interviews.

Je m'y voyais donc un peu chez moi. Mais chez les «poteaux», on se refusa d'abord à tuer le veau gras. N'étais-je pas un parachuté, alors que deux ou trois fils du quartier avaient pu s'attendre à ce que le candidat fût l'un d'entre eux? On me le fit savoir. J'étais également ce gauchiste dont la propagande adverse allait déjà répétant qu'il sentait le soufre depuis qu'il était presque à tu et à toi avec Khrouchtchev. Lourds handicaps qui pesèrent contre moi pendant quelques jours, devant ces pieuses gens plutôt méfiants qu'enivrait aussi cette toute nouvelle démocratie interne qui leur redonnait un mot à dire dans les affaires du parti.

Sous l'œil inquisiteur de M. Alfred Reynolds, imprimeur des publications libérales, de M. Achille Renaud, pilier de la paroisse Sainte-Cécile, et de Mme Siméon Gagnon, présidente du club Wilfrid-Laurier, il me fallut passer un sévère examen oral et puis, grâce aux directives de Lesage qui avaient tout de même leur poids, je fus accepté sous bénéfice d'inventaire.

Celui qui fit pencher la balance, cependant, je persiste à croire que ce fut le trésorier de l'association locale, le «Doc» Hector Prud'homme. Grand vieillard d'une verdeur incroyable pour ses soixante-quinze ans, ce joyeux mécréant se targuait d'avoir accouché toutes les femmes du comté et, devenu mon guide attitré jusqu'à la fin de la campagne, il devait en profiter, de porte en porte, pour ausculter toutes les plus avenantes avec une exubérance fort peu professionnelle. Je ne fus pas surpris d'apprendre plus tard qu'il s'était remarié. Mais plus tard encore, en 1970, je devais rester proprement sidéré en apercevant à la porte de mon comité le vieux rouge désormais si fragile qui tenait à souhaiter bonne chance au séparatiste, pourvu que cela ne fût pas ébruité. Au bout de dix ans, j'étais pour lui comme un fils adoptif, et les autres finirent aussi par être davantage que des supporteurs, des amis d'une inébranlable fidélité. C'est pourquoi j'ai toujours pensé que le rôle le plus important et humainement le plus riche qu'on puisse jouer en politique, ce ne sont pas ceux de ministre ou de Premier ministre mais celui de député. Celui, hélas, qu'en un quart de siècle je n'ai jamais eu la liberté de remplir comme j'aurais voulu.

Absentéisme forcé auquel on me condamna en effet dès cette première campagne. Étant à la fois vedette et «homme nouveau», je devais me faire voir. Le lendemain de mon investiture, j'avais déjà pris le chemin de Chicoutimi. D'un comté à l'autre, je me promenai ensuite dans toutes les régions à titre de membre cadet des «Trois L», Lesage, Lapalme et Lévesque, à qui revenait cette tâche exténuante des grandes tournées.

C'est au cours du sprint final que l'excès de fatigue, peut-être de concert avec la bonne sainte Anne, me fit recouvrer cette voix qui s'était éteinte quinze ans plus tôt, pendant l'hiver 44-45. Examens, inhalations, exercices à la

Démosthène et quoi encore : après la guerre j'avais tout essayé sans le moindre résultat. Je ne parlais pas, je chuchotais. Jusqu'à cette soirée de juin où, dans la fièvre de l'ultime tournée, après un discours à Beauport en banlieue de Québec, on m'entraîna de la salle surchauffée à une décapotable dans laquelle j'arrivai tout frissonnant à Beaupré pour y répéter mon numéro à deux pas de la basilique. Traitement de choc qui eut un effet phénoménal. Le lendemain matin, je perçus au réveil une sonorité insolite à travers l'aphonie habituelle et, en trois jours, cette mue d'adolescent m'avait redonné tous les sons de la gamme. Des amis de la Faculté prétendirent savamment que l'effort des derniers temps avait sans doute libéré mes cordes vocales de quelques nodules qu'ils n'avaient jamais su repérer. Je préférais pour ma part me considérer comme bel et bien miraculé. Quoi qu'il en soit, après avoir reçu pendant des années d'innombrables recettes d'une infaillible garantie, je n'ai cessé depuis lors de répondre à des gens qui se demandaient par quel prodige... Eh bien, justement !

Comme nos itinéraires étaient dessinés de façon à ce que nous passions partout mais jamais en même temps, je me demande si je revis Lesage une seule fois pendant ces folles semaines. Je me rappelle seulement cette fin de soirée où, de Rimouski ou ailleurs, je parvins à le rejoindre à Trois-Rivières ou ailleurs pour m'inquiéter de l'effet que pourrait avoir dans Laurier ma trop intermittente candidature.

— Ne vous inquiétez pas, cher ami, m'assura une voix tout ensoleillée, votre comté est entre bonnes mains, Azellus et ses gars s'en occupent.

Azellus Denis avait siégé avec Lesage à Ottawa. En dépit d'une fugitive carrière de ministre suivie de la mise au pacage sénatorial, il n'était vraiment destiné qu'à l'arrière-banc. Là où il excellait, c'était l'organisation. Farceur, distribuant à la volée des tapes dans le dos et des secrets d'État qui n'en étaient pas, il cachait sous cet air inoffensif l'astuce et le cynisme sans limites d'un bon faiseur d'élections. À pareille école, ses gars avaient appris eux aussi tous les trucs les moins catholiques du métier. Tout innocent que j'étais, en leur compagnie j'avais un sentiment de sécurité comparable à celui que peuvent fournir un groupe de panthères qui ronronnent en s'aiguisant les griffes. Pour le meilleur ou pour le pire, c'est entre ces griffes que se jouait mon sort.

À ces grands fauves de la jungle électorale s'ajoutait heureusement une faune gentille de supporteurs débarqués de toute la ville, dont la présence bruyante animait les assemblées et me redonnait un minimum de confiance dans le processus démocratique même quand leur génial amateurisme venait semer la pagaille dans la machine. Mais notre recrue la plus précieuse fut le «p'tit gars du coin» dont la carrure, lorsqu'il apparut à notre comité central, ne parvint qu'à grand-peine à en franchir la porte.

Jean Rougeau, idole des amateurs de vraie lutte, fut surtout l'un des hommes les plus profondément droits qu'il m'ait été donné de connaître. D'un courage dont on sait qu'il l'accompagna jusqu'à la mort. Peut-être cela lui advint-il parfois comme à chacun de nous, mais pour ma part jamais je ne discernai chez lui le moindre soupçon de petitesse ou de mesquinerie. Quant au courage, il eut vite à le démontrer, quelques jours seulement après son entrée dans l'équipe. On était venu lui dire que quelqu'un le demandait d'urgence à la porte. Lorsqu'il revint une heure plus tard, il était blanc comme un drap et tremblant autant de fureur que d'inquiétude. L'homme qui l'avait fait venir était un des bonzes du régime et «parrain» incontesté de cette partie de la ville.

— Mon Johnny, avait-il susurré à Rougeau en le promenant dans sa limousine tout autour du quartier, t'es en train de faire une bêtise, tu sais. Il est encore temps de te reprendre mais ça presse. Penses-y, si tu veux toujours devenir le grand promoteur...

Mais le champion, sa carrière en jeu, l'avait envoyé promener. Ajouterai-je que l'on n'a pas si souvent à admirer ce genre de tripes ?

Petit incident banal, au demeurant, car telles étaient les méthodes du temps. Plus flatteuse, si j'ose dire, fut une trouvaille sans précédent que l'on inventa spécialement pour moi. Sur le bulletin de vote où l'on n'était autorisé qu'à inscrire son seul métier après son nom, j'étais «René Lévesque, journaliste». Quelle ne fut pas ma stupéfaction en découvrant qu'à l'impression on avait placé tout de suite après un «René Lévesque, artiste»! On eut beau chercher qui ça pouvait être, ce fut en vain, pour la bonne et suffisante raison... qu'il n'existait pas. C'était l'époque où l'on n'avait qu'à produire une liste de signatures et verser le dépôt — en plus évidemment d'être du bon bord — pour aller jusqu'à présenter un candidat fantôme. Ainsi, les derniers jours de la campagne furent-ils consacrés à l'exposition permanente sur chacune de nos voitures de ce rappel insistant: «Votez pour le *vrai* Lévesque: Lévesque, *journaliste*»!

Mais l'électeur est si naturellement distrait qu'au matin du 22 juin une de nos plus farouches militantes, que ce méli-mélo avait fort énervée, nous avoua mais un peu tard:

— Mon doux Seigneur, ça se peut pas, je pense que j'ai voté pour l'artiste! Et elle éclata en sanglots.

Toute la journée, assumant tant bien que mal ce visage faussement serein qui est le masque obligatoire du candidat, je visitai les bureaux de scrutin où je me faisais partout raconter des horreurs. Celle-ci, par exemple.

«... dans le poll n° 168 (au 6797 de la rue Drolet), quatre femmes courageuses ont réussi à mettre en fuite six fiers-à-bras venus pour "bourrer" la boîte à scrutin de bulletins déjà marqués. Comme mesdames Rosaire Cloutier (blessée au bras) et Arthur Michaud (honnête représentante du candidat unioniste Arsène Gagné), et mesdemoiselles Yolande Memme (représentante de René Lévesque) et Denise Couillard (greffier) résistaient aux malfaiteurs, ces derniers n'ont pu accomplir leur méfait. Ils ont dû prendre la fuite au moment où la police, alertée par les cris des quatre femmes, arrivait en toute hâte.» Tel était encore l'usage antique et criminel de ces bureaux de scrutin isolés, dispersés dans une foule de petits locaux où d'ordinaire la pègre électorale pouvait faire la pluie et le beau temps.

Ce qui passa tout près de se produire au milieu de l'après-midi. Rue Dante, dans le quartier italien, des bandits avaient entrepris à grands coups de garcette de défoncer tous les polls sans exception. Aussitôt je sautai dans l'auto pour aller sur les lieux. Par bonheur, Rougeau était avec moi. Lorsqu'elle reconnut cette légende vivante, la meute de mines patibulaires qui nous avait entourés se desserra légèrement, hésitant à mordre même si elle continuait à aboyer. Le temps parut long avant que la police municipale daignât se montrer et emmener tout ce beau monde au poste. Grâce au ciel, c'est aux agents municipaux qu'avait été lancé le SOS. Dans la rafle, en effet, l'un des premiers qu'on identifia n'était rien de moins, sous sa chemise noire, qu'un capitaine de la « PP » (police provinciale)...

Puis toute la soirée et encore une partie de la nuit, nous fûmes secoués constamment comme dans les montagnes russes : quelques votes de plus, quelques votes de moins, passant d'heure en heure de l'enthousiasme à la dépression, jusqu'à ce qu'enfin fût proclamé le résultat officiel. J'avais 129 voix de majorité. Avec tout près de 1 000 votes, cet animal d'« artiste » avait bien failli nous avoir !

Ça riait, ça pleurait. Tous s'embrassaient, hurlaient. Dans notre comité *secret*, au sous-sol de la résidence d'Azellus, le plafond menaçait de s'écrouler, et je crus que ça y était lorsqu'un bruit lourd et sourd se fit entendre au fond de la pièce. C'était notre jeune organisateur en chef qui venait, tout raidi, de tomber dans un état cataleptique. La tension avait été trop forte. Avons-nous bien réussi, s'était-il sans doute demandé, à « paqueter » les boîtes aussi bien que les autres ?...

Le comté de Laurier complétait tardivement une victoire libérale arrachée de justesse : 51 à 43, plus l'inexpugnable indépendant des Irlandais, feu Frank Hanley. À un cheveu du regel qu'on avait pu appréhender, l'électeur avait pourtant maintenu son comportement de minoritaire qui tient à la ceinture comme aux bretelles. Puisqu'on était bleu à Ottawa, on serait rouge à Québec.

Quelques jours après, je relisais en me reposant la déclaration que j'avais faite au moment d'annoncer ma candidature.

« *... Je suis convaincu, de même que la majorité des Québécois — du moins je l'espère — que les cadres de l'Union nationale ne renferment plus que les restants d'un régime. Pour la santé et la dignité même de la province et de chacun de ses citoyens, il est plus que temps que ça change...* »

Voilà qui maintenant était fait.

« *... Des hommes comme Lesage, Lapalme, Gérin-Lajoie, Hamel et les autres ont prouvé en tenant le coup avec ténacité, en démocratisant les structures libérales et en faisant adopter le remarquable programme du parti, qu'ils sont l'équipe de remplacement dont nous avons un besoin immédiat...* »

Mais comment diable, me demandais-je, un nouveau venu sans expérience peut-il aider si peu que ce soit à faire avancer les choses ? Inutile de dire que je n'en avais aucune idée.

Soudain le téléphone sonna.

— Monsieur Lévesque, il paraît que vous êtes attendu à Saint-Jovite.

J'avais reconnu ce ton rogue qui servait à camoufler une sensibilité d'écorché.

— Mais, Monsieur Lapalme, répondis-je, de quoi s'agit-il ? Pourquoi me demande-t-on là-bas ?

— Peut-être bien parce que vous êtes le seul qui n'a pas encore téléphoné, grogna-t-il en fermant la ligne.

Quand je redescendis de Saint-Jovite, j'étais ministre des Travaux publics. Vu que ça ne m'emballait pas outre mesure, j'avais convaincu Jean Lesage de me confier également ce squelette de ministère, les Ressources hydrauliques, où j'allais succéder à Daniel Johnson. En attendant la création d'un vrai ministère auquel on donnerait ce beau nom un peu parvenu : les Richesses naturelles.

L'APPRENTISSAGE

Juillet 60. Un journal devait en parler dès le mois suivant comme des trente jours qui ébranlèrent le Québec.

Au rythme dévorant où je devais me former «sur le tas» en même temps que participer à une avalanche de décisions, je ne fus guère conscient de ces secousses. À quelqu'un qui me demandait dans quelle direction on s'en allait ainsi, je répondis :

— Ma foi, je n'en sais trop rien, mais on y va vite !

On me taxa de légèreté, alors que c'était l'exacte vérité, reflétant ce sentiment que nous avions tous, je crois, d'être emportés dans un irrésistible tourbillon d'enthousiasme, de rage de vivre et de confiance sans bornes en nos capacités de progrès. Un beau soir où j'étais allé à son joyeux ermitage de la maison Montmorency consulter le père Georges-Henri Lévesque, cette grande conscience «libérale» de notre génération, nos pas nous conduisirent jusqu'au bord des chutes. Probablement inspiré par ce vacarme étourdissant qui semble envahir tout l'être, mon compagnon se tourna vers moi.

— Dépêchez-vous, me cria-t-il. Ce qui se passe, c'est une révolution. Il ne faut pas la laisser échapper !

C'était la première fois que j'entendais cette expression, dont on devait tant abuser par la suite en lui accolant, sans doute parce que le sang n'eut pas à couler, le qualificatif de « tranquille ». Mais toute transformation brusque et profonde de l'ordre établi — même si toujours elle vient de loin — ne mérite-t-elle pas de s'appeler révolutionnaire ? Si oui, nous y étions et jusqu'au cou.

Ces quelques premières semaines furent absolument vertigineuses. Jamais un gouvernement québécois n'avait tant innové en si peu de temps. Grâce à son passé de secrétaire parlementaire et de ministre *junior* à Ottawa, Lesage était seul à posséder une certaine connaissance de l'État. Nous, tous les autres, n'étions que des apprentis sorciers ; aussi ne doutions-nous de rien.

Je dois ajouter que nous avions pourtant sous les yeux, à chaque séance, une feuille de route qui faisait obligatoirement partie du dossier. Reprenant la coutume déjà lointaine de l'Action libérale nationale, le parti s'était présenté avec un programme imprimé et passablement précis, qui devenait maintenant un contrat passé avec les citoyens et qu'il fallait respecter. C'est depuis lors que j'essaie d'ailleurs d'éviter de parler de *promesses*, ces paroles en l'air, pour évoquer plutôt des *engagements*, la nuance étant que ces derniers doivent subir le test de l'écrit, qui reste.

Qu'en reste-t-il, au fait, de ce mois inaugural ? Tout simplement le décollage politique d'un Québec moderne qui nous paraît maintenant aller de soi mais qui prenait pour nous l'allure d'une vraie renaissance. Même si nous ne fîmes souvent qu'emboîter le pas à d'autres qui nous avaient précédés, pour une fois c'est chez nous que ça se passait et qu'enfin s'amorçait le rattrapage.

Premièrement en éducation, où l'on revenait de si loin qu'il n'y avait plus un instant à perdre.

« C'est dans la province de Québec, lisait-on dans notre programme, que la fréquentation scolaire est la plus faible du Canada. *50% des jeunes quittent l'école à moins de quinze ans.* Des études récentes démontrent que 76% des jeunes chômeurs n'ont pas dépassé la huitième année et sont ainsi constamment menacés de se retrouver en chômage leur vie durant. » Système dont Duplessis avait eu le front de proclamer que c'était le meilleur au monde, le laissant croupir à tel point qu'on dut s'atteler d'abord à des étapes comme celles-ci :

« Gratuité des manuels scolaires dans tous les établissements sous la juridiction du département de l'Instruction publique.

« Tout enfant devra fréquenter l'école jusqu'à la fin de l'année scolaire au cours de laquelle il atteindra l'âge de 16 ans. »

Pour faire avancer les choses, on avait cependant besoin d'une autorité claire et d'un instrument adéquat. Tous les « morceaux » d'instruction qu'on avait sciemment éparpillés dans divers coins de cet État-fainéant furent donc regroupés chez Paul Gérin-Lajoie, ministre de la Jeunesse. Dès lors, celui-ci devenait également ministre de l'Éducation. Mais sans le titre. Pendant quelque temps encore, la peur d'un tel ministère et de la puissance qu'il pourrait opposer à celle des milieux religieux demeura si forte que Lesage se crut même obligé d'affirmer :

— Tant que je serai Premier ministre, il n'y aura jamais de ministère de l'Éducation !

Sur ce point comme sur d'autres, Lesage devrait apprendre qu'il ne faut jamais dire jamais, et le ministère tant redouté finit par obtenir en 64 le droit d'exister officiellement.

Si révolution il y eut, c'est là surtout qu'elle se déroula. D'année en année, on vit surgir l'enseignement secondaire public et la gratuité des cours s'y instaurer, et le secteur universitaire commencer à prendre l'ampleur qu'on lui connaît, en attendant que les cégeps viennent jeter leur passerelle entre le haut et le bas de l'édifice. Sauf erreur, l'Unesco[1] a reconnu que de toutes les sociétés humaines aucune n'a fourni pour la formation des jeunes d'effort

---

1. Organisation des Nations unies pour l'éducation, la science et la culture.

comparable à celui du Québec pendant les années 60. Si nous sommes aujourd'hui un peuple raisonnablement instruit et capable de relever tous les défis à sa mesure, c'est aux parents de ce temps-là que nous le devons.

Après l'éducation, la santé. Là aussi c'était le Moyen Âge. Pas de problème pour les gens aisés, mais dès qu'on était pauvre on devait passer chez le «patroneux» afin de se procurer cet infâme passeport pour l'hôpital, la *carte rose*. Très vite furent donc entrepris avec le fédéral les pourparlers pour faire mettre en vigueur, dès janvier 61, l'assurance-hospitalisation que l'ancien gouvernement s'était obstiné à refuser. Après quoi, une bonne dizaine d'années seraient encore requises pour venir à bout de la résistance corporatiste des médecins à l'assurance-maladie. Mais nous serions dotés en fin de compte de soins de santé, fort coûteux, il est vrai, et qu'il faut donc administrer avec parcimonie, mais dont l'ensemble est sûrement sans rival en Amérique du Nord.

À propos d'administration, justement, c'est au cours de ce même mois de juillet 60 qu'un bureau dit de la Trésorerie fut créé pour substituer à la traditionnelle fantaisie du Prince une comptabilité désormais impitoyable, et que la «Commission du service civil» se lança dans une réforme destinée à nous bâtir une fonction publique professionnelle au lieu de cette loterie arbitraire dont une définition est restée célèbre.

— Les fonctionnaires — c'est le mot qu'on prêtait à Duplessis — bah! on peut toujours en avoir deux pas trop pires pour le prix d'un bon!

Formule qu'on avait tout spécialement appliquée à la PP, ce corps policier pourri jusqu'à la moelle qu'un petit groupe de «chapeaux»[2] empruntés à Ottawa furent chargés de reconstruire de fond en comble.

Je pourrais continuer longtemps à retracer cette période qui fut incontestablement le remue-ménage du siècle, mais

_____

2. Surnom que les agents de la Sûreté du Québec donnent encore aux anciens de la GRC.

c'est plutôt l'affaire des historiens, me semble-t-il. Je préfère m'en tenir pour ma part aux impressions et aux souvenirs personnels que j'en ai gardés.

Laborieusement, je faisais mes classes dans mon obscur ministère des Travaux publics où l'on avait vu entrer ce journaliste profane comme Daniel dans la fosse aux lions. Pour affronter ingénieurs et entrepreneurs, d'aucuns me conseillaient avec un sourire entendu de faire appel de nouveau à la bonne sainte Anne.

— Ma foi, disais-je, je ne me crois pas plus bête qu'un autre. Et de un. De plus, l'argent ne m'empêche pas de dormir. Et de deux. Enfin, j'ai la chance d'avoir des amis qui n'en ont pas trop. Et de trois.

De l'argent, en effet, pour l'époque il en coulait beaucoup sous ces ponts dont j'étais devenu responsable. Les bâtiments aussi étaient de mon ressort, mais comme on ne construisait guère, c'est aux ponts qu'était surtout attaché le sex-appeal, à tous les ponts, des plus gros jusqu'aux moindres *calvettes* (ponceaux). Et les routes ? me demandera-t-on. Eh bien, les routes étaient ailleurs, et il fallut encore pas mal de temps pour que le bon sens parvînt à marier dans un seul ministère le bout de chemin avec le pont qui doit l'enjamber ! Incroyable mais vrai.

Or l'Union nationale avait employé ses derniers jours à distribuer aux amis des contrats dans lesquels le budget aurait pu s'engloutir en entier. Décrétant un moratoire, Lesage avait exigé qu'on annulât ou qu'à tout le moins on renégociât le tout. Ça commençait à presser, car l'été avançait, les travaux étaient au point mort et des protestations s'élevaient de partout. Moi qui avais rêvé d'un beau grand ménage toutes fenêtres ouvertes, j'étais donc condamné à jouer les marchands de tapis discrets, et au « pifomètre » par surcroît.

— Tu peux lui demander vingt pour cent de rabais, me suggéra Marc Picard. De toute façon, faut pas lâcher à moins de quinze.

Marc était un ancien condisciple que j'avais prié de me servir de guide dans cet univers inconnu. Ingénieur à l'esprit rigoureux, il avait ses doutes sur cette opération fort peu orthodoxe à laquelle le manque de temps nous avait acculés.

Mais la vue de notre premier client suffit à le rasséréner. C'était un gros petit homme rubicond qui scintillait sur toutes les coutures. Aux doigts de chaque main, tout autour de la montre en or et jusque sur l'épingle à cravate, ce n'était qu'un ruissellement de diamants.

— Messieurs, déclara-t-il en le prenant de haut, la farce a assez duré. J'ai des contrats en bonne et due forme et des ouvriers qui s'impatientent. Il faut que ça débloque.

On n'avait pas à chercher longtemps l'explication de cette superbe. Dans le royaume duplessiste, où les budgets étaient soigneusement répartis entre les barons du régime, cet individu ne détenait-il pas en exclusivité toutes les constructions et réfections de ponts de l'ouest de la région métropolitaine, secteur plantureux entre tous ?

Son assurance était telle qu'en m'entendant souligner que ses contrats découlaient évidemment de soumissions gonflées, il osa répondre :

— Ben voyons, c'est ben pour ça qu'on devrait pouvoir s'entendre ! Vous savez, il y en a assez pour tout le monde !

Le coupant avant qu'il ne me demande combien, je lui répliquai en haussant la voix :

— Cher Monsieur, je n'ai qu'un mot à vous dire. Si vous tenez à vos contrats, il va falloir réduire vos prix. Disons de vingt pour cent ?

— Vingt pour cent ? ! Mais vous voulez me ruiner !

Il plaida, tempêta, jura que nous le mettions sur le pavé et, ayant finalement consenti à quinze pour cent, sortit du bureau la mine soulagée.

— T'aurais quand même pu me regarder quand je te faisais signe, me dit Marc d'un ton plein de reproches. À vingt et même peut-être à vingt-cinq, le gros maudit serait encore gras-dur!

Mais la corruption étant contagieuse, nettoyer n'était pas assez, il fallait aussi éviter que le mal ne se répandît dans nos propres rangs. Autant que possible. Dans le comté, où j'avais dû jeter à la porte quelques quémandeurs avec leurs enveloppes bien garnies, je constatai qu'en mon absence les gars d'Azellus maintenaient la coutume de monnayer les «permis d'épicerie», et que désormais la bière était rouge. Je me vis forcé de vider la place et de dénicher sans délai un secrétaire de comté étranger au sérail.

Sur ce point, en effet, les deux vieux partis se ressemblaient à la base comme des jumeaux identiques. Un exemple cocasse. Dans nos modestes locaux montréalais vivaient côte à côte deux employés des Travaux publics, un petit boss dans le plus grand bureau et son adjoint dans le plus exigu. Ils étaient là depuis 1945. Auparavant, sous le gouvernement Godbout, l'adjoint avait été le patron, et vice versa. Quinze ans s'étaient écoulés pendant lesquels, tous les matins, on les voyait arriver chacun avec sa badge: *Le Devoir* pour le libéral et *Montréal-Matin* pour le bleu. Dès mon arrivée *Montréal-Matin* disparut, tandis que *Le Devoir* continuait à s'afficher de plus belle. Se rendant compte que je n'y comprenais rien, le malheureux adjoint finit par rassembler son courage, et m'expliqua que pour lui aussi il était grand temps que ça change! On le remit donc à son poste et dans son bureau de 1945. L'autre n'en fut pas autrement surpris et, autant que je sache, ils filèrent des jours heureux. La vie avait repris son cours normal.

Beaucoup moins plaisante fut la rencontre que j'eus avec un de nos candidats défaits. Membre de l'aile réformiste du parti, il venait me parler de ce comté où la victoire lui avait échappé de justesse et qu'il entendait continuer à «travailler» en vue de la prochaine. Pour ce faire il aurait à garder l'œil ouvert pour empêcher l'adversaire de s'en mettre encore plein les poches.

— Il suffira, me dit-il d'un ton vertueux, de me confier le soin d'attribuer vos travaux aux gens que j'aurai choisis. Vous savez qu'on peut me faire confiance.

Il s'attendait clairement à prendre à son tour le contrôle de l'assiette au beurre. J'eus beau lui répéter que, sauf le respect que m'avaient inspiré ses discours pré-électoraux, ça ne se faisait plus et que maintenant les contrats devaient aller aux plus bas soumissionnaires, il piqua une sainte colère et, me traitant de pauvre naïf, partit en claquant la porte.

Mais l'expérience de loin la plus instructive, c'est bien avant ce jour-là que je l'avais vécue. Avant même d'être appelé au Conseil des ministres, j'avais été convoqué par un dirigeant d'Hydro-Québec à un fort curieux rendez-vous. Toujours craintif après tant d'années de crois-ou-meurs, il n'avait pas voulu me rencontrer en public, préférant m'attendre près de la gare Windsor dans un petit hôtel aujourd'hui disparu. Quand j'entrai dans la chambre, deux cartes se trouvaient étalées sur le lit.

— Ici, me dit mon hôte, vous voyez la région de la Côte-Nord où coulent deux rivières très importantes, la Manicouagan et la rivière aux Outardes. C'est là que débutera dans un an ou deux le plus grand développement hydro-électrique de notre histoire. Il faut absolument que ce soit l'Hydro elle-même qui en ait la maîtrise. Elle en est capable, mais à une condition.

S'approchant alors de l'autre carte où était représenté le site de Carillon sur l'Outaouais, il poursuivit sa démonstration.

— Carillon, c'est pour tout de suite. Dès cet été on va commencer à construire. Il s'agit d'un chantier de taille moyenne qui fournirait à nos cadres un excellent banc d'essai.

— Ben alors, fis-je, quel est le problème ?

— Rien de plus simple. Le contrat principal est déjà promis à la maison Perini de Boston, la même qui détient depuis toujours un monopole sur tous nos grands travaux. Il faut changer ça, sinon nos propres compétences québécoises devront continuer à servir de sous-ordres aux étrangers.

Mais pourquoi, lui demandai-je, me confier une telle affaire, à moi qui n'étais qu'à peine député ?

— La rumeur veut que vous deveniez peut-être ministre, répondit-il. Et comme vous n'avez aucun passé partisan, j'ai cru que vous pouviez encore avoir l'esprit ouvert.

Le priant de ne pas trop se faire d'illusions, je le remerciai de sa confiance et lui promis que, le cas échéant... Peu après j'étais effectivement ministre. À la première occasion, je racontai donc cette histoire aux collègues, en soulignant qu'à titre de responsable politique du secteur, je trouvais tout à fait indiqué de rendre enfin à l'Hydro la direction effective de ses chantiers. Vu la complexité de la question, on en reporta l'examen à la semaine suivante. Mais je n'étais pas sitôt revenu à mon bureau que me parvenait un appel urgent.

— Cher et honorable jeune ami, me salua une voix onctueuse, il est de mon devoir de vous apprendre certaines choses au sujet des Perini...

— Ma parole, répliquai-je, les nouvelles vont vite ! Et alors ?

— Eh bien alors, poursuivit l'autre, il faut que vous sachiez que les Perini sont également de nos amis. Ils se sont d'ailleurs montrés aussi généreux pour nous que pour les autres.

Lui fermant la ligne au nez, je donnai aussitôt un coup de fil à Lesage. Ou bien la caisse électorale sortirait de mes dossiers, lui déclarai-je, ou bien c'est moi qui rentrerais à la maison. Lesage me promit que ça ne se reproduirait plus. Il tint parole, et c'est depuis lors que l'Hydro a pu mener elle-même ses grands travaux.

D'autre part, l'incident m'avait convaincu de ne pas négliger la pauvre petite coquille qu'était mon second ministère, les Ressources hydrauliques — c'est-à-dire le domaine de l'énergie.

Ainsi allais-je bientôt découvrir que, sous cette coquille, se dissimulait notre poule aux œufs d'or...

QUI NE RISQUE RIEN...

Un conseil qu'on adresse parfois aux gens qui n'arrivent pas à s'entendre :

— Puisque c'est comme ça, faites un lac-à-l'épaule.

Pour qu'une expression s'installe dans le vocabulaire, il faut qu'elle ait connu son heure de gloire. C'est en 1962 que le petit lac en question sortit tout à coup de l'obscurité. Dans le parc des Laurentides, à cinq minutes de l'entrée sud, il cache sur ses bords, au bout d'un chemin sinueux que masque un fouillis d'arbres, un joli chalet en bois rond pourvu d'immenses foyers de pierre, de quelques chambres frustes mais confortables et d'une salle à dîner où l'on vous sert une incomparable truite fumée. C'est l'un des quelques modestes «clubs» que l'État s'est réservés afin que les ministres, hauts fonctionnaires et députés puissent venir s'y détendre en travaillant ou travailler en déstressant.

Ce qui se passa là, il y a vingt-quatre ans, est demeuré mémorable parce que ce fut le beau risque du gouvernement Lesage et, du même coup, le vrai début de la reconquête économique du Québec.

Replaçons-nous à cette époque où, sur un ton résigné plutôt que révolté, on se disait encore volontiers qu'on était «nés pour un p'tit pain». Ne parlons pas de la finance : l'argent ne se brassait sérieusement qu'en anglais. Toutes les ressources stratégiques, comme on dirait maintenant, étaient aussi entre des mains anglophones. Cela apparaissait au premier coup d'œil dans ces « villes de compagnies », minières, papetières, où le plus beau quartier, propret, ombragé, le mieux situé de tous, portait invariablement un nom pas de chez nous. Tout un lot régional de petits Upper Westmounts ou de petits Hampsteads où résidaient non seulement la fortune mais aussi l'influence et surtout le contrôle. Deux chiffres résument cette situation : avec ses 80% de la population, le Québec français détenait à peine un dixième de la maîtrise économique, maigre fraction confinée de plus dans des secteurs peu dynamiques.

Dès la création du ministère des Richesses naturelles, au printemps de 61, je me retrouvai en plein cœur de cette insignifiance collective, confronté à l'hégémonie des intérêts du dehors et de leurs valets indigènes. On avait ajouté aux ressources hydrauliques dont j'étais déjà responsable l'administration du secteur minier, mais j'eus beau plaider pour qu'on me confiât également les forêts, soulignant que c'est avec l'arbre bien plus qu'avec les minéraux que l'eau a une affinité naturelle, rien n'y fit, et je sus quelque temps après que les compagnies de pâtes et papier avaient refusé net d'avoir à traiter avec l'inquiétant gauchiste que j'étais. Il faut dire que ces entreprises régnaient alors sans conteste sur d'immenses concessions forestières, soi-disant renouvelables mais en pratique perpétuelles, et que leurs souscriptions aux caisses électorales comptaient parmi les plus plantureuses.

Évincé de ce royaume colonial, je me rabattis sur les deux autres domaines. Dans les mines, c'était la Noranda qui faisait la pluie et le beau temps, au point de considérer les services gouvernementaux comme une de ses succursales et de *récompenser* l'ancien sous-ministre en le nommant à son conseil d'administration dès sa mise à la retraite ! Tout le secteur était littéralement sous occupation étrangère et, de lois en règlements et en affrontements périodiques avec les potentats du milieu, on allait tâcher de le rapatrier peu à peu.

Mais, si importantes soient-elles tant qu'elles pro-
duisent, les mines sont fatalement appelées à fermer un
jour ; tandis que l'eau, elle, est inépuisable, de même que
l'énergie qu'elle recèle. J'avais conservé, d'autre part, le
souvenir de cette campagne contre le « trust » de l'électricité
qu'avaient menée au cours des années 30 quelques apôtres
lucides, mais que Duplessis, comme je l'ai rappelé, avait
fait avorter. Avant quoi j'avais vécu l'électrification tardive
de la Gaspésie, et je savais que là comme ailleurs en région
ça coûtait encore les yeux de la tête pour obtenir un
minimum de courant.

J'entrepris donc de m'attaquer d'abord à ce pan-là de
notre dépendance. Pour ce faire, je constituai une équipe,
minuscule noyau de jeunes et brillants cerveaux pompeu-
sement baptisé : Direction de la planification. Il y avait là
Éric Gourdeau, ingénieur et humaniste, qui se vouerait
bientôt à la cause des Indiens et des Inuit et serait finalement reconnu, à l'extérieur aussi bien que chez nous,
comme l'un des amis les plus fidèles et éclairés des peuples
autochtones. André Marier, qui devait plus tard laisser sa
marque à la Caisse de dépôt et dans d'autres entreprises
publiques, faisait aussi partie du groupe. Quant au chef
d'équipe, Michel Bélanger, PDG de la Banque Nationale
après avoir été conseiller économique du gouvernement et
président de la Bourse de Montréal, il possédait dès lors
une précoce compétence rodée aux Finances fédérales,
mais surtout un esprit d'une perspicacité et d'une logique
tout à fait exceptionnelles. Le rencontrant dans le but
avoué de le « débaucher » d'Ottawa, je lui avais offert de
nous aider à concevoir un plan de décolonisation pour le
secteur hydro-électrique. Il se donna le temps de réfléchir,
puis, comme bon nombre d'autres, il perçut sans doute que
c'est à Québec que ces années-là promettaient de l'action.

Dans plusieurs ministères, en effet, on voyait arriver
tout fringants et débordants de projets ces jeunes hommes
qui, avant de grimper au haut de diverses échelles, com-
menceraient par être d'infatigables moteurs du changement. À l'Éducation, Arthur Tremblay, qui fut le stratège

de tous les chambardements — et qu'on retrouve aujour-
d'hui sénateur conservateur! S'engageant dès la vingtaine
au service de l'État, Pierre Marois et Bernard Landry
deviendraient par la suite deux piliers de notre propre
gouvernement. De même que Claude Morin, qui débuta en
écrivant des textes pour Lesage, et Jacques Parizeau, qui
nous prêta bientôt ses lumières sur le plan économique.
Tous étaient conscients du fait que, pour aller de l'avant, il
fallait d'abord briser ce vieux carcan dans lequel on avait
enfermé la puissance publique, un peu comme ces enfants
bien élevés à qui l'on permettait de se montrer au salon à
condition de ne pas se faire entendre.

— L'État, c'est pourtant l'un des nôtres, avais-je osé
dire, c'est même le plus musclé des nôtres.

Remarque qui devait me faire passer chez les *bien-
pensants* pour un socialiste à tous crins, alors qu'elle
n'était que la plus pragmatique des constatations.

Dans notre domaine de l'énergie, par exemple, jamais
aucun de nos mini-magnats du terroir n'aurait pu, ni certes
osé, se colleter avec un système où tout le Québec se
trouvait découpé en cette douzaine de principautés : Gatineau Power Co., Northern Quebec Power, la Compagnie de
pouvoir du Bas-Saint-Laurent, Saguenay Electric Co., plus
trois ou quatre petites patentes locales, et enfin, recouvrant
tout le centre du territoire, l'empire de la Shawinigan Water
and Power avec ses deux filiales, la Southern Canada
Power et la Quebec Power Co., laquelle, desservant la
capitale, n'avait même pas daigné se donner un nom
bilingue. Seul le gouvernement avait la force et les moyens
d'affronter ces poids lourds. Pourvu qu'il en eût aussi la
volonté.

Or le Parti libéral, tout réformiste qu'il était sur bien
des points, demeurait d'une maladive timidité en matière
économique. Ainsi, sa politique énergétique tout entière
tenait dans ces deux sous-paragraphes pudiquement greffés
à l'article du programme qui était consacré au ministère
des Richesses naturelles :

« Assurer à l'Hydro-Québec la propriété et l'exploitation de toute énergie hydro-électrique non concédée, partout où il est économiquement possible (...) de la développer ;

« Régulariser les taux d'électricité à travers la province et les abaisser là où ils sont trop élevés... »

Très vite, nous nous rendîmes compte que ce qu'on nous demandait là, c'était la quadrature du cercle. D'une part, on garantissait à l'Hydro-Québec ce qu'elle avait déjà : non pas le droit mais le devoir de produire — comme à Bersimis, à Carillon et désormais à la Manic — de l'énergie pour répondre à une demande qui doublait à tous les dix ou quinze ans. Sa clientèle directe se trouvant dans la seule région métropolitaine, notre société d'État s'en allait ainsi de plus en plus loin construire des équipements fort coûteux, d'où le courant revenait en traversant les fiefs des compagnies privées. Et comme les besoins de ces dernières ne cessaient non plus d'augmenter, il fallait leur céder une partie de cette production au prix de revient afin de leur permettre de la revendre à profit à leurs propres clients !

D'autre part, inutile d'ajouter que dans ces conditions on ne pourrait réaliser l'engagement à réduire les tarifs trop élevés qu'en offrant une subvention additionnelle à cette bande de féodaux.

Bref, ou bien on se croisait les bras et on laissait faire, ou bien on se retroussait les manches et on fonçait dans le tas. Autant la décision fut facile à prendre entre nous, autant elle exigea d'être approfondie et solidement étayée pour le jour où j'aurais à l'évoquer en public et faire face aux adversaires du dedans comme du dehors. On y piocha des mois durant. Finalement, en février 62, nous étions absolument sûrs de notre affaire, juste au moment où j'avais à prononcer un discours de circonstance sur le sujet. J'y glissai donc une seule petite phrase, qui disait à peu près ceci :

— L'avenir dans ce secteur est à l'entreprise d'État.

Le lendemain matin, le feu était aux poudres. On me fit savoir que Lesage était hors de lui. Au lieu de faire le mort, le grand manitou des sociétés privées, un certain M. Fuller, se fendait d'une déclaration offusquée, toute empreinte de souveraine hauteur. Erreur providentielle qui nous fournit l'occasion d'étaler aussitôt, en long et en large, la situation du Québec électrique.

C'était à faire dresser les cheveux sur la tête : le rendement de nos ressources servait à payer des impôts à Ottawa et puis à exporter le plus clair des profits nets ; le système de distribution tout morcelé, mal raccordé, sombrait çà et là dans une complète décrépitude ; et c'est dans les régions les plus pauvres qu'on payait le plus cher...

Au sommet de ce beau fouillis, un aréopage de bonzes issus principalement du West Island et de l'Ontario acceptaient volontiers l'argent de nos actionnaires, comme de nos consommateurs, mais hors du «family compact» pas question d'avancement au mérite et encore moins d'avoir voix au chapitre.

Ce tableau brutal produisit les plus classiques des réactions, exactement celles qu'on remarque dans toute colonie où l'idée de l'émancipation commence à faire son chemin. D'un côté l'élite des nouvelles générations, au coude à coude avec les vétérans de vieilles et tenaces organisations de *résistance* comme la Saint-Jean-Baptiste. De l'autre les tenants de ce qu'on appelle toujours l'ordre établi, c'est-à-dire celui des intérêts en place : le bloc monolithique des Anglo-Québécois auquel vint se coller cette partie du Québec français qui ne voit jamais le succès — son succès — que dans un rôle satellite.

Entre ces deux extrêmes, le gros de la population qui ne savait trop quel bord prendre. Et quelques esprits hors série, tel ce Trudeau qui laissait tomber dans *Cité libre* cette sentence méprisante :

— La province est maintenant en pleine ébullition verbale, en plein développement verbal, en plein progrès verbal...

Ce qu'il craignait en réalité, c'était le potentiel mobilisateur de ce verbe et sa force d'accélération qu'on sentait

capable d'aller très loin dans une société devenue torrentueuse. Peut-être même jusqu'à l'indépendance, perspective
maudite pour cet intellectuel dont la dévorante passion
froide se réservait exclusivement au fédéralisme — un
fédéralisme qui, bien sûr, se pencherait avec sollicitude sur
le sort linguistique des minoritaires, mais qui, sauf pour ce
souci de bon père de famille, devrait sur le reste demeurer
intraitablement supra-national. Ou plutôt, et je ne crois pas
trahir sa pensée, supra-tribal.

Même ce pas que je proposais n'irait-il pas dans le sens
qu'il abominait? Je dois convenir que là-dessus il voyait
plus clair que moi; comme il arrive souvent à ceux qui
perçoivent plus vite que d'autres ce qu'ils redoutent davantage...

Nous avions pris l'habitude de nous rencontrer plus ou
moins régulièrement, Laurendeau, Marchand, Pelletier et
Trudeau; chez Pelletier la plupart du temps. Je leur racontais l'arrière-plan de la vie publique, la façon dont se vivait
le gouvernement, et eux y allaient de leurs commentaires
sans ménagement, ne ménageant surtout pas les conseils,
qui m'étaient souvent fort utiles. Observateurs avertis, ils
avaient un vif sentiment que l'éveil de notre peuple marquait une étape importante dont il fallait multiplier les
retombées concrètes, et que le projet de nationalisation
répondait assez bien à cet impératif.

Tous semblaient s'entendre là-dessus. Tous, sauf un.
Ce seul mot de nationalisation avait le don de hérisser
Trudeau. (Pendant la campagne électorale qui suivit, j'eus
l'occasion d'observer le même genre de grimaces chez
beaucoup d'anglophones qui, par ailleurs, au même moment,
ne trouvaient rien d'anormal à la «re-nationalization» de
l'industrie sidérurgique en Grande-Bretagne: vérité dans
la «mother country», erreur dans la colonie.)

— Tu dis que ça irait chercher dans les six cents
millions, arguait-il en prenant les autres à témoin de
l'énormité de la chose. Six cents millions pourquoi? Pour
mettre la main sur une affaire qui existe déjà. C'est du
pétage de bretelles nationaliste. Quand on pense à tous les

vrais progrès économiques et sociaux qu'on peut s'offrir avec une somme pareille !

— Oui, répondais-je, mais une somme pareille ne tombe pas du ciel pour n'importe quel projet. Dans le cas de l'électricité, il y a tout l'actif et le rendement perpétuel de la ressource qui servent de répondant. Essaie de trouver ça ailleurs [1].

Et j'ajoutais à tous les autres un argument qui nous était venu à l'esprit plus récemment. Le contrôle d'un aussi vaste secteur d'activité, essentiel au développement de chacune de nos régions, ne constituerait-il pas une véritable école de compétence, cette pépinière de constructeurs et d'administrateurs dont nous avions si cruellement besoin ? Peine perdue, mon interlocuteur restait de marbre ; mais du moins, soit dit sans méchanceté, ces discussions me permirent-elles d'aiguiser mes armes pour le débat qui s'engageait avec... le milieu des affaires !

Là aussi, cependant, nous eûmes l'heureuse surprise de découvrir bon nombre d'exceptions. Je pourrais évoquer une foule de nos gens d'affaires qui, discrètement, ne pouvant se compromettre sur une question plus qu'incertaine, ne nous prodiguèrent pas moins des encouragements et, mieux encore, le fruit de leur expérience. Je constatais qu'à part les vrais assimilés, il existait dans cette économie télécommandée des mentalités assez solides pour traiter avec le Big Business sans pour autant se déraciner.

Un cas qui mérite d'être souligné, c'est celui de Roland Giroux, qui s'amena un jour au bureau en compagnie de Jacques Parizeau. Ce dernier nous avait souligné que pour établir la valeur des compagnies, il nous fallait obtenir des informations plus précises sur le nombre des actions et leur comportement sur le marché, et que cela exigeait le *know-how* spécialisé de quelqu'un de la rue Saint-Jacques.

---

1. Point n'est besoin de préciser que ces deux citations ne prétendent, sans être textuelles, qu'à restituer correctement le contexte.

— Roland Giroux, qui est un important courtier, accepte de nous donner ce coup de main, de dire Parizeau. Mais je dois souligner un risque possible. Giroux est également un ami et très proche conseiller de Daniel Johnson !

Or Johnson était devenu chef de l'Union nationale ; c'est à lui qu'on aurait affaire aux prochaines élections...

— À vous de décider si vous pouvez me faire confiance, fit Giroux en entrant. J'ai la fibre québécoise moi aussi et j'aimerais bien voir votre projet se réaliser. Ce que je vous propose est très simple. Ce que je ferai avec vous, Daniel n'en saura rien, pas plus que vous-mêmes n'en apprendrez sur mes relations avec lui. D'accord ?

— D'accord, répondis-je [2].

Peu après, l'hiatus de juillet et août vint ralentir la besogne, mais pas la tournée que je m'infligeais afin, le moment venu, d'arriver au Conseil des ministres avec le plus d'appuis possible dans l'opinion publique. Car Lesage, après m'avoir voué à tous les diables, avait ensuite curieusement évité de revenir sur le sujet. Empêchant ainsi les autres de se prononcer, il me laissait libre de vendre ma marchandise. Mais certains ministres se montraient de plus en plus nerveux, d'autres ne se gênaient pas pour dire que j'en prenais trop large et qu'on devrait me museler, sinon ça pourrait finir par mettre le gouvernement en danger. Avec la rentrée d'automne, le suspense allait encore s'accentuer. Il était devenu urgent de mettre cartes sur table.

Le 3 septembre 62, le Conseil était donc convoqué en réunion spéciale au chalet du Lac-à-l'épaule.

---

2. Arrangement dont nous n'eûmes pas à nous repentir. Au sujet de l'électricité, Johnson se fourvoya royalement pendant la campagne de 62. Ce n'est qu'après le scrutin que Giroux le mit au courant. Il y eut alors un certain froid entre les deux hommes. Mais cinq ans plus tard, Johnson, alors Premier ministre, devait me donner un coup de fil pour m'apprendre qu'il songeait à nommer un nouveau président à l'Hydro : « Un homme d'une discrétion à toute épreuve, dit-il, comme tu es à même de le confirmer. Devine qui ? » Je n'eus pas la moindre hésitation.

M'y rendant en voiture, je repassai dans ma tête tous les éléments du dossier, dont certains chiffres de dernière heure me paraissaient confirmer entièrement la *faisabilité*. Mais sait-on jamais? En politique, il y a si souvent des raisons dans lesquelles la logique n'intervient pas.

Le premier soir ne fit que confirmer ces doutes. L'atmosphère était lourde. La plupart des collègues étaient d'humeur maussade. D'aucuns me regardaient franchement de travers, ce pelé, ce galeux d'où venait tout le mal. La discussion fit mine de s'amorcer, mais pour se perdre aussitôt dans les petits à-côtés politiciens. Plusieurs avaient pris un verre de trop, et comme Lesage était du nombre, il fut vite évident que la soirée était foutue. C'était déprimant au point que je me demandai s'il ne vaudrait pas mieux laisser tomber. Mais j'avais promis à l'équipe de ne pas repartir sans une décision claire et nette. Je restai donc et passai une très mauvaise nuit.

Au matin, ça ne s'annonçait guère mieux. Les lendemains de la veille sont toujours lugubres. Enfin, vers onze heures, Lesage décida d'ouvrir la séance et, d'entrée de jeu, me donna la parole. Après avoir distribué les copies de notre dernier mémoire, que certains mirent de côté d'un geste dédaigneux, je m'efforçai à la plus extrême concision en m'en tenant aux seuls points forts.

Puis, en réplique, George Marler fit de son mieux pour me réduire en pièces. Ancien chef libéral à Québec, rentré à Montréal après une brève incursion à Ottawa, il avait été nommé à ce petit sénat provincial que constituait le Conseil législatif, d'où Lesage l'avait amené au cabinet pour en faire son bras droit en matière financière. Il était, disait-on, assis sur la caisse. Parlant français aussi bien sinon mieux que nous, ce gentleman toujours tiré à quatre épingles représentait avec une exquise courtoisie les cercles les plus huppés de la minorité dominante, ceux-là mêmes dont la nationalisation ne pourrait qu'ébranler l'hégémonie.

Aujourd'hui, Marler n'était plus l'éminent notaire flegmatique qui ne haussait jamais la voix. On percevait une grande tension derrière ses paroles, une espèce de raidissement qui reflétait à merveille l'attitude générale des anglophones. Insistant sur le coût de l'opération, sur le danger d'isolement auquel le Québec risquait d'être exposé et sur l'opposition qui se manifestait en particulier dans les Chambres de commerce, Marler eut la malencontreuse idée de conclure en évoquant sa possible démission. Lesage eut un haut-le-corps et, l'air outré, ajourna pour le déjeuner.

Ce fut une heure de débandade. Celui-ci parlait à son tour de démissionner et s'en allait ténébreusement méditer au bord du lac. Lesage lui expédiait une couple d'émissaires avec mission de le raisonner. Celui-là venait me trouver pour me demander d'un ton inquiet si je croyais vraiment que c'était possible. Ça respirait un mélange d'incertitude et de confusion. On se serait cru sur un navire en perdition.

Mais brusquement tout rentra dans l'ordre lorsque, au début de l'après-midi, Lesage rouvrit la séance et, après avoir fait le point en quelques mots, se tourna vers celui qui n'avait pas ouvert la bouche depuis le matin.

— Et alors, Georges, tu n'as rien à dire ? Que penses-tu de cette affaire ?

Georges-Émile Lapalme prit bien son temps. Comme d'habitude, derrière les grosses lunettes à montures noires qui lui donnaient l'allure d'un hibou maléfique, son regard se fixa longuement et sans aménité sur l'homme qui avait pris sa place. Chef de l'opposition pendant les dernières années duplessistes, Lapalme s'était vu remplacé par Lesage en 58, juste à la veille des événements qui allaient enfin ramener les libéraux au pouvoir. Ayant consenti à demeurer au gouvernement, il servait sous un successeur qui ne pouvait être pour lui qu'un usurpateur. Ça le rongeait visiblement, et même s'il adorait le ministère des Affaires culturelles qu'on avait créé expressément pour lui, cet esprit trop sensible et profondément désabusé n'était plus capable de tenir le coup. Dans quelques mois il s'en irait. Mais pour l'heure, il nous ménageait toute une surprise.

— Ouais... fit-il en étirant les pauses, le projet que nous propose M. Lévesque est-il bon ? Moi, je réponds oui... Est-il réalisable ? Encore oui... Comment, voilà la question...

— Crois-tu, reprit Lesage, qu'on pourrait en faire un enjeu électoral ?

— Eh bien... c'est une grosse affaire... Avant de se lancer là-dessus, ce ne serait pas une mauvaise idée de solliciter un nouveau mandat.

— Bon, voyons ça, dit Lesage en feuilletant l'agenda qu'il venait de tirer de sa poche. Que diriez-vous du... du 14 novembre ?

Je fus d'abord estomaqué comme les autres. Puis, voyant qu'une date était déjà fixée, je compris que pour une fois les deux frères ennemis agissaient comme larrons en foire. D'emblée, Lapalme s'était montré favorable à la nationalisation. Ce que j'ignorais cependant, c'est que Lesage s'y était aussi rallié peu à peu, sans mot dire, allant jusqu'à faire sonder presque subrepticement les marchés financiers américains auxquels on devrait s'adresser le cas échéant.

Comme par enchantement, le climat s'était détendu. Dès qu'on parle d'élections, la plupart des politiciens réagissent comme des chevaux de course à la barrière. Surtout quand les choses se présentent sous un jour favorable. Or il était clair qu'en nous lançant dans une campagne largement référendaire, sur un thème susceptible de faire vibrer bien des gens, nous avions toutes les chances de l'emporter. On portait donc des toasts à la victoire. On pariait sur d'éventuelles majorités. Unique visage d'enterrement : Marler, sombre, seul dans son coin. Lesage en prit bonne note. Après avoir exigé le secret pendant les deux semaines dont il aurait besoin pour préparer la campagne, il mit tout le monde à la porte, mais en s'arrangeant pour que Marler et moi fussions les derniers à partir. En catimini, il me demanda de prendre l'autre dans ma voiture et d'en profiter pour faire la paix. Sans doute se disait-il également que ça se saurait et qu'ainsi les curieux n'auraient plus qu'à donner leur langue au chat.

Effectivement, sous la pluie diluvienne que le vent jetait par paquets dans les vitres, nous n'aperçûmes les journalistes qu'au moment où nous débouchions sur la grand-route. On reconnut Marler à mes côtés et on nous talonna jusqu'à Québec où mon compagnon, qui n'avait guère ouvert la bouche jusque-là, me dit en prenant congé :

— Vous savez, René, je suis très inquiet. Je crois que c'est très dangereux, ce que nous entreprenons, et je ne suis pas sûr de pouvoir en être. Il faut que j'y pense.

Sentant que ce n'était pas à moi que s'adressaient ces propos, j'en fis part à Lesage qui, m'assurant qu'il allait s'en occuper (ce qu'il fit, puisque Marler resta quoique passivement), m'engagea à ne plus songer qu'à la bataille imminente.

Pour laquelle, selon la coutume, on devait inventer, comme un fanion de circonstance, le slogan qui claquerait sur les affiches et au-dessus des foules. Avant de partir en campagne, je fus donc appelé à participer à la recherche de ces quelques mots magiques. Toute une soirée, puis encore une partie de la nuit, nous fûmes quatre ou cinq à nous creuser la cervelle jusqu'au moment où Jean-François Pelletier, l'un des meilleurs publicitaires de l'époque, se rappela une expression qu'il avait déjà, sauf erreur, utilisée à d'autres fins : *Maîtres chez nous*. Eurêka ! fîmes-nous à l'unisson.

À part moi, je ne pus m'empêcher pourtant de songer que c'était peut-être un peu fort. Maîtres d'un grand secteur, d'accord, mais maîtres tout court, maîtres pour ainsi dire tous azimuts ? S'ajoutant à une décision qui allait effacer deux ans d'administration au profit d'un seul projet spectaculaire, ce slogan hyperbolique m'inspirait un certain malaise, qui ne s'est d'ailleurs jamais dissipé complètement.

N'empêche que c'était très beau, « Maîtres chez nous », et vu qu'il était très tard...

L'APOGÉE

Le trio des « L » se remit donc en campagne.

Lapalme, puissant orateur dont les envolées étaient souvent d'une intensité hallucinante, en profita pour jeter ses derniers feux, d'autant plus brillants que l'on reprenait cet objectif de reconquête économique qu'il avait si longuement prêché dans le désert.

Demeuré ce champion des joutes oratoires qu'il avait été à l'université, Lesage se surpassait en affichant la foi brûlante du converti. Même ses trémolos les plus pompeux passaient la rampe :

— Je vous le dis, mes amis, OUIII, je vous le dis. C'est maintenant ou jamais, Maîtres chez nouuus !

Quant à moi, suivant les sages instructions des stratèges, je me retirai de l'avant-scène. Un rôle de second violon servirait à faire oublier quelque peu le forcing que j'avais infligé au parti et au gouvernement. Reprenant mes modestes outils de la télé, je me réfugiai dans un emploi de démonstrateur où le tableau et la craie, complétés par une carte illustrant notre dislocation électrique, m'aidaient à donner du corps à notre manifeste électoral :

« À la suite d'études sérieuses, y proclamait-on, l'unification des réseaux d'électricité — clé de l'industrialisation de toutes les régions du Québec — s'impose comme condition première de notre libération économique et d'une politique dynamique de plein emploi.

«Cette importante étape exige la nationalisation de onze compagnies de production et de distribution d'électricité...»[1]

Ce fut une belle campagne, l'une des deux — l'autre serait celle de 1976 — où j'aurai eu la certitude qu'en brisant des entraves on faisait vraiment avancer les esprits et les choses. C'est avec une sorte d'ivresse qu'on voyait surtout cette multitude de jeunes envahir les assemblées et, sous l'œil ému de vieux nationalistes blanchis sous le harnois de tant de frustrations, scander à perte de souffle ce «maîtres chez nous» qui en acquérait du coup une portée exaltante. Une portée un peu inquiétante, cependant : on sentait dans ces clameurs l'aspiration à un avenir que, pour ma part, j'étais encore incapable de concevoir avec précision.

Je n'en aurais d'ailleurs pas eu le loisir, car très vite la lutte se révéla bien plus ardue qu'on ne s'y était attendu.

On se heurtait à ce conservatisme frileux qui, à la longue, en vient à faire partie intégrante d'une mentalité de colonisé. Combien de fois n'eus-je pas à rappeler que la nationalisation de l'électricité, il y avait un bon demi-siècle que c'était fait en Ontario. Et si c'était bon pour l'Ontario, n'est-ce pas... Qu'il se montrait pourtant résistant, le tabou selon lequel les grosses affaires nous étaient un champ interdit ! En dépit des appels pressants d'Esdras Minville ou d'un Édouard Montpetit nous enjoignant de «nous intéresser nationalement» à la richesse, les exigences de ce monde complexe continuaient pour beaucoup à évoquer

---

1. N'ayant accompli qu'un demi-mandat de gouvernement, nous avions décidé de nous en tenir à un court manifeste, se présentant comme une addition au programme de 1960. Les extraits qu'on en retrouve en annexe D, à la page 512, me semblent refléter à merveille le goût du concret, avec aussi les illusions et... la rhétorique de cette période.

une magie noire où l'on pouvait au mieux se mettre prudemment à la remorque des autres et, au pire, perdre son âme...

C'est dans les régions rurales que cette méfiance ancestrale gardait ses plus fortes racines, là où le Crédit social en représentait couramment la plus impressionnante manifestation. Au scrutin fédéral du printemps, Réal Caouette et ses candidats venaient de rafler vingt-six des soixante-quinze comtés du Québec, en promettant de se battre jusqu'au bout pour des progrès aussi radicaux que la bilinguisation du menu au restaurant parlementaire d'Ottawa! Pas question pour eux d'aller plus loin ni surtout d'employer l'État à ce «socialisme» considéré dans leur bible comme le plus mortel des péchés capitaux. Ainsi, fut-ce sans doute à leur intention que l'Union nationale émit un petit communiqué où, sournoisement, l'on félicitait Lesage — tenez-vous bien — d'avoir déjoué «les manœuvres du clan Lévesque qui s'apprêtait à lancer dans la mêlée un allié socialiste, *compagnon de M. Lévesque à Moscou*, il y a quelques années»!

Au-delà de ce désolant simplisme cependant, les créditistes étaient de rude «étoffe du pays», d'une ténacité à toute épreuve et d'un renversant instinct populiste. Jean Marchand, qui était allé supplier ses ouailles syndicales de ne pas voter pour eux, l'avait appris à ses dépens. Quand ce fut à notre tour d'aller au feu, quelques mois après, cet échec encore trop récent eut pour résultat de le priver d'une candidature que j'avais personnellement sollicitée et en vue de laquelle il avait même annoncé sa démission comme président de sa centrale. Nos organisateurs, à qui les créditistes inspiraient une peur bleue, réussirent en effet à convaincre Lesage d'écarter un homme dont la présence sur les rangs aurait pu avoir l'allure d'une provocation. Non seulement m'opposai-je en vain à cet excès de pusillanimité, mais Marchand, me tenant pour un lâcheur, et ça se comprend, ne m'a jamais tout à fait pardonné. J'ai souventes fois repensé à ce pénible épisode en me disant que l'histoire des vingt dernières années aurait peut-être été passablement différente si l'on avait eu moins peur des créditistes! Joli sujet de politique-fiction.

Ce contexte régional assez rébarbatif à notre endroit, Daniel Johnson l'exploitait de son côté avec une redoutable efficacité. En s'engageant à hausser le salaire minimum et à soulager de diverses façons les gens à revenu modeste, il marquait des points. Mais cette politique de petits pas prudents lui joua un mauvais tour lorsqu'il tenta de l'appliquer à l'enjeu principal de la campagne. Il criait sur tous les toits que la nationalisation, c'était la ruine, que ça coûterait un milliard — gros chiffre qui rend craintifs ceux à qui tous ces zéros donnent le vertige. Il fit venir du Middle-West américain un obscur homme d'affaires qui annonça solennellement que si nous étions réélus, il ne risquerait plus jamais un traître cent au Québec. On eut beau révéler que l'individu n'était en fait qu'un poids plume, ses propos eurent quand même un certain effet : a beau mentir qui vient de loin.

Là-dessus, Johnson commit sa grosse erreur. Son flair lui disant que malgré tout l'idée faisait son chemin, il inventa une espèce de nationalisation au rabais. Il y incluait, si ma mémoire est bonne, les compagnies du Nord-Ouest et du Bas-Saint-Laurent, c'est-à-dire les morceaux les plus minables, dont la remise en état promettait de coûter cher, mais il laissait de côté les grosses entreprises florissantes sans l'apport desquelles l'opération perdait toute rentabilité. On n'eut qu'à souligner aussitôt que ce ne serait là pour les Québécois qu'un marché de dupes : à nous les pertes, les profits aux autres. Il n'en fut plus question.

Restaient les anglophones. Depuis que Duplessis leur avait laissé entendre et prouvé à maintes reprises qu'il pouvait se passer d'eux, ils étaient heureusement devenus des libéraux pour ainsi dire automatiques. Ils le furent encore cette fois-ci, mais non sans quelques accès de rogne et de grogne, particulièrement chez ces coqs en pâte du « middle management », dont notre entrée en scène menaçait le tranquille complexe de supériorité. Ce gros rouquin, par exemple, qui me brandit un soir son verre sous le nez, dans un salon de l'ouest de Montréal où l'on m'avait invité après une assemblée.

— But Lévesque, allait-il répétant d'une voix qui trahissait plusieurs whiskies, how can people like you imagine you can run Shawinigan Water and Power ?

« People like you ». Des gens comme vous, ou, mieux, des gens comme *vous autres*... Exactement la façon dont Britanniques et Français avaient traité les Égyptiens, quelques années auparavant : comment diable « ces gens-là » pouvaient-ils se croire capables de faire marcher le canal de Suez ?

— My friend, répondis-je, attendez un peu et vous allez voir ce que vous allez voir.

Ce qu'on vit d'abord, le 14 novembre 62, ce fut notre victoire, très nette, plus décisive que la précédente. Nous avions pris soixante-trois sièges, douze de plus qu'en 60. L'Union nationale en perdait autant et se retrouvait avec trente et un comtés au lieu de quarante-trois. Mais on ne pouvait parler de vague. Johnson parvenait à maintenir sa force dans le monde rural. C'est la ville qui avait fait pencher la balance. N'est-ce pas là, d'ailleurs, que, petites ou grandes, pacifiques ou pas, se déclenchent les révolutions, tout spécialement au sein de ces classes moyennes qui ont le loisir de s'intéresser au choc des idées ? De Paris à Saint-Pétersbourg, et de Prague à Manille, c'est toujours en ville que ça commence. Comme à Montréal, si l'on peut comparer nos petites choses aux grandes...

À notre tranquille échelle, ce n'étaient pas moins de grandes choses, et toutes porteuses d'avenir, qui continuaient à débouler à une cadence vertigineuse.

En quelques mois, la nationalisation de l'électricité devint un fait accompli. Elle coûta à peine plus que les 600 millions auxquels on l'avait évaluée. Grâce aux contacts que Lesage avait établis avec les marchés financiers, un emprunt de 300 millions fut contracté sans problèmes aux États-Unis. Témoignage éclatant de la confiance qu'inspiraient le Québec et son Hydro, jamais depuis la première

Grande Guerre les Américains n'avaient prêté une telle somme à l'étranger.

Personne n'a mieux résumé ce chapitre que Douglas Fullerton[2], économiste et administrateur de renom, qui écrivait peu après : « La nationalisation de l'électricité, c'est une des transactions financières les plus rationnelles et les mieux réalisées qu'il m'ait été donné de voir de toute ma carrière. »

Les retombées n'en furent pas moins rapides et bénéfiques. Là où ils étaient exorbitants, les tarifs furent vite ramenés à des niveaux raisonnables ; ce qui n'empêcha pas, des années durant, divers zigotos de me reprocher d'avoir manqué à cette promesse qu'ils inventaient de toutes pièces : celle de leur fournir le courant *gratuitement* ! J'eus le plaisir extrême d'accueillir toute une ribambelle d'hommes d'affaires qui nous avaient combattus avec acharnement et qui, « maintenant que l'électricité c'est à nous », venaient s'enquérir qui de l'entretien des lignes, qui des achats de véhicules, qui encore de la comptabilité ou de la vérification, tout ce que les ex-compagnies n'avaient jamais confié qu'à leurs proches, lesquels vivaient le plus souvent en Ontario. On s'efforçait ainsi de rapatrier au maximum les achats de biens et de services, en même temps qu'on remettait de l'ordre dans l'ensemble du réseau de distribution.

Deux noms qui méritent tout spécialement d'être retenus sont ceux de Jean-Paul Gignac, ingénieur originaire de Shawinigan, et Georges Gauvreau, notaire qui avait établi son étude dans mon village natal, en Gaspésie. Nommés ensemble à la « Commission » qui dirigeait alors l'Hydro, ils s'y révélèrent, pendant cette période d'effervescente expansion et encore longtemps après, d'infatigables serviteurs de l'entreprise aussi bien que de tenaces promoteurs de la nécessaire *québécisation*, qui put heureusement

---

2. Fullerton, qui nous avait aidés à mettre l'opération au point en 62, devint à compter de 76 l'un de nos plus impitoyables adversaires. Il faut dire qu'il s'agissait dès lors d'une tout autre affaire...

s'accomplir sans grands heurts et dans le respect des personnes. Il y eut même des épisodes divertissants. Comme cette arrivée, un beau matin d'après les événements, d'un patron de l'ex-Shawinigan Water and Power.

— Bien le bonjour, Mademoiselle, dit-il à la réceptionniste. Quel beau temps aujourd'hui !

— Ma parole, raconta ensuite la jeune fille, c'était la première fois que je l'entendais parler français. Et sans accent à part ça !

Je pourrais continuer indéfiniment à évoquer cette place que l'Hydro a prise dans ma vie pendant tant d'années. La place qu'elle a tenue aussi, et qu'elle doit continuer à tenir dans la vie du Québec. « Si tu savais comme on s'ennuie —à la Manic » : qu'on me trouve une autre entreprise capable d'inspirer une chanson à succès ! Sur la Manic, justement, je me rappelle cette première ronde de francisation où, voyant le « coffer dam » se transformer en bâtardeau, les vieux de la vieille nous demandaient d'un air sceptique :

— Ouais, bâtardeau, c'est bien beau, mais êtes-vous sûrs que ça va faire pareil ?

Sur ce plan et tant d'autres, pour reprendre une expression dont j'ai usé et abusé, l'Hydro devenait le navire amiral de notre développement. Dès 63-64, la pépinière de compétences s'affirmait déjà en génie électrique, où le nombre d'étudiants augmenta dramatiquement. Depuis lors, d'étape en étape, ces compétences auront acquis à l'Hydro une telle réputation qu'elle est aujourd'hui reconnue comme la championne mondiale de son secteur. Sans compter qu'elle gère pour nous la plus vaste réserve d'énergie « propre, propre, propre » de tout le continent.

Je m'arrête. Nous sommes toujours en 62, puis en 63 et 64. À l'apogée d'une période au cours de laquelle le peuple québécois se mit définitivement à l'heure du siècle. Nulle part au monde, que je sache, on n'a jamais assisté à un rattrapage qui touchât tant de domaines en si peu de temps. De cette tranche des nôtres qui prenaient conscience des retards accumulés montait une pression qui nous poussait littéralement dans le dos et, souvent, dictait les décisions.

Je me rappelle ce frisson collectif que provoqua l'effarant constat de la Commission Parent sur l'éducation. En 1964 — *il n'y a guère plus de vingt ans* — les quatre cinquièmes de nos adultes n'avaient pas dépassé, ni dans bien des cas terminé, le cours primaire! La discussion qui s'ensuivit porta en gros sur l'alternative suivante. Ou bien se donner les quelques années qu'exigerait la formation d'enseignants patentés, ou bien recruter sans délai les meilleurs aspirants disponibles et, selon le vieil adage, compter qu'en forgeant ils deviendraient forgerons. Dans le climat d'urgence qui régnait, cette deuxième option n'eut pas de peine à l'emporter. Ni mieux ni plus mal qu'ailleurs, les apprentis se firent forgerons, nous permirent de rejoindre à peu près la moyenne d'instruction nord-américaine, et c'est chez eux, le contraire serait étonnant, qu'on découvre maintenant des cas de «burn-out» à quarante ou quarante-cinq ans.

Passons en vrac sur le lancement, juste à la veille des élections, de la Société générale de financement; puis sur la création d'un ministère des Affaires fédérales-provinciales, ancêtre direct des «Aff-Inter»; et même sur l'apparition des terrains de camping dont Duplessis avait refusé d'entendre parler parce que les Québécois, à son avis, étaient encore trop brise-fer...

Rappelons l'arrivée en Chambre, dès 61, de Claire Kirkland-Casgrain, notre première députée; et la même année cette autre grande nouveauté, l'ouverture de la Maison du Québec à Paris. Une petite anecdote à ce sujet. Engoncé dans mon smoking de location, placé tout au bout de la table, c'est de loin que me parvenaient les propos animés qu'on s'échangeait autour de de Gaulle et de Lesage, qui se faisaient face au milieu de l'immense salle des fêtes de l'Élysée. De là, par ordre d'ancienneté décroissante, nos ministres et députés s'entremêlaient avec les invités français. Deux de ces dames, qu'on avait casées de chaque côté d'André Malraux, suivaient avec un ébahissement admiratif ce feu roulant ponctué de tics fébriles, le monologue étant le seul style de conversation que daignât pratiquer l'illustre écrivain. Brusquement, Malraux fit une pause afin de reprendre son souffle. Comme il arrive souvent en pareille circonstance, tout le monde se tut en même temps, et dans le silence général une voix féminine bien de chez nous s'éleva.

— Franchement, monsieur MARLEAU, vous parlez tellement bien, vous devriez penser à écrire !

Plus lourde de conséquences fut l'entrée au gouvernement d'Eric Kierans, en 63. Bientôt et presque à lui seul, ce remarquable flibustier réussit à casser enfin le monopole que détenait jusqu'alors sur les emprunts de l'État la dynastie de A.E. Ames & Sons, qui, en plus de s'engraisser à nos dépens, avait le tort d'être essentiellement « Wasp »[3] de vieille lignée, ce qui ne pouvait qu'en faire une cible de choix pour un Irlandais fils de ses œuvres...

En même temps que s'amorçait ainsi, au cas par cas et le plus souvent « à la va comme je te pousse », une certaine décolonisation, nous nous étions également attelés à ce minimum vital de démocratisation qu'appelaient nos lamentables pratiques électorales. La nécessité en était d'une telle évidence que cette réforme devint l'œuvre d'un comité auquel l'opposition avait d'emblée accepté de se joindre. Accordant le droit de vote aux jeunes de 18 ans, la nouvelle loi fixait également un plafond aux dépenses des partis et des candidats tout en ouvrant la porte à des remboursements substantiels. Il restait beaucoup de chemin à parcourir, mais d'ores et déjà le Québec rattrapait sur ce plan essentiel l'avant-garde des sociétés démocratiques.

Concernant par ailleurs la montée du syndicalisme, c'est aussi en 64 qu'on nous vit non seulement dépasser tout le monde mais peut-être même dépasser les bornes. Aux employés d'hôpitaux et aux enseignants, le nouveau

---

3. « White Anglo-Saxon Protestant ».

Code du travail vint ajouter la fonction publique qui, désormais, pourrait elle aussi négocier collectivement en allant jusqu'à la grève.

Dans une autre de ces fameuses phrases ronflantes qu'il eut à ravaler, Lesage avait pourtant commencé par proclamer majestueusement :

— La Reine ne négocie pas avec ses sujets !

Avouerai-je que je me suis maintes fois demandé si la malheureuse souveraine n'aurait pas dû tenir la dragée pas mal plus haute, surtout à ses «sujets» hospitaliers, qui affichèrent par la suite un comportement proche de la barbarie. Mais la reine, à l'époque, c'était l'illusion. Au premier rang de ceux qui, la main sur l'Évangile, nous assuraient, juré, craché, que jamais on n'abuserait d'une arme aussi puissante que le droit de grève, se retrouvait Jean Marchand, qui vivait alors ses derniers mois comme chef syndical. Quelque vingt ans après, comment le même homme évalue-t-il la façon dont s'est déroulée cette expérience d'une audace, d'une témérité si l'on préfère, unique au monde ?

Rappelant qu'il s'agit de celui «qui négocia personnellement l'octroi du droit de grève aux employés de l'État avec le Premier ministre Jean Lesage en 1964», le journaliste Jean-Claude Rivard lui attribue des propos qu'on ne peut, à la lumière de ce qu'on sait maintenant, qu'endosser sans réserve :

> «*En réunissant à une même table des centrales souvent rivales, et en ouvrant la porte à des grèves générales à caractère politique, les fronts communs ont faussé les règles du jeu.*
>
> «*On s'est éloigné des principes syndicaux (...) destinés à éviter toute situation de monopole syndical. Et si les événements que l'on a vécus dans les hôpitaux, ces dernières années, ont été planifiés, la chose doit être dénoncée comme étant criminelle...*
>
> «*(M. Marchand) croit également que si les syndiqués veulent reconquérir leur crédibilité (...), ils devront faire réaliser au*

public que les chefs syndicaux sont parfois très loin de
refléter l'opinion de la base du mouvement syndical...»[4]

Tout compte fait, cependant, en dépit d'une presse
excessive qui fut la cause de quelques bavures, le Québec
connut, entre 1960 et 1964, le plus exaltant et fécond des
aggiornamentos. Et je dois à la vérité de dire que Jean
Lesage s'y révéla un grand chef de gouvernement. Bien
sûr, il avait ses travers, comme tout le monde. Avec sa
haute taille et des traits d'une régularité qui lui avait valu
le titre de «plus bel homme du Canada», il était d'une si
candide et incommensurable vanité que d'aucuns, à leurs
risques et périls, en oubliaient sa dangereuse vivacité
d'esprit et une capacité de travail qui était proprement
surhumaine. Tout nouveau ministre, j'eus même à me
défendre contre les abus de pouvoir matutinaux de ce
bûcheur qui, dès sept ou huit heures, avait pris l'habitude
de me téléphoner à mon hôtel pour m'arracher des consen-
tements ensommeillés.

— Mon cher René, disait-il sur un ton d'une haïssable
jovialité, vous serez sûrement d'accord avec cet amendement que j'ai l'intention de proposer. Il me semble que ça
règle le problème. C'est bien votre avis ?

En fait, il m'arrivait d'avoir de gros doutes, mais le
couche-tard est sans défense au réveil. Je cédais pour avoir
la paix et pouvoir retomber un peu sur l'oreiller jusqu'au
moment où, ma conscience me refusant tout repos, je me
levais en maudissant et ma lâcheté et celui qui l'exploitait.
Tant et si bien que j'en fus bientôt réduit à avertir les
téléphonistes :

— Gare à vous, la prochaine fois que vous me passerez
un appel de ce mauvais plaisant qui se fait passer pour
Jean Lesage !

C'est la victoire de 62 qui nous rapprocha. Bien qu'on
me désignât désormais comme un des possibles *dauphins*,

---

4. *Le Soleil*, 17 avril 1985.

Lesage savait que ça ne m'intéressait pas du tout. Non seulement le lui avais-je dit de vive voix, mais il était assez perspicace pour se rendre compte de mon manque total d'ambition partisane. Il en vint à me témoigner une confiance que je trouvais parfois excessive. Plus souvent qu'à mon tour, j'étais expédié en première ligne dès qu'en Chambre un projet refusait de débloquer, ou sur le terrain lorsqu'une affaire se gâtait et qu'il fallait sauver les meubles.

Dans mon propre coin, laissant l'Hydro s'ajuster tranquillement à la taille gigantesque qu'elle venait d'acquérir, je m'étais replongé dans *mon* domaine minier. Même au Nouveau Québec, l'héritage duplessiste n'était pas si honteux que Lapalme l'avait naguère prétendu, décrivant ces navires étrangers passant devant Québec chargés à ras bord de notre minerai de fer à «une cenne la tonne»! Mais ce n'était pas non plus le Pérou, loin de là, pour ce peuple et cet État qu'on avait habitués à se laisser posséder comme des cocus contents.

Le pire, c'était la suprême arrogance du colonisateur qu'affichaient tous ces gros et petits «bwanas» miniers. Je ne résistai pas toujours à la tentation de leur dire en pleine face qu'un jour viendrait où le Québec se débarrasserait de ce climat «rhodésien» qu'ils faisaient régner dans leur secteur.

Je me rappelle entre autres cet ancien président de la Noranda Mines avec qui j'étais venu examiner deux sites possibles en vue de l'implantation d'une raffinerie de zinc. J'avais ma préférence et il avait la sienne. Ça valait d'être discuté au mérite et je déballai mes arguments avec entrain, jusqu'au moment où il haussa les épaules d'un air excédé.

— Dear fellow, that's enough. Tout ce que vous dites-là est parfaitement «irrelevant».

— Comment ça? lui dis-je. Il me semble au contraire que rien ne saurait être plus pertinent. C'est une grosse décision.

— That's right, a big decision. Et justement, la compagnie l'a déjà prise. You see.

Mon sang ne fit qu'un tour et, donnant un coup de poing rageur sur la table, j'eus le plaisir d'en voir la belle vitre se fracasser. Cela me soulagea, même si j'avais bien failli me rompre le poignet.

Ce qui me soulagea davantage, mais encore pas mal moins que je ne l'aurais voulu, fut l'étape laborieusement technique où l'on procéda à la révision à la hausse des redevances que doivent verser les compagnies et la remise à jour de toute la loi minière fondamentale sur laquelle la poussière s'épaississait depuis des décennies. S'enchaînant sur ces quelques gestes plutôt modestes, la création de Soquem (Société québécoise d'exploration minière) servit elle aussi à rappeler aux intéressés que notre sous-sol n'était pas leur patrimoine mais le nôtre. Les vrais requins ne lâchent jamais prise cependant. Cause toujours, mon bonhomme, se disent-ils tout bas, ton gouvernement passera et nous, nous continuerons à être là. D'ailleurs, ils ne se gênaient guère pour me le faire sentir.

Ces petites contrariétés, toutefois, ne pesaient pas lourd auprès des succès qui se multipliaient et dont le point culminant devait être la bataille des plans de pension.

Ottawa avait concocté un régime à l'américaine du genre « pay-as-you-go », c'est-à-dire que les contributions s'y arrêtent chaque année au même niveau que les déboursements. Il n'est que de voir dans quelle situation catastrophique ce système a plongé la « social security » de nos voisins pour comprendre que nous, petite souris à côté de l'éléphant, n'aurions pas survécu longtemps à pareille médecine.

Par chance, nous avions en main notre propre plan, où l'on prévoyait plutôt des entrées suffisantes pour qu'une bonne partie puisse s'en accumuler dans une caisse dont la mission serait, en plus de gérer ces fonds avec prudence, d'agir comme instrument de développement économique. Là encore, on se hasardait en terrain neuf et inconnu. Mais avec une équipe qui était de loin supérieure à celle du fédéral. Car Lesage savait s'entourer. Pour mettre au point ce projet sans précédent, il avait réuni des gens comme Parizeau, que la nationalisation de 62 lui avait fait apprécier, Claude Morin, qui était devenu l'un de ses sous-ministres, et, comme toujours, son inséparable conseiller spécial, Louis-Philippe Pigeon. Ce dernier, on s'en souvient peut-être, m'avait expulsé de ses cours aux temps lointains de ma brève carrière universitaire. Mais j'étais maintenant au gouvernement. Profondément respectueux des convenances, le grand juriste ne m'adressait plus la parole sans me donner du « Monsieur le ministre » gros comme le bras. Comme j'étais quand même de ses admirateurs, j'allais souvent bavarder avec lui dans son petit bureau, où il disparaissait derrière les dossiers et les livres qui grimpaient vers le plafond. Au milieu de cette pagaille, j'aperçus un jour une pile incongrue de « Popular Mechanics » et d'autres publications de même farine.

— Voyez-vous, Monsieur le ministre, m'expliqua-t-il de sa voix haut perchée, c'est ingénieur que je rêvais d'être dans ma jeunesse. Mais il n'y avait pas de place alors pour les Canadiens français. Je me suis donc résigné à faire du droit. Autrement, je me serais sans doute fait prêtre ou médecin pour dispenser les services spirituels et corporels à cette main-d'œuvre à bon marché que nous étions.

Chaque étape qu'on arrivait à franchir, ai-je besoin de le dire, lui apparaissait donc comme une forme d'avancement personnel. Chacun à sa façon, c'est ainsi que réagissaient également la plupart d'entre nous. Dans l'affrontement sur les pensions, nous avions de plus le bon sens de notre côté. Pas question de lâcher. Les fédéraux se refusant tout aussi mordicus au moindre recul, les pourparlers furent rompus.

Pendant une bonne dizaine de jours, ce fut même comme une vraie rupture des relations diplomatiques. Fédéraliste au point de nourrir l'ambition de se voir avant longtemps premier ministre à Ottawa, Lesage n'était pas moins Québécois pure laine et il sentait clairement que, dans ce cas, nos intérêts à long terme lui interdisaient de céder.

Aussi brusquement qu'il s'était envenimé, le conflit se dénoua. Me convoquant d'urgence à son bureau, Lesage me suggéra d'entrer discrètement par une porte dérobée ; puis Paul Gérin-Lajoie s'amena à son tour par le même chemin. Tout exubérant, Lesage nous apprit que le fédéral consentait enfin à lâcher du lest, et que deux émissaires venaient tout juste d'arriver de l'Ancienne-Lorette — dans un avion soigneusement banalisé ! Un peu plus et je me serais cru de retour en Corée... Mais l'important, c'était que le bras de fer se terminât à notre avantage et que le Québec, plus ou moins suivi par le reste du Canada, pût organiser librement son propre Régime des rentes et sa Caisse de dépôt.

Porté au pinacle qu'il méritait, Lesage était devenu la figure dominante du monde politique canadien aussi bien que québécois. Il le savait. Probablement le savait-il trop, au point d'oublier que la roche Tarpéienne est toujours au bord du Capitole. Et puis, il y avait là-bas, au vieux pays, ce Général qui donnait un si dangereux exemple. Or, n'est pas de Gaulle qui veut...

LE DÉCLIN

Je regrette encore ce congé pascal que je m'étais promis en 66.

À peine avais-je eu le temps d'installer la famille dans un hôtel des Bermudes, près d'une de ces incomparables plages toutes blanches qui donnent sur une eau si limpide qu'on peut suivre de l'œil, jusqu'à douze mètres de fond, la chute du moindre caillou. Tout guillerets, nous nous apprêtions à louer nos *mobylettes*, seuls véhicules à moteur dont les sages insulaires permettent l'usage aux touristes, lorsque survint le télégramme que j'appréhendais.

Adieu farniente. J'étais convoqué en Floride. À Miami, ville que j'abhorre entre toutes mais où Lesage, fanatique du golf, prenait souvent ses quartiers d'hiver et même de printemps. Cette fois cependant, je le savais, c'était notre prochain parcours électoral qu'il achevait de mijoter. À la guerre comme à la guerre, pensai-je avec une morne résignation, et, n'ayant d'autre recours que l'avion-stop, je me rendis d'abord sans trop de peine jusqu'aux Bahamas où, là, je dus attendre pendant des heures avant de trouver une place sur une de ces navettes-casinos à bord desquelles, au retour, on est presque uniquement entre perdants. Soit précisément l'atmosphère qui s'accorderait le mieux avec mon humeur...

Dans l'état où nous nous trouvions, en effet, envahis par une déprime qui s'ajoutait à la fatigue de six années de gouvernement, on ne reconnaissait plus l'«équipe du tonnerre» de 60 et 62.

De ces héros fatigués, aucun certes n'avait le moral plus bas que moi. Peu à peu, vers la fin de 64 et puis toute l'année suivante, le rythme avait ralenti. On n'en finissait plus, par exemple, d'étudier le projet d'une sidérurgie québécoise appelée à casser le prix de l'acier qui, dicté de la région des Grands Lacs, freinait notre développement industriel tout en favorisant celui de l'Ontario. Seul bon souvenir que je garde de cette affaire : les circonstances désopilantes dans lesquelles je fis connaissance avec Paul Desmarais. Plutôt que de réinventer la roue, nous projetions d'acheter une entreprise existante afin d'asseoir notre première étape de production sur quelques équipements en place et, surtout, sur un noyau de main-d'œuvre expéri-mentée. On visait les morceaux québécois de Dosco, reliquat de l'époque impériale installé en Nouvelle-Écosse mais contrôlé en Angleterre. Desmarais, qui n'était pas encore le potentat qu'il allait devenir, avait accepté d'aller à Londres comme *honnête courtier* du gouvernement ; mais il fallait d'abord examiner avec soin le plan d'action qu'il s'était tracé. Lesage confia à Eric Kierans l'étude des chiffres et à moi la mission d'observer attentivement notre émissaire potentiel. Nous restâmes enfermés deux ou trois jours avec l'éminent financier et un de ses conseillers, nous retrouvant chaque soir pour tâcher de démêler entre nous un incroyable écheveau, qui allait se compliquant davantage à mesure qu'on prétendait nous l'expliquer. Finalement, Kierans parvint à découvrir le pot aux roses. Telle que conçue, l'opération aurait eu pour résultat de donner à notre agent, une fois la transaction bâclée aux frais de l'État, le contrôle effectif de l'entreprise ! C'était si bien concocté que Kierans aurait fort bien pu passer à côté de la réponse, et c'est sur un ton de reproche quasi admiratif qu'il mit l'autre au courant.

— Ah ben, baptême, fit Desmarais en éclatant de rire, vous avez fini par deviner ! Vous êtes bons, les boys. Allons prendre un verre [1].

L'on continua donc à faire du sur-place en matière de sidérurgie comme dans la plupart des dossiers économiques. Je devins excédé au point de songer sérieusement, durant l'été 65, à rentrer dans mes terres. Si j'étais élu, m'étais-je promis cinq ans auparavant, je quitterais la politique, quoi qu'il advînt, au bout du second mandat. L'échéance approchait. Mais au moment où je m'acheminais vers la décision, si visiblement que la rumeur en courait déjà les couloirs, l'occasion se présenta de relever un nouveau défi qui, aucun doute là-dessus, serait le dernier... Me prenant de vitesse, notre collègue Émilien Lafrance, infatigable apôtre Lacordaire mais «trop bon» pour être ministre, lâcha brusquement cet emploi où il se sentait de plus en plus profondément malheureux. Lesage me proposa aussitôt de le remplacer au ministère qu'on disait responsable «de la Famille et du Bien-Être». Il m'apprit qu'il offrait du même coup à Eric Kierans de se charger de la Santé, où un autre brave homme, le docteur Alphonse Couturier, avait également fait son temps.

Le patron, tout en se débarrassant ainsi des deux «tannants» économiques, m'ouvrait un vaste terrain qu'à toutes fins utiles on avait laissé en friche. Dans le secteur social, on possédait depuis 63 le rapport Boucher dont l'analyse impitoyable débouchait sur un ensemble de recommandations constituant l'armature essentielle d'une vraie politique. Mais que le temps se faisait court, alors que les étapes à franchir s'en allaient devant nous à perte de vue !

Étapes psychologiques, entre autres, toujours les plus malaisées. Dans trop de coins on traînait encore ces vieilles notions, fatalistes jusqu'à l'inhumanité, selon lesquelles les pauvres méritaient leur sort et les pires épreuves

---

1. Pour le meilleur *et* pour le pire, Dosco devint finalement Sidbec-Dosco, mais sous un autre gouvernement... et d'une autre façon !

devaient être acceptées comme le fruit de la volonté sinon de la bonté divine. Je me rappelle une effarante promenade beauceronne au cours de laquelle, d'un rang à l'autre, Robert Cliche me désigna une foule de maisons où, au grenier, à la cave ou même dans la grange, des mongols et d'autres handicapés, que les familles tenaient pour «des punitions du bon Dieu», demeuraient cachés sans jamais sortir, depuis des années, souvent depuis leur naissance. Effectuant une première tournée des institutions qui relevaient du ministère, je tombai un jour, dans une petite localité du Bas-du-Fleuve, sur un indescriptible hospice «privé» où, dès l'entrée, les odeurs de saleté et de ranci faisaient lever le cœur. Je revois, au beau milieu de la place, exposée à tous les regards, une vieille dame qui s'arrachait ses derniers râles en griffant ses draps souillés. Je notai spécialement que cette baraque de trois étages, où de nombreuses personnes âgées vivotaient le reste de leur âge entre des murs dont le bois était sec à craquer, n'était plus qu'un nid à feu [2].

Bref, on aurait à revenir de loin, dans une société où l'*assistance publique* et les pensions des *mères nécessiteuses* croupissaient encore dans une mesquinerie sans âme. M'inspirant du rapport Boucher, je proposai de substituer à ce maigre entretien de la misère une politique d'investissement dans nos ressources humaines, dont l'une des pièces maîtresses serait un régime québécois d'allocations familiales mieux structuré et plus flexible que celui d'Ottawa. À une conférence fédérale-provinciale qui se tint au tout début de 66, je présentai un mémoire démontrant (comme on n'aurait qu'à le faire encore aujourd'hui) que les mesures sociales, pour des raisons d'efficacité autant que de différence, devraient logiquement émaner de Québec. Et

---

2. J'exigeai la fermeture de l'établissement, mais la campagne électorale vint me faire oublier le «suivi» de ma décision. Dès l'assermentation du gouvernement Johnson, je laissai donc un mot urgent à mon successeur, Jean-Paul Cloutier. Trop tard. J'appris par les journaux que, la même semaine, un incendie avait tout rasé si vite que la plupart des pensionnaires furent brûlés vifs.

l'on demandait tout bonnement au fédéral de nous transférer au plus tôt les allocations familiales — c'est-à-dire de renoncer à émettre les chèques qui lui procurent sa visibilité mensuelle dans tant de foyers! Point n'est besoin de dire que je mordis la poussière, et que le contraire m'aurait d'ailleurs grandement surpris. Pearson parla de mon «sens de l'humour»; mais ce qui n'était pas drôle, c'est que derrière ce durcissement on commençait déjà à deviner l'influence des «trois colombes», qui avaient fini, quelques semaines auparavant, par atterrir à la Chambre des communes. Plus question de nous céder un pouce, puisque désormais les intérêts du Québec seraient tellement mieux servis par ce *French Power* naissant dont Trudeau demeurait le maître à penser.

C'est pourtant Marchand, de nouveau, qui avait d'abord été sollicité, et des trois c'est même à lui seul qu'on tenait vraiment. J'ai ici un pénible aveu à faire : j'aurai personnellement contribué, si minime que fût mon apport, à cette entrée de Trudeau en politique! Cela se passa à Terre-Neuve, où l'inamovible petit père de la Confédération, le Premier ministre Joey Smallwood, m'avait invité à prendre part à un grand colloque dont j'ai tout oublié depuis longtemps. Feue Judy Lamarsh et Maurice Sauvé, tous deux ministres fédéraux, étaient également venus donner leurs numéros. Soudain, Sauvé reçut un appel urgent d'Ottawa. M'apprenant qu'on était à quelques heures des élections, il ajouta que les candidatures des colombes se heurtaient à des difficultés imprévues et que c'était sûrement Marchand qui l'appelait pour lui communiquer le résultat des dernières tractations. Je montai à sa chambre avec lui, et effectivement c'était Marchand au bout du fil.

— J'arrive de chez Pearson, dit-il d'une voix tendue, et ça ne marche toujours pas. Moi, ils me veulent à mort, aucun problème. Ils sont prêts à prendre aussi Pelletier. Mais pour Trudeau, rien à faire. Il n'est à leurs yeux que ce petit socialiste de salon qui se permettait, il n'y a pas si longtemps, de les traiter de bande d'idiots.

— Lévesque est avec moi, fit Sauvé, et il t'entend sur l'autre appareil.

— Ben alors, qu'en pensez-vous l'un et l'autre ? Mais faites ça vite, je dois revoir Pearson dans cinq minutes. Pour vous dire la franche vérité, je commence à avoir mon voyage...

Là-dessus, Sauvé l'exhorta à tenir bon en l'assurant que Pearson finirait par céder et convaincre les siens. Quant à moi, je lançai à peu près ce petit couplet sur la solidarité :

— C'est ensemble que vous êtes arrivés là-bas, c'est ensemble qu'il faut qu'on vous accepte. Tous les trois, ou bien personne. Et comme ils ont besoin de toi...

On connaît la suite, que peut-être aurais-je dû prévoir.

Décidément, j'avais la guigne. Après cette «erreur sur la personne» et ma déconfiture à Ottawa, j'allais maintenant me laisser fourrer dans un superbe pétrin.

Ayant endossé sans trop y réfléchir la formule d'amendement Fulton-Favreau, l'une de ces élucubrations constitutionnelles dont regorge la petite histoire fédérale-provinciale, Lesage s'était réveillé le lendemain devant une levée de boucliers dont le noyau dur se situait à l'Université de Montréal. Comme j'étais d'ordinaire bien reçu dans ce milieu, je fus prié d'aller y porter la bonne parole. Les arguties constitutionnelles étant alors — c'est toujours vrai — l'un des plus cadets de mes soucis, je ne me sentais pas très chaud. Mais Lesage, qui était devenu quelque peu despotique, insista tellement, jusqu'à en faire presque un ultimatum, que, de guerre lasse, je finis par me résigner et allai me jeter dans la fosse aux lions en compagnie de Pierre Laporte.

Pour mon malheur, je ne parus pas accorder à la question le genre de sérieux auquel s'attendait l'auditoire. À mon humble avis, affirmai-je dans ma brève intervention, les constitutions sont d'une importance relativement secondaire. Ce qui compte avant tout en démocratie, c'est la volonté du peuple, qui seul a le pouvoir d'accepter ou de défaire ces savantes structures où l'on prétend toujours l'enfermer à perpétuité. Donc...

Eh bien, donc, je fus aussitôt pris à partie, taxé d'une impardonnable légèreté et férocement découpé en petits morceaux par un éminent professeur de droit constitutionnel, qui se laissa acclamer avec modestie après m'avoir fait, moi, huer par toute la salle. (Ce professeur, qui avait nom Jacques-Yvan Morin, me permet sans doute de révéler que, bien des années plus tard, lors d'une certaine opération unilatérale et foncièrement antidémocratique du Très Honorable P.-E. Trudeau, il m'avoua que, peut-être, sur le fond, n'avais-je pas eu complètement tort, ce soir-là...)

Ce soir-là aussi, je me rappelle qu'en sortant de la salle on tombait en pleine tempête verglaçante et que, de ce rideau opaque, surgit brusquement la monastique silhouette de M. Claude Ryan, à qui j'offris de le ramener chez lui.

— Monsieur Lévesque, fit-il en prenant cet accent pénétré qu'on lui connaît bien, il me semble que vous auriez intérêt, n'est-ce pas, à vous pencher davantage sur les affaires constitutionnelles...

Excellent conseil que je n'aurai malheureusement que peu suivi, et pas du tout dans le sens où l'entendait le savant éditorialiste.

... C'est en remâchant cette série noire que j'arrivai enfin à Miami, où la nuit et la bruine tombant ensemble me firent un accueil qui s'accordait à merveille avec mon humeur. Rendu dans ce coin de Sunset Avenue où Lesage avait ses habitudes, j'allais sonner lorsqu'une main me saisit par le bras. Émergeant d'un bosquet comme de sous un parapluie, c'était l'avocat montréalais Claude Ducharme, qui adorait jouer les machiavels dans l'entourage.

— Lesage est allé se coucher, me dit-il. Viens plutôt chez moi, j'ai quelque chose de fort intéressant à te montrer.

C'était un sondage qu'on avait effectué en prévision de la campagne électorale. Des douzaines de tableaux touffus où l'on découpait les Québécois en tranches d'âge, de sexe, de métier, afin surtout de justifier le prix que ça avait coûté. Mais comme toujours la substantifique moelle ne prenait qu'une seule page, celle des «intentions de vote».

— Comme tu vois, fit Ducharme, la victoire est pratiquement dans le sac.

Sans prétendre citer les chiffres exacts, si longtemps après, je me rappelle qu'en gros, ça donnait ceci : disons 37 à 40% pour nous, moins de 30% pour l'Union nationale, à peu près 4% pour les nouveaux partis indépendantistes, et enfin un bloc massif de quelque 30% d'indécis.

— Ces derniers, d'affirmer mon interlocuteur, vont sûrement se répartir de manière proportionnelle. Dès maintenant nous pouvons donc compter sur 50% et plus. Peut-être même un balayage.

À l'ignorant que j'étais, ça semblait probant. Ce n'est qu'après coup, en examinant les résultats, que je devais apprendre une leçon qui ne m'est plus jamais sortie de la mémoire. Lorsqu'il y a encore, à l'approche d'un scrutin, un tel nombre d'indécis, rien de plus présomptueux que de prétendre les ranger ainsi sur un mode purement linéaire. Ce sont là le plus souvent des gens qui seront affectés par le climat et qui attendent, le doigt mouillé, de sentir la direction du vent.

Or, du vent qu'il croyait déjà percevoir, Ducharme tira une conclusion lapidaire qui me surprit un peu.

— Pas d'erreur possible, dit-il en refermant son gros cahier, cette fois il faut songer à une campagne... gaullienne !

Sur le coup, la portée de l'expression m'échappa complètement. Mais, une fois ces élections «floridiennes» déclenchées, je compris dès mon retour à Montréal de quoi il retournait. Tandis qu'on s'affairait à mettre au point un nouveau programme politique auquel personne n'avait songé et dont je restai seul, une nuit entière, à rédiger le texte final, nos premières affiches commençaient à apparaître. C'était effectivement très gaullien, au sens péjoratif, car je ne suis pas sûr que le Général lui-même ait jamais osé monopoliser l'image à ce point. Sur les murs, dans les journaux, à la télé, il n'y avait plus que Lesage, Lesage à toutes les sauces : Lesage avec des ouvriers, avec des femmes, avec des jeunes, avec des agriculteurs. Soigneusement préparés depuis des semaines, ces portraits d'un chef solitaire au milieu de groupes anonymes venaient subitement effacer toute notion d'équipe. Plus la moindre allusion même visuelle à cette bande de compagnons dont les noms et les performances s'étaient imprimés dans les esprits depuis 60. Cette fois-ci Lesage tenait à ce que la victoire n'eût qu'un seul père et, bien sûr, qu'ensuite son pouvoir personnel fût incontestable.

Splendide isolement qui se confirma dès l'ouverture officielle de la campagne qui donna lieu, au début de mai, à un grand ralliement régional à Sherbrooke. N'ayant pas reçu l'invitation coutumière et me demandant s'il pouvait s'agir d'un oubli, je téléphonai à Paul Gérin-Lajoie et découvris qu'il était dans le même cas. C'était bel et bien voulu. Visiblement ulcéré, Paul me jura qu'il ne mettrait pas les pieds dans l'Estrie. Après réflexion, je décidai pour ma part d'y aller quand même. Profitant d'un bel après-midi printanier, je pris le chemin des écoliers, m'arrêtai çà et là pour discuter le coup avec les badauds, poussai même une pointe de vieux reporter jusqu'à une assemblée rivale qui se tenait à trois coins de rue de la nôtre, et me présentai finalement au milieu du discours du candidat local, qui seul était autorisé à partager la tribune avec Lesage. En m'apercevant, un organisateur me sauta dessus et, me faisant raser les murs, m'escorta gentiment au fin fond de la scène, où je ne verrais rien et serais moi-même invisible.

J'avais compris. J'acceptai quelques tournées secondaires, mais le cœur n'y était plus comme avant. D'autant que les nouvelles se firent vite inquiétantes. Très fatigué, Lesage avait les nerfs en boule, montait sur ses grands chevaux sitôt qu'on l'interrompait et, cette agressivité déteignant sur les auditoires, on le vit bientôt acculé comme le taureau qui s'essouffle.

Au bout d'un mois, la lecture des comptes rendus aussi bien que les propos qu'on me glissait à l'oreille ne laissaient plus guère de doutes. Du train où allaient les choses, on se dirigeait droit vers la défaite. Je coupai court aux tournées et, avec l'inséparable Jean Rougeau, fis comme tout le monde et me repliai sur mon comté.

Comme en 62, l'atmosphère de la ville contrastait heureusement avec celle de la province. Autant les milieux ruraux s'étaient montrés « tannés » et sourdement hostiles, autant on se retrouvait chez soi à Montréal, où la contagion demeurait faible. Au comité central, cette bouilloire où l'on peut immédiatement vérifier le niveau de la tension sur les traits des bénévoles, tout baignait dans l'huile. Sur l'organisation, qu'on avait dû reconstituer après les incartades « patroneuses » du début, régnait entre autres un personnage qui reste mémorable pour ceux qui l'ont alors connu : *Ti-Loup* Gauthier. Notaire, Yves Gauthier ne vivait à fond que pour la politique d'abord, et puis la peinture où sa générosité à l'endroit des jeunes confinait à l'aveuglement. Aussi pures l'une que l'autre, ces deux passions étaient alimentées par sa pratique professionnelle, dont il tirait également ses trois, ou quatre ou cinq repas par jour. Voici comment il entra dans mon existence. Trapu, paraissant court à force d'être large, il se présenta avec l'assurance d'un vieux routier et, déposant sur une chaise son attaché-case de tabellion, en retira un immense tablier-bavette qui le recouvrait jusqu'à la ceinture.

— Et maintenant, proclama-t-il, vous n'avez plus à vous inquiéter des pointages [3]. C'est moi qui m'en occupe jusqu'au jour du vote. Mes honoraires ? Une pizza, une grosse *all-dressed*, chaque fois que mon assiette sera à moitié vide !

Pour si peu, il nous faisait profiter d'une soupçonneuse intuition dont je crois n'avoir jamais vu la pareille. À ce don inné s'ajoutait une connaissance non seulement encyclopédique mais finement approfondie des comportements électoraux. Sur ce plan, il savait par cœur le Québec tout entier, comme je m'en rendis compte vers 63 ou 64, en

---

3. Ces impressions si souvent trompeuses qu'on rapporte de l'incessante cabale que l'on inflige aux citoyens.

Mauricie, où l'on m'avait confié le parrainage d'une partielle gagnée d'avance et où, mine de rien, Ti-Loup avait débarqué sur mes talons à Shawinigan.

— Le poll XYZ, dit-il en apostrophant les organisateurs, j'espère qu'on va enfin y penser un peu. Oui, oui, vous savez bien, ce petit coin dans le bas du comté où vous perdez depuis toujours parce que vous vous y prenez mal. En tout cas, moi j'en fais mon affaire.

Il produisit beaucoup d'effet, mais parvint-il à remporter le fameux petit coin ? Sauf erreur, il n'en reparla plus...

Cette fois-ci, au contraire, il assurait que nous étions, comme on dit, en bonne santé dans Laurier. D'ailleurs, après quelques campagnes, les gens qui vous serrent la main en vous regardant dans les yeux et, peut-être autant, les regards assassins dont vous gratifie le camp adverse vous en apprennent plus que la meilleure des analyses. Ne restait donc qu'à préparer le grand jour, ces quelques si longues heures où l'on peut perdre sa mise si l'on n'arrive pas à «sortir le vote». Des équipes de téléphonistes passeront donc la journée à relancer les sympathisants, les objurgations se feront de plus en plus pressantes, et une nuée de voitures sillonneront le quartier sans arrêt, allant quérir *nos* personnes âgées et placer des gardiennes chez les mamans surchargées. Dès que commence à se dessiner ce suprême effort, on fait sentir au candidat qu'il est de trop et on le prie d'aller se faire voir ailleurs, au casse-croûte, au club de l'âge d'or, chez tel ou tel présumé indécis, n'importe où sauf au comité, où besognent les gens sérieux.

N'en glissant mot à personne, je mis l'occasion à profit pour exécuter un modeste projet qu'on m'avait fortement déconseillé, et partis voir un peu comment ça se passait au local de mon adversaire indépendantiste, Mme Andrée Ferretti, qui était à l'époque une vraie *pasionaria* du RIN [4].

---

4. Rassemblement pour l'indépendance nationale.

Ce dernier était certes le fruit le plus prometteur de cette floraison bigarrée que les années 60 avaient fait surgir d'un sol qui n'avait jamais été tant remué. On avait eu droit, en vrac, à un Parti républicain, puis à un Parti socialiste et à un Regroupement national, et venait tout juste de naître pour les élections un Ralliement national. Autant d'improvisations appelées à faire long feu à plus ou moins brève échéance. Seul le RIN s'était donné un semblant de structure et une pensée cohérente, laquelle obtenait malheureusement moins d'échos que les coups de gueule de son chef, Pierre Bourgault, orateur dont le style, plus nerveux et forcément plus radical, n'était pas moins théâtral que celui de Lesage.

Trop dévoré par la tâche pour avoir le loisir d'y penser vraiment, j'avais tout de même suivi cette effervescence avec plus d'intérêt que je n'en laissais voir, c'est-à-dire juste assez pour me rendre suspect aussi bien chez les libéraux, pour qui j'en disais trop, que chez les indépendantistes, où l'on dénonçait l'indécision coupable de mes propos. Je n'aurais su donner tort ni aux uns ni aux autres. Dès 64, je retrouve en effet cette attitude écartelée dans une légende qu'on avait mise au bas d'une photo me montrant avec des étudiants du collège Sainte-Marie : « M. Lévesque (leur) a affirmé qu'une seule alternative s'offrait au Québec qui étouffe dans les cadres actuels de la Confédération : ou bien le Québec devient un État associé doté d'un statut vraiment spécial, ou bien le Québec se séparera. La deuxième solution, selon le ministre, ne devant être concrétisée que si preuve est faite que la première est irréalisable. » (*La Presse*, 11 mai 1964).

Pourquoi ces tergiversations ? Comme j'ai eu souvent à le répéter, je suis moins porté à cheminer entre quatre murs qu'à réfléchir tout haut sur les questions qui m'embêtent. L'orientation politique de l'avenir m'apparaissant comme la plus importante de ces questions, je la retournais dans tous les sens en cherchant publiquement ma propre réponse ; ce qui finissait naturellement par agacer tout le monde.

Mais si effectivement j'en parlais trop ou pas assez, je n'avais pas tort, me semble-t-il, de prospecter un futur si incertain, à partir de quelques repères de taille qui sautaient aux yeux.

Nous formions un peuple distinct et par conséquent unique au monde. Nous, c'est-à-dire nous Québécois qui parlons français, mais qui ne sommes pas des Français, ou du moins ne le sommes plus depuis belle lurette. Tout là-bas, les observateurs de l'Ancien Régime s'en étaient rendu compte bien avant la Conquête. Un continent neuf forgeait déjà un homme inédit, dont le peu d'intérêt manifesté par le vieux pays venait renforcer le précoce esprit d'indépendance. Au siècle dernier, c'est ce même homme qui se soulevait contre l'empire de Sa Majesté britannique, en 1837-1838, dans un combat sans espoir mais qui soulignait son refus de disparaître. Et maintenant on était à même de constater que cette sève, réchauffée au soleil de la Révolution tranquille, faisait éclore toutes les expressions d'une vraie communauté nationale, à laquelle rien ne pouvait interdire l'aspiration à rompre les entraves et à se réaliser pleinement.

Était-il pourtant nécessaire de couper pour cela tous les liens formels avec le Canada ? Bien que cette Confédération, qui n'en fut jamais une en réalité, nous fît un sort dangereusement étriqué au moment même où nous ressentions le besoin d'une marge de manœuvre de plus en plus large, ne demeurait-il pas concevable qu'on rajustât les cadres de manière à permettre au Québec de respirer et de se développer librement ?

Comme tant d'autres, j'essayais une à une ces trouvailles du vocabulaire à la mode : le statut spécial ou particulier, l'«opting out» (le droit de nous retirer, avec compensation financière, de divers programmes fédéraux), et puis ce fédéralisme nouveau ou renouvelé à l'intérieur duquel nous pourrions constituer un État associé, débarrassé de sa dépendance minoritaire.

Là-dessous se profilait l'idée de droits égaux pour les deux collectivités, dont Daniel Johnson avait tiré un slogan percutant : *Égalité ou indépendance*. Cette alternative, que j'avais gauchement évoquée moi aussi, m'allait comme un gant. Elle m'apparaissait comme un ultimatum parfaitement légitime et qui, surtout, avait quelque chance de secouer la rigidité empoussiérée du régime fédéral.

Pour le RIN, ce qu'il fallait plutôt, c'était l'égalité non pas *ou* l'indépendance, mais l'égalité *et*, ou mieux, par l'indépendance. Autrement dit, tout de suite et droit au but. Je ne me sentais pas d'accord. Non pas que cette indépendance *pure et dure* ne représentât pas une option valable ni qu'elle fût excessive en soi dans un monde où, depuis 1945, des douzaines de peuples, petits, moyens et gros, avaient accédé à leur pleine et entière souveraineté. Ni certes que me parût préférable cette perspective désincarnée des «grands ensembles» que nous offraient des gens comme Trudeau, soutenant que là se trouveraient une prospérité et une santé démocratique que de *petites tribus* comme la nôtre n'atteindraient pas autrement. Ce qui devenait franchement drôle lorsque notre grand ensemblier rangeait parmi ses mastodontes tutélaires ce Canada qui, sauf pour l'immensité territoriale, est une demeure fort exiguë sous tous autres rapports — population, marché et, l'histoire ne le démontrant que trop, étroitesse d'esprit également.

Mais sans nourrir la moindre passion pour ce faux grand ensemble, je nous voyais mal le pakistanisant en coupant les Maritimes du reste; j'appréhendais les longs passages hargneux et plus encore, je dois le dire, la hargne dont faisait preuve le RIN lui-même. Déjà l'on y déniait aux Anglo-Québécois tout droit à leurs écoles, imitant en cela l'attitude qu'on avait infligée partout ailleurs à nos propres minorités. L'injustice en réponse à l'injustice, pas plus alors qu'aujourd'hui, ne m'apparaissait comme une recette très prometteuse. Ne risquait-elle pas de conduire à d'autres excès dont personne ne pouvait plus ignorer le risque ?

Depuis quelques années, en effet, la violence avait fait irruption au Québec, visant des cibles essentiellement anglophones ou fédérales. Je me souvenais, entre autres, des explosions qui, en mai 63, avaient interrompu une de ces soirées qui nous réunissaient par intermittence chez Gérard Pelletier. Réflexe de vieux journaliste, ce dernier avait décidé d'aller jeter un coup d'œil par là, et nous étions partis avec lui, son épouse, André Laurendeau et moi. Par là, c'était la rue Sherbrooke, vers l'ouest, où des terroristes en herbe faisaient sauter cette fois une série de boîtes aux lettres dont l'une, explosant comme on tâchait de la désamorcer, devait mutiler un homme pour le restant de ses jours.

— Je suis nationaliste, déclarais-je quelque temps après, si cela veut dire être pour soi, férocement pour soi — ou contre quelque chose, contre une situation de fait. Mais jamais contre quelqu'un. Le nationalisme qui veut dire racisme ou fascisme, c'est vomissant.

De telles professions de foi, j'aurais encore l'occasion d'en faire dans les temps qui venaient. Marqué à vie par les abus auxquels ces «ismes» avaient conduit ailleurs, je redoutais comme la peste tout ce qui, de près ou de loin, leur ressemblait. Nous connaissant bien, je savais que nous ne sombrerions jamais dans des iniquités comparables. Quand même, mieux vaut prévenir que guérir, et la parole, lorsqu'elle donne dans le ton incendiaire, me rappelle toujours cette prescription d'André Maurois: «On devrait, sur chaque dictionnaire, coller ce mot: EXPLOSIF.»

Bref, le radicalisme verbal du RIN en particulier ne me disait rien qui vaille.

Aux yeux des jeunes militants rinistes, par qui ma visite impromptue fut accueillie comme celle d'un chien dans un jeu de quilles, je n'étais moi-même qu'une espèce d'éteignoir dont les appels au réalisme leur paraissaient ridiculement dépassés. Jusqu'à nouvel ordre, me dis-je en les quittant, nous n'étions pas faits pour nous entendre. Je le déplorais vaguement, car je ne pouvais m'empêcher d'admirer chez eux cet idéal brûlant et l'élan formidable qu'il engendrait. Avec beaucoup d'illusions, bien sûr, mais cela ne valait-il pas mieux que d'être menacé de perdre à la fois illusions et idéal?

Par bonheur, j'allais bientôt avoir le loisir de faire le point. En dernière étape, on eût dit que Lesage s'acharnait vraiment à consommer la défaite. Lorsqu'il arriva, à deux jours du scrutin, pour tenir à Montréal le grand meeting traditionnel au vieux Palais du Commerce, il était dans un état pitoyable. Eric Kierans et moi, qui avions pour cette ultime soirée l'insigne honneur de partager la tribune avec lui, le trouvâmes épuisé, l'air absent et la voix pâteuse. Il lui était recommandé de faire son apparition à vingt et une heures au plus tard. Il serait là sans faute, promit-il. Mais lorsqu'à vingt et une heures trente, puis quarante-cinq, on me vit forcé d'étirer interminablement un discours qui se faisait par ailleurs de plus en plus sinistre, on s'informa, et on se fit dire que Lesage, ayant appris que plusieurs gradins étaient déserts, ne quitterait pas l'hôtel tant que ces vides ne seraient pas comblés! Reprenant ses sens, il se présenta enfin peu après vingt-deux heures et, en quinze minutes, eut à subir ce qu'il méritait: une salle entière en train de se vider.

Avait-il également mérité ce triste résultat d'être battu en Chambre à 50 sièges contre 56, alors que le vote pour le gouvernement dépassait largement celui qu'obtenait l'Union nationale, soit plus de 47% contre moins de 41%? Oui, jusqu'à un certain point, puisque lui et ses conseillers avaient reculé devant une vraie réforme de la carte électorale, laissant aux régions rurales bon nombre de comtés que leur poids démographique ne justifiait plus. Par ailleurs, les deux formations indépendantistes, dont aucun candidat n'était élu, avaient pourtant pesé assez lourd avec leurs 8% de voix pour nous ébranler sérieusement dans la région métropolitaine.

Tout cela, Lesage le prit très mal. Il alla jusqu'à faire mine de contester le résultat, quoique sachant très bien que c'est à la majorité des sièges que revient forcément le pouvoir. Il se résigna donc à faire contre mauvaise fortune bon visage et à s'en aller du côté de l'opposition. Mais, politiquement, il était brisé. Ce n'était pas la fin qu'on eût souhaitée au Premier ministre de 1960–1964, cet homme qui avait su présider avec tant de maestria à l'entrée du Québec dans le monde moderne. L'histoire lui réserverait sûrement une place de choix, même si le chapitre s'achevait sur cette page désolante.

Page à laquelle je me permets d'ajouter un bref post-scriptum pour évoquer une scène qui peut servir à la fois de transition et de commentaire.

Une dizaine de jours après ce 5 juin 66, redevenu *simple* député, je montai — ou descendis, vu que l'un ou l'autre se dit ou bien se disent — à Québec pour prendre au ministère mes affaires personnelles et quelques documents auxquels je tenais. Ce petit ménage vite terminé, je revenais sur la Grande Allée avec mon beau-frère qui s'était offert comme chauffeur, lorsqu'en arrivant devant le Parlement j'aperçus une foule qui bloquait l'avenue d'un trottoir à l'autre.

— Qu'est-ce que c'est que tous ces gens ? demandai-je. Les élections sont pourtant passées !

— Ben voyons, fit mon beau-frère, c'est aujourd'hui que Daniel entre à Québec, et tout le monde l'attend au club Renaissance [5]. Si tu veux bien, on va faire un petit détour.

— Toi oui, répondis-je, mais moi, je veux voir ça de près. Je te rejoins dans cinq minutes.

Ils étaient tous là, avocats, ingénieurs, entrepreneurs, fournisseurs, tous ceux qui, un mois auparavant, nous léchaient encore les bottes avec effusion. Écarquillant les yeux devant cet intrus qui les examinait un à un avec un curieux sourire, certains me consentirent un microscopique signe de la main en guise de salut, d'autres se donnèrent des coups de coude pour s'avertir du danger et la plupart détournèrent leur regard comme d'un spectacle indécent.

Sic transit...

---

5. Club partisan de l'Union nationale, réplique au club de Réforme des libéraux.

VI

OPTION QUÉBEC

« Le plus souvent on naît dans une patrie ; mais souvent aussi il faut, hélas, la conquérir. »

Jacques MADAULE

OUI, OUI, OUI,
DE GAULLE L'A DIT !

On aurait pu le prévoir...

Son débarquement à l'Anse-au-Foulon m'avait fait penser à sa rentrée à Paris en 44. Ici aussi, d'une autre façon, il venait effacer des mauvais souvenirs. Dès son apparition sur la petite place où tout Québec semblait s'être entassé, on avait senti un courant qui passait à travers les acclamations et qui maintenant, le long du Chemin du Roi, s'intensifiait d'un village à l'autre, alimenté par la sûre escalade des propos. Lorsqu'il surgit sur cette autre place noire de monde où, à la porte de son hôtel de ville, l'attendait le maire de Montréal, chacun se disait : « S'il continue à aller plus loin, c'est quelque chose dont parleront nos petits-enfants ! »

Ce même pressentiment hantait sans doute Jean Drapeau. Aussi, devant le désir qu'exprimait le Général d'aller d'abord au petit balcon, là-haut, saluer ce public délirant, s'empressa-t-il de regretter qu'il n'y eût là qu'un micro débranché.

— Mais Monsieur le Maire, fit remarquer l'ami Bouchard, technicien toujours dévoué qui accompagnait l'équipe de Radio-Canada, c'est pas une grosse affaire.

Et il ajouta avec sa gentillesse coutumière :

— Je peux vous arranger ça en un rien de temps.

— Eh bien, faites, mon ami, dit de Gaulle, faites.

Et ils partirent tous trois, le technicien heureux de rendre service, monsieur le Maire plutôt soucieux et le Général respirant la plus débonnaire sérénité.

À l'arrière de l'hôtel de ville, parmi les invités qui attendaient patiemment sur une grande terrasse, on retrouvait deux députés, Yves Michaud et moi, lui élu pour la première fois et moi réélu l'année précédente. Déplorant l'un et l'autre de n'être plus journalistes en ce moment historique, nous regardions d'un œil frustré le téléviseur où de Gaulle venait d'apparaître au balcon de la façade. Lorsqu'il se mit à évoquer *confidentiellement* un certain climat de libération, un mouvement instinctif nous amena tout près de l'écran, courbés très bas afin de ne pas empêcher les autres de voir ce qui se passait.

C'est dans cette pose que le « Vive le Québec... libre » nous garda paralysés quelques instants. Puis, entendant le silence de mort qui régnait dans notre dos, nous nous retournâmes vers l'assistance. Rares sont les instants où l'on reconnaît aussi clairement les deux Montréal. En état de choc, figé dans une furie qui n'émettait encore que des grondements annonciateurs : le Montréal anglophone. Quant au Montréal français, sauf pour les gens à qui statut ou accointances imposaient le devoir de réserve, il ne cachait ni les grands sourires complices ni même, dans les coins, des gestes d'un enthousiasme plus discret mais tout aussi réel que celui de la foule populaire.

La suite fut un petit classique du genre *triangulaire*. Au nom du gouvernement fédéral, Lester Pearson réagit le soir même d'un ton cinglant. Premier ministre du Québec depuis moins d'un an, « mon ami Jonsonne », comme l'appelait le Général, marchait de son côté sur des œufs. En dépit de ce nom qu'il tenait d'un père irlandais, ses penchants et sa formation l'avaient si bien francophonisé qu'il ne parlait plus très bien l'anglais et était surtout devenu un nationaliste à qui le mot d'indépendance — sinon la chose — ne donnait pas de cauchemars. On le soupçonna même, non sans raison selon toute probabilité, d'avoir conclu un pacte avec les groupes indépendantistes, leur permettant de s'approcher de de Gaulle et de manifester à cœur joie pourvu qu'il n'y eût pas de grabuge. Quant à l'illustre auteur de l'incident, après avoir fait tranquillement le tour de l'Exposition universelle, il annulait sa visite à Ottawa, et dès le lendemain, glissant dans sa réponse à un maire Drapeau amicalement critique une dernière trouvaille dans laquelle il envoyait promener «tout ce qui grouille, grenouille et scribouille», s'envolait vers Paris pour y constater que ça scribouillait déjà furieusement là-bas aussi.

En ce mois de juillet 67, le succès de l'Expo prenait des proportions triomphales, toutes les célébrités se pressaient à Montréal et la petite phrase explosive du dernier des géants occidentaux était appelée par conséquent à connaître un retentissement universel. Mais aussi à lui coûter très cher.

Quelques années plus tard, évoquant les ultimes réminiscences du héros retraité, Claude Mauriac devait écrire: «C'est sans doute au sujet du "Vive le Québec libre" qu'on cria le plus fort. Dans son exil, la pensée du général de Gaulle revenait quelquefois, douloureusement, sur ce que beaucoup dirent ou écrivirent au retour de ce voyage: "Cette rage des bourgeois français à vouloir effacer la France à tout prix... L'affaire du Québec en a été la meilleure preuve et à tous les échelons, du *Figaro* à l'*Humanité*. Des Français qui tendaient la main vers la France... C'est invraisemblable... Et on a été jusqu'à penser que je ne tournais plus rond... Comment peut-on imaginer que de Gaulle soit resté indifférent devant des Canadiens français qui criaient "Vive la France" et chantaient la *Marseillaise*, pendant que la musique jouait le *God save the Queen*, et cela après tant d'années d'ingratitude de notre part! [1]»

Mauriac ajoute que de Gaulle s'était senti, ce jour-là comme en bien d'autres occasions, «porté par l'événement». Ce dont nous devons lui demeurer reconnaissants, c'est

---

1. Claude MAURIAC, *Mort du général de Gaulle*, Éditions Bernard Grasset, 1972.

qu'il avait porté en même temps, d'un seul coup, le nom du Québec jusque dans les coins les plus insolites de la planète. Un étudiant montréalais raconta que, le lendemain, dans le *barrio* péruvien où le Canada l'avait envoyé passer l'été à des travaux communautaires, les Indiens étaient venus lui rapporter l'affaire en disant que désormais ils savaient que le Québec aussi, ça existait vraiment.

Même si sa vision œcuménique l'amenait par ailleurs à nous considérer comme des Français de la diaspora, pas une fois de Gaulle n'erra sur le fond du «cas» québécois. Dans un de ses éblouissants monologues qui préfaçaient ses conférences de presse, il démontra peu après qu'il avait soigneusement potassé le dossier et qu'il en connaissait fort bien les nuances. Et comme ses successeurs le firent par la suite, chacun dans son style, il ne s'engageait à nous accorder, le cas échéant, que l'appui que nous aurions nous-mêmes demandé.

Ainsi, les effets sismiques de la scène du balcon furent-ils après coup atténués. Mais pour certains, dont j'étais, l'alerte avait été chaude. Et plus encore prématurée. Nous n'étions pas prêts à imiter ces jeunes gens qui défilaient dans les rues en scandant les deux mots magiques :

— Qué-bec libre, oui, oui, oui,
Qué-bec libre, de Gaulle l'a dit !

Cette exubérance m'inspirait en fait un vague malaise, car rien ne me semblait moins indiqué qu'un tel recours à la caution extérieure, si prestigieuse fût-elle. Sentiment que vint confirmer la réunion extraordinaire des députés libéraux à laquelle Lesage nous avait convoqués d'urgence.

Pour François Aquin, membre de notre groupe, il ne pouvait s'agir que d'approuver l'attitude du général, alors qu'à l'autre extrême l'aile anglophone et ses alliés tenaient à ce que le «coupable» fût vertement semoncé. Voyant que Lesage penchait également vers la ligne dure, Aquin menaça de démissionner. Nous tentâmes en vain de l'en dissuader, lui soulignant que la situation n'était pas mûre et que le geste de de Gaulle devait nous inciter à attendre plutôt qu'à presser le pas. Mais notre collègue refusa de nous écouter et, mettant sa menace à exécution, devint pour quelque temps le premier et le seul député «gaulliste» du Québec.

Quant à nous, nous envisagions l'avenir autrement. Quitte à patienter un peu en laissant d'abord retomber la poussière. Un Québec libre, certes, mais que cette liberté n'apparût surtout pas comme un produit d'importation. Dans ce pays dominé par une majorité anglophone, l'émancipation de notre peuple minoritaire serait le fruit d'un mouvement purement autochtone, ou bien elle ne serait pas. De même d'ailleurs que la liberté octroyée n'est souvent qu'illusoire, celle qui compte sur les autres pour l'aider à se mettre en marche se donne toutes les chances de ne jamais démarrer. Il ne fallait, par conséquent, ni puiser ni même avoir l'air de puiser notre inspiration hors des murs. Aux Québécois seuls de décider, le jour venu, de saisir leur sort, d'une main ferme et, partant, déjà libre...

Il m'avait fallu presque toute l'année 66-67 pour me convaincre définitivement que c'était bien par là que l'avenir nous attendait et, pour le faire passer du rêve à la réalité, réussir à dessiner un projet cohérent. Pendant cette pause que de Gaulle nous imposait de concert avec la canicule, le brouillon encore informe aurait le temps de se transformer en un texte à peu près convenable. Ensuite? Pas la moindre idée. Seule cette certitude que j'avais acquise chemin faisant : le parti ne marcherait pas. Toujours libéral, j'étais bien placé pour le savoir, puisque c'est aussi entre libéraux que nous avions, sans bruit mais sans mystère, cherché notre chemin depuis le lendemain de la défaite.

D'abord, nous n'avions été qu'une poignée de vétérans qui brassaient leurs souvenirs comme une ligue du vieux poêle. Il y avait là François Aquin, le futur «gaulliste», de même qu'Yves Michaud, l'avocat Marc Brière et quelques autres rescapés de la Commission politique du parti. Celle-ci, qui se considérait à bon droit comme l'*aile pensante*, avait connu son dernier triomphe en 64, lors d'un congrès où le provincial avait accepté de justesse de se couper du grand frère fédéral, se donnant une autonomie qui n'empê-chait personne, du ministre au plus obscur organisateur, d'être rouge aux deux paliers comme aux deux râteliers. De surcroît ce n'avait été qu'une victoire à la Pyrrhus. Car Lesage, qui n'y avait consenti qu'à son corps défendant, n'avait pas tardé à reprendre le contrôle de la Commission pour la *paqueter* de ses inconditionnels. Autocratie nais-sante qui s'était ensuite enflée peu à peu jusqu'à la récente déconfiture.

Bon. Ce qui est fait est fait, nous disions-nous. Mais comme nous n'avions pas atteint l'âge où l'on raconte ses Mémoires... où aller maintenant ? Pour moi la réponse était fort simple. De nouveau député de Laurier, je remplirais ce troisième mandat et, pourvu que Dieu me prêtât vie, retour-nerais à mon métier dans quatre ans. Ainsi, de 1960 à 1970, de 37 à 47 ans, j'aurais mis dix de mes meilleures années au service des citoyens. Durant six de ces années, j'aurais eu le plaisir et la peine, également intenses, de faire partie d'un gouvernement dont les hauts et les bas avaient accom-pagné un déblocage historique. Lequel était aussi, hélas, des plus incomplets. Je demeurais tenaillé par deux grosses déceptions. L'Hydro, la Caisse de dépôt, Soquem, la SGF et nos velléités sidérurgiques n'avaient que faiblement entamé le joug économique dont le Québec devrait un jour se libérer pour de bon. Et la domination politique du fédéral, que nous avions tout compte fait si peu desserrée, s'était durcie de nouveau ces derniers temps.

À Daniel Johnson de jouer désormais. Nous, sa loyale opposition, nous le tiendrions à l'œil, bien sûr, et aussi en haleine en lui servant de belles idées flambant neuves. Mais au fait, quelles idées ? Le parti sortait du pouvoir vidé, sans autre perspective qu'un programme bâti en catas-trophe et que l'électorat venait de jeter à la poubelle. Le plus pressant, c'était donc de refaire le plein.

On s'attela à la tâche à l'automne 66. Quelques dou-zaines, qui furent bientôt près d'une centaine de membres de l'ancienne *aile pensante*, avaient sauté sur cette occasion de retrouver l'enivrant climat des longs palabres où l'on réinvente le monde. En plus de Michaud, un autre nouveau député s'était joint au groupe : Robert Bourassa. Gérin-Lajoie, Kierans et moi faisions naturellement figure de personnes ressources. La plupart d'entre nous étant toujours de ses fidèles, Lapalme venait quelquefois nous asperger de son humour caustique auquel le décor se prêtait admirablement. La salle où nous siégions au club Saint-Denis, dominée par une affreuse toile glauque où la mer rejetait un noyé, s'appelait en effet le Salon de l'Épave ! Rien de tel pour relancer l'éternel passe-temps des vaincus, l'autopsie du malheur. Sujet facile et pratiquement inépuisable, qu'on se résigna tout de même à laisser tomber pour commencer à regarder en avant.

De quoi demain serait-il fait ? Voilà sans doute la plus malaisée de toutes les questions que puissent se poser des gens qui, hier au gouvernement, ont besoin d'en abandonner le style, ce qui ne vient pas tout seul, puis de se définir un nouveau rôle en décantant leurs réflexions et en apprenant à troquer la maîtrise des dossiers si vite évanouie contre un dur effort de recherche et d'imagination.

Ce fut donc laborieux, particulièrement lorsqu'il fallut se résoudre à aborder le thème permanent de la condition québécoise qu'on enrobe généralement dans cette expression passe-partout : la *question nationale*. D'autant plus que nous avions sous les yeux une déclaration où Johnson, dès la mi-septembre, avait profité d'une rencontre à Ottawa pour annoncer sa couleur. Non seulement n'y allait-il pas avec le dos de la cuiller, mais son propos dépassait d'emblée tout ce qu'il est convenu d'appeler — autre cliché — les revendications traditionnelles. D'entrée de jeu, il proclamait :

> « *Nous croyons qu'il existe au Canada, dans le sens sociologique du terme, une nation de langue française dont le foyer est au Québec. Cette nation a la ferme intention de poursuivre son affirmation en se donnant, dans l'ordre et la justice, tous les instruments nécessaires à son développement.*
>
> « *Plus précisément, que veut le Québec ? Comme point d'appui d'une nation, il veut être maître de ses décisions en ce qui a*

trait à la croissance humaine de ses citoyens (c'est-à-dire à l'éducation, à la sécurité sociale et à la santé sous toutes leurs formes); à leur affirmation économique (...), à leur épanouissement culturel (c'est-à-dire non seulement aux arts et aux lettres, mais aussi à la langue française) et au rayonnement de la communauté québécoise (c'est-à-dire avec certains pays et organismes internationaux).»

Revenant au sujet de la réunion, qui marquait son entrée dans le club fédéral-provincial, Johnson esquissait rapidement sa position sur les programmes conjoints, qui sont établis par Ottawa mais financés par les deux gouvernements. Il les décrivait comme un fouillis de plus en plus tracassier et, pour le Québec singulièrement, un obstacle permanent au libre choix de ses priorités et une réduction forcée de son autonomie budgétaire. S'ajoutant aux principes fondamentaux qu'il venait d'évoquer, cette critique l'amenait logiquement à réclamer un nouveau partage des ressources dont la clé serait son fameux « 100 — 100 — 100 » ; c'est-à-dire :

«... de réserver au Québec l'entier usage, à 100%, des sources de revenus fiscaux auxquelles il a constitutionnellement droit : l'impôt sur le revenu personnel, l'impôt sur le revenu des sociétés et les droits sur les successions. Nous avons calculé, en effet, que les revenus que le gouvernement fédéral retirerait de ces trois sources au Québec, en 1971-1972, correspondent assez exactement au montant que le Québec devrait recevoir, cette année-là, soit au titre (d'un transfert net) pour combler l'écart entre ses responsabilités présentes et ses sources actuelles de revenus, soit en guise de compensation fiscale pour les fonctions nouvelles qu'il aura assumées, soit enfin sous forme de péréquation.»

Se plaçant dans une « attitude d'attente », la déclaration se terminait en forme de diptyque : d'abord nous, puis nous et les autres.

« Le Québec (...) insiste pour que l'on remplace le plus tôt possible la constitution actuelle par une autre qui reconnaisse pleinement l'existence au Canada d'une nation de langue française avec tous les droits que cela comporte.

« Ces demandes du Québec ne visent pas à la destruction du Canada. Au contraire, elles assureront à notre pays, si on y

satisfait à temps, un équilibre beaucoup plus stable que celui qu'il connaît présentement. Les Canadiens de langue anglaise et de langue française pourront alors vivre en harmonie. Une étroite collaboration entre gouvernements deviendra possible là où, à cause des exigences de l'inter-dépendance, elle est vraiment nécessaire...»

Johnson nous mettait là dans un beau pétrin. Sa position allant pas mal plus loin que celle du parti libéral, ce dernier, à moins de s'en faire le perroquet, n'avait que l'alternative ou bien de rester en arrière ou bien de foncer plus avant. En arrière, pas question. Alors en avant. Oui, mais comment et jusqu'où ? Plus on en discutait et plus on tournait en rond. On fit ce qui est indiqué en pareil cas. On remit l'affaire à plus tard, étant entendu que l'on devait quand même continuer à y réfléchir.

Le congrès annuel arrivait à point nommé pour fournir un dérivatif. Nous décidâmes d'y présenter à la direction du parti un trio de candidats avec Éric Kierans comme chef de file. En moins de temps qu'il n'en faut pour l'écrire, le climat devint empoisonné. À fort peu d'exceptions près, notre groupe était montréalais et osait de plus s'attaquer à la vieille hégémonie interne de la caisse électorale, dont les piliers encadraient solidement les effectifs de Québec regroupés autour de Lesage. En même temps qu'un affron-tement entre la capitale et la métropole, c'était quelque chose comme une querelle des Anciens et des Modernes. D'un côté, des conservateurs pour qui le gouvernement avait été battu en premier lieu à cause du rythme excessif des changements qu'il avait introduits ; et nous, en face, qui étions persuadés du contraire et cherchions plutôt de nouvelles avenues réformistes. On sentait de part et d'autre, cependant, que l'heure de vérité n'était pas prête à sonner. Quelques tractations aboutirent à un compromis à la Salomon. On laissa passer Kierans à la présidence mais ses deux compagnons restèrent sur le carreau. Le tout se déroulant dans le contexte classique d'un parti déçu et désarçonné par la perte du pouvoir et qui voudrait bien se trouver un bouc émissaire.

Pour ceux de Québec, cette victime propitiatoire c'était moi. Depuis longtemps déjà, j'étais leur *crypto-séparatiste* de choix, en raison surtout de mes fréquentes sorties contre le fédéral. Faisant mine également de me tenir pour l'ordonnateur machiavélique du match intercités qu'on venait de s'offrir, on racontait en coulisse que Kierans n'était que la « marionnette » de Lévesque. Ramassant cette hargne dans une furieuse diatribe, le président sortant alla jusqu'à m'intimer l'ordre de vider les lieux, car selon lui je n'avais plus rien à faire dans le Parti libéral ni, pour bonne mesure, nulle part ailleurs en politique... Je ne méritais ni cet excès d'honneur ni cette indignité, derrière lesquels se profilaient simplement les noirs soupçons éveillés par la contestation qui s'amorçait tout doucement autour du leadership, et où d'aucuns me voyaient, bien à tort, dans la peau d'un prétendant.

Lesage, lui, savait pertinemment que le danger, si l'on peut dire, résidait ailleurs. Il n'ignorait pas non plus qu'aucun de ses vrais successeurs en puissance n'avait le goût ni les moyens de s'afficher ouvertement. Il était sûr de les connaître tous, mais je découvris qu'il se trompait. C'était, si je ne m'abuse, un jour de session, fin 66 ou début 67. Dans un des modestes bureaux où l'on nous avait confinés sous les combles du Parlement, la discussion allait bon train entre le « dauphin » officiel, Paul Gérin-Lajoie, le nouvel et vorace aspirant qu'était devenu Claude Wagner, grand justicier devant l'Éternel, et Pierre Laporte, dont le patient travail d'organisation ne pouvait être complètement désintéressé. Jouant les agents provocateurs, j'évoquais ces visées qu'ils se défendaient bien de nourrir, quand, tout à coup, j'aperçus au fond de la pièce notre cinquième larron qui était assis sur un pupitre, les jambes ballantes. Il avait une discrète rougeur au visage et dans les yeux le reflet d'un certain tumulte intérieur.

— Ma parole, dis-je en me tournant vers lui, il y a ici quelqu'un d'autre que ça intéresse au moins autant que vous trois.

— Voyons, René, répliqua Robert Bourassa en sur-
sautant, vous vous moquez de moi. Où allez-vous chercher
ça?

Mais il ne dit pas non et se contenta de rougir davantage.

Il n'en continua pas moins à participer à nos réunions
montréalaises qui, après l'hiatus du congrès et le congé des
Fêtes, s'étaient remises à fonctionner au ralenti. L'horizon
restait bouché. Nous ne parvenions à nous entendre sur
aucun point important. Se disant que c'était du temps
perdu, quelques-uns se firent de plus en plus rares et
finirent bientôt par disparaître. Nous allions à la débandade
si l'un d'entre nous ne s'extrayait pas de ce cafouillis pour
tâcher d'y voir clair par lui-même, dans le silence qui seul
permet de s'entendre penser.

Je me rappelais que la déclaration de Daniel Johnson,
l'automne précédent, m'avait laissé une vague impression
d'inachevé. Retrouvant le texte et les notes que j'avais
griffonnées en marge, je me rendis compte en une soirée
qu'à toutes fins utiles mon inconscient avait terminé la
réflexion. Johnson parlait de la reconnaissance d'une
nation, pour laquelle il exigeait un large éventail de compétences exclusives. Nous qui prétendions le précéder et non
le suivre sur le chemin de l'émancipation, pourquoi diable
n'irions-nous pas jusqu'au bout? Jusqu'à la pleine souveraineté plutôt que cette demi-portion qui ne donnerait au
mieux qu'une marge d'autonomie élargie mais exposée à
tous les pièges qu'on lui dressait déjà, à Ottawa et ailleurs.
Cette nation, justement, qui s'était redécouverte avec tant
d'éclat depuis 60, pourquoi ne trouverait-elle pas dans un
tel défi le couronnement normal de sa tardive renaissance?
Johnson avait aussi évoqué l'inévitable interdépendance.
Ces liens ne seraient-ils pas moins ardus à dessiner entre
gens qui pourraient les discuter et s'y soumettre librement,
en dehors des vieilles contraintes? D'égal à égal.

Plus j'y pensais, plus ça m'apparaissait comme un
projet logique et facile à articuler. À la simplicité des lignes
maîtresses s'ajoutait cet autre avantage paradoxal: loin

d'être révolutionnaire, l'idée était presque banale. Çà et là de par le monde, elle avait servi à rapprocher des peuples qui, tout en tenant à demeurer chacun maître chez soi, avaient trouvé bon de s'associer de diverses façons. Association, donc, concept qui figurait depuis longtemps dans notre propre vocabulaire et qui ferait avec souveraineté un mariage assez euphonique, alors qu'*indépendance-association* serait comme du mauvais Racine, sans l'effet poétique de «ces serpents qui sifflent sur nos têtes»... Surtout, et plus sérieusement, l'indépendance s'était tellement promenée dans la rue avec le RIN, acquérant de manif en manif un caractère absolu, durci comme s'il pouvait s'agir d'une fin en soi, que son nom n'était plus, hélas, qu'un appel à la matraque ! Comme la rose, heureusement, ne garderait-elle pas toujours son parfum même sous un autre nom ?

Véhicule de style parfaitement contemporain, le projet n'attendait plus que l'indispensable moteur d'une volonté politique. Dès notre réunion suivante, il fut vite évident que ce ne serait pas demain la veille. Nous étions à la saison du renouveau, mais à mesure que j'avançais dans mon exposé, plus pâles se faisaient les sourires printaniers et plus nombreuses les faces de carême. Le sauve-qui-peut qui suivit me fit comprendre, primo, que ma carrière libérale tirait à sa fin, et secundo, que le volet *séparatiste* de la souveraineté-association était peut-être moins banal que je n'aurais cru. Kierans, Laporte et Gérin-Lajoie eurent tôt fait de rentrer au bercail orthodoxe avec le gros de la troupe. Si bien que le sous-sol de Robert Bourassa nous parut assez grand pour loger à l'aise ceux qui restaient.

Ainsi, au moment où de Gaulle était venu nous expédier en vacances, nous pouvions nous compter sur les doigts, mais nous avions en main un projet valable.

«Quelque chose comme un grand peuple». Premier mandat, 15 novembre 1976.

Assermentation: «Je, René Lévesque, jure que je remplirai…»

Poste de commandement spatial, conseil des ministres. Le «bunker» Québec.

«Lévesque, le Cardinal et le Pape».

«Pourquoi faire simple quand on peut faire compliqué.» (Shaddock)

Côte à côte mais pas plus proches...

Jean Drapeau écoute gentiment, mais...

Avec Perez de Cuellar, le secrétaire général des Nations Unies.

Avec l'Hon. «Tip» O'Neil, monarque de la Chambre à Washington.

UN PAYS QU'IL FAUT FAIRE

Qu'elle était longue, cette allée par laquelle, traversant l'immense salle du Château Frontenac, je quittais du même coup le Parti libéral.

D'une rangée à l'autre, je reconnaissais une foule de visages familiers. Certains esquissaient discrètement de petits saluts amicaux. Mais pour la plupart, qui sentaient peser sur eux des regards de gardes-chiourmes, je n'existais plus. Seul Gérin-Lajoie osa franchir cette barrière psychologique et s'approcha la main tendue pour me dire au revoir. Cet arrêt me permit de constater qu'une poignée de complices m'avaient suivi et que je ne serais pas tout à fait seul à la sortie.

Tout prévisible qu'il était devenu, ce départ me faisait pourtant quelque chose. Avec tel ou tel de ces délégués venus de toutes les régions, avec plusieurs de ces camarades de travail qui nous avaient suivis dans l'opposition, combien de succès et d'échecs avais-je partagés? D'avril 1960 à octobre 1967, nous avions fait route ensemble, et maintenant il fallait nous séparer. J'en ressentais un pincement au cœur. Quant au parti lui-même, j'étais par contre franchement soulagé d'en sortir. Je n'avais jamais été un vrai partisan. Dirai-je tout de go que je crois n'avoir jamais pu l'être. Pas plus péquiste que libéral. Pour moi, tout parti politique n'est au fond qu'un mal nécessaire, un de ces instruments dont une société démocratique a besoin lorsque vient le moment de déléguer à des élus la responsabilité de ses intérêts collectifs. Mais les partis appelés à durer vieillissent généralement assez mal. Ils ont tendance à se transformer en églises laïques hors desquelles point de salut et peuvent se montrer franchement insupportables. À la longue les idées se sclérosent, et c'est l'opportunisme politicien qui les remplace. Tout parti naissant devrait à mon avis inscrire dans ses statuts une clause prévoyant qu'il disparaîtra au bout d'un certain temps. Une génération ? Guère davantage, ou sinon, peu importe les chirurgies plastiques qui prétendent lui refaire une beauté, ce ne sera plus un jour qu'une vieillerie encombrant le paysage politique et empêchant l'avenir de percer.

Voilà bien, en tout cas, comment j'en étais venu à voir le Parti libéral. Ça n'avait rien de déchirant. Ce n'était pas ma famille avec laquelle je rompais, mais simplement un vieux parti dépassé, retombé dans la stérilité. Il s'était servi de moi tant que je lui paraissais rentable et, de mon côté, je m'étais servi au maximum des tribunes et des moyens qu'il m'avait procurés pour réaliser ou du moins faire avancer des choses auxquelles je tenais. Nous étions quittes.

D'autant que j'avais suivi jusqu'au dernier instant la règle fondamentale qui demande à chacun de travailler loyalement à l'intérieur des cadres tant que sa conscience le lui permet.

Selon l'usage, je m'étais d'abord présenté devant mon association du comté de Laurier, où le projet de souveraineté-association avait passé comme du beurre dans la poêle, à l'unanimité ou presque. Cela m'avait surpris mais plus encore ému. Pour cette assemblée de quartier, faite de braves gens que d'aucuns qualifient du haut de leur grandeur de citoyens ordinaires, c'était là une affaire de bon sens en même temps qu'une perspective d'avenir que le parti ne devrait pas hésiter à faire sienne. Les ukases et les menaces d'excommunication ne tarderaient pas à s'abattre sur ces bonnes têtes libérales dont, j'en étais sûr, une

grande partie se résigneraient vite à faire amende honorable et à demander l'absolution. Mais en attendant, quoi
de plus réconfortant que cette adhésion spontanée d'une
centaine de Québécois, n'écoutant pour l'heure que leur
raison et leur instinct à eux.

Cette étape franchie, le projet était officiellement sorti
de l'ombre. De même que le dernier carré de ceux qui
avaient si laborieusement contribué à sa mise au point.
Qu'ils eussent aussitôt subi des pressions renouvelées,
aucun doute là-dessus ; non plus que sur le dilemme dans
lequel certains s'étaient trouvés plongés — un saut périlleux
dans ces eaux inconnues ? ou bien le très légitime espoir
d'une carrière plus sûre et surtout plus rapide ?

Rien n'excluait qu'un ultime examen du projet ait pu
révéler aussi des risques ou des failles qui n'avaient pas été
suffisamment perçus. C'est la raison que, pour sa part,
Robert Bourassa avait invoquée pour nous laisser tomber.
Au moment décisif, il avait découvert que la question
monétaire (qui devait demeurer, soyons de bon compte, une
de ses plus tenaces obsessions jusqu'en 1976) n'avait pas
été fouillée à sa satisfaction... Puis, l'un des tout derniers,
Yves Michaud s'était retiré à son tour, arrivant presque à
nous tirer des larmes avec son évocation des Montagnes
Rocheuses, patrimoine dont l'abandon lui paraissait aussi
impossible qu'était improbable l'envie qu'il pourrait avoir
d'y aller un jour !

Au milieu de l'habituelle cacophonie éditoriale, j'avais
ensuite essuyé le feu des gros canons. Lesage proclamant
que jamais — enfin, un jamais solide comme le roc ! — il
n'accepterait de diriger une formation séparatiste. Éric
Kierans laissant savoir que c'était lui ou moi, et que si
c'était moi, lui s'en irait en claquant la porte.

Rien de moins inattendu que ce réflexe de l'anglophone
plus *canadian* que québécois. Déjà, lorsqu'on l'avait traité
de « marionnette » du grand suspect, ne s'était-il pas
dédouané aussitôt ? Le Québec n'était pas encore capable
de s'en tirer seul, avait-il expliqué assez drôlement, et si ça
changeait il continuerait d'être contre ! Pente naturelle qui

devait ultérieurement l'amener à Ottawa, où Trudeau eut vite fait de le fracasser.

Face au chef et au président du parti, mon compte était bon. Jusqu'à la veille de ce dernier jour, j'avais pourtant espéré qu'on aurait un débat correct et que, peut-être, nous parviendrions avec nos appuis désormais squelettiques à rallier 10% des suffrages. Pour cela, il eut fallu qu'on acceptât de tenir un vote secret. Non seulement l'avait-on refusé mais en entrant dans la salle j'avais aperçu Lesage, assis tout près du micro, veillant au grain. Selon le mot qui courait les couloirs, ce n'est pas ma thèse qu'on allait discuter, mais ma tête, qu'il ne m'était même plus possible de vendre chèrement. Ayant obtenu le droit de m'adresser une dernière fois à l'assistance, je m'étais donc exprimé à peu près en ces termes :

— Je remercie ceux qui ont permis qu'au moins notre proposition devienne une résolution en bonne et due forme afin que vous puissiez en prendre connaissance. Mais je sais qu'elle n'a plus aucune chance d'être étudiée au mérite. Sans en vouloir aux gens qui en ont fait un épouvantail, je crois qu'ils verront un jour qu'ils ont eu tort. Sur ce, il ne me reste qu'à m'en aller avec ma part de nos souvenirs communs et le regret que ça finisse ainsi.

J'étais parti dans un silence de mort. Deux heures après, je me retrouvais dans une autre salle dont les murs menaçaient de crouler. Il y avait là quelques centaines d'exubérants, des jeunes pour la plupart. Un chahut infernal. On ne s'entendait plus parler. Ce qui me frappa, c'est qu'on se sentait, délire en plus, devant une adhésion aussi spontanée que celle des gens du comté. Porté par ce courant, je promis qu'on n'en resterait pas là.

Téméraire impulsion. À moins de n'être que paroles en l'air, ce propos ne pouvait signifier autre chose, en effet, qu'un nouvel engagement politique. À peine démobilisé, allais-je «rempiler» si vite ? Et si fort : dans ce rôle de leader provisoire d'un groupe également provisoire, que m'intimait d'assumer le comité non moins provisoire qui s'était déjà constitué. D'abord parce que j'étais le plus connu de la bande. Et puis, n'étais-je pas celui qui avait déclenché toute l'affaire? Mes actes me suivaient. Mais bah, me disais-je à part moi, je m'étais résigné de toute façon à me rendre jusqu'en 1970. Des banquettes libérales je passerais à ce purgatoire que la Chambre réserve aux indépendants, voilà tout.

Sauf qu'il fallait au plus coupant consolider le provisoire, qui risque fatalement de s'effriter si l'on n'y prend garde. En quelques semaines, nous fûmes prêts à mettre au monde un mouvement. Pas un parti. Un simple lieu de rassemblement qu'un minimum de balises très souples rendrait le plus accueillant possible. Ainsi, nous aurions le loisir d'attendre une réponse que seule la population était en mesure de fournir. Serait-ce, comme l'écrivait Claude Ryan dans *Le Devoir*, la fin d'un «temps d'ambiguïté»? Ou bien cette petite «aventure séparatiste» sans lendemain que d'autres évoquaient avec dédain?

La meilleure façon d'y voir plus clair, c'était évidemment d'exposer au grand jour ce texte dont l'existence avait provoqué tant de remous, que le Parti libéral venait d'enterrer à la sauvette et qui, par conséquent, demeurait largement inconnu du public. Sans quoi le nom dont nous nous étions affublés — Mouvement Souveraineté-Association, MSA pour les intimes — serait lui-même exposé à retourner dans les limbes.

Un petit livre fut bientôt prêt à paraître [1] et le lancement eut lieu juste après le Nouvel An. À pareille vitesse, afin de faire le poids respectable qu'exige un bouquin sérieux, nous avions dû consacrer plus de la moitié de nos 173 pages bien aérées à diverses annexes, reproduisant surtout des commentaires ou des témoignages dont les signataires ajoutaient par ailleurs une précieuse dose de crédibilité à notre projet.

L'un de ceux-ci n'était nul autre que Jacques Parizeau. S'apprêtant à venir nous retrouver, il s'était rendu à Banff,

---

1. *Option Québec*, aux Éditions de l'Homme, 1968.

pour y donner une conférence qu'il prépara à bord du convoi transcontinental d'où l'interminable monotonie des grands espaces vides lui apporta sans doute un complément d'inspiration. Le texte retentissant qui descendit du train sous le titre « Québec-Canada : en plein cul-de-sac », demeure l'un des portraits les plus cruellement exacts du non-sens canadien. D'une part, neuf provinces pour lesquelles, en dépit de moult variantes historiques et politiques, l'appartenance à l'ensemble doit exclure « un degré de décentralisation qui ne peut être que ruineux... Quant au Québec, tout ce qu'on pourra lui offrir tombera forcément, tôt ou tard, en deçà de ce qu'il réclame, quelle que soit la générosité des propositions. La sagesse serait de reconnaître franchement que nous sommes en présence de deux sociétés différentes, que la politique économique qui convient à l'une ne convient pas forcément à l'autre, parce que leurs valeurs ne sont pas les mêmes et qu'il est vain de sacrifier l'avenir de la plus grande société dans l'espoir d'accommoder la plus petite puisque de toute manière elle ne se contentera pas du compromis [2]. »

C'est à cette même absurdité, vue par l'économiste sous l'angle précis de sa discipline, que s'attaquaient en détail les deux chapitres pour ainsi dire officiels de notre mince ouvrage.

D'une part, nous y entamions le corps-à-corps avec les adversaires qui n'avaient pas tardé à nous donner du bâton, en même temps qu'ils tendaient aux Québécois de pâles carottes de serre, tel ce « biculturalisme » issu des travaux de la Commission Laurendeau-Dunton auquel vinrent mordre une foule de nos nationalistes à l'appétit modeste. Daniel Johnson, par exemple, sur qui l'*affaire* de Gaulle avait accumulé les pressions, trouva ainsi l'occasion de mettre beaucoup d'eau dans le vin de son « Égalité ou Indépendance ». Ce slogan aussi fort que sinueusement politicien pouvait en effet s'interpréter — selon les besoins

---

2. Traduction de Jean-Pierre FOURNIER, *Le Devoir* des 18, 20 et 21 novembre 1967.

du moment — ou bien dans le sens de l'égalité globale entre deux nations distinctes, ou bien dans celui de l'égalité dite culturelle entre les deux peuples dits *fondateurs*. C'est sur ce leurre bon-ententiste que se rabattit le Premier ministre québécois : « J'ai pris, déclarait-il, une sorte de pari sur l'avenir du Canada dans un fédéralisme nouveau qui reposerait sur la dualité culturelle... » [3] Vocabulaire lamentablement suranné et velléitaire, qu'un autre tâcherait de rajeunir un peu plus tard en osant évoquer la « souveraineté » culturelle... avec les mêmes foudroyants résultats !

Le fondement de ces trompe-l'œil n'était alors et n'est toujours, pour nos persistantes autruches, que ce mirage d'un Canada bilingue sur lequel MM. Trudeau et cie allaient si astucieusement asseoir de belles carrières. N'y aurait-il pas de plus en plus de français aux « guichets » fédéraux ? Nos minoritaires hors Québec ne s'apprêtaient-ils pas à se laisser choyer comme jamais, en dépit ou à cause du fait qu'ils étaient déjà sur le chemin de l'extinction ?

« Et maintenant, écrivais-je le 3 décembre 1967 (et écrirais-je encore aujourd'hui), comment pourraient-ils s'en tirer ? En obtenant, comme se l'imaginent d'emblée une foule d'esprits honnêtes et d'autres qui le sont moins, des avantages comparables à ceux dont jouissent nos Québécois de l'autre langue ? Ce qui commencerait d'urgence par d'aussi bonnes écoles, du primaire jusqu'à l'universitaire, pour des minorités assez démunies et souvent dispersées et qui, au total, dans aucune province sauf au Nouveau-Brunswick, ne constituent même la moitié du pourcentage formé par les anglophones au Québec. Invraisemblable effort qui aboutirait à quoi ? À jeter des compétences de culture bien française sur un marché du travail et dans un climat social exclusivement anglais. Ou plus probablement à les rapatrier ici à mesure qu'elles seraient disponibles (ce serait toujours ça de pris)...

« En résumé, ce qu'on voudrait bien substituer à cette proie indispensable qu'est l'émancipation du Québec, c'est l'ombre falote d'une pieuse impossibilité. »

---

3. *Le Devoir*, 1ᵉʳ décembre 1967.

C'est à partir de là et de tout le reste que j'avais intitulé mon manifeste: «Un pays qu'il faut faire». Le thème éminemment simple que j'y développais en une vingtaine de pages a connu un sort qui m'a toujours étonné. Depuis deux décennies, c'est une option politique qu'on ne cesse de retrouver en bonne place dans les esprits comme dans les sondages. Si mauvais juge que je sois, il me semble qu'un tel enracinement est significatif. Il dénote à tout le moins que l'idée demeure bien vivante, même si les arroseurs du statu quo se démènent pour éteindre ce feu sous la cendre. Le relisant pour la première fois depuis longtemps, je me dis que moi, je peux encore vivre avec ça, et même, présomptueusement, qu'un jour viendra où c'est avec quelque chose comme ça qu'on finira par en sortir. Au lecteur d'en juger.

«NOUS SOMMES DES QUÉBÉCOIS»

S'il est une chose que le temps ne cesse de confirmer davantage, c'est l'actualité permanente de cette identification dont je faisais ma première phrase.

> «*Ce que cela veut dire d'abord et avant tout, poursuivais-je, et au besoin exclusivement, c'est que nous sommes attachés à ce seul coin du monde où nous puissions être pleinement nous-mêmes, ce Québec qui, nous le sentons bien, est le seul endroit où il nous soit possible d'être vraiment chez nous.*
>
> «*Être nous-mêmes, c'est essentiellement de maintenir et de développer une personnalité qui dure depuis trois siècles et demi. Au cœur de cette personnalité se trouve le fait que nous parlons français. Tout le reste est accroché à cet élément essentiel, en découle ou nous y ramène infailliblement.*»

Puis, ayant évoqué l'histoire qui nous a faits tels, ainsi que la volonté et l'espoir tenaces qui nous ont permis de survivre et de grandir, le manifeste enchaînait :

> «*Jusqu'à récemment, nous avons pu assurer cette survivance laborieuse grâce à un certain isolement. Nous étions passablement à l'abri dans une société rurale où régnait une grande mesure d'unanimité et dont la pauvreté limitait aussi bien les changements que les aspirations.*
>
> «*Nous sommes fils de cette société dont le cultivateur, notre père ou notre grand-père, était encore le citoyen central.*

> *Nous sommes aussi les héritiers de cette fantastique aven-*
> *ture que fut une Amérique d'abord presque entièrement*
> *française et, plus encore, de l'obstination collective qui a*
> *permis d'en conserver vivante cette partie qu'on appelle le*
> *Québec...*
>
> « *C'est par là que nous nous distinguons des autres hommes,*
> *de ces autres Nord-Américains en particulier, avec qui nous*
> *avons par ailleurs tant de choses en commun. Cette "diffé-*
> *rence" vitale, nous ne pouvons pas l'abdiquer...* »

Ce n'est pas que les occasions aient manqué de le faire.
Je n'avais qu'à évoquer à ce propos les vagues d'abdications
forcées qu'avaient recueillies, aux époques les plus difficiles,
les autres provinces canadiennes et quelques États de la
Nouvelle-Angleterre. Sans compter ces exilés de l'intérieur :
les déracinés, les assimilés.

> « *Pour un petit peuple comme le nôtre, sa situation minori-*
> *taire dans un continent anglo-saxon crée déjà une tentation*
> *permanente de ce refus de soi-même, qui a les attraits d'une*
> *pente facile au bas de laquelle se trouverait la noyade*
> *confortable dans le grand tout...*
>
> « *La seule façon de dissiper ce danger, c'est d'affronter cette*
> *époque exigeante et galopante et de l'amener à nous prendre*
> *tels que nous sommes. D'arriver à nous y faire une place*
> *convenable, à notre taille... Cela veut dire que nous devons*
> *bâtir une société qui, tout en restant à notre image, soit aussi*
> *progressiste, aussi efficace, aussi "civilisée" que toutes les*
> *autres.*
>
> « *Il y a justement d'autres petits peuples qui nous montrent*
> *la voie, en nous prouvant que la grosseur maximum n'est*
> *pas du tout synonyme d'avancement maximum...* »

Mais cette patrie bien à nous, j'étais forcé de le constater, on n'osait pas se la donner. On prétendait toujours se
la confectionner par bribes, par voie de récupérations
parcellaires, de statuts plus ou moins « particuliers » en
matière fiscale, puis en matière sociale, puis dans le
domaine de l'immigration et celui des grands outils de la
culture de masse (radio, télé, câblo-diffusion). Et pendant
qu'on s'agrippait en vain à ces pièces détachées, la Justice
continuait à être disloquée, la compétence « corporative »

émiettée, les circuits financiers aliénés. Par conséquent, c'est sans grand mérite que j'en venais à cet impératif du sens commun :

> « *Il faut remettre de l'ordre dans le chaos d'un régime créé à une époque où étaient imprévisibles la révolution scientifique et technique où nous sommes emportés, les adaptations sans nombre qu'elle exige, la diversité infinie des productions, la concentration des entreprises, le poids écrasant que les plus grandes exercent sur la vie individuelle et collective, la nécessité absolue d'États capables d'orienter, de coordonner et surtout d'humaniser ce rythme infernal.* »

Sans plus de mérite, je n'avais qu'à suivre les tiraillements sans cesse recommencés, ce byzantinisme fédéral-provincial auquel j'avais moi-même été mêlé, pour prévoir aussi qu'un tel objectif demeurerait un rêve dans le cadre des institutions canadiennes.

> « *Dans une optique purement révisionniste, ce que nous avons à réclamer dépasse non seulement les meilleures intentions qui se manifestent dans l'autre majorité, mais sans doute aussi l'aptitude même du régime à y consentir sans éclater...*
>
> « *Si le Québec s'engageait dans (de tels) pourparlers, ce serait bientôt le retour à la vieille lutte défensive, aux escarmouches dans lesquelles on s'épuise en négligeant le principal, aux demi-victoires qu'on célèbre entre deux défaites, avec les rechutes dans l'électoralisme à deux niveaux, les fausses consolations du nationalisme verbal et surtout, surtout — il faut le dire, le redire et le crier au besoin — cet invraisemblable gaspillage d'énergie qui est sûrement pour nous l'aspect le plus néfaste du régime...* »

Tant d'années après, en revoyant ce qui s'est passé et en assistant aux plus récents pataugeages constitutionnels, avouerait-on que cette description n'était pas loin de ce que nous avons eu effectivement à vivre, ou plutôt de ce que nous nous sommes infligé à nous-mêmes ? Avouerait-on également que ça n'a pas été digne de nous ? En 1967, déjà, notre peuple avait trouvé la force d'effectuer un rattrapage dont lui-même ne se serait pas cru capable. Désormais, nos générations montantes avaient la même chance d'être instruites et compétentes que dans les autres sociétés qu'on dit avancées. Dans certains secteurs de l'organisation sociale et même de la vie économique, les Québécois avaient vite franchi des étapes qui les plaçaient à l'avant-garde du Canada sinon du continent tout entier.

De tout cela, donc, du constat d'échecs à répétition des négociations fédérales-provinciales, comme aussi de la révélation sidérante de notre toute neuve maturité, ne pouvait découler qu'une seule conclusion :

«*... que le Québec doit devenir au plus tôt un État souverain.*

«*Nous y trouverons enfin cette sécurité de notre "être" collectif, qui, autrement, ne pourrait que demeurer incertaine et boiteuse.*

«*Il n'en tiendra plus qu'à nous d'y établir sereinement, sans récrimination ni discrimination, cette priorité qu'en ce moment nous cherchons avec fièvre mais à tâtons pour notre langue et notre culture.*

«*Là seulement nous aurons enfin l'occasion — et l'obligation — de déployer au maximum nos énergies et nos talents pour résoudre... toutes les questions importantes qui nous concernent (ainsi que) la forme et l'évolution des structures politiques que nous aurons à nous donner...*»

Autrement dit, il nous fallait prendre en mains l'entière liberté du Québec, affirmer notre droit à tout le contenu essentiel de l'indépendance, à la pleine maîtrise de toutes et chacune de nos principales décisions. Ainsi, nous rejoindrions simplement l'un des deux courants majeurs de notre époque : celui de l'émancipation nationale. C'est, au fait, d'une double émancipation qu'il pouvait s'agir. La majorité anglo-canadienne ne serait-elle pas du même coup débarrassée des contraintes que notre présence lui impose, libre de réaménager à son gré ses propres institutions, libre de décider pour elle-même si elle tenait vraiment à préserver une société distincte de celle des États-Unis ?

«*Et si tel est le cas,* ajoutais-je en terminant, *il n'y a aucune raison pour que les voisins que nous serons ne demeurent pas, librement, des associés et des partenaires dans une entreprise commune, celle qui répondrait à l'autre grand courant de notre époque : les regroupements économiques, les unions douanières, les marchés communs, etc.*

« *Il s'agit d'une entreprise qui existe déjà, qui est faite des liens, des activités complémentaires, des innombrables intimités économiques dans lesquels nous avons appris à vivre. Rien ne nous oblige à la jeter par terre ; tout nous commande au contraire, aux uns et aux autres, d'en maintenir l'armature. Interdépendants comme nous le sommes, nous ne la détruirions que pour avoir tôt ou tard, et alors tant bien que mal, à la rebâtir...*

« *Nous ne partons pas sur des flots inconnus. Sans compter le modèle gigantesque que nous offre l'évolution du Marché commun, nous pouvons nous inspirer d'exemples fournis par des pays de taille comparable à la nôtre — Bénélux ou Scandinavie — dont la coopération est très avancée et a favorisé comme jamais le progrès des parties — mais sans en empêcher aucune de continuer à vivre selon ses traditions et ses préférences* [1].

« *En résumé, nous proposons un régime permettant à nos deux majorités de s'extraire de cadres fédéraux archaïques où nos deux personnalités bien distinctes se paralysent mutuellement à force de faire semblant d'en avoir une autre en commun.*

« *Un régime dans lequel deux nations, l'une dont la patrie serait le Québec, l'autre qui pourrait réarranger à son gré le reste du pays, s'associeraient dans une adaptation originale de la formule courante des marchés communs, formant un ensemble qui pourrait, par exemple, et fort précisément, s'appeler l'Union canadienne.* »

J'étais persuadé, ai-je besoin de le dire, qu'un tel changement pouvait vraiment être LA solution. Mais je n'étais pas moins conscient de l'extrême difficulté de l'entreprise. Selon une maxime de Gramsci, dont j'ai fait l'une de mes deux ou trois devises préférées : « Pessimisme de l'intelligence, optimisme de la volonté ».

---

1. J'avais d'ailleurs mis en exergue ces deux phrases de Galbraith, prononcées justement cette même année 67 et que le temps n'a fait que confirmer : « Il y a certes une tendance qui pousse les peuples à se grouper en plus grandes unités économiques. Mais on ne voit dans le monde aucune tendance vers des unités politiques plus étendues. »

Le premier me faisait deviner l'effroi qui s'emparerait de bien des gens à l'idée de quitter une demeure politique qu'un très long séjour a quasiment sacralisée. D'autant plus que cette vieille demeure de la « Confédération » constitue l'un des derniers vestiges de ces sécurités anciennes dont notre époque achève de nous dépouiller. Sans prévoir l'ampleur du phénomène ni surtout les excès assez inqualifiables auxquels il donnerait lieu, je savais donc qu'au moment décisif certains s'accrocheraient au statu quo avec cette espèce d'énergie panique où il entre plus de crainte de la nouveauté que d'attachement raisonné.

Quant à l'optimisme de la volonté, il me faisait tout de même parier sur ce moment-là, parce que c'en serait un « où le courage et l'audace tranquilles deviennent pour un peuple la seule forme de prudence convenable. S'il n'accepte pas alors le risque calculé des grandes étapes, il peut manquer sa carrière à tout jamais, exactement comme l'homme qui a peur de la vie. »

En espérant de tout cœur m'être trompé dans cette dernière phrase, voilà ce que je continue à croire.

DE LA «TRUDEAUMANIE» À LA MANIC...

Notre éloquent préfacier, Jean Blain, avait vu dans cette option un équilibre entre le passé et l'avenir «qui inspire confiance... (et) qui en fera peut-être un des points de ralliement les plus importants de notre histoire».

L'année 68, à peine au tiers de sa carrière, semblait en voie de réaliser cette prédiction. Notre petit volume se vendit vite assez bien pour me permettre de verser en droits d'auteur la coquette somme de dix mille dollars à la caisse exsangue du mouvement. Fait autrement plus important, le nombre d'adhésions était sur le point de dépasser ce même total.

C'est mai de cette année-là qu'en France on devait marquer, selon les points de vue, d'une pierre noire ou blanche. De ce côté-ci, c'est plutôt en avril qu'on vit se préciser deux tournants qui, moins fracassants, étaient promis à de plus durables prolongements.

L'ordre chronologique n'est pas seul à me commander de noter d'abord, le 6 de ce mois, l'élection de Trudeau à la tête des libéraux fédéraux. L'ordre hiérarchique l'exige également, tel du moins qu'il l'évoquait lui-même dans un compendium de sa pensée, publié au moment où il n'était encore que ministre. «... Le peu d'influence que je puis avoir en tant que ministre de la Justice, expliquait-il avec une

belle modestie, c'est une influence plus grande que celle que
j'aurais si j'étais resté dans la province de Québec. Les lois
que je propose ne gouvernent pas seulement les 6 millions
d'habitants de la province de Québec, mais les 20 millions
d'habitants du Canada. [1]»

Enfin, il allait dominer *ce grand ensemble* qui, pour lui,
se présentait tout d'une pièce, peuplé de citoyens coulés
dans un seul et même moule. Des gens que langue et culture
cesseraient de préoccuper dès qu'il aurait donné suite à son
intention de transformer le Canada en un pays officiellement et généreusement bilingue... Ainsi tomberait bientôt
dans l'oubli cette idée des deux nations qui lui tapait sur les
nerfs au point qu'il alla à ce propos jusqu'à rabrouer
vertement Daniel Johnson. Celui-ci l'ayant comparé à lord
Durham, lointain auteur du fameux rapport sur notre
peuple, « peuple sans histoire» mais peuple tout de même :
« M. Johnson connaît mal son histoire, de répliquer l'oracle.
Il a l'air d'ignorer que le rapport Durham affirme l'existence
de deux nations, alors que moi, je ne crois justement pas à
cette *thèse*.» Cela s'était passé à une conférence fédérale-
provinciale, descendante et ancêtre d'une obscure mais
innombrable lignée, où l'on avait voulu se pencher sur la
fort incertaine perspective de «la Confédération de demain».
En 67, le régime venait de célébrer son centenaire, au
milieu de fêtes écrasées par l'Expo de Montréal, d'une grêle
de «centres culturels» s'abattant au hasard d'un océan à
l'autre quoique avec une extrême précision dans les goussets
des entrepreneurs libéraux, et, là derrière, un curieux vague
à l'âme collectif qui trahissait une vaste incertitude exis-
tentielle. «What is a Canadian?» s'était demandé une
grande revue américaine. Les réponses qu'elle avait reçues
avaient renoncé à décrire un être vraiment distinctif. Après
un siècle, l'*homo canadiensis* demeurait flou, incapable de
se définir de façon convaincante.

---

1. *Réponses de Pierre-Elliott Trudeau*, aux Éditions du Jour, 1968.

Dans un pays d'une telle inconsistance, Trudeau était loin d'être seul à refuser de reconnaître deux nations, c'est-à-dire la coriace réalité de la nôtre à côté de ce relatif non-être anglo-canadien. Le Québec nouveau avait dérangé. Il commençait à faire peur. Au « French Power » qui prenait les rênes, tout ce qu'on demandait c'était de faire rentrer dans le rang cette province qui se pétait un peu trop les bretelles. Pour des gens qui étaient venus à Ottawa en 65 en vue de « faire contrepoids » au nationalisme québécois, c'était là justement l'essentiel de l'action qu'ils avaient le goût de mener. On le vit bien dès que Trudeau — tout nouveau tout beau — déclencha précipitamment sa première campagne électorale. Aucun contenu politique substantiel. Quelques pieuses généralités sur une société plus juste. Et puis rien d'autre. Trudeau n'avait qu'à se présenter comme un élégant réceptacle dans lequel le Canada déversait à flots ses espoirs rentrés, dont celui, inavoué, de voir le Québec français remis à sa place. Le slogan muet mais férocement perceptible qui flottait partout dans l'air, c'était « Keep Quebec Quiet ».

Ainsi, jadis, sur les côtes africaines, tolérait-on de petits rois nègres chargés d'assurer la sécurité des mouillages, tandis que les marchands d'esclaves s'en allaient faire leurs razzias à l'intérieur des terres. Ainsi également, de Laurier à Saint-Laurent à Trudeau, chaque fois que la majorité anglophone a fait à des Québécois l'insigne honneur de les laisser régner à Ottawa, inévitablement le Québec a été appelé à en faire les frais. Sauf que, par bonheur, l'esclavagisme n'est plus de mise, et les chaînes sont pratiquement invisibles à l'œil nu...

Tandis que la « trudeaumanie » prenait facilement son envol, notre propre essor connaissait au cours de ce même mois d'avril ses premiers à-coups. En compagnie de quelque 1 200 délégués, réunis à Montréal, nous nous payâmes un affrontement majeur. Au cœur du litige, comme si souvent dans notre histoire de minoritaires, la question linguistique. À l'instar du RIN, notre radical camarade, François Aquin, vint prôner un unilinguisme intégral dont l'abolition des écoles anglaises constituerait le point de départ. C'est encore lui qui, avant tout le monde, avait souligné en Chambre le double et préoccupant phénomène de la brusque dégringolade du taux de natalité et de l'anglicisation galopante des vagues d'immigrants que l'après-guerre nous avait apportées. Cette tendance était particulièrement visible dans le principal contingent des nouveaux venus, celui des Italiens qui se ruaient en masse sur la langue du continent. On pouvait les comprendre, puisque ce n'était pas vraiment au Québec qu'ils avaient débarqué mais « in America »... De là à se laisser *continentaliser*, cependant, il y avait une sacrée marge. Le danger était réel, et rien ne l'illustrait mieux que la situation qui allait mettre le feu aux poudres à Saint-Léonard. Dans cette petite ville de banlieue, on arrivait au point où les Anglo-Italiens pouvaient prétendre à une redistribution des écoles pour mieux loger leur progéniture. Surgit aussitôt, là contre, un « mouvement d'intégration scolaire » réclamant que les enfants d'immigrants fussent désormais expédiés obligatoirement à l'école française. Rien de plus légitime, sauf qu'en allant de l'occupation des locaux menacés jusqu'à des échauffourées et des propos nettement haineux, les intégrationnistes me firent déceler cet autre danger, très grave lui aussi, que représentait la tentation d'intolérance à laquelle nous étions nous-mêmes exposés.

Voyant l'assemblée du MSA pencher vers la position d'Aquin, je me résignai donc pour la première fois, qui fut loin d'être la dernière, à mettre ma tête en jeu. Le maintien, non pas des privilèges excessifs, mais des droits scolaires fondamentaux des Québécois anglophones m'apparaissait comme un test de notre maturité, de notre aptitude aussi à maintenir des relations convenables avec l'ensemble de l'Amérique du Nord. De justesse, j'emportai le morceau, après avoir essuyé la bruyante colère de ce groupe sans cesse plus nombreux qui lâchait le RIN pour se joindre à nous, en apportant avec lui cette foi chevillée au corps qui en ferait un irréductible gardien de la flamme, mais aussi la sorte d'extrémisme dont il me semblait, pour ma part, qu'on aurait pu se passer.

Par bonheur, nous essaimions également et bien davantage dans d'autres directions. De la Côte-Nord à Montréal, où une cinquantaine de mes vieux amis, résistant aux pressions libérales, avaient formé une Association Laurier-Lévesque, ce recrutement nous donnait des assises de plus en plus diversifiées. Mais quel effort constant, sans doute le plus ardu qu'eût jamais exigé l'action politique. De réunions syndicales, chaleureuses mais hésitantes, en assemblées d'étudiants aussi difficilement mobilisables alors qu'aujourd'hui, puis de canton en canton, de famille en famille, exténuant travail missionnaire tissant peu à peu une tapisserie de conversions aux mailles encore si lâches qu'à tout bout de champ elle pouvait céder aux vents et aux voix adverses. Vingt fois sur le métier, parfois.

Un projet comme le nôtre, c'était une semence à laquelle le sol n'était pas habitué et qui, à plusieurs reprises, provoqua même un véritable phénomène de rejet. Dans le Bas-Saint-Laurent, par exemple, où l'on refusa de nous louer une salle à Saint-Pascal, ce coin de Kamouraska qui compte, sauf erreur, proportionnellement plus de... Lévesque que n'importe où ailleurs! Jamais je ne m'étais senti à ce point mouton noir et si peu prophète dans mon pays. Jusqu'à ce foyer du plus brûlant nationalisme québécois, le *royaume* du Saguenay–Lac-Saint-Jean, où les roulottes qui véhiculaient notre tournée initiale ne parvinrent d'abord qu'à vider les classes. Si les grandes personnes brillaient par leur absence, au moins les enfants avaient-ils cédé à la magie de cette caravane de gitans, nous laissant pâmés d'admiration devant ces merveilleuses petites ébauches féminines qui se pressaient autour de nous. Des regards brillants comme des escarboucles et ces hautes pommettes surtout trahissaient les fréquentations que s'étaient permises, avec les autochtones des environs, la poignée de familles blanches qui avaient «ouvert» la région, il n'y a guère plus d'un siècle. Mélange remarquablement réussi, qu'on peut mentionner sans risque maintenant qu'à l'Assemblée nationale la «porte du Sauvage» est devenue celle de l'Amérindien et que rien n'est plus chic qu'un peu de peau rouge dans l'ascendance... Mélange auquel j'étais d'autant plus sensible qu'un de ses plus splendides résultats, une certaine Corinne au mince visage mangé par d'immenses yeux de braise et qui faisait un sort irrésistible à la mini-jupe de rigueur, tout en dissimulant au départ une intelligence d'une rare finesse, venait d'entrer dans ma vie dont elle partage depuis lors les bons et les mauvais jours, rendant ceux-là meilleurs et ceux-ci d'ordinaire plus endurables.

Rayon de soleil qui contribua sûrement à l'optimisme avec lequel je souscrivis d'emblée à la décision que j'avais quelque peu redoutée et qui signalait notre passage du Rubicon. *Alea jacta est,* le MSA se transformerait à l'automne en parti politique, c'est-à-dire un instrument de pouvoir. Ce qui ne serait pas pris au sérieux par tout le monde, évidemment, et encore moins tout de suite. Bien des gens seraient d'accord avec Trudeau qui, vers ce moment-là, nous balayait du revers de la main en nous traitant de *particule.*

Il pouvait se le permettre, lui dont le coup d'essai venait de produire une victoire éclatante qui installait à Ottawa un gouvernement majoritaire pour la première fois en dix ans. La «scène de l'estrade» y avait sûrement été pour quelque chose, mais on ne pouvait guère en jeter le blâme sur Trudeau. Le scrutin étant fixé au 25 juin, il était venu assister la veille au traditionnel défilé de la Saint-Jean. Présence provocante qu'on eût mieux fait d'ignorer, mais contre laquelle Pierre Bourgault et ses activistes se mirent en tête de manifester avec éclat. Le résultat fut que Trudeau, superbement conscient des caméras tournant à quelques heures du vote, demeura debout presque seul sous la pluie de cailloux et de bouteilles qui s'abattaient sur l'estrade. Images qui eurent, dit-on, un effet décisif au Canada anglais et causèrent très certainement la défaite à Montréal de Robert Cliche, chef du NPD, à qui nous avions fourni tout le renfort que permettaient nos maigres moyens.

Un autre résultat, dont j'avoue qu'il m'apporta un certain soulagement, fut l'interruption des pourparlers que nous avions entamés avec le RIN et qui traînaient lamentablement. La dernière incartade, qui révélait un manque frappant de sens politique, nous fournissait au moins l'occasion de mettre fin à ce dialogue de sourds.

Heureusement pour le Québec, ces chamailles de *particules* n'occupaient qu'une toute petite partie de la scène. Face à un Trudeau triomphant se dressait «mon ami Jonsonne», qui vivait de son côté une apothéose particulièrement étonnante. Qui eût pu s'attendre à voir cet homme longtemps considéré comme un politicien d'assez bas étage, éclaboussé par les derniers scandales duplessistes et affublé du sobriquet méprisant de «Danny Boy», se métamorphoser en idole populaire et, à la mesure forcément étroite de l'arène provinciale, en authentique homme d'État? Mûri par les épreuves qu'il avait dû surmonter, il avait atteint à une sérénité qu'expliquait aussi, peut-être, le fait qu'il savait sa santé de plus en plus chancelante et ses jours cruellement comptés.

À la morgue expansionniste qui s'affirmait à Ottawa, il opposait avec le sourire un solide attachement aux intérêts du Québec, auquel ses nouveaux liens affectifs avec le peuple conféraient une force redoutable. Le «Vive le Québec libre» lui avait d'autre part donné le choc de l'ouverture au monde, des promesses et des chausse-trappes qu'elle pouvait comporter. Renforçant nos liens avec le vieux pays, il avait vu de Gaulle hausser de un à six millions le budget de la coopération franco-québécoise. Sans doute cette complicité n'avait-elle pas été étrangère non plus à l'affaire du Gabon, où l'on avait reçu une délégation québécoise avec des honneurs si éclatants, ceux qu'on réserve normalement aux pays souverains, que le fédéral s'était offert le ridicule d'une rupture offusquée des relations diplomatiques avec le petit État africain.

Tout allait donc pour le mieux lorsque la maladie vint à nouveau terrasser Johnson. Il partit en convalescence et ne rentra qu'en septembre, déclarant comme il se doit qu'il se sentait «dangereusement bien». Il était revenu pour présider à l'inauguration de ce chef-d'œuvre du génie hydro-électrique, Manic 5. Entassés dans une flotille d'avions, plusieurs centaines d'invités s'envolèrent vers la Côte-Nord. Même si je n'étais qu'un mini-leader, je n'avais pas été surpris d'être du nombre, puisque j'étais toujours député et que, surtout, il était bien connu que la Manicouagan et moi avions vécu ensemble une vraie histoire d'amour. Peu s'en fallut que je ne rate l'occasion de renouer. Parti le dernier, notre appareil tomba au milieu d'une tempête si furieuse que, gémissant de toute sa carcasse, il dut se poser à Forestville. On nolisa un vieil autobus scolaire, à bord duquel, jusqu'au barrage tout en haut de Baie-Comeau, on en eut pour des heures sur cette route détrempée et battue par les bourrasques. Il était près de minuit lorsque apparurent enfin, baignant dans les feux des projecteurs, les gigantesques voûtes, tendues avec la finesse d'une œuvre d'art, capables pourtant de retenir les eaux d'un des plus vastes lacs artificiels du monde. Sur le chantier endormi ne brillaient plus que les fenêtres de la cafétéria des travailleurs. Au fond de l'immense baraque, quelques douzaines de personnes avec lesquelles Johnson avait tenu à attendre notre arrivée. Il était même parvenu à forcer Lesage le couche-tôt à veiller jusqu'à cette heure indue.

Venant à ma rencontre, il prit ma main dans l'une des siennes et attrapa de l'autre celle de Lesage, puis, amenant ce dernier à fermer le triangle, nous fit poser pour une photo qui demeure l'une des plus belles de ma collection.

Photo inoubliable, également, à cause de ce qui suivit. En voyant sa main tendue, j'avais remarqué la fragilité extrême de Johnson, ce poignet bleuté que la lumière semblait traverser. Lesage avait filé sans tarder et, comme la nuit avançait, je fis mine de me retirer à mon tour. Rien à faire. Johnson refusait — craignait? — d'aller au lit. Avec cette simplicité et cet humour qui tempérait la vivacité d'un esprit souvent mordant, il se mit à causer à bâtons rompus. S'amusant ferme, il me demanda de lui donner sans ménagement mon opinion sur le discours qu'il prononcerait le lendemain. Quelques passages m'en semblèrent plutôt faibles et, comme nous en abordions la discussion, le président de l'Hydro, son vieil ami et mon ancien complice, Roland Giroux, ne put retenir une impatience sous laquelle l'angoisse était perceptible.

— Daniel, pour l'amour du ciel viens te coucher. Franchement, as-tu envie de mourir ?

— Bon, j'y vais, répondit Johnson avec un soupir de résignation. Quant à ce discours, ajouta-t-il à mon adresse, vous aurez tout le temps, vous autres, de l'arranger comme bon vous semblera...

Au matin, c'est le silence qui m'éveilla brusquement. Je regardai ma montre. Il était huit heures passées, alors qu'on avait prévu le petit déjeuner pour sept heures trente. Puis, la porte du dortoir où nous étions logés s'ouvrit avec fracas et, d'une chambrette à l'autre, j'entendis des coups répétés suivis de quelques mots rapides, sans cesse les mêmes, que je n'arrivais pas à saisir. Je sortis dans le couloir et me trouvai nez à nez avec un des proches collaborateurs de Johnson.

— Daniel est mort, dit-il d'une voix blanche.

Et, sans plus, il alla frapper à la cellule suivante.

UNE DÉFAITE QUI A L'AIR
D'UNE VICTOIRE...

Au restaurant de la Chambre où je sirotais le solitaire café du député indépendant, Claude Morin vint discrètement me mettre dans le secret des dieux.

— Les élections, me dit-il, c'est pour le 29 avril.

Le loyal sous-ministre avait attendu jusqu'à la veille du déclenchement avant de m'allouer ces quelques heures d'avis qui ne pouvaient plus changer rien à rien. Je me dis que c'était bien le minimum de courtoisie auquel j'avais droit, puisqu'en ce début de 70 j'étais dorénavant, en incluant mon année au MSA, le plus ancien de tous les chefs de partis...

Moins d'un mois après la disparition de Johnson, à la mi-octobre 68, nous avions en effet tenu à Québec notre congrès de fondation. J'aurais préféré qu'on baptisât le parti d'un nom descriptif, tel Parti souverainiste ou encore PSA. Mais tandis que, pour la plupart, nous étions préoccupés par la mise au point du programme et la rédaction laborieuse de ces chinoiseries que furent, hélas, dès le début, nos statuts et règlements, un promoteur à la faconde étourdissante, Gilles Grégoire, s'affairait en coulisse à nous imposer son choix. Il y parvint sans peine et je n'eus plus qu'à m'habituer à cette appellation de Parti québécois que je ne continuerais pas moins à trouver plutôt présomptueuse. Grégoire, qui devait malheureusement s'autodétruire par la suite, était alors un singulier pistolet. Son père, Ernest Grégoire, longtemps maire de Québec après avoir mené avec la défunte Action libérale nationale les luttes des années 30, lui avait légué de robustes convictions nationalistes auxquelles un séjour chez les jésuites, dont il avait porté la soutane, avait ajouté une culture, qu'il s'empressa d'écailler au contact du Crédit social. Ce dernier l'avait fait élire à Ottawa sous la bannière de Réal Caouette, et je n'avais pas oublié qu'un jour, en 65, au moment où je tâchais d'amener le fédéral à nous reconnaître des frontières adéquates dans la baie d'Hudson, il avait été l'unique député du Québec à me téléphoner des Communes pour m'offrir un coup de main. Sa période créditiste terminée, il avait pris la tête de cette minuscule extension semi-rurale de l'indépendance, le Ralliement national et, l'amenant à se rallier dès avant le congrès, avait été élu vice-président du nouveau parti. Quant au RIN, qui avait ignoré l'événement tout en sachant très bien que ses effectifs ne cessaient de fondre à notre profit, il s'était résigné après deux semaines de pénibles réflexions à se faire hara-kiri en invitant ses derniers fidèles à se joindre à nous.

L'essentiel était donc accompli. Nous étions parvenus à regrouper tout le monde dans un seul et même parti auquel ne manquaient plus qu'une multitude de candidats. Heureusement, nous avions vite constitué une équipe d'organisation et de recrutement, dont les jeunes piliers, se décarcassant pour une bouchée de pain, allaient acquérir d'année en année une telle maîtrise qu'un jour notre « machine » électorale serait considérée comme la meilleure de tous les temps. D'abord, Michel Carpentier, avec qui j'avais fait connaissance dans le cégep où il enseignait languissamment les sciences politiques, n'attendant que l'occasion de troquer la théorie contre la pratique. À peine lancé dans l'action, il s'était mué en un bourreau de travail doublé d'un animateur dont l'efficacité, appuyée sur un subtil mélange d'entrain et d'effacement, en eut bientôt fait notre éminence grise. On retrouvait, bien sûr, les indispensables Jean Rougeau et « Ti-Loup » Gauthier et, parmi nos quelques *plein temps*, l'intarissable Jean Doré, qui s'en irait ensuite compléter ses études de droit et finir (?) dans l'arène municipale. Enfin, avec l'approche du scrutin, l'étourdissante irruption des bénévoles, au milieu desquels se détachait l'énorme tête hirsute d'un frêle petit bonhomme du nom de Claude Charron, lequel allait incessamment faire ses débuts à mes dépens.

Désormais privé de l'onction libérale, j'étais fatalement battu en partant si j'allais me présenter de nouveau dans Laurier. Au nord, les rues anglo-allophones de Park Extension, peuplées d'Italiens regroupés autour de leur Casa d'Italia et d'un nombre sans cesse croissant de Grecs, ne me feraient cette fois aucun quartier. En revanche, il se trouvait dans le « Centre-sud » de Montréal une accueillante enclave de gens modestes chez qui nous nous étions immédiatement sentis chez nous. Cela nous fournissait une poignée de ces comtés que l'on qualifie, hasardeusement parfois, de *sûrs*. L'un de ceux-ci était Saint-Jacques, qu'on avait gardé ouvert pour le cas où il faudrait caser en dernière étape une candidature importante. Dès l'ouverture de la campagne, j'appris sous pression que ladite candidature était censée être la mienne. Mais si je quittais le comté qui m'avait élu à deux reprises, me réfugiant ailleurs pour sauver ma peau, ne serait-ce pas interprété comme un mouvement de panique dont les adversaires profiteraient pour semer le malaise et même le défaitisme dans nos rangs ? Nous n'avions pas encore les reins assez solides pour nous exposer à ce risque. Tant pis, je resterais dans mon aléatoire Laurier et quelqu'un d'autre irait dans Saint-Jacques. Mais qui ? Le soir même où le candidat devait être choisi, nous n'avions toujours en lice qu'une couple de braves mais falots aspirants.

— Tu parles d'une malchance, se lamentait Carpentier. Un si beau comté !

— N'y a-t-il vraiment personne d'autre qu'on puisse encore dénicher ? lui demandai-je.

— Il reste si peu de temps. Je ne vois plus. À moins...

— À moins ?

— À moins, fit-il d'un ton incertain, de prendre une chance avec Charron. Je sais qu'il en rêve.

On fit donc mander la boule de cheveux qui, en moins d'une minute, surgit en bataille.

— Te sens-tu capable de gagner la convention dans Saint-Jacques ? de s'enquérir Carpentier. C'est ce soir, c'est-à-dire deux heures à peine pour te préparer.

— Il m'en faut moins que ça, répliqua le phénomène. Je suis tout fin prêt.

Sur ces mots, il détala si promptement qu'il faillit en oublier les convenances. Il avait franchi le pas de la porte lorsqu'il nous fit l'honneur de se rappeler notre existence.

— Merci beaucoup, fit-il avec le sourire absent de celui qui est déjà loin.

La suite est bien connue. Remportant comme en se jouant l'investiture puis l'élection, notre homme fit montre de dons qui le situent à mon avis au premier rang des plus grands orateurs que j'ai entendus. C'était le type achevé de l'éloquence, celle qui *sent* le public et se met aussitôt au diapason et, passant à volonté de l'émotion à l'humour puis à des développements d'une force et d'une rigueur sans pareilles, peut vous tenir subjugué aussi longtemps qu'elle le désire.

Le cas de Saint-Jacques ainsi réglé et le mien aussi par la même occasion, il ne me restait plus qu'à partir en tournée avec l'espoir que nous puissions décrocher au moins quelques sièges. Nous ne rêvions pas en couleurs, certes, mais il nous semblait que, sur ce champ de bataille plus encombré que de coutume, où un nouveau chef libéral et une aile provinciale fraîchement improvisée par les créditistes allaient aussi affronter une Union nationale sérieusement affaiblie, nous avions quelque chance d'effectuer, si modeste fût-elle, notre propre percée.

Ce qui avait affaibli l'Union nationale, c'était évidemment la mort si rapide et bouleversante de Daniel Johnson. Mais c'était également le style désastreux de son

successeur. Affable et tout en rondeur, Jean-Jacques Bertrand fournissait pourtant une performance assez remarquable comme chef de gouvernement. Son esprit de décision
contrastait même à son avantage avec ces tergiversations
à la Hamlet dans lesquelles on avait vu Johnson sans cesse
empêtré. C'est ainsi qu'en moins de deux ans toute une
gamme de lois marquantes avaient été présentées, allant
de l'instauration du mariage civil à la création d'un ministère de la Fonction publique et d'une École nationale
d'administration. Réussissant là où d'autres s'étaient
avoués vaincus, Bertrand avait aussi amené — en payant
le prix fort, mais ça valait le coup — le Conseil législatif, ce
petit sénat ridiculement désuet, à signer son propre arrêt de
mort.

Avec un égal brio, il avait pris le relais en matière
internationale. D'abord avec le lancement de l'Office franco-
québécois de la jeunesse, appelé à devenir le plus précieux
des carrefours pour les générations montantes. Puis, Ottawa
ayant lancé une offensive de charme et de dollars dans
cette Afrique francophone qu'on avait jusque-là ignorée ou
battue froid, Bertrand avait au moins arraché la présence
d'une délégation québécoise reconnue, distincte de la canadienne, lorsqu'une trentaine de pays étaient venus à Nia-
mey, au Niger, se pencher sur quelque chose, déjà, comme
une « francophonie »...

Malgré tout, il ne *passait* pas. Dès qu'il avait le malheur
d'ouvrir la bouche en public, sa bonhomie naturelle s'éva-
nouissait dans un discours vieillot, ronflant, qui trop
souvent s'emberlificotait jusqu'au bafouillage. Ce damné
style, qui n'est pas nécessairement tout l'homme, quoi
qu'on en dise, le faisait paraître gauche, presque démuni.

Plus dommageable encore avait été cette obstination
avec laquelle il s'était plongé dans le plus catastrophique
des projets de loi sur le plus miné des sujets, la question
scolaire. Portant le numéro 63 au feuilleton de la Chambre,
ce texte d'une insigne maladresse, tout en prétendant
« promouvoir » le français, offrait à tous, immigrants compris, le libre accès à l'école de leur choix. Autrement dit,

plus de barrière contre l'anglicisation. Comme de l'huile sur le feu, cette erreur transforma en conflagration générale les quelques foyers d'agitation qu'alimentait déjà l'inquiétude linguistique. On vit bientôt des milliers de manifestants se relayer jour après jour autour du parlement, tandis qu'à l'intérieur s'engageait un combat à la David et Goliath. Face à une majorité braquée et à des libéraux largement complices s'était dressée une microscopique opposition, dite «circonstancielle» parce qu'on y trouvait entre autres un Yves Michaud en dissidence temporaire et Jérôme Proulx, député ministériel que sa défection fit expulser sur-le-champ par l'inflexible Bertrand. Promu leader de ce curieux amalgame, qui comprenait aussi deux autres députés en rupture de ban, je devins pour la première et dernière fois de ma vie un véritable maître de la procédure parlementaire. Jacques Parizeau, qui venait d'entrer au conseil exécutif de notre parti, s'était vite précipité à Québec pour assumer en coulisse ce rôle de stratège napoléonien qu'il a toujours affectionné. Avec son aide, nous passions des soirées entières à concocter toutes les motions possibles et imaginables. Jamais les règlements de la Chambre n'avaient été à ce point torturés, mais comme c'était clairement pour le bon motif, nous continuâmes à paralyser ainsi les travaux pendant deux bonnes semaines. Jusqu'au soir où, me retrouvant nez à nez avec Bertrand, qui était venu comme moi griller une cigarette «derrière le Trône», je fus apostrophé par un homme au visage défait et aux mains tremblantes.

— René, me dit-il d'une voix cassée, je n'en peux plus. Arrêtez-moi ça, pour l'amour du bon Dieu. Même mes enfants qui refusent de me parler!

Il avait des larmes aux yeux.

— Justement, lui répondis-je, ne serait-ce pas à toi d'arrêter ça?

— Je ne peux pas, gémit-il, j'ai promis.

Cette promesse inconsidérée qu'il avait faite à quelque cercle anglophone, il continua de mettre un point d'honneur à la remplir coûte que coûte et l'exécrable loi finit par passer. Mais on savait à coup sûr, désormais, que le gouvernement Bertrand ne ferait pas vieux os.

Dès l'ouverture de la campagne, on n'eut donc aucune peine à constater que le Parti libéral voguait allègrement vers la victoire. Devenu la cible de ces poignards particulièrement assassins, ceux qui arrivent dans le dos, Lesage s'était retiré quelques mois auparavant. Gérin-Lajoie ayant lui-même décidé de partir au mauvais moment, le champ était resté pratiquement libre pour ce Robert Bourassa chez qui j'avais cru, dès 68, déceler le rêve dévorant qu'il était maintenant sur le point de réaliser.

De même avions-nous, nous aussi, de plus en plus confiance d'atteindre notre humble objectif. La résistance à la loi 63 avait servi notre crédibilité auprès des esprits décolonisés. Sur un autre plan, un peu plus d'eau avait été apportée au moulin par l'invraisemblable épisode des États généraux, où des délégués effarés par leur propre audace avaient détruit à la dernière minute une déclaration d'indépendance qu'ils venaient de construire à la pièce !

D'ailleurs, qu'un petit mais très net courant favorable fût en train de se dessiner à Montréal, rien ne le prouvait mieux que l'hystérie qui s'était répandue dans les milieux où l'on nous redoutait comme la peste. C'est ainsi qu'un matin à l'aube des reporters qu'on avait réveillés expressément pour la circonstance avaient pu assister à un défilé de camions de feue la Brinks [1], qui s'enfuyaient en Ontario en emportant des millions de dollars inexistants mais terriblement réels pour les âmes naïves. Vers la fin, un obscur hebdo, le *Suburban*, connut également son heure de célébrité en lançant un appel à la guerre civile pour le cas où nous réussirions au-delà de nos espoirs !

Du côté français de la métropole, ces réactions démentielles eurent naturellement un effet de boomerang. Mais

---

1. La Brinks dont l'achat par le mouvement Desjardins, cette année même, m'est apparu comme une tardive mais douce revanche...

partout ailleurs on sentait bien que tout cela n'entamait que faiblement ou même durcissait davantage « la vieille glace de nos peurs et de nos complexes, cet hiver de l'impuissance québécoise » que j'allais maudissant d'une région à l'autre. En Abitibi surtout, où le grand manitou créditiste, Réal Caouette, dans un discours d'appui à sa nouvelle aile provinciale, avait donné le ton en termes apocalyptiques.

— Si vous ne voulez pas qu'il y ait au Québec une révolution sanglante, avait-il fulminé, n'allez pas voter pour le Parti québécois. Votez pour notre avenir, non pour le socialisme, le communisme, la révolution, ou pour le sang dans les rues !

Le caouettisme faisant encore la loi dans les parages, nul besoin de dire que nos affaires n'y étaient pas brillantes. Si peu que je sautai sur l'occasion d'aller *cabaler*, à des dizaines de kilomètres de Rouyn, une famille, une seule, qui nous attendait dans le petit village de Palmarolle, un nom dont la musique méridionale ne m'est plus sortie de l'oreille. Ils étaient quatre à la maison, mari et femme avec un couple voisin. Deux heures en leur compagnie, puis une autre heure pour rentrer à Rouyn. La moisson ? Le soir du 29 avril, je m'arrangeai pour obtenir des nouvelles de Palmarolle. Nous avions eu trois votes, je crois. Trois sur quatre, quand même...

Ce soir-là, réconforté par les salles bondées qui s'étaient multipliées à Montréal, mais fourbu par une dernière tournée à travers le désert électoral de mon pays natal, des Îles-de-la-Madeleine à Rimouski, en passant par Gaspé, Chandler, Bonaventure, Cap-Chat, Matane et Mont-Joli, il ne me restait plus qu'à être un homme, comme le fils de Kipling traduit par Maurois : « Si tu sais rencontrer défaite après victoire — ou vice-versa — et accueillir ces deux menteurs d'un même front... »

Le plus difficile à avaler fut l'enthousiasme des bénévoles, qui s'excitaient au rez-de-chaussée à mesure que s'accumulaient d'excellents résultats en provenance du *bas* du comté, alors qu'à l'étage nous étions quelques-uns à attendre avec fatalisme que le glas sonnât dans le *haut* gréco-italien. Heureusement cela ne tarda guère et, après avoir consolé de mon mieux les affligés, je partis saluer nos élus que la foule attendait au centre Paul-Sauvé.

Il y avait de la poudre dans l'air. Tant de conviction, tant d'efforts, tant de votes aussi, tout ça pour si peu. « Les puissances d'argent du statu quo, la plupart des tuteurs traditionnels de notre peuple, avais-je moi-même grincé dans mon commentaire initial, ont obtenu la réaction qu'ils espéraient... » Et maintenant, derrière les pleurs, une grande colère montait. Si elle éclatait, elle n'aurait pas à chercher très loin, vers l'ouest, de quoi s'assouvir. Complètement sonné, je ne trouvais rien pour désamorcer la situation. Mais finalement, lorsque nos premiers députés, qui eux rayonnaient, firent leur entrée sur les épaules de leurs partisans, une idée se présenta.

— Est-ce que vous ne trouvez pas, demandai-je à l'assistance, que c'est une défaite qui a l'air d'une victoire ?

Le moins que je puisse dire, c'est que c'était un peu forcé ; mais ça rejoignait ce besoin de défoulement joyeux qui est souvent d'autant plus fort que la déception est cruelle. Or, en y pensant bien, nous l'avions malgré tout, notre percée. De zéro à l'infini, soit sept députés bien comptés : Claude Charron, Camille Laurin, Robert Burns, Guy Joron, Marcel Léger et Charles Tremblay, tous mont-réalais, et puis un seul de l'extérieur, Lucien Lessard, élu sur cette Côte-Nord qui serait par la suite notre seconde forteresse.

C'est dans la grande ville, cependant, que c'était proprement miraculeux. Dans l'est français, nous remportions du premier coup une bonne moitié des suffrages. En soustrayant les voix anglo-québécoises, qu'on apprenait à caser à 95% contre nous, nous arrivions aussi à talonner les libéraux à l'échelle nationale. Talonner, le mot est peut-être excessif. Dans la faveur populaire, certes oui. Mais dans la stricte comptabilité parlementaire nous étions loin du compte. S'ajoutant à tout le reste, son brillant slogan-mirage des « 100 000 emplois » et surtout Jean-Jacques Bertrand donnaient à Bourassa 72 sièges sur 108.

Grâce au découpage d'une carte qui continuait à favoriser les ruraux au détriment des citadins, l'Union nationale, avec 20% seulement des votes, et les créditistes avec 12%, auraient également plus de sièges que nous. Mais, voyant que nos sept allaient représenter pour leur part près de 24% des citoyens, je pouvais quand même proclamer à juste titre :

— En tout cas, c'est nous qui sommes l'opposition officielle dans l'opinion publique !

Mission accomplie, donc, et par ailleurs le bail de dix ans que je m'étais accordé arrivait à échéance juste au moment où les électeurs me renvoyaient gentiment à la vie privée.

Pendant l'été, je commençai à m'y réadapter en m'essayant à l'écrit quotidien et en échafaudant quelques projets pour la rentrée. J'en étais là lorsque, coup sur coup, deux terrorismes, l'un sortant de petites cellules obscures et l'autre émanant de l'État lui-même, nous fondirent dessus à l'automne.

JE ME SOUVIENS

On était samedi, le 10 octobre. Je revois cette journée merveilleuse, le soleil qui s'attardait sur l'horizon, sa lumière oblique traînant en douceur sur le lac l'Achigan. Nous remontions tranquillement jusqu'au chalet de Marc Brière, perché en surplomb, pour écouter à dix-huit heures le ministre provincial de la Justice, Jérôme Choquette, qu'on surnomma par la suite « Two Gun » parce qu'il en avait toujours au moins un sur sa personne. Il allait répondre au nom de l'État à l'ultimatum du FLQ.

Dès qu'il entra dans le vif du sujet après un exorde pontifiant, il apparut clairement que c'était une fin de non-recevoir. Rien d'étonnant de la part d'un dur qui, selon ses propos ultérieurs, reflétait moins l'opinion de son gouvernement que celle d'Ottawa.

Il ne restait qu'à attendre la suite. Il faisait encore si beau que nous redescendîmes au bord de l'eau pour jouer un autre set. La première partie n'était pas terminée lorsqu'une voix tomba du chalet, criant quelque chose que l'excitation rendait incompréhensible.

— Que dis-tu ?

— Ils viennent d'enlever Pierre Laporte.

Dois-je avouer que nous commençâmes par trouver qu'ils avaient du nerf, les petits gars ? C'étaient en effet des jeunes, sûrement, comme dans presque tous ces autres FLQ qui s'étaient succédé au cours des années 60. Mais cette fois-ci, au lieu des explosifs qui tuent aveuglément, les gestes posés, tout en demeurant inexcusables, laissaient sa chance à la vie.

À celle d'abord de James Richard Cross, attaché commercial de Grande-Bretagne, qui s'était fait kidnapper une semaine auparavant. Des communiqués repris à la radio avaient posé une batterie de conditions pour sa remise en liberté : l'élargissement d'une vingtaine de felquistes cueillis à la suite des précédents attentats, une contribution « volontaire » de 500 000 $ et un avion pour Cuba ou l'Algérie. Prenant les devants dès le départ, le fédéral s'était contenté de parler d'un chantage auquel il n'était pas question de céder. Sauf sur un point. Les ravisseurs avaient aussi exigé que soit diffusé le texte de leur manifeste politique. Profitant d'une certaine diversité d'opinions qui régnait encore à Ottawa, le secrétaire d'État Gérard Pelletier avait affiché à ce propos une sorte d'indifférence plutôt favorable.

— Pas d'objection, avait-il laissé tomber avec dédain, ça ne peut pas faire grand-mal.

Grave erreur. Lorsque, le jeudi 8 octobre, le manifeste avait résonné sur les ondes, une multitude de Québécois s'y étaient reconnus. Non pas certes dans l'appel, assaisonné de grossièretés, à une révolution qui mettrait « hors d'état de nuire tous ces professionnels du hold-up et de l'escroquerie : banquiers, juges et politicailleurs vendus... » En revanche, le long réquisitoire qui précédait cette conclusion était loin d'être sans fondement. Que le Québec comptât 40% des chômeurs canadiens, qu'il fût impossible à trop de nos gens de gagner leur vie en français, que l'est montréalais eût ses taudis et le West End ses châteaux, qui pouvait l'ignorer ? En personnalisant l'auditoire (« Oui, il y en a des raisons pour que vous, M. Lachance de la rue Sainte-Marguerite, vous alliez noyer votre désespoir, votre rancœur et votre rage dans la bière... »), le FLQ manifestait aussi un sens de la psychologie des masses dont Trudeau lui-même s'inspirerait dans quelques jours... Dans l'opinion, ce terrorisme du terroir paraissait soudain plus proche, assez sympathique même. Il avait réussi à arracher aux autorités le droit de dire haut et fort ce que bien des gens se contentaient de murmurer tout bas [1].

Mais en même temps une grande confusion régnait dans beaucoup d'esprits. Au point que l'on entendait des gens qui se disaient d'accord avec les «objectifs» du FLQ. Je me crus même obligé, dans une des chroniques quotidiennes que j'avais commencé à écrire, de faire bientôt cette mise au point: «Les objectifs, c'est-à-dire quoi? La révolution, l'anarchie, l'injure obscène? Pour ceux qui s'en ouvraient ainsi à la radio, il ne s'agissait nullement d'un objectif, mais bien des seuls faits énoncés: exploitation, iniquités électorales, frustration culturelle, etc.» (*Le Journal de Montréal*, 5 novembre 1970).

Si j'étais plus que d'autres tenu de garder la tête froide, c'est que le manifeste s'était permis de me prendre en quelque sorte à témoin: «Nous avons cru un moment, y lisait-on, qu'il valait la peine de canaliser nos énergies, nos impatiences, comme le dit si bien René Lévesque, dans le Parti québécois, mais la victoire libérale montre bien que ce qu'on appelle démocratie au Québec n'est en fait et depuis toujours que la "democracy" des riches...» Avaient-ils

---

1. Gérard Pelletier qui s'était pourtant imaginé que le manifeste n'aurait guère d'effet... Dans son impitoyable compte rendu des événements, auquel j'ai largement puisé, Jean Provencher explique ce fait à partir d'une théorie qu'un universitaire avait élaborée sur les élites *extérieures*, c'est-à-dire les politiciens et les fonctionnaires qui s'en vont faire carrière à Ottawa: «Il ne faut, au Québécois le plus "québécois" (...) que dix-huit mois à Ottawa, coupé des siens, pour perdre pied et ne plus vivre au diapason de la population. Ce Québécois déphasé se retrouve en plein pays étranger, avec des problèmes qui ne sont pas les siens et avec des préoccupations qui sont généralement à l'opposé de celles de sa population d'origine. Alors il se rebiffe à l'égard de ce Québec qu'il ne comprend plus... Un bref regard sur l'histoire du Québec et du Canada nous montre que cette constatation se vérifie et que les adversaires les plus acharnés des hommes politiques québécois n'ont pas été des anglophones mais des Québécois expatriés s'entêtant à imposer leurs vues à ceux qui vivent au Québec.» (Jean PROVENCHER, *La grande peur d'octobre 70*, aux Éditions de l'Aurore, 1974).

effectivement, ces inconnus, travaillé et voté pour nous aux élections? J'en doutais fort, mais comment être sûr? Ne s'embarrassant pas de telles questions, des adversaires eurent vite fait de transformer l'allégation en certitude puis en un slogan calomnieux qui, se promenant de bouche à oreille, s'étalant sur les murs, nous fit pendant quelques mois un tort incalculable: «PQ = FLQ! PQ = FLQ!»

Cela vint s'insérer dans la campagne d'intoxication qui fut déclenchée dès que le second enlèvement eût fourni le prétexte qu'on attendait avec impatience. Depuis le début on cherchait frénétiquement une façon de conditionner l'opinion. Quelques heures avant la diffusion du manifeste, par exemple, un impressionnant convoi militaire, parti de la base de Valcartier, en banlieue de Québec, s'était promené sur un pied de guerre jusqu'à Sainte-Thérèse au nord de Montréal. Ça n'avait pas empêché le texte du FLQ de provoquer ce qu'on considérait en haut lieu comme une «érosion de la volonté populaire». Mais sitôt Pierre Laporte capturé à son tour, le fédéral sauta sur l'occasion, alors que le gouvernement québécois, qui s'était réfugié en panique à l'hôtel Reine Élizabeth, à Montréal, montrait déjà des signes d'ébranlement.

Le soir même, au retour du lac l'Achigan, la radio m'avait appris que Robert Bourassa cherchait à rencontrer les dirigeants des partis d'opposition. C'est Camille Laurin, que nous avions nommé chef parlementaire, qui fut chargé de cette mission. Il en revint avec un tableau désolant. Tout un étage claquemuré par des escouades de la Sûreté, un Premier ministre hyper-tendu et quelque peu affaissé à la fois, un entourage hystérique. Et pis encore le lendemain lorsque arriva la lettre pathétique où Pierre Laporte s'adressait au «cher collègue et ami» à qui il revenait, disait-il, de décider «de ma vie ou de ma mort». Longues tergiversations: on devait même savoir plus tard que Jérôme Choquette, toujours à la botte d'Ottawa, avait menacé de démissionner si on se laissait émouvoir! Finalement, très tard dans la soirée, Bourassa accouchait d'une curieuse déclaration, si ambiguë qu'il n'était pas interdit d'y lire une vague intention de négocier. Après quoi, toute la semaine fatidique qui suivit, lui et son gouvernement demeurèrent littéralement terrés dans le silence et l'isolement.

S'accrochant à la lueur d'espoir qu'ils avaient cru apercevoir et que semblait confirmer la désignation d'un négociateur, des citoyens honorablement connus, dont Claude Ryan, s'étaient pourtant mis en quête d'une solution, allant jusqu'à évoquer, paraît-il, la perspective d'un *gouvernement d'union nationale* afin de redresser les échines qui risquaient visiblement de plier du côté québécois. En compagnie du même Claude Ryan, j'osai convoquer une dizaine de personnes afin que, tous ensemble, nous disions à Bourassa que s'il cherchait vraiment une issue non sanglante il pourrait compter sur notre appui « complet et pressant ». Pour sa part, un groupe formé des Amis de Pierre Laporte rappelait en même temps cette évidence que ne doit jamais oublier une société responsable : « C'est au gouvernement du peuple du Québec qu'il appartient de trouver des solutions à nos problèmes immédiats, des solutions qui ne pourront être imposées ni d'Ottawa, ni de Toronto, ni d'ailleurs... »

Hélas, c'est justement d'Ottawa, de Toronto et d'ailleurs que se déchaîna sans tarder l'offensive finale sous la furie de laquelle on ferait pour quelque temps du Québec un goulag, et de gens responsables un troupeau affolé.

— Just watch me ! de répondre Trudeau à des journalistes qui lui demandaient jusqu'où il était capable d'aller.

Jusqu'au mensonge effronté, bien sûr. La moindre des choses. Comme de prétendre voir, dans ces quelques rencontres que je viens d'évoquer, « un pouvoir parallèle... qui menace les représentants élus du peuple ».

Jusqu'à la démesure caricaturale — a beau mentir qui vient... de Toronto — qu'on met dans la bouche du Premier ministre ontarien, John Robarts : « Le terrorisme au Québec a tourné à la guerre générale et le temps est venu de se lever pour combattre ! »

Jusqu'à cette inquiétante confirmation qu'obtient immédiatement le journal *The Gazette*, dans son rapport *secret* de la GRC, selon lequel le FLQ, en plus des 130 membres qui constituent ses cellules actives, compte aussi quelque 2 000 réservistes qu'il peut mobiliser à volonté.

Jusqu'au ridicule qui ne tue pas, surtout quand tous les moyens sont bons. Ottawa annonce qu'il va accroître les mesures de sécurité « à cause du climat de violence qui sévit au Québec et d'un important vol d'armes perpétré... » Où ? En Colombie britannique, à 5 000 kilomètres du Québec.

Un climat scientifiquement déboussolé. Les gros bonnets engagent des gardes du corps. Les étudiants sont dans la rue, tandis que les médecins spécialistes, qui ont eu la géniale idée d'aller en grève en pleine crise, déménagent en masse en Ontario et aux USA ; voilà du moins ce que déclare le président de l'Association médicale canadienne à l'abri derrière les 500 soldats qui « protègent la capitale fédérale des terroristes ». Dans cette maison de fous, ce sont désormais, comme il arrive fatalement en pareil cas, les policiers qui ont pris le pouvoir et mènent des élus qui, eux, ont perdu les pédales.

C'est la seule excuse, si c'en est une, qu'on puisse trouver à Jean Drapeau et à Robert Bourassa, qui en viennent maintenant à réclamer l'occupation militaire du Québec. Le maire de Montréal, qui est en campagne électorale, charrie jusqu'à déclarer que « c'est parce que la révolution se prépare que nous avons demandé de l'aide à un gouvernement de niveau supérieur ». Toujours tapi Dieu sait où, le Premier ministre provincial ne s'exprime d'abord que par un communiqué laconique, bientôt suivi d'une lettre qui a reçu au préalable l'imprimatur de Marc Lalonde, chef de cabinet de Trudeau...

Jeudi, 15 octobre. Le jour de honte est arrivé. Ou plutôt la nuit, qui cache ce qu'elle veut et dramatise le reste. Dehors, les camions bondés de troupes écrasent la chaussée et font trembler la maison. Sur l'écran qui vacille, Bernard Derome, visage inconnu — annonciateur d'un temps nouveau, revient de quart d'heure en quart d'heure nous prier de rester à l'écoute. Au bout d'un long suspense savamment entretenu, on annonce enfin que la *Loi des mesures de guerre* vient d'être proclamée, comme ça, par-dessus la tête des Communes. Aussitôt, aux petites heures du matin,

> « *tous les policiers de la région de Montréal ont foncé tête baissée... Nantis du droit d'enfoncer toutes les portes et d'appréhender qui que ce soit, (ils) ont frappé un peu partout... Boulevard Saint-Joseph, de nombreuses personnes ont communiqué à la station CKAC avoir vu plusieurs détenus emmenés par les policiers, menottes aux mains. Il est impossible de donner la liste des personnes qui ont été appréhendées au cours des dernières heures...* » *(La Presse, 16 octobre 1970).*

Ce qui se comprend sans peine lorsqu'on sait que cette liste de gens arrêtés sans mandat, sur la foi de soupçons, de préjugés ou de pure idiotie, dépassera le nombre incroyable de quatre cents. En vrac, syndicalistes, artistes, écrivains, quiconque a osé mettre en doute les vérités officielles ou dont la tête ne revient simplement pas aux limiers déchaînés, sont jetés dans les paniers à salade et mis à l'ombre. Privés de tous leurs droits, à commencer par l'habeas corpus, une foule d'entre eux y resteront des jours, des semaines. Autant sinon plus qu'en 1917, où l'on avait au moins l'excuse non pas d'une « insurrection appréhendée » mais d'une vraie grande guerre, le Québec est tout entier derrière ces barreaux que MM. Trudeau et Cie s'efforcent maintenant de justifier devant un parlement dont ils viennent de se rappeler l'existence.

Pour le ministre Jean Marchand, trop fort casse pas: « Nous savons qu'il y a une organisation qui a des milliers de fusils et de carabines et de "machine-guns" entre les mains, et de la dynamite entre les mains, à peu près 2 000 livres, pour faire sauter le cœur de la ville de Montréal ». Tremblez, mortels.

Songez un peu, d'ajouter Trudeau s'adressant au bon peuple en fin de journée, « que ces ravisseurs auraient pu s'emparer de n'importe qui, de vous, de moi, ou même d'un enfant... » Puis il en remet pour ceux qui n'auraient pas compris du premier coup: « Demain, la victime aurait été un gérant de caisse populaire, un fermier, un enfant. » Reprenant à son compte la trouvaille du manifeste felquiste, il donne toute une gamme de visages à la frousse qu'il s'agit de semer à la ronde, pour qu'elle atteigne même ceux qu'on voudrait empêcher de tuer, en même temps que l'offre de sauf-conduit qu'on a permis à Robert Bourassa d'annoncer *in extremis*.

Pari admirablement pipé. Pile je gagne, face vous perdez. Si les otages s'en tirent vivants, c'est le triomphe pacifique de l'apprenti sorcier qui aura du même coup forcé les Québécois à prendre leur trou. Sinon la preuve est faite que, nonobstant les « poules mouillées » et les « cœurs saignants », la seule réplique à la terreur, c'est la terreur.

Le lendemain, on retrouvait Pierre Laporte égorgé. Le FLQ avait fait son choix. Choix insensé, barbare ; on ne tue pas pour une cause, quelle qu'elle soit, tant qu'on est libre de la faire avancer démocratiquement — même si la démocratie, jusqu'à nouvel ordre...

Les loups étaient lâchés. Comme toujours, les pires furent les moutons enragés, dont les bêlements fauves s'élevaient avec la terrible unanimité d'une crise de nerfs collective. Rentrant chez moi, ce soir-là, longeant dans le noir le petit parc près duquel s'alignent des consulats, j'apercevais partout des ombres menaçantes. « Avec l'intervention du FLQ, devait écrire Fernand Dumont, ce n'est pas le sang qui a coulé dans les rues comme on l'avait prédit, mais la peur, la haine et la bêtise. [2] »

Un tel paroxysme ne dure pas longtemps. L'esprit aussi a son instinct de conservation. Le 25 octobre, on constatait que le FRAP (Front d'action politique), parti d'opposition municipale dont Jean Drapeau s'acharnait encore à faire un monstre dévorant, était disparu sans laisser de traces. L'entendant quand même fustiger ceux qui « préparaient l'instauration d'un gouvernement révolutionnaire » au moment où il était réélu avec 52 conseillers sur 52, on avait un peu de mal à prendre M. le Maire au sérieux. Cette redoutable ténacité qu'il avait mise au service

---

2. *La vigile du Québec, octobre 70*, Éditions Hurtubise HMH, 1971.

de meilleures causes en réalisant le métro et l'Expo et en devenant du coup l'inamovible «Monsieur Montréal», il venait cette fois de la dévoyer à un point caricatural. Et en y pensant bien, c'est là que ça recommençait à être tragique : à quel point s'était-on fait avoir?

À la Chambre des communes, John Turner (le même), qui était alors ministre de la Justice, avait promis en pilotant la loi infâme : «J'espère que tous les détails des informations sur la foi desquelles le gouvernement agit pourront un jour être publiés, car d'ici là la population du Canada ne pourra jamais juger en tout état de cause (sic) l'action entreprise par le gouvernement.» Ce qu'avait répété à sa façon la cassette qui tournait à Québec. Soit dit en passant, je l'ai fait chercher, en 1976, ce dossier qui devait tout «justifier aisément». Inutile de dire qu'on n'a rien trouvé. Seize ans après, il y a belle lurette qu'on s'est rabattu sur la réponse que Trudeau, avec franchise pour une fois, se mit bientôt à reprendre inlassablement : «Les faits qui ont motivé notre décision sont connus... et ce sont des faits très clairs.»

En effet.

La fuite éperdue des médecins spécialistes? Sauf erreur, aucune absence quand l'Assemblée nationale avait décrété le retour au travail.

Le «pouvoir parallèle» qui faisait dire à une épouse ministérielle que Ryan était «en train de renverser le gouvernement?» Fumisterie.

Les deux ou trois mille terroristes? En décembre, les ravisseurs de Cross en allés sous d'autres cieux, les assassins de Pierre Laporte écroués, leurs complices identifiés, on arrivait au grand total... d'une vingtaine de desperados.

Le terrifiant arsenal pour faire sauter le cœur de Montréal? Au début de l'an nouveau, on dut se résigner à en fournir le détail au député Andrew Brewin du NPD : chez les centaines de personnes arrêtées depuis octobre, on avait récolté 31 fusils (revolvers inclus) et 21 armes offensives, couteaux de chasse, machettes, baïonnettes et trois grenades fumigènes. Quant à la montagne de dynamite, ce n'était qu'un pétard...

Maigre consolation, je ne m'étais donc pas trompé sur l'essentiel lorsque, dès le 16 octobre, au moment où l'on espérait encore que le pire serait évité, j'avais osé une analyse où, sans ménager mes mots, je tâchais de raison garder jusqu'au bout.

16 octobre 1970

« *Le Québec n'a plus de gouvernement.*

Le tronçon dont nous disposions a été balayé au premier vrai coup dur. Le Cabinet Bourassa a passé la main et n'est plus que le pantin des dirigeants fédéraux.

Il est clair maintenant que, depuis le tout début de cette période tragique dont l'enlèvement de M. Cross a marqué l'ouverture, ce gouvernement n'a pas eu d'autre rôle que celui de figurant. Pendant la pseudo-négociation amorcée dimanche dernier par M. Bourassa, on est même obligé de conclure, hélas, qu'il a accepté de servir simplement d'instrument d'une politique conçue et décidée en dehors de lui, qu'il a joué l'approche de compromis alors même qu'il était au courant de la ligne intraitable qui régnait à Ottawa, qu'en fait il en préparait le climat en laissant la situation se prolonger et pourrir pendant qu'il faisait semblant de tergiverser, et que finalement, la nuit dernière, c'est lui qui a cautionné le geste extrême du régime Trudeau qui veut placer tout le Québec sous occupation militaire jusqu'au printemps prochain...

Nous ne pouvons, non plus, nous empêcher de penser et de dire que cette dégradation du Québec, elle a été voulue, très sciemment pour certains, instinctivement pour d'autres.

Les facteurs déterminants en ont surtout été deux formes d'extrémisme.

Celui d'abord, très officiel et juridiquement légitime, de l'Establishment fédéral et des forces économiques ou autres qui le soutiennent. C'est de là que sont venues les premières évocations de l'emploi éventuel de tous les moyens y compris la force militaire pour garder le Québec et au besoin le remettre à sa place.

C'est de là que, depuis des années, on se force d'étouffer toutes les aspirations québécoises, même les plus modérément évolutionnistes, en les noyant dans le maquis savant des comités, des conférences et des perpétuels recommencements. C'est de là aussi, nous ne pouvons nous empêcher de le constater, que sont partis des niveaux les plus élevés les mots d'ordre de cette propagande par laquelle, sans arrêt, par tous les canaux disponibles, on déforme et caricature chaque aspect, chaque position du nationalisme démocratique du Québec, n'hésitant pas même à recourir à la plus basse calomnie pour les assimiler à la subversion et au terrorisme.

À l'autre extrême, ceux qui justement se sont lancés corps et âme perdus dans cette carrière si tragiquement contraire à l'intérêt de notre peuple, espérons au moins qu'ils se rendent compte aujourd'hui d'avoir été tout bêtement les fourriers du régime militaire et de la mise en péril des droits essentiels de tous les Québécois.

Nous l'avons dit combien de fois, ni les bombes ni à plus forte raison l'atrocité des enlèvements de personnes ne sont moralement, humainement, politiquement justifiables dans une société qui permettait, hier encore, l'expression et l'organisation de toutes les volontés de changement, si malaisée que la tâche en soit rendue par les intérêts établis et les autorités qui les reflètent. C'est là une forme effarante de déracinement, surtout chez des représentants de nos nouvelles générations instruites, que les plus belles impatiences ne rendent pas excusable, pas plus qu'aucune de nos plaies socio-économiques si nombreuses et si terriblement négligées n'en sortira guérie...» (Journal de Montréal, *17 octobre 1970)*

Sans oublier les journalistes québécois qui, pour la plupart et autant qu'ils en avaient le moyen, sauvèrent l'honneur en s'efforçant de faire honnêtement une besogne impossible, je laisse le dernier mot à Fernand Dumont. Avec une ironie que rendait plus mordante le ton sereinement objectif, voici ce qu'il écrivit un peu plus tard à propos des gens d'Ottawa : « Ils aiment à répéter que si le peuple n'est pas d'accord avec leurs attitudes, il n'a qu'à les démettre aux prochaines élections. Principe incontestable mais insuffisant : nous l'avions déjà dit, *et avec M. Trudeau,* au temps où M. Duplessis détenait lui aussi le pouvoir légitime. Pris à lui seul, ce principe pourrait se ramener à ceci : une fois élu, vous pouvez faire n'importe quoi entre deux élections.[3]»

Oui, mais vous pouvez, sinon réparer, finir à tout le moins par regretter de tels abus et vous en excuser. Qui l'a fait ? Les protagonistes du drame, le T.H.P.-E. Trudeau en particulier ? Jamais, que je sache. Le parlement fédéral berné et transformé en troupeau aurait-il, comme d'autres assemblées démocratiques l'ont fait ailleurs à la suite d'erreurs moins sanglantes, reconnu ses torts ? Non plus.

Si je ne m'abuse, de tous ceux dont on avait trompé la bonne foi, seul le chef conservateur, Robert Stanfield, publia au bout de quelques mois une confession que je lus en français dans une petite revue au nom approprié, *Credo*. À peu près en ces termes : si c'était à refaire, je ne recommencerais plus. Mais la pression était si forte que sur le coup nous n'avons pas su résister. De plus, on était à la veille des élections au Nouveau-Brunswick et notre ami Dick Hatfield aurait pu le payer cher si nous nous étions rebiffés...

Qu'importe ce qu'il advint à Hatfield. Ce fut sûrement moins étonnant que ce qui nous attendait, le 8 février 1971. Dans le comté de feu Pierre Laporte et en dépit de tous les «PQ = FLQ», Pierre Marois, battu en partielle, arrivait pourtant à améliorer son score de 70. Le pire était passé.

Mais je me souviens[4].

---

3. Fernand DUMONT, *op. cit.*
4. Et je ne suis pas le seul, bien qu'on tâche maintenant d'effacer ce honteux chapitre de la mémoire collective, selon la tendance commune à tous les peuples. Mais que de petitesses encore jusqu'au jour où la poussière daigna enfin commencer à se déposer sur les souvenirs. Voir l'annexe E, à la page 517.

LA LONGUE MARCHE

Février 1971 — automne 1976. S'il fallait descendre dans ce fouillis de 65 mois et quelque 2 000 jours, pour les débroussailler comme autant d'arbres et les examiner en détail, on n'en sortirait plus. Qu'on se rassure, il n'en est pas question.

Si j'y repense plutôt du haut du seul souvenir, me penchant pour l'embrasser d'un regard impressionniste vers ce qui semblait être une interminable forêt de près de six ans, comme elle rétrécit tout à coup ! Ce n'est plus qu'un petit boisé que rien ne détache des immensités qui ondulent par derrière et par devant. Bien moins que l'instant de Pascal entre deux éternités.

Qu'y voit-on ? Une sorte de grisaille, d'abord, qui flotte sur tout le paysage. Un monde à l'envers, puisque c'est la règle. Mais surtout un monde qui croupit dans la médiocrité. À côté, dans la capitale de l'Occident, des figures peu reluisantes se succèdent sur le trône. Nixon, qui connaîtra son piteux Waterloo dans les tiroirs du Watergate, puis Ford, incolore, inodore, à la saveur du vieux chewing-gum. Et les légions qui rentrent moroses du Viêt-nam... Dans la troisième Rome, à la place de « mon camarade » Khrouchtchev — enfin un tsar qui meurt dans son lit — s'est péniblement hissé Brejnev, ouvrant la période valétudinaire... À Pékin, Mao éteint à petit feu une légende qui ne revivra, épurée, qu'après lui. Pour l'heure, il ne fait plus qu'illustrer le jugement de de Gaulle, cet autre colosse du siècle : « La vieillesse est un naufrage »... Quant au successeur de ce dernier, Pompidou, c'est la maladie qui achève de le couler avant l'âge... En Angleterre — mais en attendant Mrs. Thatcher qui viendra un jour la tirer par le chignon, y a-t-il encore une Angleterre ?

Et que dire de son sous-produit qui languit d'une mer à l'autre, de la brume d'Halifax à la bruine de Vancouver ? Qu'il était une fois dans ce ciel monotone trois colombes amies du genre humain que des événements d'octobre ont métamorphosées en éperviers qui font peur au monde et qui, ainsi et autrement, se sont déplumés. On les a assez vus, ou presque. Devenus humblement minoritaires en 72, ils s'accrocheront jusqu'à ce que le Québec contribue de nouveau à les remettre en selle et, de nouveau, le paye cher.

Ce Québec qu'ils ont si cruellement abaissé, il aurait toutes les raisons de se fondre lui aussi dans cette mélasse générale. Pourtant il n'en est rien. L'impression que laisse notre bosquet nordique, en survol, est au contraire une impression de persistance dans le rattrapage, d'aspirations aussi tenaces que jamais et dont l'ampleur ne cesse de s'accroître. À partir surtout des élites nouvelles, sans cesse plus nombreuses, s'exerce une pression dont les exigences amèneront le gouvernement à se relever de son effondrement politique de 70. Le ministre exceptionnel qu'est Claude Castonguay — je n'en retrouve qu'un seul — en profite pour donner dans le domaine social une impulsion durable, en même temps qu'il se dresse comme un chien de garde de l'identité nationale. Jusqu'au jour où il ne se sentira plus capable de cautionner la corruption du pouvoir dans laquelle on s'enfonce aux environs de 73. Demeure en poste, heureusement, la fonction publique issue de la Révolution tranquille, où de loyaux serviteurs de l'État réduiront les dégâts autant que faire se peut.

Même s'il a l'air de mijoter la plupart du temps à l'arrière du poêle, le bouillonnement des années 60 ne s'est pas éteint. Parfois imperceptible comme tout ce qui se passe en profondeur, il continue à brasser la société. Le changement se poursuit. Dans tous les coins et plus encore dans les esprits. Lentement mais sûrement, ce projet collectif qui a surgi de l'ivresse féconde de l'autre décennie et auquel le ressac provoqué par les abus fédéraux fournit en quelque sorte un ressourcement, ne cesse désormais de gagner du terrain. La souveraineté, l'indépendance ne sont pas encore réalité, loin de là, mais ceux qui s'efforcent toujours de s'en moquer rient déjà et riront bientôt de plus en plus jaune.

Ce projet, nous qui le véhiculons pendant cette traversée du désert, si longue à vivre au jour le jour, si brève au contraire lorsqu'on se la rappelle, avons-nous su en demeurer dignes ? Pas plus qu'on n'est jamais à la hauteur d'une grande cause qui, forcément, nous dépasse ; mais qui nous a également tenus ensemble, sans quoi ce rassemblement hétéroclite qu'on appelle le Parti québécois aurait eu maintes occasions de voler en éclats. Sauf au parlement, où le petit nombre dictait une solidarité que surent cimenter tour à tour Camille Laurin, pendant les trois premières années, puis Jacques-Yvan Morin qui lui succéda comme chef parlementaire après 73. Minuscule équipe de députés qui dut le plus clair de son mordant et de son efficacité à un infatigable animateur dont l'arrivée parmi nous mérite d'être évoquée...

En 70, deux semaines après les élections, j'étais revenu à Québec pour récupérer mon butin d'ex-député. Une fois terminée cette mélancolique besogne, j'avais avalé un sandwich sur le pouce et m'en allais reprendre ma voiture lorsque j'entendis une voix qui criait bonne chance, puis une main se posa sur mon épaule au moment où j'ouvrais la portière. Me retournant, je reconnus Louis Bernard, ce sous-ministre adjoint à l'allure plutôt lointaine de jeune technocrate affairé, dont on faisait par surcroît l'un des proches de Robert Bourassa.

— Bonne chance, répéta-t-il. Pour vous dire simplement que c'est pas le temps de lâcher. À mon avis, les résultats ne sont pas si mauvais.

Plus surpris que réconforté, je le remerciai et partis retrouver Camille Laurin qui, à peine installé dans ses meubles, m'attendait en compagnie de Jacques Parizeau, comme moi candidat défait. À notre ordre du jour figurait en premier lieu la recherche d'un bon chef de cabinet. Pour renforcer nos sept débutants, il nous fallait à ce poste une personne d'expérience, oiseau rare pour un «troisième» parti qui ne peut offrir ni beaucoup d'argent ni, selon toute probabilité, beaucoup d'avenir. Nous étions sur le point de donner notre langue au chat quand j'évoquai, sans insister comme sans grand espoir, la rencontre inattendue que je venais de faire.

— Ha, ha, ha, de s'esclaffer Parizeau avec son inaltérable assurance. Faut pas rêver en couleurs. Louis Bernard, c'est quelque chose comme l'alter ego de Bourassa !

— Docteur Laurin, fit la secrétaire qui entrait à l'instant même, on vous demande au téléphone.

— C'était Louis Bernard, nous apprit Camille Laurin en revenant deux minutes après. Il veut me voir au sujet de ce dont nous discutions...

Parizeau ne rigolait plus. Puis, l'affaire vite bâclée, j'obtins du nouveau chef de cabinet une explication qu'il me permettra de résumer.

— Bourassa aurait bien voulu me garder. Mais je n'ai guère confiance en ce gouvernement et je le lui ai dit. De plus, il y a déjà un bon bout de temps que je suis indépendantiste. Il me semble que le moment est venu de faire ma petite part. J'en ai parlé avec ma femme, elle est tout à fait d'accord. L'argent ? Bah, on va se débrouiller.

Avec plusieurs milliers de dollars de moins que son traitement de haut fonctionnaire, c'est ainsi qu'il se débrouilla jusqu'en 76, y mettant un entrain et une puissance de travail ahurissants, et devint ensuite, sans jamais cacher ses couleurs, un des grands commis dont l'État québécois peut être le plus fier.

Pour l'aile «militante», ainsi que tous les autres aimaient à se désigner, les choses furent beaucoup moins simples. Pas facile de surmonter la fatigue et la déception d'une première défaite bientôt suivie d'une seconde à première vue plus décourageante encore. Globalement, il m'en revient des images de conseils nationaux et de congrès qui ressemblent à autant de stations d'un chemin de la croix. Condamné à deux reprises à prolonger ses classes dans l'opposition, faisant du sur-place après s'être arraché le cœur, un parti qui n'a pas encore la couenne endurcie est fatalement exposé à des tiraillements qui peuvent aller jusqu'à la dislocation. Ce qui est particulièrement vrai dans le cas d'un parti qui brasse des idées plutôt que des intérêts. Cheminant d'une crise à l'autre, écartelés entre les *puristes* et les *électoralistes*, tâchant de marier les priorités *sociales* avec la grande préoccupation *nationale* et de maintenir tant bien que mal l'équilibre instable entre les parlementaires toujours sur la brèche et les coureurs de fond du recrutement et du financement, nous sentions qu'au milieu de toutes ces traverses et comme par miracle nous ne faisions pas moins des progrès. Grâce avant tout à cette poignée d'apôtres inlassables, dont le feu sacré n'avait d'égal que leur désintéressement, et qu'on retrouvait maintenant dans chaque comté, même là où nous n'aurions jamais aucune chance. Ce sont eux qui, patiemment, sans se laisser rebuter par l'aridité initiale du sol, parvinrent au cours de ces années à *démontréaliser* notre action et à nous doter de racines solides dans presque toutes les régions.

Quant à mon propre comportement le long de cette période, il m'apparaît en dents de scie. Battu puis rebattu aux élections, me demandant de six mois en six mois ce qui me retenait encore dans cette galère, j'avais fini par consentir aussi, à mon corps défendant, à toucher les modestes émoluments d'un permanent du parti. D'où il s'ensuivit qu'en plus de tirer le diable par la queue, je me vis dans la position exécrable de l'homme qui est l'employé de ceux qu'il dirige. D'aucuns ne se gênaient pas pour me le faire sentir à l'occasion, et mon humeur devint souvent massacrante à ce point où l'on se rend compte soi-même qu'on est franchement haïssable. Non sans quelques contestations, on m'endura malgré tout. À supposer que le jeu auquel cela me mena en valût la chandelle (ce que je laisse à d'autres le soin d'évaluer), je le dois à l'appui indéfectible de quelques proches collaborateurs de même qu'à l'admirable équanimité avec laquelle certains collègues, à l'exécutif du parti, savaient apaiser les orages. Entre autres Claude Morin et Pierre Renaud, le premier venu de la haute administration, où il s'était exercé aux longues patiences, le second, du RIN, où il avait appris à couper les *cents* en quatre et à défendre comme sa vie le trésor d'un parti pauvre.

Sur ce, j'estime qu'il n'est pas inutile de fixer l'objectif sur quelques-uns des événements qui sollicitèrent l'attention en cours de route. Le choix que j'en fais, évidemment arbitraire, ne retient qu'une tête de chapitre pour chacune de ces années. À défaut du journal personnel que je n'ai jamais tenu que très épisodiquement, j'ai là devant moi, avec un collage de souvenirs épars, certaines opinions du moment qui furent publiées. Je n'y vois rien que je doive renier, et je crois par ailleurs que ça peut avoir un petit côté instructif, ou à défaut un air de déjà vu...

1971 : LES « SÉRIES » CONSTITUTIONNELLES

(Ce fut l'année de la *grande finale*. En attendant la sombre reprise de 81-82. Sur la table, en plus de la sempiternelle formule d'amendement, les compétences en matière de politique sociale sur lesquelles quinze autres années ont coulé depuis lors, comme l'eau sur le dos d'un canard...)

1er février 1971

Mardi dernier, 26 janvier, je me suis permis de faire le prophète à coup sûr :

— M. Castonguay partira pour Ottawa avec ce monument sous le bras, disais-je au sujet du rapport-programme Castonguay-Nepveu... Laborieusement, il devra revendiquer... "une compétence sinon exclusive, du moins prépondérante du Québec". Il reviendra Gros-Jean comme devant... »

C'est fait.

— « Les négociations sont rompues entre le ministre Castonguay et son collègue fédéral John Munro en ce qui concerne la politique sociale », rapportait samedi, 30 janvier, le correspondant Jacques Guay.

— « Le gouvernement d'Ottawa et celui de Québec, ajoutait Marcel Dupré dans *La Presse* du même jour, n'ont même pas réussi à s'entendre sur la façon de discuter la question ! »

Échec si facilement prévisible après tant d'autres qu'il devient déprimant de l'annoncer sans risque et fastidieux de le souligner ensuite en attendant le prochain. Il le faut pourtant, aussi longtemps que le Québec se cognera la tête contre le mur de ce régime-cachot et se contentera ridiculement de compter ses bosses.

P.-E. Trudeau et sa machine sont logiques là-dessus : une province n'est qu'une province, qu'elle s'appelle tant qu'elle voudra « État » ou « foyer national » et se dote d'une Assemblée également nationale, cela n'en fera jamais qu'un simulacre purement verbal de l'entité politique qu'elle n'est pas. Et qu'on ne peut pas lui permettre de devenir à moitié ou aux trois quarts tant qu'elle prétend demeurer en même temps partie du régime.

LA NATURE DU POUVOIR

Un vétéran des coulisses fédérales, le correspondant John Gray du *Montreal Star*, nous indiquait dans son propre article du samedi, 30 janvier, des raisons précises et vraies pour lesquelles Ottawa bloque, dans le social comme ailleurs, tout élargissement majeur des compétences québécoises :

— « Le contrôle de ces politiques permet au fédéral de jouer un rôle de redistributeur de revenus et lui assure partout au pays une présence bien visible... Et puis la remise aux provinces d'une autre tranche massive des ressources fiscales le priverait d'un important instrument de décision économique. »

Autrement dit, Ottawa tient à son pouvoir — à ce qu'il soit partout visiblement dominant, indiscutable. Il est très naïf ou très cynique de prétendre qu'on va l'amener angéliquement à se diminuer, c'est-à-dire à agir contre nature, car la caractéristique la plus fondamentale de tout pouvoir établi, à toutes les époques et sous tous les régimes, est de s'étendre toujours et jamais de se replier.

Cette vérité d'évidence, que la plupart de nos commentateurs aussi bien que nos dirigeants traditionnels s'acharnent à ne pas voir, le manifeste du MSA l'acceptait, lui, dès 67 :

— Aussi bien les attitudes courantes du gouvernement fédéral que les douloureux efforts de compréhension des partis d'opposition et les réactions des milieux les plus influents du Canada anglais, tout nous fait prévoir des affrontements de plus en plus difficiles...

18 mai 1971

(Les mois passèrent, on tâcha d'oublier, jusqu'au jour où, finalement, le super-match s'ouvrit à Victoria.)

Il va bien falloir parler encore, d'ici quelque temps, de la question constitutionnelle. Mais ce n'est pas très très stimulant.

Vous avouerai-je que c'est un sujet qui a le don de me plonger, personnellement, au plus creux de l'ennui ? Comme celui de la langue, d'ailleurs.

Entendons-nous. Il ne s'agit pas de la langue en soi, ni de la nécessité évidente pour toute société nationale de se doter — autant que possible librement et dessiné par elle-même — de ce cadre d'institutions fondamentales qui est à une collectivité ce que la charte est à une compagnie et à ses actionnaires.

Mais le problème québécois de la langue, ce problème terriblement pure laine — car nous ne le partageons plus qu'avec une minuscule poignée de colonies prolongées ou déguisées et de minorités ligotées — il est absurde. C'est celui d'un idiome qui n'est pas chez lui dans sa demeure, qui se laisse refouler comme un proprio sans échine que des locataires bruyants et sûrs d'eux-mêmes confineraient au sous-sol. Il ne s'en tirera que le jour où, se redressant, remontant l'escalier, il s'imposera tranquillement au salon comme dans la cuisine, avec ses recettes à lui et son propre choix de mobilier et de rideaux. Ce jour-là ne viendra ni à coups de slogans (« français prioritaire, langue d'usage, langue de travail »), ni à force de commissions d'enquête qui n'en finissent plus de gratter l'épiderme alors que c'est d'un cancer de la volonté que le patient risque de crever...

Le jour viendra quand on sera chez nous, la langue avec... Comme cinq millions de Danois au Danemark (et que ça n'empêche pas de parler aussi l'anglais en très grand nombre) ou cinq millions de Finlandais en Finlande (et que ça n'empêche pas de parler aussi le suédois quand c'est nécessaire)...

De même pour la Constitution.

Les deux tiers de la vie d'un homme de ma génération — depuis les astuces centralisatrices de Rowell-Sirois et l'arrogance léonine du Wartime Government — ont été ponctués périodiquement, plus ou moins intensément, presque toujours inutilement, par cette interminable souque-à-la-corde entre Ottawa et Québec qui, l'un et l'autre, se veulent le gouvernement « senior » du petit peuple écartelé que nous sommes.

C'est dans ce climat enlevant qu'on se prépare à partir pour Victoria et, sauf erreur, pour le 6e match de l'étape courante, amorcée en 67, des « éliminatoires » constitutionnelles les plus plates qu'on ait jamais vues endormir les spectateurs.

On doit y reprendre, après six ou sept ans, la question farfelue du rapatriement d'un texte colonial vieux de 104 ans — que M. Guy Cormier décrivait fort bien en le disant « comparable à un enfant né avec une seule jambe, six paires d'yeux, un portefeuille à la place du cœur, pas d'oreilles et très peu de cervelle ! »... (*La Presse*, 30 mars 1971)

C'est ce monstre qu'on prétend nous rapporter triomphalement de Westminster. Mais il faudrait d'abord s'entendre sur la façon de lui faire subir greffes, chirurgie plastique et autres traitements désespérés une fois qu'on sera pris avec : de nouveau donc, on «pousse» une formule d'amendement.

19 mai 1971

MISS TURNER-TRUDEAU

C'est un titre facile et plutôt démodé que — pour mémoire — j'ai pondu là. Il est bien sûr qu'il ne fera pas fortune.

Peu importe, d'ailleurs, sous quel sobriquet ou dans quel anonymat sera enterrée éventuellement la formule d'amendement concoctée par le régime Trudeau et «peddlée» l'hiver dernier par son commis-voyageur, M. John Turner. L'important pour le Québec est qu'elle crève et qu'on l'oublie aussi vite qu'en 64 celle de MM. Fulton et Favreau.

Celle-là, du moins, sa brève carrière fut-elle pleine d'éclat. Sous le nom de «Miss Fulfa», elle avait même pris un petit air de strip-teaseuse assez aguichant...

Nous voici sept ans après. De nouveau, un chef de gouvernement québécois s'est de toute évidence quelque peu embarqué. En février dernier, lors de la rencontre d'Ottawa, ou peut-être avant, au cours des conciliabules préparatoires avec M. Turner, il saute aux yeux que M. Robert Bourassa s'est laissé arracher sinon un oui sans équivoque, du moins une espèce de «n...oui» sur lequel les autres ont fondé tout leur espoir...

Voilà pourquoi ça pousse si fort. M. Trudeau est allé, à la télévision, jusqu'à déclarer ces jours derniers que M. Bourassa avait bel et bien endossé le texte issu de la conférence de février. Le Premier ministre québécois s'est empressé de démentir — c'est au point que l'on ne sait plus si c'est l'un ou l'autre, ou bien les deux ensemble, qui se moquent du monde une couple de fois par semaine...

LE DANGEREUX PLAT DE LENTILLES

Mais, d'ajouter M. Bourassa, la formule est quand même « susceptible d'un accord... » Mettant en parallèle les avantages que « peut avoir » cette formule et « des questions de substance comme la sécurité sociale », il a évoqué une sorte de troc possible. Cela nous ramène en plein dans ce que M. Claude Ryan considérait dès le départ, le 8 février dernier, comme un « invraisemblable package-deal ». Autrement dit : donnez-moi un gros morceau de sécurité sociale pour que M. Castonguay cesse de gronder et que j'aie moi-même l'air un peu champion — et alors j'avalerai peut-être la formule...

Cette dangereuse tentation de bonasserie politicienne, aucun citoyen le moindrement conscient des intérêts fondamentaux du Québec ne saurait la cautionner.

Pour un fédéraliste de « statut particulier », en effet, c'est la porte qui se referme net sur toute extension majeure des pouvoirs québécois — puisqu'on devrait à l'avenir s'assurer d'abord du consentement d'Ottawa et de cinq autres provinces. Adieu, les belles aspirations !

25 juin 1971

(Tout est consommé. Robert Bourassa, ô prodige, s'est résigné à parler clairement : c'est non. Le Canada anglais rouspète — et comprend.)

Lisant hier les journaux torontois, on était frappé par l'espèce de fatalisme hargneux qui flottait sur toute la ligne. « Bourassa s'est écroulé devant quelques intellectuels réactionnaires » (où donc est passé le wonderful petit commis d'octobre ?)... Mais qu'importe ? « Le Canadien français moyen se s'intéresse guère à ces jeux constitutionnels » (Traduction libre : en y mettant le prix, on le rattrapera comme d'habitude au détour électoral !)...

Mais au fond la conviction n'y est plus, car la « crédibilité » libérale achève de ficher le camp. Dès mercredi, le

Toronto Star titrait en éditorial : « Les séparatistes vont se réjouir — Le Non de Bourassa ne promet rien de bon. » Le correspondant du journal à Ottawa, commentant le « cul-de-sac de la révision constitutionnelle », en venait, pour sa part, à cette conclusion d'une lucidité désabusée :

 — « La pression nationaliste ne cesse de monter au Québec, à mesure que les jeunes instruits et politisés durant les années 60 accèdent à des postes de commande... Au Canada anglais, on voit s'accroître à la fois l'impression que le Québec va fatalement se séparer et l'acceptation de l'inévitable. C'est d'ailleurs le sentiment qui sous-tendait visiblement l'attitude des délégations anglo-canadiennes à Victoria... »

PAS FACILE À FERMER, CETTE PORTE-LÀ...

 Le *Globe & Mail*, de son côté, permet à son propre correspondant outaouais d'écrire noir sur blanc :

 — « À son corps défendant, M. Bourassa devient le premier "Premier" québécois... à ne plus pouvoir faire miroiter le moindre espoir convaincant d'obtenir par bargaining constitutionnel tous ces pouvoirs que le Québec réclame sans arrêt depuis plus de dix ans.

 « Peut-être cette porte a-t-elle toujours été fermée. Mais à la queue leu leu, tous les premiers ministres québécois ont fondé leur stratégie sur la nécessité de la faire paraître ouverte... Ottawa peut au moins se vanter de l'avoir claquée définitivement au nez de ces nationalistes de « statut particulier » dont le vrai but, à son sens, n'a jamais été qu'une forme déguisée ou inconsciente de séparatisme.

 « Mais derrière une autre porte, vont désormais se multipliant les séparatistes sans camouflage qui savent ce qu'ils veulent, le veulent tout de suite et n'ont pas peur de le dire. Et cette porte-là, il n'est pas de façon démocratique de la fermer. »

... Bref, comme vous l'avez si bien dit à M. Bourassa :
« À vous de jouer, Mr. Trudeau ![1] »

(Hélas, on ne perdait rien pour attendre...)

---

1. *Le Journal de Montréal* des 1ᵉʳ février, 18 et 19 mai et 25 juin 1971.

1972 : LES COMMUNISTES NE FERAIENT PAS ÇA

Juillet

Nous voici à Paris. Pour la première — et la dernière — fois, le parti a les moyens de me déléguer en France. En compagnie de Bernard Landry. Nous retrouvons Louise Beaudoin, qui déjà connaît tout le monde et le prouve en nous fixant trois ou quatre rendez-vous par jour. Dans les meilleurs restaurants si possible. Chez Voisin, c'est l'amiral de Gaulle qui nous accueille : timide, ce n'est pas son père, mais il nous semble bien brave et si fidèle à l'écrasante mémoire. Chez Drouant, à côté du salon des Goncourt, c'est au tour de Jorgensen, un des grands du Quai d'Orsay, qui sera sûrement un de nos vrais amis. Petit problème, cependant : il ne nous a pas vraiment invités, et nous n'avons pour le voyage qu'un budget de 2 500 $, tous frais compris. Juste avant l'addition, il faut inventer un rendez-vous urgent et, sautant à trois dans le microscopique ascenseur, filer à l'anglaise comme les resquilleurs que nous sommes...[1] D'égal à égal, en revanche, la rencontre avec Michel Rocard, dont le PSU n'est pas plus riche que le PQ, et qui nous

---

1. C'est le même homme, aujourd'hui ambassadeur de France, dont un « scandale » inventé de toutes pièces bien des années après a voulu faire un inquiétant bailleur de fonds étranger. On a évoqué une contribution de 350,000 $. Si seulement nous avions eu le dixième de cette somme — en plus d'un excellent déjeuner !

reçoit sans façon dans son sous-sol prolétarien de banlieue. D'une verve aussi riche qu'intarissable. Décontracté comme un Québécois... Il ira loin.

Je revois aussi Yves Michaud, pour qui Paris — comme pour Louise Beaudoin, et ils auront un jour l'occasion de le démontrer très utilement — est son deuxième chez-soi. Voilà sans doute une des raisons pour lesquelles, ayant enfin rompu ses amarres pancanadiennes, il a décidé, m'apprend-il, de lâcher la carrière pour plonger avec nous.

Enfin, un saut à la CGT qui, ne cachant pas ses accointances, a invité un député communiste à se joindre aux quelques permanents qui nous attendent. Et tout de suite, au milieu des présentations, la douche froide.

— Alors vous êtes du Québec. N'est-ce pas ce drôle de pays où l'on emprisonne des chefs syndicaux ?

Il y a, quoi ? deux mois, trois mois, que c'est arrivé. Le Front commun avait fermé les hôpitaux. Non pas seulement fermé, mais littéralement mis en état de siège. J'ai vu des camions de la Croix-Rouge, se heurtant aux cordons de « sécurité », faire demi-tour avec le plasma sanguin, ceux des nettoyeurs également, et les visiteurs quémandant des laissez-passer pour aller voir leurs parents malades. Les tribunaux ont exigé qu'on en finisse. Les ayant envoyé promener, les chefs des trois centrales se sont retrouvés à Orsainville. Avec permission de fin de semaine... Répression inhumaine, n'ont-ils pas moins clamé *urbi et orbi*. Et ça s'est rendu jusqu'à Paris.

— Ce n'est malheureusement que trop vrai, ai-je répondu. Ils ont fait un peu de prison. Mais à propos, dites-nous donc, vous marxistes-léninistes orthodoxes et tenants de la dictature du prolétariat, comment vous comportez-vous dans les hôpitaux ?

— Dans les hôpitaux ?

— Oui, lors d'une grève générale, par exemple, quel rôle y confiez-vous à vos syndicats ? Vu que ces arrêts de travail ne durent guère que 24 ou 48 heures, leur ordonnez-vous de fermer la boutique ?

— Jamais de la vie, on leur demande simplement de fournir quelques porteurs de pancartes pour les manifestations. Fermer les hôpitaux, ce serait trop bête. Ça dresserait l'opinion publique contre nous.

— Eh bien, voici ce qui s'est passé chez nous...

Après notre récit, l'extrême-gauche éberluée a préféré changer de sujet.

1973 : LE BUDGET DE L'AN 1

Fin octobre

Cette fois-ci, nous avons recueilli près d'un tiers des votes au lieu du petit quart de 70. Mais en même temps, nous perdons un siège au parlement! Nous n'en avons plus que six sur 108 : 5% de représentation pour 31% des suffrages. Depuis la défaite de Lesage en dépit d'une majorité populaire, en 1966, on n'avait pas revu avec une telle clarté la dangereuse absurdité du mode de scrutin. Il faut réclamer avec plus de vigueur que jamais une forme quelconque de proportionnelle. Même si d'excellents politicologues, comme le regretté Jean Meynaud, vont répétant avec un certain cynisme : « Oui, mais ne vous pressez pas trop. Un jour, la roue tournera et ce sera votre tour. » Or, avec nos six députés, nous sommes désormais l'opposition *officielle*. Quand la roue tournera et si nous tenons le coup...

Peut-être bien. Mais jusqu'à nouvel ordre c'est la poisse. Et d'aucuns se livrent déjà à l'exercice classique des lendemains de déconfiture : à qui la faute? À cause du « budget de l'An 1 », c'est contre Jacques Parizeau qu'ils sonnent l'hallali. On doit s'y mettre à plusieurs pour calmer la meute, lui rappeler surtout qu'on était d'accord, que c'est même à l'unanimité que ce projet a été approuvé. Mais la première chose qu'on jette par-dessus bord quand ça va mal, n'est-ce pas toujours la solidarité ? Quitte à la récupérer ensuite petit à petit, puisqu'il le faut. Après s'être joyeusement écorchés.

Il était pourtant logique, ce damné budget, et même assez conservateur. Au fond, c'était un instrument pédagogique, destiné à contrer sinon à guérir un des aspects économiques les plus pernicieux de notre bon vieux complexe d'infériorité. Vous savez, cette complainte qu'on ne cesse de se servir en famille : « Un Québec souverain ? Impossible. On n'est pas capables. On n'aurait jamais les moyens. » Sous-entendu : nous ne serions que les entretenus du Canada. Lequel aime bien que nous pensions ainsi, et trouve infailliblement des porte-parole déracinés qui prétendent nous en faire la démonstration. Comme Trudeau lui-même, qui, sentant sa peau en danger au moment où s'approchait l'échéance fédérale, en remettait sans vergogne, trahissant du même coup la très basse estime dans laquelle il nous tient. J'avais noté en passant un de ces propos d'un simplisme insultant.

> « *Le Québec paie à peu près 26% des impôts du pays, dit-il. Or le fédéral paie, dans la province de Québec, quelque chose comme 30% des allocations familiales...* »

Chanceux de Québécois : un gros 4% de plus que leur part ! En attendant, bien sûr, que la dénatalité galopante ait fini de s'inscrire dans les budgets. Mais ça, à quoi bon en parler ? Comme avec les enfants, restons-en aux affirmations simples. Ne compliquons surtout pas les choses en allant rappeler que rien n'est plus « croche » qu'un tel emploi d'une tranche isolée des dépenses fédérales.

Pour ses 26% d'impôts et de contributions, par exemple, quelle part le Québec retire-t-il aussi de la sécurité de la vieillesse ? ou du gaspillage milliardaire de la Défense ? ou d'un ministère du Commerce perpétuellement obsédé par le blé de l'Ouest ?... Bref, quel est pour nous la rentabilité *globale* du licou fédéral ? Comme le chien du fabuliste, en tirons-nous au moins bonne pitance ? Les chiffres officiels de l'État, que M. Robert Bourassa (a rendu) publics (...)

démontrent au contraire que le Québec est fort probablement déficitaire sur toute la ligne. Particulièrement si l'on tient compte, au-delà des répartitions apparentes, du coût astronomique de la double administration, des mesures incohérentes et souvent même contradictoires, de l'incalculable perte de temps et d'énergie...

Revenons aux seules allocations familiales, juste le temps d'écouter le petit refrain final, aussi répugnant que les diverses peurs d'avril et d'octobre 70.

« Si le Québec en reprenait le contrôle, ce seraient les enfants, les vieillards et les nécessiteux qui en souffriraient...»

N'est-il pas clair comme de l'eau de roche qu'avec le même argent — qui est le sien — le Québec oublierait effectivement de s'occuper de ces mal pris sur qui veille le bon Dieu qui règne à Ottawa? Car le Québec est vil et arriéré, est-il besoin de le dire? Non, il est tellement plus efficace de le laisser entendre...

Mais qu'est-ce qu'on a fait au ciel pour mériter pareille indignité? [1]

Voilà le pourquoi de ce budget. C'était pour répondre à ceux qui nous tiennent dans la m... parce qu'ils nous méprisent, et qui nous méprisent davantage tant qu'on les laisse nous tenir dans la m...! Nous l'avions d'ailleurs expliqué sans ambages dans notre dernier manifeste: « Il faudra présenter un projet de budget du Québec indépendant, où apparaîtra clairement la fausseté de l'image que le gouvernement fédéral cherche à répandre, à savoir que la multitude de subventions versées aux Québécois leur viendrait de dons du reste du Canada. En fait, les Québécois se paient eux-mêmes cette soi-disant "charité" sans s'en rendre compte...»

Eh bien, maintenant, il y en a des milliers de plus qui s'en sont rendu compte et ne l'oublieront pas. Il faut croire que ça en vaut le coût. Mais c'est bien cher: Parizeau,

---

1. *Le Journal de Montréal*, 23 juin 1971.

Claude Morin, Camille Laurin, Marois, Landry, battus comme 91 autres. Dont moi, il va sans dire. Et ce malheureux Michaud, qui rate lui aussi sa rentrée.

Il aura quand même de quoi s'occuper. Il nous a convaincus de lancer un journal. Un quotidien, s.v.p., qui va s'appeler *Le Jour*. Nous sommes sans le sou, mais nous aurons enfin notre organe bien à nous! Il ne reste plus qu'à trouver comment le faire vivre... [2]

---

2. Nous y parvînmes. Bien plus longtemps que *Métro-Express* et *Le Nouveau Journal*, dans lesquels avaient fondu à vue d'œil les millions des familles Brillant et DuTremblay. Grâce à une équipe qui, avant de sombrer dans les délices d'une autogestion suicidaire, avaient su en faire un bon journal de combat. De tous ceux et celles qui y contribuèrent, je tiens à mentionner trois personnes dont le talent et la droiture les situent tout en haut de mon affiche : Évelyn Dumas, Paule Beaugrand-Champagne et Alain Pontaut. Sans oublier l'impayable Michaud qui, quêtant de-ci, faisant de-là patienter l'imprimeur, dirigea pendant deux ans cette version profane de la multiplication des pains.

1974 : DE 63 À 22 EN ATTENDANT 101

Grande surprise. En mai, le gouvernement Bourassa se résigna enfin à bouger sur le front linguistique. Il essuya aussitôt un feu nourri des deux côtés. Pour les anglophones, le *bill* 22 était une horreur. En faisant du français la langue officielle, il consacrait pour la première fois leur statut de minoritaires ; et qui seraient appelés à le devenir davantage puisque les enfants d'immigrants d'autres langues s'en iraient désormais à l'école française. Seules exceptions, ceux qui réussiraient à démontrer une «connaissance suffisante» de l'anglais. On imposait ces tests à des mioches de six ou sept ans, en l'absence de leurs parents. Ces derniers étaient écumants. Sans aller jusque-là, je n'étais pas très chaud, moi non plus. L'avais-je dit à Robert Bourassa qui, avant de se saisir de cette patate toujours brûlante, avait daigné m'inclure dans les interminables consultations qui sont l'une de ses recettes favorites ? Je ne m'en souviens plus. Chose certaine, je n'eus pas la même réaction que les durs du Mouvement Québec Français, dont le seul commentaire avait été : trahison.

Si l'on songe, en effet, à la triste loi 63 — celle du «libre choix» — que Jean-Jacques Bertrand avait léguée à son successeur, au fait aussi que les libéraux sont le «parti des Anglais» et que son gouvernement le reflétait amplement, je considérais pour ma part que le Premier ministre montrait pour une fois un courage certain.

D'ailleurs, son projet ne s'éloignait pas tant que ça de notre propre façon de voir les choses. Même en 76, le résumé de notre programme publié en vue des élections se contenterait encore des mêmes lignes générales, tout en appuyant avec plus d'insistance :

> *« Dans sa vie de tous les jours, que ce soit au travail, à l'école, dans ses loisirs, et pour tous les services auxquels il a accès, le Québécois doit se sentir chez lui et doit pouvoir s'affirmer et s'épanouir suivant sa nature propre et son identité.*
>
> *Sous un gouvernement du Parti québécois, le français deviendra donc la seule langue de l'État, des municipalités, des commissions scolaires et de l'ensemble des institutions de caractère public, des raisons sociales et de l'affichage.*
>
> *Dans toutes les entreprises, les conventions collectives seront négociées et rédigées en français et les communications entre le personnel touché par la convention collective et les cadres de l'entreprise se feront obligatoirement en français.*
>
> *Mais cela suppose également que soit sérieusement revalorisé et amélioré l'enseignement de notre langue dans les écoles et même dans les écoles anglaises. »*

On notera, comme je le fais moi-même avec un certain étonnement, que la langue de l'affichage public ne nous était pas apparue d'une importance telle qu'on dût en faire tout un plat. Si elle causa tant de remous par la suite et est demeurée « pas qu'un maudit problème » (R. Bourassa *dixit*), c'est qu'on laissa la loi 22 devenir sur ce point une triste farce. Il était prévu que l'affichage serait au plus bilingue, pourvu que le français y gardât un rang prioritaire. Mais le suivi fut à toutes fins utiles inexistant. Là-dessus comme sur d'autres aspects, la volonté politique s'effrita vite et l'unilinguisme anglais continua de s'afficher sans vergogne sur une multitude de façades, jusqu'à celles des plus arrogantes des grandes sociétés.

Comme il arrive toujours lorsqu'on permet qu'une loi soit foulée aux pieds comme un chiffon de papier, on s'exposait ainsi à ce qu'un jour la question refît surface et, cette fois, avec de sérieuses conséquences...

1975 : UN SEUL CAS...

(Mais c'est dans la gabegie trop visible, plus encore que dans le flou velléitaire, que le gouvernement libéral s'apprête à sombrer. En voici, juste avant les Fêtes, une image saisonnière qui suffit à elle seule à décrire ces voraces petits États dans l'État.)

LE COULAGE N'EST QUE « SUGGÉRÉ » !

23 décembre 1975

À propos de ces honorables sociétés libérales qui fournissent en exclusivité à la SAQ la plupart des flacons et bouteilles que nous y achetons, un mot est revenu à plusieurs reprises dans les comptes rendus : « listing ».

Je n'en ai vu, jusqu'à présent, aucune traduction qui fasse image avec autant d'éloquence claire et nette. N'étant pas au courant du jargon interne de la Société des alcools, j'ignore comment il décrit ça : détournement de fonds, peut-être ? Car voilà bien le seul synonyme adéquat que je puisse imaginer.

Un « listing », en effet, c'est forcément l'inscription sur une liste de telle ou telle marque, avec au bout de la ligne le nom de l'intermédiaire par lequel on doit passer pour la faire entrer à la SAQ : Polarin Inc., Desautels Ltée, Société générale d'importation Inc., etc.

Et s'il faut passer par ces « patroneux » aux appétits peut-être incorporés mais certes pas limités, ce n'est évidemment pas pour leur faire faire du bénévolat. C'est payant. Et si c'est payant, il faut bien que cette marge additionnelle et parfaitement parasitaire se retrouve dans le prix qu'on exige du consommateur (ou qu'elle disparaisse des profits qui vont au Trésor). Bref, tous ces gentils pensionnaires du pouvoir s'engraissent à ne rien faire aux dépens des citoyens.

De plus, il saute aux yeux qu'ils ont besoin, pour être en mesure d'écumer ainsi la population, du genre de recommandation ministérielle qui ne se discute pas. De celle en particulier du ministre des Finances, tuteur de la SAQ, ou de son entourage immédiat. Or le ministre des Finances, c'est celui-là même qui se défendait la main sur le cœur, ces jours derniers, d'avoir « imposé » quelque groupe que ce fût ! Comme s'il ne suffisait pas que la chose soit, avec la plus extrême délicatesse, indiquée, suggérée, susurrée même. Du même souffle, et sans rire, c'est encore celui-là qui proclamait aussi sa fierté des « réformes » effectuées depuis une couple d'années : sans doute le coulage est-il désormais comptabilisé avec plus de soin (et moins de traces) qu'avant !

Il serait pourtant facile de sortir de ces « sparages » où la crédibilité du gouvernement et de l'État, déjà si terriblement sapée, s'abîme encore davantage. M. Bourassa s'imagine-t-il, par exemple, qu'il est pris au sérieux quand il raconte pour détourner les questions que, parasites pour parasites, il préfère nourrir les siens plutôt que ceux des autres ?

La seule vraie solution, ce serait d'étaler une fois pour toutes le tableau complet de ce gros patronage folklorique, puis, l'ayant ainsi éventé, de s'engager concrètement à le faire disparaître, en remettant à la SAQ sa tâche normale de traiter, sous bonne surveillance administrative mais sans intermédiaires artificiels, avec tous les producteurs de vins et spiritueux. Et s'il devait s'avérer impossible d'assurer même ainsi l'intégrité du monopole, alors l'État n'aurait plus qu'à songer sérieusement à s'extraire de ce commerce, tout en maintenant par la fiscalité les revenus qu'il en tire.

Voilà ce que ferait — ce que fera — un gouvernement qui ne serait — ne sera — pas englué jusqu'au cou dans le système [1].

_____

1. *Le Jour*, 23 décembre 1975.

VII

PREMIER MANDAT

« Le gouvernement d'un pays n'est
pas la nation, encore moins la patrie. »

(LACORDAIRE)

CE SOIR-LÀ, QUELQUE CHOSE COMME UN GRAND PEUPLE

Étourdis, les vêtements tout fripés, nous avions fini par nous extraire de l'incontrôlable cohue qui, débordant du centre Paul-Sauvé, répandait sa frénésie dans les rues. Sitôt le résultat confirmé, un groupe de nouveaux venus athlétiques m'avaient entouré et, s'enfonçant comme un coin à travers la foule, m'entraînant si vite que j'eus à peine le temps de serrer la main de mon fils, Claude, dont le regard trahissait autant de commisération que de joie, m'avaient piloté jusqu'à une porte latérale, en compagnie de Corinne et des quelques membres de l'équipe dont les jambes les portaient encore. Deux voitures noires attendaient. Le chef des inconnus émit un ordre bref.

— Tout le monde embarque.

On nous jeta à bord. Les portières claquèrent et, se tournant vers moi, le chef me fit signe de disparaître.

— Il faut vous cacher, M. Lévesque, parce que si on vous reconnaît, nous ne sommes pas sortis de là.

Recroquevillé au fond de la voiture, je ne voyais rien, mais j'entendais des voix excitées qui nous houspillaient et les coups sourds des pancartes qui résonnaient sur la carrosserie. Me relevant enfin, j'aperçus sur la banquette avant un tout jeune homme que les autres dévisageaient avec insistance. Gêné, il fit mine de mettre la main à sa poche. Aussitôt, le chef eut le mouvement brusque de l'homme qui va dégainer. Le jeune homme s'en rendit compte et, d'un ton suppliant, il gémit :

— Écoutez, je n'y peux rien, moi. J'étais là, cherchant à entrer au Centre, et tout à coup on a dit : « Tout le monde embarque. » Je suis embarqué. Mais tout ce que je demande maintenant, c'est de débarquer ! De grâce, au prochain coin de rue.

Voilà comment, ce soir du 15 novembre 76, je fis connaissance avec le rôle de premier ministre et avec les gens de l'*escorte*, qui allaient désormais fixer les limites de ma liberté. À ce moment-là, moi aussi j'aurais débarqué au premier coin de rue...

Trop tard. Le « miracle » s'était produit. Des trois bouts de papier que je chiffonnais depuis le matin, c'était le seul sur lequel je n'avais rien écrit. Pas grand'chose, non plus, sur celui qui prévoyait « défaite », c'est-à-dire de nouveau une pincée de sièges comme en 70 et 73. Je n'avais sérieusement réfléchi qu'à « victoire ». Sauf pour la prudence de chat échaudé avec laquelle j'en évaluais l'ampleur — « on espère avoir un minimum de 30 députés et franchir le mur du son » — je demeure assez fier de l'analyse que j'avais confiée à ce propos, plusieurs semaines auparavant, à Jean Paré, de la revue *L'Actualité* :

— Vous dites que les électeurs vous considèrent de plus en plus comme des gens qui ont mérité le pouvoir. D'après vous, quelles sont les zones où le vent vous semble favorable ?

— ... Excepté le bloc anglophone de l'ouest de Montréal, je ne vois pas de région où on n'est pas en avant des libéraux. Ça varie de 35 à 40 pour cent...

— Vous avez déjà dit ça !

— À part l'optimisme de commande des campagnes électorales, je n'ai jamais dit ce que je dis cette année. Vous pouvez vérifier. L'Union nationale est une force de nuisance qui va toucher surtout les libéraux... Si (elle) attrape les 20 pour cent dont ils rêvent, et ne se vend pas, on y est...

À des poussières près, j'étais tombé pile. Enragés par la loi 22, qu'ils bafouaient pourtant tous les jours, incapables par ailleurs de voter pour les *Separatists*, les Montréalais anglophones s'étaient réfugiés chez les unionistes en nombre suffisant pour étayer le miracle. Faisant ainsi payer à Robert Bourassa ce qu'ils considéraient comme une trahison, alors que ç'avait été le geste le plus courageux de ses deux mandats; comme quoi il faut s'attendre en ce bas monde à être parfois puni pour ce qu'on a fait de mieux...

Comme il y a tout de même un élément de justice immanente dans toute défaite et qu'au fond un gouvernement l'a presque infailliblement méritée pour une large part, quand ce ne serait que parce qu'on l'a assez vu, les libéraux n'avaient certes pas volé la retentissante dégelée que venait de leur administrer le Québec français. Car là, pour reprendre le bon vieux cliché des renversements électoraux, c'était vraiment le temps que ça change.

Ce n'était pas que l'usure de six ans mais bel et bien un pourrissement qui s'était répandu dans trop de secteurs. Le parfum nauséabond en avait trouvé son illustration populaire avec la « viande avariée », cette horreur impropre à la consommation humaine dont on avait mis tout ce temps à démasquer le commerce généralisé... Pendant les trois dernières années, une majorité hypertrophiée de 102 sièges sur 110 avait engendré, en même temps que la frustration ressentie par la foule normale de députés aussi ministrables que d'autres mais qui attendent en vain, des appétits si nombreux et dévorants que l'administration ne ressemblait plus à rien tant qu'à une foire d'empoigne. Depuis les *concessions* plus ou moins rentables de Loto-Québec attribuées aux parasites plus ou moins méritants, jusqu'aux nominations de juges et de procureurs et aux moindres petits contrats, on avait assisté à une mise en coupe des fonds publics aussi réglée que les plus indécentes du temps jadis. Même la catastrophe olympique qui s'était produite cet été même, et dont un honorable magistrat-enquêteur allait bientôt faire porter tout le blâme à Jean Drapeau, était aussi et largement attribuable à l'incurie stupéfiante du gouvernement, qui ne pouvait ignorer qu'il aurait à en essuyer les plâtres.

C'était arrivé à un point d'inconscience que le Premier ministre avait lui-même étalée dans un débat radiophonique où l'on m'avait opposé à lui dès le début de la campagne. Le sachant très fier de son image d'économiste amateur, nous avions prévu que c'est sur ce terrain qu'il s'efforcerait vite de me confondre. Or notre pauvre *Jour* quotidien, que sa jeune «gauche» avait fini par détruire à force d'autogestion à gogo, venait tout juste d'être acculé à une honnête liquidation. J'avais donc fait préparer à tout hasard une réplique à ce sujet et demandé à Claude Malette, notre recherchiste émérite, qui m'accompagnait en studio, de me passer ce feuillet dès que je lui tendrais la main...

— Des gens qui se prétendent capables de gouverner le Québec, de ricaner mon interlocuteur, et ne sont même pas capables d'administrer un malheureux petit journal!

Il était tombé dans le panneau. Je tendis la main, mon vis-à-vis s'en aperçut, eut dans les yeux une lueur d'inquiétude et perdit le fil pendant un long moment.

— Des gens, repris-je, qui ne sont pas capables d'administrer leur malheureux Club de Réforme et qui, par-dessus le marché, viennent de le mettre en faillite d'une manière fort peu scrupuleuse, savez-vous, M. Bourassa, qu'on pourrait trouver ça plus inquiétant encore?

Vétille pour vétille, le propre adjoint de mon adversaire, le joyeux cynique Jean-Claude Rivest, me signifia en levant le pouce que je venais de compter: 1-0. Et jusqu'à la fin, la campagne libérale devait se poursuivre sur cette lancée, allant de l'imprudence à la panique et enfin à la débandade. Alors qu'il n'avait épuisé que trois ans de son second mandat et que tout semblait lui indiquer qu'il eût été urgent d'attendre, pourquoi Bourassa s'était-il ainsi aventuré? Je me le demande encore. Excès de confiance de l'homme prématurément comblé? Un peu, sans doute. La chance de nous surprendre, comme on dit, les culottes baissées? Beaucoup. Mais, sauf erreur, surtout la crainte que lui inspirait à juste titre une situation budgétaire extrêmement préoccupante, qui s'était développée sournoisement depuis le premier choc pétrolier et qu'il aurait bien voulu ne dévoiler qu'après sa réélection.

Quoi qu'il en soit, les libéraux s'étaient mis à multiplier les erreurs, comme on le fait presque fatalement dès qu'on sent que ça va de mal en pis, tandis que nous menions de notre côté cette campagne impeccable dont le mérite revenait d'abord à ce vent dans les voiles qui nous conférait une sorte de sereine invincibilité.

Nous avions préparé, par exemple, une liste de nos «engagements» immédiats, programme électoral concret et solidement charpenté, dont chaque pièce avait pris les libéraux par surprise, les forçant à chinoiser ou, mieux, à étaler leur désert d'idées en la reprenant à leur compte. Bienheureuse surprise, également, de constater d'un comté à l'autre la qualité exceptionnelle d'une foule de nos nouveaux candidats, même ces ouvriers de la onzième heure que les gens sont portés à voir comme de simples bouche-trous.

Yves Bérubé, entre autres. Natif de Matane mais depuis longtemps émigré à Québec, ce jeune universitaire, détenteur de quelques hautes distinctions scientifiques, s'était humblement mis au service de Claude Morin à titre de... colleur d'affiches. Rôle dans lequel il avait mis au point un adhésif d'une telle efficacité que, des années après, on s'évertuait encore à le décoller!... Or dans Matane, qui était soudain devenu comme tant d'autres un de nos «bons» comtés, le candidat pressenti nous avait fait faux bond à la dernière minute. Ce qui se produit infailliblement à la veille d'un renversement réputé improbable sinon impossible, et que le timoré n'aura plus qu'à regretter à loisir. Je me rappelle à ce sujet de savoureuses anecdotes que racontait Daniel Johnson après son imprévisible succès de 66, évoquant ces notables qui l'avaient éconduit et qui, volant un peu tard au secours de la victoire, étaient ensuite venus le supplier de «démissionner» des élus pour leur faire une place. Nous en étions là, à quelques heures de la fin des mises en nomination, lorsqu'en désespoir de cause quelqu'un s'était rappelé ce Matanais déraciné qui, peut-être... On m'avait convaincu de lui téléphoner, mais c'est une voix féminine qui m'avait accueilli d'un ton rien moins que prometteur.

— Vous m'avez fait passer une très mauvaise nuit, me reprocha la victime, le lendemain matin.

— Si vous pouvez quand même affronter un risque additionnel, lui avais-je dit, vous devez être à Matane avant ce soir.

— D'accord. Une seule condition, vous allez venir à une de mes assemblées.

Au risque de ma vie, j'avais tenu ma promesse et, dans notre petit avion de campagne conduit par l'ami Aurèle Dionne, véritable casse-cou de la brousse septentrionale, nous avions réussi de justesse à éviter les falaises gaspésiennes et à nous poser en pleine tempête en effleurant quelques toits au passage. Fructueuse envolée puisque, tout en claquant des dents, l'irremplaçable Jean-Roch Boivin, ex-candidat des années de vaches maigres, conseiller juridique mais surtout politique, en avait profité pour m'aider à mettre au point l'ABC de l'engagement fort important que nous devions prendre en matière d'assurance-automobile.

Trempés jusqu'aux os, recrus de fatigue, nous étions entrés dans la salle comble au moment où notre parachuté entamait son discours. Nous n'avions guère d'illusions : comment diable aurait-il pu se faire accepter en si peu de temps ? Eh bien, des questions forestières aux problèmes miniers, du potentiel touristique au délabrement de l'arrière-pays, il avait acquis non seulement une ahurissante maîtrise de chaque dossier, mais l'art également d'en tirer une fresque enlevante et, plus étonnante que tout le reste, une amicale familiarité avec des gens qui, moins d'un mois auparavant, ignoraient son existence.

À part moi, je m'étais dit : voilà déjà un député dont un jour, sait-on jamais, on pourrait faire un ministre comme il n'y en a guère. Mauvaise pensée porte-malheur que j'avais vite classée... (Ici, de peur d'oublier, j'anticipe pour souligner qu'en effet, derrière ces grosses lunettes et cette curieuse barbiche, comme aussi derrière cette assurance parfois fendante qui déguise un modeste et passionné chercheur de vérité, se révélerait un homme politique parmi les plus remarquables que j'ai côtoyés. Un homme qui, je l'espère, aura un jour le goût de se remettre au service des citoyens.)

Dans Matane comme ailleurs, la « victoire » était donc assurée. Naguère si rebutant, ce terrain s'était soudain recouvert, autant sinon plus qu'aux meilleures saisons des années 60, d'une riche moisson qui mûrissait à vue d'œil sous le ciel gris de novembre. Rien de plus révélateur, en ces occasions, que le comportement de l'adversaire. Le dollar, qui plafonnait encore caricaturalement bien au-dessus du grand frère américain, avait eu le malheur de perdre un tiers de cent aux tout derniers jours de la campagne. Aussitôt Bourassa de nous en tenir responsables et, déclarant la patrie en danger, de réclamer d'urgence un débat sur le poison monétaire du séparatisme. Refusant mordicus de toucher à cet appât qui, lui, était vraiment empoisonné, j'avais entrepris une tournée finale qui nous fit partir de Trois-Rivières au moment même où s'y posait l'avion du chef libéral. Croisant l'ineffable Jean-Claude Rivest, je ne pus m'empêcher de me payer sa tête.

— Alors, comment ça va dans le camp des Cassandres? J'ai vaguement l'impression que les peurs se portent de moins en moins bien. Même la dernière cartouche monétaire n'est-elle pas légèrement mouillée?

— Hé hé, fit le loyal sceptique, c'est donc de valeur qu'on finisse toujours par se cogner à la loi des rendements décroissants!

Le soir du 15, cela s'était confirmé en moins d'une heure. Au moment où la télévision avait annoncé que nous remportions Deux-Montagnes, que sa forte minorité anglophone nous avait fait ranger parmi les comtés « perdus », Michel Carpentier s'était tourné vers moi.

— Vous feriez bien de penser un peu au « miracle ».

Peu après, on avait annoncé qu'effectivement c'était la victoire. N'en croyant ni mes yeux ni mes oreilles, incapable de jeter le moindre mot sur ma feuille vierge, j'étais allé me cacher en attendant de savoir ce qui allait m'arriver dans ma propre circonscription.

Finalement, l'un des derniers comme d'habitude, on m'apprend cet autre prodige : je suis également élu. Même moi. C'est donc une vague ! Après un arrêt de cinq minutes dans une salle incandescente qui m'empêche de remercier les électeurs de Taillon comme je le voudrais, péniblement nous nous frayons un chemin jusqu'à Paul-Sauvé et, plus malaisément encore, jusqu'à la tribune derrière laquelle, en gros chiffres exubérants, s'étale un résultat à peu près final. Nous avons 71 sièges, les libéraux en perdent exactement le même nombre. Plus qu'une vague, c'est un raz-de-marée qui déferle de partout jusque sur cette foule euphorique, d'adultes riant les larmes aux yeux, d'enfants juchés sur les épaules, éberlués et ravis par ce Noël politique, le fleurdelisé qui ondule triomphal au-dessus de la marée, tous nos vétérans élus ou réélus, des artistes fousfous accueillant le poète Gérald Godin, qui vient de prendre une douce revanche en enlevant son comté à celui qui l'a laissé enfermer en octobre 70, mais ça n'a rien de hargneux, ça fait plutôt penser à un très pur et chaud premier jour, ce « début d'un temps nouveau » que nous chantions sans oser y croire.

Tant et si bien qu'oubliant un moment le poids que je sens déjà très lourd, je trouve des mots également nouveaux, des mots qui ne sont pas vraiment dans ma manière et qui viennent donc de plus loin que la pensée ou qui, plus probablement, me sont dictés par cet inconscient collectif qui frémit là, devant moi.

— Je n'ai jamais été aussi fier d'être Québécois ! On n'est pas un petit peuple, on est peut-être quelque chose comme un grand peuple.

Par delà l'instant, je croyais discerner la forme que prendrait dans la réalité, un jour pas trop lointain, le projet que nous avions tiré du vieux rêve. Tout devenait possible.

Même probable et, pourquoi pas, assuré? Félix Leclerc, dans son chant sur «la nuit du 15 novembre», ne recensait-il pas «six millions de saluts sur les deux bords du fleuve»? Et Gilles Vigneault prêtant l'oreille: «Je vous entends demain parler de liberté»...

Demain peut, hélas, n'être qu'une figure de style. Mais quelqu'un a dit aussi que l'avenir dure longtemps...

Là-dessus — et dès demain au sens propre — il fallait retomber sur le plancher des vaches et, tâchant d'avoir l'air frais et dispos, s'y colleter avec les exigences sans nombre, les vraies pressantes comme les futiles (le coiffeur, le costume, l'*image*), dont je savais qu'elles n'iraient jamais en diminuant.

Mais d'abord, selon l'usage, aller saluer mon prédécesseur. Je ne sais comment ça se passe d'ordinaire, puisque ça ne m'est arrivé qu'une fois... Robert Bourassa m'attendait au dix-septième de l'Hydro, l'étage même où j'avais été, à titre de ministre des Richesses naturelles, le premier politique à emménager dans un petit bureau muni d'une antichambre plus modeste encore. Devenu chef du gouvernement, le montréalais Daniel Johnson s'était ensuite emparé, tout autour, de ce domaine où je me retrouvais maintenant un peu perdu.

Las, mais détendu et comme soulagé, le premier ministre sortant n'avait rien de fulgurant à me révéler. Ce qui me revient en mémoire, ce sont plutôt des impressions. Il avait été battu dans son comté. M'en voulait-il d'avoir été de ceux qui, dix ans plus tôt, lui avaient recommandé ce terroir francophone de Mercier plutôt que la «Town of Mount Royal», où un libéral peut devenir indéracinable — mais sans racines? J'étais sûr que non, l'homme ne s'adonnant pas à la rancune et m'ayant toujours semblé, de plus, avoir un certain côté fataliste, ou plus précisément une sorte d'insensibilité congénitale aux caprices de la fortune.

Il m'apprit qu'ayant aussitôt démissionné comme chef de parti, il envisageait un assez long séjour en Europe. Pour étudier à fond, me dit-il, les rouages de la Communauté européenne, dont le modèle démesuré avait inspiré de loin cette souveraineté-association à laquelle il avait lui-même vaguement adhéré naguère. Je ne pus que l'y encourager fortement, mais je doutais tout aussi fort qu'il fût capable de s'en tenir bien longtemps à ce studieux exil. Toute sa vie était rivée à l'ambition politique. Toute sa carrière, depuis ses premières armes de jeune et brillant conseiller ou recherchiste, à Ottawa comme à Québec, ne s'était jamais orientée que dans ce sens unique.

Avec son existence entière consacrée à cette visée tenace, mais son esprit sans cesse à l'affût de ce qui serait *vendable* à court terme, il m'apparaissait curieusement comme un coureur de fond qui se conduit en sprinter. En 70, les « 100 000 emplois » dont il ne s'était servi, avait-il avoué par la suite, que pour dramatiser la situation... De nous, on avait dit que nous étions des sociaux-démocrates. Va pour la social-démocratie, il s'en était affublé à son tour. Nous parlions de souveraineté? Alors lui aussi, mais y collant avec prudence un qualificatif: la souveraineté culturelle. Pas la souveraineté, donc, mais l'autonomie; pas moins mais pas plus.

Pas moins, certes, et c'est pour le Québec — voilà tout ce que je me permets de dire au présent — une garantie minimale. Celle qu'offrent depuis toujours nos gouvernements nationalistes, sauf aux moments où *Big Brother* trouve ou crée l'occasion de les coincer: Godbout en 40, Bourassa en 70...

Mais aura-t-on un jour la surprise de découvrir, sous ce remarquable destin, un dessein digne de ce nom?

Suffit. Revenons à hier.

LA TAPISSERIE DE PÉNÉLOPE

Hypothèse A... Liste B... Au panier. Et on recommence.

Rien de plus facile au départ que de fabriquer un cabinet. Les premiers noms s'alignent tout seuls. Mais qui fait quoi ? Et qui d'autre encore pour faire le reste ? Voilà le casse-tête.

Dans la petite auberge de North Hatley, où je me suis réfugié avec une poignée de conseillers, dont Louis Bernard et Michel Carpentier (soit les deux connaissances essentielles, celle des besoins de l'État et celle des capacités de nos élus), l'opération s'est amorcée sans problème, à partir de quelques évidences. Comme Lesage en 60, je suis seul à posséder une certaine expérience du gouvernement. À laquelle Jacques Parizeau et Claude Morin ajoutent leur vaste et plus récente expertise de grands commis. Et de trois. Puis viennent nos deux chefs parlementaires successifs, Camille Laurin et Jacques-Yvan Morin, ainsi que deux valeurs particulièrement sûres parmi nos autres vétérans de la Chambre, Robert Burns et Marc-André Bédard. Et de sept, dont cinq Montréalais. Il faut donc élargir la perspective, la régionaliser. Mais d'abord qui s'occupera de l'Agriculture, vitale, partout présente, hypersensible et depuis toujours véritable abattoir ministériel ? Heureusement, le président de l'UCC, Paul Couture, m'a téléphoné juste après le scrutin.

— Allez pas nous nommer encore un agronome, m'a-t-il adjuré. Ni même un cultivateur, d'autant plus que je n'en vois pas tant que ça chez vos députés!

— Bon, mais qui alors?

— Je vais vous surprendre. On est devant un tel fouillis de lois, de règlements, de chinoiseries de toutes sortes, en plus d'être noyés dans les chiffres. Pour nous aider à y voir clair, c'est un avocat que ça prendrait. Ça doit se trouver, un avocat intelligent qui sait compter et qui comprend les choses concrètes...

Avec Jean Garon, qui a par-dessus le marché le physique idéal de l'emploi, nous voici à huit.

S'ajoutent deux *régionaux* capables d'embrasser aussi le Québec entier, Yves Duhaime et Yves Bérubé; puis ces deux anciens combattants de nos débuts et de nos défaites, Pierre Marois et Bernard Landry. Et de douze.

Alors, qui fait quoi? Malheur. Celui-ci refuse mordicus l'emploi qu'on lui offre. Celui-là également. Dans notre candeur naïve, nous pensions que ça leur irait à merveille. Personnages carrés et qui, de plus, sont des compagnons de la première heure. Pas question de les caser de force. Une chance, ils savent ce qu'ils veulent. Mais nous, nous n'en finissons plus de reprendre nos dessins. Ce qui complique encore la tâche, c'est une trouvaille que l'entêté Louis Bernard, s'inspirant de la pratique ontarienne, est parvenu à me faire accepter. Comme nos voisins, nous aurons des ministres d'État, c'est-à-dire des ministres sans ministères. Choisis parmi les poids lourds, ils seront chargés de planifier autant que faire se peut et de coordonner le travail dans ces grands secteurs de développement, l'économique, le social, le culturel, le territorial. Étiquettes fragiles recouvrant des contenus qui ne cesseront jamais de chevaucher. Pour coordonner... les coordonnateurs, on créera donc un comité des priorités. Et pour éviter la frustration qui est apparue en Ontario, où les *super-ministres* subissent le pire de tous les malheurs politiciens, l'invisibilité, nous allons donner aux nôtres des mandats précis qui leur permettront de se faire valoir en bâtissant et en présentant eux-mêmes des projets sans trop marcher dans les plates-bandes de leurs collègues. Mais rien ne saurait à la longue remplacer cette jouissance palpable, analogue à celle du chef d'entreprise, que confère quotidiennement la direction d'un ministère. En dépit de remarquables réalisations, il nous faudra par conséquent laisser tomber cette structure et revenir au bout de quelques années au système traditionnel où chacun détient son morceau concret d'autorité administrative aussi bien que politique. Le seul à qui ça demeurera interdit, c'est votre serviteur...

Nous nous étions accordé une dizaine de jours pour mener à bien cette tâche à la fois baroque et essentielle qui consiste à marier laborieusement des noms avec des portefeuilles, et qu'à chaque remaniement, au cours des neuf années qui suivirent, je devais considérer comme un vrai châtiment du ciel. Mélanger tant bien que mal les anciens et les nouveaux, maintenir un équilibre acceptable entre Montréal et Québec, sans oublier le reste et, au-delà de ces exigences normales, s'efforcer de placer chacun à un poste qui lui convienne, c'est vraiment la quadrature du cercle. On s'en sort couci-couça, puisqu'il le faut.

C'est à quelques heures de l'échéance, dans l'hôtel de Québec où j'avais transporté mes pénates, que je mis la dernière main à cette tapisserie de Pénélope. De ces ultimes convocations, deux qui m'amusent encore chaque fois que j'y repense. Claude Charron, sidéré de se voir confier ce qu'on appelait alors le Haut-Commissariat à la Jeunesse, aux Loisirs et au Sport, lui qui m'avait durement contesté quelques mois auparavant. Et puis après? Contrairement à ce que d'aucuns n'ont cessé de raconter pour je ne sais quel motif, je ne vois rien de plus puéril que l'amour-propre vengeur, l'éraflure se prenant pour une plaie mortelle. Déformation dont l'une des plus étonnantes victimes demeure à mon sens l'économiste Rodrigue Tremblay, qui fut successivement candidat puis ministre par erreur. Au début de la campagne électorale, il s'était présenté un jour en nous disant qu'il venait en réponse à un coup de fil de ma part. L'appel provenait en réalité de son patron, qui s'appelait lui aussi René Lévesque, mais notre homme, n'écoutant que ses voix intérieures, s'était précipité chez nous en catastrophe ! Un universitaire réputé : candidature de prestige, comme on dit en jargon. Mais vu qu'il se prenait évidemment pour le nombril du monde, j'aurais tout de même pu y penser à deux fois avant de lui confier un ministère. Je n'eus plus qu'à le regretter. Étalant un quotient intellectuel «comme il n'y en a pas trois autres au Québec», ne cessant de faire la leçon à l'un que pour critiquer l'autre, ce prestigieux collègue devint si parfaitement insupportable que je n'attendis bientôt que le moment propice pour le renvoyer sur le banc ; et de là, tant qu'il daigna demeurer en Chambre, il continua de regarder de très haut ces petits esprits qui n'avaient pas su l'apprécier à sa juste valeur.

Il est des gens qui, pour diverses raisons, l'excès de suffisance n'en étant qu'un exemple, ne sont vraiment pas faits pour la vie publique. Au risque de passer pour hérétique, à un moment où l'État-Provigo désigne une mode aussi impérative que passagère, je crois que c'est généralement le cas des gens d'affaires. Bien sûr, il n'est pas de règle sans exception, mais je n'en ai connu qu'une seule : Rodrigue Biron, dont l'imagination fertile et la constante disponibilité tranchait sur les mauvais plis de la plupart de ses congénères. Rien n'est plus trompeur, en effet, que l'apparente similitude qu'on note superficiellement entre le public et le privé, ni plus glissant que la confusion qui peut vite en découler. Dans les affaires, la rentabilité est la loi d'airain ; pour l'appareil public, elle ne s'appliquera jamais, et même alors de façon relative, que dans les coins où l'État mène ses propres entreprises industrielles ou commerciales. Mais ce sont surtout les comportements qui ne peuvent être pareils. Le ministre doit tenir compte de l'inamovibilité de ses principaux collaborateurs et de tout ce code, dont les clés demeurent non écrites, par lequel sont dictées une foule de manières de faire et de ne pas faire ; alors que le patron privé débarque d'ordinaire au gouvernement avec l'assurance qui lui confère sa forme de réussite et une attitude de maître après Dieu qui, tout en comportant sa propre étiquette, recoupe assez mal les exigences de la fonction publique. Aussi, très rares sont ceux qui évitent de se casser la figure dans cette arène à la fois trop proche et si différente de la leur.

On dira que je n'avais rien à craindre sur ce point puisque, dans notre premier gouvernement, on ne repérait pas une seule émanation de ce monde du business! En revanche, quel aréopage de compétences, quel éventail de savoir approfondi, reposant sur le roc de cette bonne vieille culture générale à laquelle l'entreprise elle-même, dès qu'elle est le moindrement intelligente, recommence aujourd'hui à faire appel comme au temps jadis. Car rien n'est plus flexible ni plus durable que ce fondement de «la tête bien faite», dans un monde où les plus impressionnants diplômés professionnels ont une demi-vie qui ne cesse de s'amenuiser.

J'avais devant moi, moi le décrocheur, des hommes dont largement plus de la moitié étaient allés compléter des études supérieures en Europe ou aux États-Unis, et je me disais avec un mélange de fierté et d'appréhension: «De toutes les équipes ministérielles qu'on a connues, jamais on n'en aura vu de comparable. Comment pourrai-je arriver à tenir la barre d'un vaisseau monté par autant de capitaines en puissance?» Après neuf ans, il m'arrivait encore de me le demander...

Ces mêmes sentiments étaient de nouveau au rendez-vous lorsque, le 26 novembre 76, j'eus à présenter ce gouvernement attendu avec autant d'incertitude que d'impatience et sur lequel tant des nôtres avaient placé un tel fardeau d'espoir.

> *« S'il fallait que nous décevions les Québécois, déclarai-je en allant au cœur du sujet, ce serait notre confiance en nous-mêmes comme peuple qui serait atteinte. Nous n'avons, c'est simple, pas le droit de manquer notre coup... Je fais appel à tous et chacun d'entre vous pour faire l'effort requis non seulement pour sortir le Québec des difficultés économiques et sociales que nous connaissons trop bien, mais également pour assurer à nos concitoyens la paix, le mieux-être et la fierté — qui est aussi une denrée essentielle — auxquels ils ont droit.*

« *Si tous font leur effort de leur mieux, nous pouvons faire du Québec un pays où on est heureux de vivre, un pays qui entretient des relations harmonieuses avec ses voisins, un pays qui traite ses minorités avec justice et équité, un pays qui développe ses ressources dans le respect de son environnement, un pays qui traite avec une reconnaissance tangible ses aînés qui l'ont bien gagné pendant une longue vie et ses plus démunis avec un soin constant parce qu'ils en ont besoin, un pays qui loge ses familles avec décence et qui assure à ses travailleurs non seulement un emploi mais des conditions de travail adéquates...*»*

Relisant cet idéal avec sa part d'utopie, je sais bien que nous sommes restés très en deçà de ces objectifs, mais je puis affirmer aussi que jamais nous ne les avons perdus de vue. Seulement, l'homme propose et souvent c'est la conjoncture qui dispose. Et la conjoncture, dans le contexte canadien, c'est également les autres.

À Ottawa, où notre arrivée au pouvoir avait traumatisé toute la colline, à trois reprises Trudeau avait déjà esquissé ses réactions. Trois fois en une dizaine de jours, c'était frappant. «Cela dénote à tout le moins, dis-je en répondant à un journaliste, un intérêt très flatteur qui s'est brusquement intensifié à propos de l'évolution du Québec.» Le caractère échevelé de ces propos, cependant, montrait aussi que les résultats du 15 novembre avaient amorcé là-bas une «agonizing reappraisal». Cette douloureuse recherche d'un nouveau discours comportait même quelques aspects positifs. Par exemple, mettant fin à une rumeur qu'on avait complaisamment laissée courir pour faire peur aux enfants, et selon laquelle une décision collective des Québécois pourrait les fourrer dans le même ignoble pétrin qu'en 70, le Premier ministre fédéral admettait enfin qu'on ne saurait en démocratie maintenir un régime politique par la force. Les mesures de guerre étant donc exclues, comment envisageait-on de nous contrer quand viendrait le référendum? La réponse était là, entre les lignes: Trudeau me décrivait entouré de mes «frères de sang». Encore et toujours, cette facile allusion au tribalisme, à ce ghetto étriqué et fatalement isolé où nous perdrions les incommensurables bienfaits du *grand ensemble*. On pouvait dès lors définir assez précisément l'alternative qui ferait l'objet du débat, sinon prévoir la malhonnêteté insigne dont il serait marqué.

De toute façon, nous n'avions pas le temps d'y penser sérieusement. La tâche la plus pressante, c'était pour ainsi dire de nous décoloniser au jour le jour, en nous prouvant à nous-mêmes et en prouvant aux autres que nous étions capables aussi bien que quiconque de conduire nos affaires. Celles du moins dont il était permis de nous occuper.

« UN VRAI GOUVERNEMENT »

La première de toutes les préoccupations fut l'économique. Le fait que nous n'ayons parmi nous aucun représentant patenté du monde des affaires devait pourtant fournir l'occasion à certains ténors de ce milieu, le Conseil du patronat en particulier, de seriner pendant plusieurs années un refrain qu'une foule de perroquets allaient répétant. À les entendre, nous n'aurions été qu'une équipe des lettres qui ne connaissait rien aux chiffres... Il faut être soit de mauvaise foi soit d'une ignorance crasse pour ne pas voir qu'aucun gouvernement ne saurait plus vivre à notre époque sans se soucier constamment de cette dimension essentielle de la vie collective. Depuis la fin des «folles années» 50 et 60, on pourrait même dire, en paraphrasant un vieux mot facile, que la question économique sous toutes ses formes — entreprise, emploi, budget, finances — finit par toucher à tout et inversement.

À peine étions-nous assermentés, on venait nous apprendre que la Ville de Montréal, par suite de la grande orgie olympique, devrait renflouer sa situation financière au moyen d'une taxe spéciale. Sinon, adieu la cote. Au moment où une session d'urgence était convoquée pour régler ce problème, les ministres des Finances puis les premiers ministres se relayaient à Ottawa pour démêler l'écheveau le plus inextricable qui soit en matière de relations fédérales-provinciales, celui des accords fiscaux.

Moins d'un mois après le scrutin, ces rencontres permirent à nos collègues des autres provinces de tester le sérieux de notre option fondamentale. Maintenant qu'ils sont au pouvoir, se disaient plusieurs d'entre eux, ils vont vite s'assagir et rentrer dans le rang. Constatant qu'il n'en était rien, ils manifestèrent leur dépit en brisant aussitôt le front commun qui avait été constitué pour mieux faire face à Ottawa, et acceptèrent pour les cinq années suivantes un milliard de moins que la somme légitimement escomptée. C'était la première fois que je les voyais se pénaliser eux-mêmes en laissant tomber le Québec. Ce ne serait pas la dernière...

L'année 76 n'était pas terminée que, d'autre part, un groupe de travail s'était déjà constitué autour de Bernard Landry afin de déclencher dans les plus brefs délais, en improvisant au besoin, ces programmes de création d'emplois dont le taux de chômage soulignait dramatiquement la nécessité. Sous son acronyme exubérant, OSE (opération de solidarité économique), cet effort allait se poursuivre sans relâche, faisant d'abord apparaître plus de *jobines* que d'emplois durables, apprenant peu à peu à rectifier le tir et nous apportant surtout l'expérience concrète dont nous aurions tant besoin lors de la crise de 81-83.

Ainsi nous efforcions-nous de nous conduire tout de suite comme ce «vrai gouvernement» que nous avions promis avec une certaine emphase afin de souligner le contraste que nous voulions établir avec la fin lamentable de nos prédécesseurs. C'est dans cette perspective que nous avions établi, au cours de la campagne électorale, notre liste d'engagements précis. L'un d'eux surtout me tenait à cœur, à telle enseigne que j'avais insisté pour le rendre public moins d'une semaine après le déclenchement des élections.

«Parlant au nom de son parti, M. René Lévesque a pris l'engagement formel d'abolir les caisses électorales occultes dès son arrivée au gouvernement.

«M. Bourassa l'avait promis le 29 avril 1970 et il n'a pas tenu promesse, a déclaré M. Lévesque... Moi, je remplirai ma promesse, car mon parti a déjà fait la preuve qu'il peut se financer démocratiquement...»

Nous avions réussi, en effet, à maintenir dans ce domaine et même à resserrer progressivement une règle sans précédent. Au tout début, quand nous n'étions encore que le « particule » dont on se gaussait, il avait bien fallu accepter quelques dons substantiels. Mais dès que notre base s'était élargie, nous nous étions faits de plus en plus sévères. À compter de 1972, lorsque 24 000 personnes avaient souscrit quelque 600 000 $ à notre première campagne de financement bien organisée, nous n'avions plus jamais compté que sur les citoyens pour nous faire vivre. D'année en année, des centaines puis des milliers de solliciteurs, après avoir eux-mêmes versé leur obole, se répandaient pendant un mois dans tous les coins du Québec, insistant davantage sur le geste que sur le montant. Comme les autres, j'étais allé de quartier en quartier, accueilli non seulement par les membres du parti mais par des sympathisants inconnus pour qui ce souci d'intégrité méritait de devenir contagieux. Je me souviens de ce vieux couple évaluant ses moyens avant de faire son chèque sur la table de la cuisine, de ces assistés sociaux s'excusant presque de n'avoir à nous donner que deux ou trois malheureux dollars. Des moments parmi les plus réconfortants de toute ma vie publique.

Maintenant que nous en avions le mandat, il me tardait de rendre cette façon de procéder obligatoire. De peur, peut-être, que si nous ne nous pressions pas, quelque diable vînt nous pousser dans les vieux traquenards. Je savais que des sceptiques ne se gênaient pas pour dire que rien n'est plus facile que de rester vertueux dans l'opposition, surtout lorsqu'on n'a guère d'entrées dans les milieux financiers, mais que le pouvoir aurait tôt fait de nous asseoir à notre tour devant la traditionnelle assiette au beurre. Nous nous devions de les faire mentir sans délai. C'est donc le financement démocratique des partis, notre engagement numéro un, qui fut le projet de loi numéro deux de notre gouvernement, mais en fait sa première réalisation majeure.

Désormais, tous les partis étaient tenus de publier leurs états financiers. Les contributions, qui ne devaient plus provenir de compagnies ni d'aucun groupe intéressé mais des seuls individus, étaient plafonnées à 3 000 dollars par année, et l'origine de tout don de plus de 100 dollars devait être dévoilée. On incitait d'autre part les citoyens à s'en mêler en leur permettant de déduire leurs souscriptions modestes de l'impôt sur le revenu.

J'ai eu l'occasion à diverses reprises d'expliquer cette loi dans d'autres provinces, aux États-Unis ou en Europe, où nulle part, que je sache, on n'a jamais instauré de système comparable. Dans les yeux stupéfaits et parfois incrédules, je voyais alors mon reflet comme celui d'un véritable Martien politique. Mais alors que, d'Ottawa à telle ou telle autre capitale de par le monde, les scandales d'argent demeurent monnaie courante ainsi que le mépris qu'ils suscitent à l'endroit des affaires publiques, pas une fois nous n'aurons à patauger dans cette fange. De toutes les réformes que nous avons pu mener à bien, voilà celle dont je serai toujours le plus fier. Celle également qu'on ne laisserait ternir que pour avoir un jour à s'en mordre les doigts.

> «... *Dès la première session régulière qui suivra l'élection, un gouvernement du Parti québécois proposera à l'Assemblée nationale un nouveau régime d'assurance-automobile... Ce régime... non seulement assurera une meilleure indemnisation des victimes, mais également une réduction des primes.*»

Là aussi, ça pressait. Là, cependant, c'était autrement plus malaisé. Quelle âme eût été assez basse pour s'opposer publiquement au nettoyage des caisses électorales, ces écuries d'Augias? Avec l'assurance-automobile, en revanche, on s'attaquait à une vache à lait dont les pis, tout gluants qu'ils étaient devenus, alimentaient des secteurs fort honorables et non moins articulés de la société. C'était particulièrement le cas du Barreau, dont les membres retiraient jusqu'à une bonne moitié de leurs revenus des accidents de la route et, plus souvent qu'à leur tour, n'hésitaient pas à s'acoquiner avec l'assureur pour éterniser les procédures jusqu'à ce que le client découragé finît par laisser tomber son recours ou se contentât d'une bouchée de pain. Or nous avions dans nos rangs quelques avocats qui, pendant un certain temps, ne furent pas insensibles au puissant «lobby» qui s'était constitué en vue de nous paralyser comme le gouvernement précédent. Si bien qu'un jour où la discussion battait son plein, je me rappelle que, face à un consensus des inquiets qui exigeaient le report du projet à un ou deux ans, c'est-à-dire aux calendes grecques, j'étais resté presque seul à résister en compagnie de Lise Payette. C'est grâce à cette dernière, il faut le souligner, grâce à l'énergie farouche qu'elle sut y mettre, si l'on parvint à briser les embâcles et à faire passer une mesure qui avait été attendue en vain depuis 1970. Le gouvernement Bourassa avait escamoté ses promesses en nommant une commission d'enquête — la Commission Gauvin — dont le rapport était ensuite allé dormir sur les tablettes pendant trois ans. Le verdict des commissaires était proprement effarant. L'ayant étudié à fond, Lise Payette prit, comme elle disait, le bâton du pèlerin et, son statut de vedette lui facilitant la tâche, mena tambour battant une campagne furibonde qui emporta le morceau.

La mémoire étant la faculté qui oublie et les gens qui oublient risquant toujours de répéter les mêmes erreurs, il n'est sans doute pas mauvais d'évoquer brièvement ces quelques aspects d'un passé encore si récent : l'époque où plus les dommages étaient élevés, moins la compensation était adéquate, même pour les victimes complètement innocentes ; l'époque où les trois cinquièmes seulement de leurs primes, qui étaient plus élevées que partout ailleurs au Canada, revenaient aux assurés sous forme d'indemnités ; l'époque où un célibataire de 25 ans, conduisant une voiture de l'année, se voyait rançonné de 1 800 dollars... s'il parvenait à trouver une compagnie qui consentît à l'assurer ! Avec ce résultat qu'*un véhicule sur cinq* roulait sans assurance, comme une bombe à retardement.

«La personne avant toute chose» : on transposa ce slogan dans la loi qui nous sortit enfin de ce moyen-âge de l'automobile. Qui plus est, les primes demeurèrent à l'abri de l'inflation pendant trois ans. Et si nous avions mis autant de détermination que nos voisins américains à assurer la sécurité routière, le Québec serait aujourd'hui, dans ce domaine également, le chef de file du monde occidental.

> *« Le Québec doit être aussi français que l'Ontario est anglais. »*

En dirais-je autant au sujet de la langue ? Puis-je me sentir aussi dithyrambique en parlant de la loi 101 qui, en même temps qu'elle corrigeait la législation antérieure, installait dans une structure à toute épreuve la défense et la promotion du français ? Non, bien sûr, puisqu'il ne s'agissait cette fois que d'un instrument dont seule une société coloniale peut avoir à se doter.

Partout ces affiches qui s'obstinaient à nous jeter à la face la morgue unilingue d'une minorité dominante. L'assimilation des immigrants que rien ne semblait pouvoir stopper. Notre infériorité économique soigneusement entretenue du haut de l'échelle jusqu'au barreau du simple « foreman ». Nous ne nous faisions plus dire de « speak white », mais nous ne cessions quand même d'y être obligés dans bien des cas, ici, chez nous. Un jour, si nous le voulions, c'est le français qui serait partout chez lui au Québec et, comme dans tout pays normal, pourrait se débarrasser de ces béquilles législatives qui m'ont toujours paru foncièrement humiliantes. Mais en attendant, la prothèse demeurait nécessaire.

Ce vocabulaire curatif me vient spontanément à l'esprit quand je pense au docteur Laurin. Cette douceur d'acier. Cette riche culture tout entière axée sur l'amour effréné du pays. Ces goûts d'épicurien noyés dans un labeur de forçat. Demi-dieu pour les uns, pur démon pour les autres. Mais d'abord, parfois non sans quelque ostentation, éminent thérapeute.

Il s'était mis en frais de guérir la langue, de la ramener bon gré mal gré à la santé. Des mois durant, entouré d'un groupe de cliniciens aussi passionnés que lui, Fernand Dumont, Guy Rocher, Gaston Cholette, il demeura littéralement jour et nuit au chevet de sa patiente, concoctant

article par article la prescription qui vit le jour sous la
forme d'un Livre blanc, puis d'une première loi dont certaines dispositions s'apparentaient malheureusement à un
remède de cheval. L'opposition s'apprêta aussitôt à nous
infliger un *filibuster*, cette interminable logorrhée par
laquelle la Chambre peut être fort démocratiquement para-
lysée. Dans *Le Devoir*, Claude Ryan, qui n'était pas encore
chef de parti en attendant d'être ministre, nous retira du
coup la prudente bénédiction qu'il nous avait accordée lors
du scrutin, et nous asséna une volée de bois vert dont je
devais admettre que nous la méritions bien un peu.

Le projet fut donc retiré, purgé de quelques passages
d'un autoritarisme excessif, et l'on introduisit dans la
nouvelle version, sous le vocable de réciprocité, une trouvaille d'un de nos collègues qui aurait pu ouvrir à tout le
Canada une perspective des plus fécondes. Afin de contrôler
l'admission des enfants à nos écoles anglaises, on commençait par instaurer le régime communément appelé la
« clause Québec », selon lequel au moins l'un des parents
devait avoir fait ses propres études primaires dans ces
mêmes institutions. J'eus préféré pour ma part la « clause
Canada », soit tout bonnement qu'on respecte le flot constant des migrations intérieures et qu'on étende le droit à
l'enseignement anglais à tous les enfants canadiens dont
les parents seraient d'authentiques anglophones. À défaut,
la réciprocité, le mot le dit, nous permettait une sorte
d'*approche* donnant, donnant. Avec les provinces qui
accorderaient à nos minorités françaises des droits scolaires
à peu près comparables à ceux dont jouissent les Anglo-
Québécois, nous étions prêts à conclure des ententes où
les mêmes avantages seraient garantis à leurs propres
résidents.

Au moment où le débat linguistique reprenait à l'Assemblée nationale, en juillet 77, j'eus l'occasion d'aller tester
cette excellente idée au Nouveau-Brunswick, où se tenait la
conférence des premiers ministres provinciaux. Mais, arrivant tout guilleret, mes formules de réciprocité sous le bras,
je me cognai aussitôt à un mur d'indifférence que Richard

Hatfield, avec l'aide des fédéraux en coulisse, avait érigé à mon intention.

— Pour l'amour du ciel, m'écriai-je, j'ai l'impression qu'aucun de vous ne s'est donné la peine de lire nos propositions. Ne pourrait-on au moins y jeter un coup d'œil?

Au lieu de quoi Bill Davis, Premier ministre ontarien qui fut tout le long de son règne l'expert manipulateur de ces réunions, de nous présenter une vertueuse résolution ni chair ni poisson, où l'on s'engageait à se pencher sur l'état de nos minorités et à faire diligence pour améliorer leur sort. « Business as usual... »

La clause de réciprocité demeura pourtant dans la loi 101. Elle s'y trouve toujours, comme l'annonce d'un futur aussi indéfini que jamais. J'acceptai à mon corps défendant que l'on biffât par ailleurs l'article 133 de la constitution touchant le bilinguisme des lois et des tribunaux. Disposition qui devait fatalement se retrouver devant la Cour suprême et s'y faire biffer à son tour. Lorsque cela se produisit, on se rappellera que notre valeureux tribunal de dernière instance se trouva forcé d'administrer un traitement identique au Manitoba, où une loi qui avait effacé d'un trait de plume l'usage du français et refoulé nos minoritaires jusqu'au bord de l'extinction, était tranquillement en vigueur *depuis 90 ans*!

Deux pans majeurs de la loi 101 sur lesquels il me semble que nous devons continuer à veiller comme sur la prunelle de nos yeux sont l'affichage et la francisation des entreprises. À Montréal tout spécialement, quitte à lâcher du lest dans certains quartiers résidentiels, il ne faut plus jamais que le centre-ville reprenne ce visage bâtard qu'on a trop longtemps toléré avec une passivité d'ilotes. Aussi et surtout, la politique de francisation doit être maintenue dans toutes les entreprises importantes.

Il y a trois ans, je refaisais le tour d'une entreprise multinationale de la rive sud de Montréal où, lors de ma première visite, vers 77, j'avais dû baigner dans une atmosphère parfaitement aliénée, et c'est en anglais que devaient s'exprimer les quelques rares contremaîtres de langue française qu'on arrivait à dénicher. Maintenant, tous ces « petits boss» ont le devoir de connaître le français et de s'en servir. Peu à peu, une poignée des nôtres ont également accédé à des postes de cadres et l'on en trouve même un ou deux dans la haute direction, la vraie, et non plus seulement aux *relations publiques*, ce refuge traditionnel du Québécois de service.

Qui dit multinationale, cependant, songe d'abord aux Américains, puis aux Européens et aux Orientaux qui ont aussi envahi tous les continents. Ce sont des gens qui établissent leurs propres règles du jeu et n'hésitent aucunement à faire chanter les gouvernements et les populations, mais à tout le moins l'expérience du monde leur a-t-elle appris à respecter les contextes linguistiques dans lesquels ils ont à fonctionner. Tel n'est pas le cas des Anglo-Canadiens lorsqu'ils s'installent au Québec. Provinciaux trop souvent étriqués, ils arrivent dans leur colonie intérieure où, pratiquant depuis la Conquête leur minable impérialisme, ils ont acquis la plupart des travers de l'homme blanc chez les peuples de couleur. Après notre élection, qui pour eux était déjà le monde à l'envers, la loi 101 vint les rendre enragés. Alimentée par les hystériques du Montréal anglais, la presse de Toronto avait perdu les pédales. D'une phrase à l'autre, on nous y voyait métamorphosés de « nabots risibles» en inquiétants «fanatiques révolutionnaires» et puis, à l'usage des États-Unis toujours hantés par l'ours communiste, en «Castros du nord».

Rien de plus pernicieux, justement, que cette facilité avec laquelle la communauté de langue permet à des officines torontoises de déformation des faits, remplissant de surcroît des commandes pour New York ou Chicago, de nous dénigrer à volonté et à l'échelle du continent. Ce qu'on sait moins, c'est que nombreux sont les Canadiens anglais que la carrière amène par là et qui, bien plus aisément que les Noirs *blanchis*, se transforment alors en impeccables yankees, tout en continuant à propager leurs préjugés anti-Québécois. Tel cet ex-Ontarien qui, dans un hebdo d'affaires, s'était mis à déblatérer sur nous à jet continu. Ayant envahi l'Economic Club de New York où j'avais été invité, au tout début de 77, à expliquer nos intentions politiques, c'est cette même diaspora sournoise qui avait encore contribué de son mieux à faire un bide retentissant de ma première incursion chez nos voisins. Sur ce, je dois pourtant avouer que, ce jour-là, j'avais consenti pour la première et dernière fois à débiter un texte préparé par une équipe dont le talent n'était malheureusement pas sur la longueur d'ondes américaine et qui m'avait mis dans la bouche de ces petites gaucheries qui écorchent les oreilles. Mais je demeure persuadé que c'est grâce à nos *Canadians* bien camouflés que ces détails furent montés en épingle.

Tout à l'heure, en parcourant un journal du dimanche, je suis tombé sur un excellent article où l'on nous rappelle que la compagnie d'assurances Sun Life construisit jadis le premier gratte-ciel de Montréal, qui fut en son temps « le plus grand édifice de l'Empire britannique ». J'apprends avec ravissement que ce chef-d'œuvre d'une architecture en allée s'enrichit de colonnes en marbre syénite avec base en marbre noir de Belgique, et que les murs et les escaliers sont en marbre rose d'Italie et les parquets en marbre non moins rose du Tenessee ; que les architectes et entrepreneurs en furent les messieurs Darling, Pearson et Cleveland ainsi que Cook and Leitch ; et outre son gratte-ciel, que la société eut aussi la gentillesse de nous offrir un monument à l'occasion du jubilé de la reine Victoria (en 1898), et, pour l'Expo de 1967, le carillon électromécanique le plus sensationnel de l'univers. Il ne manque vraiment à cette somptueuse évocation qu'un seul chapitre, qui, lui aussi, est sans doute unique au monde. Le voici.

Le 6 janvier 1978, le président Thomas Galt annonçait que le siège social de la Sun Life, quittant son historique gratte-ciel, irait se réfugier à Toronto, où une assemblée d'actionnaires avait été bravement convoquée à 500 kilomètres de Montréal pour ratifier la décision. Le motif officiel du départ n'était autre que la loi 101, laquelle, selon

Mr. Galt, menaçait de tarir « le recrutement et le maintien au Québec d'employés compétents possédant la connaissance de l'anglais que requièrent quotidiennement les activités de la compagnie...» Connaissance d'autant plus indispensable, en effet, que Thomas Galt lui-même, après une trentaine d'années au Québec, ne parlait pas un mot de français, et que plus de 80 pour cent de ses employés montréalais étaient des anglophones unilingues. « La Sun Life ne nous quitte pas, remarquait notre collègue Denis de Belleval, puisqu'on peut prétendre, sans trop caricaturer la situation, qu'elle n'a jamais fait vraiment partie de la société québécoise!» Ce que démontrait plus amplement encore son dossier d'investissement: 41 cents pour chaque dollar sorti de nos poches, contre 1,20 en Ontario, 1,07 dans les Prairies et 1,71 en Colombie-Britannique. Bon débarras, nous disions-nous, en compagnie de ces nombreux Québécois qui manifestèrent leur indignation en transférant leurs assurances à d'autres sociétés. Mais Seigneur, que nous sommes donc du bon monde! Après cette pénitence qui ne dura guère, la Sun Life, de même que diverses autres entreprises qui avaient pris le même chemin, n'eut aucune peine à reprendre le terrain perdu et à continuer de s'engraisser à nos dépens.

Comparons simplement ces agissements avec l'attitude de la Prudentielle (américaine), dont le bulletin interne, *Contact*, dans son numéro d'octobre-novembre 77, notait d'abord que l'actif québécois de l'entreprise était trois fois et demie supérieur à ses obligations envers ses détenteurs de polices. « Immédiatement après l'élection, soulignait-on aussi, les membres de la direction... ont pris contact avec les plus hautes autorités gouvernementales du Québec, y compris le premier ministre Lévesque... Les mesures prises par le nouveau gouvernement ont également été analysées et (nous) sont apparues tout à fait raisonnables... *Même le projet de loi sur la langue ne présentait aucun problème sur le plan des affaires... Nous avions déjà pris un grand nombre des mesures imposées par ce projet de loi et faisons le nécessaire en ce qui concerne les autres.*»

D'ailleurs, la Commission Pépin-Robarts n'allait-elle pas indiquer un peu plus tard, dans son rapport que Trudeau devait jeter au panier pour cette raison entre autres, que la loi 101 n'empêchait nullement les Anglo-Québécois d'être traités, autant sinon plus que toute autre minorité, de manière parfaitement civilisée? Alors que les détracteurs s'en allaient terroriser les touristes en évoquant l'inqualifiable intolérance que nous leur réservions, à Montréal *The Gazette* et « Channel 12» n'avaient pas cessé d'être au nombre des médias les plus rentables du pays. Québec, la capitale, continuait elle aussi à offrir une gamme exorbitante de radio-télé à son un vingtième ou un vingt-cinquième de la population, tandis que l'armée des câblo-distributeurs d'outre-45e avaient beau jeu de nous inonder de toutes parts. Qu'on me trouve par ailleurs, où que ce soit dans le monde (inutile de parler du Canada), des minori-taires dont l'enseignement public, de la maternelle à l'uni-versité, est financé selon les mêmes normes que celui de la majorité. Des minoritaires qui font la pluie et le beau temps dans une grosse moitié de la vie économique et, à temps comme à contretemps, peuvent s'adresser en anglais à l'ensemble du continent pour nous casser du sucre sur le dos.

Qu'on me comprenne bien. Je suis très heureux que nous ayons su demeurer plus qu'exemplaires sur ce point; un peu moins, cependant, quand je songe au chemin que la décolonisation aura encore à parcourir, bien qu'elle ait déjà franchi toutes ces étapes qui étaient naguère impensables.

« ... *Avec la participation des représentants des producteurs agricoles, une politique de zonage visant à protéger nos meilleures terres...* »

Par exemple, reprenant une fois de plus nos engage-ments électoraux et revenant au sens le plus littéral sur le plancher des vaches, je me contente d'évoquer brièvement cette mesure de simple bon sens qui, pour l'avenir de notre sol et de ceux qui en vivent en nous faisant vivre, représen-tait au bas mot une petite révolution tranquille.

On disait couramment que le tapis achevait de nous partir de sous les pieds. Partout livrés aux spéculateurs, nos champs attendaient depuis toujours qu'on prît conscience du péril que cette incurie faisait courir aux nordiques que nous sommes, sur cette terre de Caïn qui couvre les quatre cinquièmes du pays, avec cet habitat qui équivaut à peine à la Belgique et une saison productive qui ne dure pas six mois. Heureusement, juste au sud du Saint-Laurent, dès qu'on émerge de la banlieue montréalaise, on entre dans nos « terres noires », qui comptent parmi les meilleures au monde et que recherchent avec avidité les incomparables maraîchers qui nous arrivent des vieux pays. Mais c'est justement ce riche patrimoine que la proximité de la grande ville menaçait d'effacer à jamais sous les centres d'achat et autres *développements* sauvages. Avec des lois fiscales qui s'acharnaient bêtement à bloquer les successions de père en fils, comment l'habitant aurait-il pu résister au promoteur venu lui offrir des centaines de milliers et jusqu'au million de dollars pour son domaine ? C'est ainsi qu'à l'orée de notre grenier agricole, la ville de Saint-Hubert, dans ma propre circonscription, m'avait fait savoir que près de la moitié de ses taxes foncières étaient perçues de propriétaires qu'il fallait rejoindre à leurs boîtes postales de Zurich ou de Hong-Kong.

Rigoureuse comme aucune dont j'aie eu connaissance, la loi de protection des terres arables, ou de zonage comme on la désigne communément, vint mettre le holà à cette dilapidation de notre première ressource et rétablir du même coup ce minimum d'équilibre entre la ville et la campagne, entre le citadin en mouvement perpétuel et le terrien farouchement enraciné, sans lequel une société humaine peut sombrer dans une anémie dont l'alimentaire est loin d'être le seul aspect pernicieux. L'application de cette loi, j'en conviens volontiers, a souffert de se voir *judiciarisée* avec une raideur souvent obtuse, presque inhumaine à l'occasion, mais on doit convenir aussi que nous revenions de loin. J'ajoute qu'en quelques brèves années, notre taux d'autosuffisance (c'est-à-dire la balance entre l'exportation de nos surplus et le coût des denrées que

nous ne saurions produire) est remonté de moins de 40 à
plus de 70 pour cent. Racines et rendement également
nécessaires, sans compter que, face à nos cinq milliards de
semblables chez qui tant d'enfants n'ont même plus la
force de crier au secours, c'est le contraire qui serait, qui
était, déshonorant. Bref, le souci de rentabilité se marie là
avec une évidente question de principe. Combinaison qui,
chaque fois qu'on la rencontre, stimule prodigieusement la
volonté d'agir.

Voilà précisément l'inexpugnable position dans laquelle
le gouvernement fédéral eut l'obligeance de nous placer, en
78, en provoquant par son budget l'épineuse affaire de la
taxe de vente. Cet inaliénable joyau de la couronne ontarienne, le ministère des Finances, venait d'être confié à un
Jean Chrétien qui, ne se tenant plus d'aise, eut l'idée de
frapper un grand coup. Maniant à la fois la carotte et le
bâton, il offrit aux provinces qui accepteraient de réduire
leur taxe de vente de leur rembourser ce manque à gagner
jusqu'à concurrence de 3 pour cent. D'un côté, on injecterait
ainsi un peu d'adrénaline à une économie languissante ; et
en même temps, Ottawa entrerait avec ses gros sabots
dans un champ fiscal exclusivement réservé aux provinces.
Une à une, ces dernières, sauf le Québec, finirent par
accepter, non sans quelques grognements, de passer sous
ce joug astucieux. Plus astucieux encore, lambinant avec
soin d'une discussion à l'autre, Jacques Parizeau s'était
bien gardé d'accorder son consentement. Nous croyant
condamnés à suivre le troupeau, Chrétien annonça donc
que si, comme les autres, nous abaissions la taxe de vente,
nous aurions droit au remboursement. Parizeau de réunir
aussitôt son équipe et de leur demander : 3 pour cent, ça fait
combien ? Réponse : 226 millions. Allait-on éparpiller une
telle somme dans une détaxe aveugle, de la Cadillac ou du
vison comme des nécessités de la vie ? En donnant dans le
panneau fédéral, nous raterions une chance inespérée
d'accomplir un certain progrès aussi bien social qu'économique. Or, parmi nos *secteurs mous*, ceux de la première
révolution industrielle qui ne cessaient de tirer la langue,
les suivants attiraient tout de suite l'attention : le meuble,

le textile et le vêtement ainsi que la chaussure, biens qui répondent par ailleurs aux besoins les plus élémentaires de la famille modeste. En les exonérant, non pas partiellement mais au complet, l'on dépassait du coup 200 millions de manque à gagner, à condition justement d'exclure le luxe haut de gamme. Coquetterie ou minutie ? Parizeau tenait absolument à ses 226 millions, pas un sou de plus pas un sou de moins. Eurêka, quelqu'un se souvint que l'élimination de la taxe sur les chambres d'hôtel, exorbitante au point de nuire sérieusement à l'industrie touristique, nous amènerait pile sur l'objectif.

Sitôt rendu public, ce kit socio-économique, en plus de recueillir un appui enthousiaste, eut aussi pour effet de mettre les rieurs de notre côté. Furieux, Chrétien réagit en nous refusant nos 226 millions. Il préféra se ridiculiser encore un peu en expédiant la somme aux contribuables à raison de 85 dollars chacun, argent que Parizeau s'empressa de récupérer par voie d'impôt !

Nos plus fragiles entreprises de même que la majorité des familles n'eurent plus, particulièrement pendant les dures années qui allaient venir, qu'à se féliciter de ces largesses gentiment soldées par Ottawa... C'est à compter de ce moment-là, d'autre part, que Jacques Parizeau établit solidement sa réputation de prestidigitateur financier.

Mais au-delà de cette image qu'il soignait avec volupté, il aura été à mon avis le plus efficace en même temps que le plus progressiste de tous les grands argentiers du Québec. Bourgeois de vieille lignée — « et j'en suis fier », proclamait-il — il n'était pas moins doté d'une conscience aiguë des iniquités du sort, sentiment que ses budgets s'efforçaient de refléter. Quitte à taxer davantage les gens aisés, il parvint à réduire peu à peu le fardeau des humbles, tant et si bien qu'au bout du compte la comparaison avec l'Ontario, éternel critère si souvent masochiste, était devenue saisissante : là c'étaient toujours les petits qu'on saignait à blanc et les gros qu'on ménageait, alors qu'ici on était parvenu à faire très précisément le contraire [1].

---

1. C'est durant cette période que les déficits prirent leur envol définitif.

Superbe ministre, Parizeau était aussi un désarmant personnage. D'une incroyable vivacité d'esprit et le sachant peut-être trop, cet ancien élève de François Perroux et d'autres illustres maîtres, marqué de plus par la London School of Economics d'où il avait rapporté jusqu'aux manies le style de la « City », il pouvait aussi bien amuser ses interlocuteurs que les mettre hors de leurs gonds. Ambitieux, certes, trouvant le loisir d'organiser un réseau de ses fidèles, il s'est toujours targué d'être pourtant le « bon soldat » dont la loyauté demeurait indéfectible. C'est ainsi, en tout cas, que je l'ai connu pendant toutes ces années, jusqu'au jour où, sobrement, brutalement, son indépendantisme tout d'une pièce, déjà meurtri par le référendum, lui fit claquer la porte.

« C'est de façon démocratique que cette indépendance doit se faire, c'est-à-dire avec l'accord de la population. »

(Programme de 1976)

En 79 cependant, nous gardions tous ce même grand espoir qui motivait notre action depuis douze ans. Mais le temps passait. Sans plus de délai, il fallait nous mettre à la préparation assidue de notre engagement suprême.

Avec cette feinte indignation qui meuble le discours de toutes les oppositions, les adversaires nous accusaient d'avoir négligé les problèmes quotidiens au profit de notre option ; mais c'est cette dernière, en réalité, que nous avions dû laisser de côté presque entièrement pendant près de trois ans. À Ottawa, groupes de travail, comités, le PMO (Prime Minister's Office) et la ribambelle des propagandistes de l'unité canadienne n'avaient connu aucun repos depuis la fin de 76. Chez nous, seuls Claude Morin et son ministère, dont le rôle fédéral-provincial comportait clairement cette

---

Comment l'oublier, on nous en aura trop rebattu les oreilles ! Il faut croire qu'une telle escalade était pourtant inévitable, puisqu'en dépit de tous les *dégraissages* additionnels qu'on prétend faire subir à l'État-providence, on ne réussit aujourd'hui qu'à maintenir le plafond que nous avions nous-mêmes fixé au moment de la crise.

responsabilité, avaient pu se consacrer à la tâche. Désormais, ce devait être l'affaire de tout le monde. À la loi sur les référendums, instrument-clé dont nous nous étions dotés à l'avance, vint donc s'ajouter, au printemps, le Livre blanc où nous puiserions la substance de notre campagne : *Québec-Canada : une nouvelle entente. D'égal à égal.* Retrouvant dans cette formule l'essentiel de la souveraineté-association, je me sentais bien dans ma peau et j'avais hâte de partir en campagne. Mais nous avions d'abord à attendre que disparaissent deux gros embarras de parcours.

J'avais décidé que nous éviterions de mêler le débat référendaire à l'effervescence d'une campagne électorale. Le sachant, se voyant aussi acculé à une défaite de plus en plus probable, Trudeau étirait son mandat de mois en mois. Enfin, il se résigna à plonger et, en mai, se fit battre à plate couture, partout sauf au Québec. Ainsi s'évanouit pour de bon, pensions-nous avec soulagement, ce mirage du «French Power» qui a si longtemps entretenu l'illusion d'une sorte de toute-puissance québécoise à Ottawa. Avec la réalité du pouvoir qu'il n'avait jamais vraiment lâchée, le Canada anglais en récupérait aussi les apparences...

Restait le Front commun et cet affrontement triennal qui a ses vieux routiers blasés, son jargon — la négo, la dispo — et tout son attirail de mandats utopiques et de boursouflure oratoire. En 78, nous avions pensé, naïfs que nous étions, donner le bon exemple en gelant nos propres traitements pendant douze mois et en limitant les augmentations à venir à 6 ou 7 pour cent par année. Nos amis du secteur public, qui venaient pendant cette même année d'empocher 20 pour cent de plus, avaient sûrement été impressionnés par cette modération ? Tu parles. C'est 30 pour cent qu'ils exigeaient cette fois-ci ! D'aucuns ont raconté que nous avions fini comme nos prédécesseurs par les laisser partir avec la caisse. Je puis affirmer le contraire. On arriva même à imposer, là comme en matière fiscale, une amorce de retour à l'équité, les mieux nantis ayant à faire les frais d'une hausse importante du traitement minimum. Mais ce n'était pas encore la crise et les appétits demeuraient illimités, de même que le cynisme avec lequel on s'était habitué à prendre les citoyens en otages. Çà et là, on fermait des hôpitaux, le transport en commun était paralysé à Montréal. De nouveau, il fallut acheter la paix au prix fort, moins ruineux tout de même qu'à la fin des *rondes* précédentes.

Ce n'est pas sans mérite, au surplus, qu'on avait réussi à limiter quelque peu les dégâts. Au beau milieu du vacarme et de ces embêtements dont la population met instinctivement le blâme sur les élus, des partielles se déroulaient dans trois comtés : Prévost, Beauce-Sud et surtout Maisonneuve, un de nos châteaux-forts du Montréal populaire, où Robert Burns nous avait quittés dans l'amertume en me donnant le coup de pied de l'âne au moment de son départ. Point n'est besoin de rappeler la suite, puisque tous savent que jamais, *jamais* en neuf ans, nous n'étions destinés à remporter un seul scrutin de remplacement. On ne peut pas tout avoir, comme disait ma grand-mère.

Mais le plus désolant souvenir que je garde de cette période, c'est celui du chantage préréférendaire dans lequel les syndicats s'étaient lancés sans vergogne. Nous vous répondons par un NON, proclamaient-ils en appuyant lourdement sur le non. Certains de leurs porte-parole étaient même allés jusqu'à nous faire savoir de vive voix que, pour compter sur eux, il nous faudrait délier «toujours plus» les cordons de la bourse. Un vote historique contre une poignée de dollars.

LE CRÈVE-CŒUR

Le 19 décembre 79, vers la fin de l'après-midi, le Conseil des ministres se réunissait dans cette salle dont l'éclairage indirect et la voûte en forme de verrue vous isolent comme dans une capsule interplanétaire. Ainsi coupés du monde, nous avions à nous concentrer comme jamais afin de mettre au point en quelques heures la question du référendum, tout en tâchant d'oublier les événements inattendus qui venaient de se produire.

Moins d'une semaine auparavant, le pauvre Joe Clark, cet estimable *Westerner* qui s'était donné une peine de tous les diables pour apprendre le français, mais sur qui le mauvais sort s'était acharné au point où quolibets et caricatures ne cessaient plus de le descendre, avait connu son ultime malchance en perdant de justesse un vote de confiance aux Communes. Bien qu'il eût annoncé son propre départ le mois précédent et admis qu'il fallait à sa place «un homme nouveau», nous ne doutions pas un instant que Trudeau sauterait sur cette occasion inespérée de renaître de ses cendres toutes chaudes. Double complication. D'abord, des élections fédérales qui s'entremêleraient avec le débat référendaire. À moins d'attendre encore? Mais nous entrions dans notre quatrième année, il y avait notre engagement à remplir et déjà les troupes se mobilisaient d'autant plus vite qu'elles avaient longtemps piaffé d'impatience. De plus, nous risquions sans doute d'avoir de nouveau le phénix fédéral dans les jambes. Mais bah, c'était couru de toute façon, puisque, dans une inter- view d'*adieu*, il avait clairement indiqué son intention d'intervenir. N'était-il pas préférable, d'ailleurs, d'aller au fond des choses avec ce vis-à-vis raide et manichéen plutôt que d'avoir à prendre des gants blancs contre un brave type foncièrement large d'esprit comme Clark ?

Alors, cette question ? Depuis trois ans qu'on l'atten- dait, chacun pouvait avoir sa petite idée. Mais trois per- sonnes seulement avaient reçu instruction d'explorer cette *terra incognita* de la consultation populaire. Flanqué de l'exigeant Louis Bernard et de Daniel Latouche, conseiller politique dont la jeune carrière universitaire n'avait pas eu le temps d'étouffer l'imagination, c'est Claude Morin qui était chargé de débroussailler le sujet et, s'interrogeant d'ébauche en ébauche, d'aboutir à LA question.

Par exemple, devrions-nous, comme le Royaume-Uni préparant son entrée dans la Communauté européenne, passer une « loi de souveraineté-association » que les citoyens n'auraient plus qu'à ratifier ou rejeter par leur vote ? Mais que de palabres en perspective sur chaque article, que de chiures de mouches les libéraux ne trouve- raient-ils pas à éplucher ! Nous nous étions donc rabattus sur le genre de question qui est vraiment questionnante et où, l'enjeu une fois défini, nous demanderions aux Québé- cois... Nous leur demanderions quoi, au fait ? L'idée était venue tout naturellement de solliciter le mandat de négocier, puisque la perspective d'une nouvelle association impliquait forcément des pourparlers avec Ottawa et le reste du Canada. Dans ce cas, comme tout mandataire scrupuleux, nous aurions ensuite à faire notre rapport sur le succès ou l'échec des négociations. Autant prévoir, par conséquent, qu'il faudrait alors revenir devant les gens. C'était réaliste et, nous semblait-il, plus rassurant aussi pour tous ceux qui hésitaient encore à mettre l'orteil à l'eau.

Claude Morin était-il de ceux-là ? C'est en tout cas le noir soupçon que faisait peser sur lui notre acerbe aile intégriste. Cela avait commencé en 74, lors du congrès où il était devenu le « père » du référendum. Jusque-là, on avait tout bonnement prévu que, fort de sa majorité parlementaire, un gouvernement péquiste s'empresserait de proclamer la souveraineté sans autre forme de procès. Ce qui était d'ailleurs conforme à ce vieux dicton selon lequel le Parlement peut tout faire sauf changer un homme en femme... C'était quand même un peu court et encore plus risqué. Si nous remportions la victoire avec moins de la moitié des suffrages — résultat le plus probable et précisément celui qui nous attendait en 76 — quel accueil le fédéral réserverait-il à une telle déclaration unilatérale d'indépendance ? Rien de plus prévisible que l'acharnement avec lequel il s'appliquerait à nous priver de la reconnaissance officielle qui seule peut inscrire un pays sur le registre de l'état civil international. Il aurait la partie facile devant la grande famille des États post-coloniaux où, en maintenant les partages arbitraires qui découpèrent jadis les peuples en morceaux, on s'est condamné à craindre comme la peste toute forme de séparatisme. Pour extraire de la structure fédérale une province encastrée comme le Québec, il était donc absolument nécessaire d'en obtenir au préalable le mandat indiscutable. Un « maître chez nous » traduisant une volonté collective ne portant que sur ce point précis. Se rendant à l'évidence, le parti s'était résigné sans trop rouspéter à inclure le référendum dans son programme.

Pour avoir piloté ce virage, cependant, Claude Morin s'était rendu suspect aux yeux des radicaux déçus, qui ne voyaient plus en lui qu'un fédéraliste camouflé ou, à tout le moins, un *étapiste* pusillanime. Ce dernier qualificatif surtout avait le don de le mettre en rogne, comme il nous arrive à tous quand d'autres nous tiennent bêtement rigueur de pratiquer la logique du simple bon sens. C'est cette logique qui avait inspiré à Morin sa métaphore préférée : « On aura beau tirer dessus, la fleur ne poussera pas plus vite. » C'est elle aussi qui lui faisait bâtir, non sans un brin de vanité, d'interminables syllogismes en « petit a : pensez à ceci, petit b : ajoutez cela, petit c : sans oublier que, etc. »

Pour ceux qui l'avaient pris en grippe, voilà qui suffisait à ranger avec dédain parmi les machiavels de salon ce piocheur infatigable à l'esprit toujours en éveil, constamment à l'affût des pièges que pouvaient nous tendre ceux d'Ottawa, lesquels l'exécraient d'ailleurs avec une cordiale intensité.

C'est à moi qu'il incombait maintenant de proposer au Conseil des ministres cette question sur laquelle notre méticuleux trio avait sué sang et eau. J'y avais moi-même travaillé depuis quelques jours, afin de l'étoffer davantage sans trop l'alourdir. Mais il va de soi qu'aucune formulation ne saurait rallier d'emblée un groupe qui s'apprête à jouer son va-tout en quelques lignes. Assumant patiemment le rôle de sténo qu'impose la présidence d'assemblée, je notais : un mot de trop selon celui-ci, une expression qui cloche selon celui-là. On soustrait, on additionne. Surgissent des doutes qu'on n'avait pas prévus. Ainsi, pourquoi demander un mandat de négociation plutôt que celui de procéder ipso facto ? Quant à l'idée d'un second référendum, elle faisait littéralement bouillir Jacques Parizeau, pour qui même le premier n'était pas facile à avaler ! La tension devenant excessive, j'ajournai pour une heure. À minuit, on parvenait à dégager un consensus à peu près solide. Jusqu'aux petites heures, quelques juristes eurent ensuite à peser le tout dans les délicats plateaux de la légalité. Puis au matin, la nuit ayant malencontreusement porté conseil, je convins avec Morin et Bernard de changer deux mots à un endroit dont Parizeau s'était spécialement inquiété, et nous eûmes le malheur, l'un croyant que l'autre s'en chargeait, de ne pas l'en aviser ; ce qu'il prit quasiment pour un coup de Jarnac. Tout le monde avait les nerfs en boule.

C'est avec le soulagement qu'on imagine que, les dés enfin jetés, je me levai dès l'ouverture de la Chambre et pus dévoiler la fameuse question :

> « *Le gouvernement du Québec a fait connaître sa proposition d'en arriver, avec le reste du Canada, à une nouvelle entente fondée sur le principe de l'égalité des peuples ;*

> « *cette entente permettrait au Québec d'acquérir le pouvoir exclusif de faire ses lois, de percevoir ses impôts et d'établir*

*ses relations extérieures, ce qui est la souveraineté — et, en
même temps, de maintenir avec le Canada une association
économique comportant l'utilisation de la même monnaie ;*

« *tout changement de statut politique résultant de ces négociations sera soumis à la population par référendum.*

« *En conséquence, accordez-vous au gouvernement du Québec
le mandat de négocier l'entente proposée entre le Québec et
le Canada ?*»

C'était plutôt long et lourd, mais également, pour
employer un mot à la mode, d'une parfaite *transparence*.
En quatre petits paragraphes et une centaine de mots,
l'essentiel était là pour qui savait lire.

Le temps des Fêtes vint permettre à tout le monde d'en
discuter en famille et, constatant que dans l'ensemble
l'accueil n'était pas mauvais, c'est avec confiance qu'on se
mit à envisager le débat qui marquerait en février l'ouverture effective de la campagne.

Un premier leitmotiv devait en être, bien sûr, l'analyse
critique du régime fédéral. Mais le thème le plus important,
que tous devaient fouiller selon leurs goûts et leur expérience
vécue, c'était la promesse d'avenir que recélait la souveraineté-association. Sur ce canevas, il s'agissait pour chacun de préparer la meilleure intervention de sa carrière.
Jamais ne vis-je pareille discipline dans nos rangs, ni
autant de cœur à l'ouvrage. Avec l'aide du bataillon de
recherchistes qu'on avait mobilisés, même les moins articulés des députés travaillaient comme des forçats, farouchement décidés à se surpasser. Et ce fut fait. On avait
vraiment tout prévu. Jusqu'à des cours intensifs pour ceux
qui « passaient» mal à la télé. Du débit au costume, rien qui
ne fût impeccable... Personne n'ignorait l'importance cruciale de la joute. Pas d'absentéisme, pour une fois.

Pas la moindre fausse note non plus. Jour après jour,
j'assistai là, de notre côté, à la plus extraordinaire des
performances. Une rafale sans précédent de raisonnements
rigoureux, avec un choix souvent étonnant d'exemples à
l'appui et, se dégageant bientôt de ce merveilleux travail

d'équipe, un climat d'émotion presque euphorique. Claude Charron, qui avait remplacé Robert Burns comme leader parlementaire, patrouillait en prodiguant conseils et encouragements, besogne de surveillant qui ne l'empêcha pas de livrer un de ses plus inoubliables discours. L'émulation ne cessait de multiplier le rendement.

Quel contraste avec la pagaille qui régnait chez nos amis d'en face. Élu chef libéral en 78, Claude Ryan, tout nouveau député d'Argenteuil, manifestait une gaucherie de débutant et, pis encore, l'ivresse par trop perceptible dans laquelle le plongeait la proximité du pouvoir. Son parti remportant sans peine les élections partielles, il se voyait déjà chef de gouvernement. Sûr de lui, il ne s'était que peu et très mal préparé au débat. Se contentant de seriner que la question référendaire était malhonnête, et que là derrière se cachaient sûrement de sinistres intentions, il prit dès le départ la voie de la démagogie simpliste. Comme il n'est rien qui fasse davantage l'affaire des vieux routiers de la Chambre, accoutumés qu'ils deviennent à manier les épithètes bien plus que les idées, les vétérans libéraux lui emboîtèrent le pas avec volupté. En réplique aux interventions à la fois étoffées et passionnées des nôtres, ils se contentaient de criailler «séparatisses, séparatisses». À la détermination avec laquelle nous tâchions de nous situer à un niveau digne du sujet, ne répondaient que des couplets d'une mesquinerie répétitive et le plus souvent puérile. Sous l'œil assassin de la caméra, on découvrait même un Claude Ryan bayant aux corneilles, tandis que, désarçonnés par le feu roulant qu'on leur faisait essuyer, ses voisins de travée n'arrivaient plus à cacher leur désarroi.

Le public aussi se rendait compte de tout cela. Rarement débat politique avait été attendu avec tant d'impatience, puis suivi de si près par un si grand nombre de Québécois, chez qui notre message passait d'autant mieux que l'adversaire ne lui apportait que la plus minable des contradictions.

Que nous eussions gagné cette première manche haut la main, les sondages ne tardèrent pas à le confirmer. J'ai devant moi celui du début d'avril 80. À six semaines du grand jour, nous avions pris une réconfortante avance.

« La question référendaire (ensemble du Québec)»

	OUI	NON	NSP
A) Mars-avril	46	43	11

B) Commentaires :

— rétablissement important du OUI en mars

— comparé à février, où la répartition en votes valides était de 48 OUI et 52 NON, cela représente une progression de 3% pour le OUI

— même si la partie demeure très serrée, on peut entrevoir une majorité pour le OUI...

Variables constitutionnelles (francophones seulement)

— La souveraineté-association (55%) est maintenant, et pour la première fois, plus populaire que le fédéralisme renouvelé (46%)

— Les trois principales composantes de la souveraineté-association obtiennent un appui majoritaire, c.-à-d. que le Québec devrait être responsable :

	OUI	NON
de toutes les lois :	51%	41%
de tous les impôts :	63%	29%
de toute la représentation internationale :	54%	35%

Intentions de vote (par groupe d'âge)

	18-24	25-34	35-44	45-54	55-64	65 & +
OUI	69	66	54	51	40	37
NON	27	27	36	40	44	45
NSP	4	7	10	9	16	18

À 55%, *chez les francophones seulement*, le OUI était encore à quelques points sous la barre qu'il avait à franchir. Vu le NON monolithique auquel on devait s'attendre de la part des Anglo-Québécois, la majorité française devrait donner à peu près 62% de OUI. À ce moment, ce n'était pas du tout inconcevable. N'avait-on pas vu de par le monde des peuples saisir à l'unanimité ou presque des occasions comparables?

Gonflés à bloc par la nette victoire remportée à l'Assemblée nationale, les «Regroupements pour le OUI» se répandaient partout comme une traînée de poudre. On en trouvait au moins un dans chaque comté. Dans une foule d'entreprises, les travailleurs avaient également le leur. Tour à tour apparurent les économistes pour le OUI, les avocats pour le OUI, les scientifiques pour le OUI. Coiffant cette pyramide, le «Regroupement national» pouvait s'enorgueillir de spectaculaires adhésions: des hauts fonctionnaires comme Thérèse Baron, des héros militaires tel le général Ménard, des écrivains et artistes comme Marie-Claire Blais et Fabienne Thibault, une importante brochette d'anciens ministres ou de députés fédéraux et provinciaux, des combattants de première ligne comme l'Association des Gens de l'Air, des universitaires de renom comme le recteur Yves Martin de Sherbrooke ou la vice-doyenne Christine Piette de Laval, bon nombre des porte-parole les plus écoutés du monde rural. Traçant un émouvant tableau de l'avenir qu'il comptait ainsi assurer à ses enfants, le chef de l'Union nationale, Rodrigue Biron, se rangeait lui aussi à nos côtés.

Éminent homme d'affaires et indépendantiste chevronné, Fernand Paré dirigeait notre Fondation pour le OUI, qui allait recueillir plus de trois millions et demi de dollars. Sa vice-présidente était Madeleine Ferron, veuve du regretté Robert Cliche, qui avait écrit peu avant sa mort ces mots prophétiques: «À mon avis, l'un des plus graves dangers maintenant serait un non au référendum. Le Canada anglais croira alors la crise écartée et retournera à sa léthargie.»

Qu'en était-il, justement, du Canada anglais? Oublions la succursale québécoise où les grabataires et peut-être les défunts seraient en service commandé pour le NON. De rarissimes dissidents, qui se serreraient les coudes dans CASA (Comité anglophone pour la souveraineté-association), risquaient le même sort que l'ancien ministre libéral Kevin

Drummond, à qui son OUI avait valu la perte de ses amis et le déchirement de sa famille.

Au dehors par contre, les esprits étaient moins braqués. La situation paraissait encore fluctuante. Bill Davis et son gouvernement avaient beau se refuser à l'avance à toute négociation, ils étaient fort loin d'exprimer l'opinion des milieux les plus directement intéressés. Ayant toujours été les grands profiteurs du régime, les dirigeants ontariens préféraient évidemment le statu quo, mais si le Québec disait OUI, n'accepteraient-ils pas de transiger afin de maintenir une certaine emprise sur le marché commun de l'association? Telle est bien, en tout cas, la conclusion que dégageait une équipe de sondage de l'université York de Toronto, à laquelle une solide majorité de «decision makers», choisis dans tous les secteurs d'activités, avaient avoué qu'advenant la victoire du OUI ils opteraient pour un accommodement. Dans les provinces de l'Atlantique, pas la moindre hésitation: «La plupart des gens, notait le correspondant du *Globe and Mail*, se déclarent favorables à l'union économique de leur région avec un Québec indépendant, révèle une étude préparée pour la *Task Force on Canadian Unity*. Du même souffle, 65% des répondants disent que si un vote "libre et démocratique" devait aller dans ce sens, le Québec devrait être autorisé à quitter la fédération canadienne.»

C'est à l'économiste Abraham Rotstein qu'il revint de chiffrer éloquemment cette interdépendance économique dont les liens enserrent un si grand nombre de Canadians: «Il y a en Ontario pas moins de 105 800 emplois qui dépendent directement du marché québécois. Les entreprises ontariennes exportent annuellement au Québec pour $4,6 milliards de biens manufacturés... (Rotstein) évalue à 9 000 le nombre de travailleurs dans les Maritimes qui tirent leurs revenus de ventes au Québec. Les Prairies vendent au Québec pour $432 millions de produits de consommation (surtout du bœuf qu'elles ne pourraient écouler ailleurs en Amérique), ce qui contribue au maintien de 10 000 emplois environ. Enfin, 3 000 personnes en

Colombie-Britannique ont un travail relié à des exportations vers le Québec. En sens inverse, le nombre d'emplois est à peu près identique [1].»

Les Québécois pouvaient donc avoir raison lorsque, à la question : *le Canada négocierait-il* ? ils répondaient à la fin de mars : oui à 71%, et non à 16% seulement. À condition de garder à l'esprit, en l'adaptant au contexte, quelque chose comme ce jugement que Mazzini formulait tout là-bas, au siècle dernier, et que l'histoire ne cesse de confirmer : « De tout temps, la politique anglaise (*anglo-canadienne*) a été de créer des obstacles à l'avènement d'un fait quelconque pouvant introduire un élément nouveau dans l'assiette européenne (*canadienne*), puis d'accepter ce fait aussitôt qu'il est solennellement accompli...»

Comme de bien entendu, on nous créerait à nous aussi tous les obstacles possibles. Mais nous ne sentions pas moins qu'une foule des nôtres, peut-être même cette petite majorité qu'indiquaient les sondages, s'attendaient au succès du OUI et, sans toujours le laisser savoir, en étaient venus à le souhaiter.

D'autant plus que, à Ottawa comme chez les fédéralistes provinciaux, le flottement persistait. Face à une alternative multi-milliardaire, celle de choisir ou bien l'avion de chasse F-16 dont les retombées économiques viendraient surtout au Québec, ou bien le F-18 dont les contrats iraient à 80 ou 90% à l'Ontario, le gouvernement Trudeau était aux prises avec des remous dans son caucus québécois. Autour de Claude Ryan, par ailleurs, se prolongeait la «déprime» engendrée par la déconfiture parlementaire. On cherchait fiévreusement à reconstituer une force de frappe ; mais il fallait un déclencheur qu'on ne parvenait pas à inventer.

C'est nous, hélas, qui allions fournir au NON ce coup de pouce qu'il lui fallait. Un jour de mars, lors d'une modeste réunion qui serait normalement restée sans histoire, Lise Payette s'était lancée dans une de ces envolées

---

1. *Le Devoir*, 19 décembre 1979.

féministes que lui dictait sa charge de ministre de la
Condition féminine. Le plus logiquement du monde, elle
s'était mise à déchiqueter un manuel scolaire présentant
deux jolies incarnations du sexisme traditionnel, le petit
Guy, futur champion et parfait macho, et la petite Yvette,
modèle de fillette popote et rompue à toutes les soumissions.
Jusque-là, pas de quoi fouetter un chat. Mais trop bien
portée par son sujet et « quelque diable aussi la poussant »,
notre collègue de laisser tomber que les Québécois n'auraient
qu'à se bien tenir si jamais Claude Ryan devait prendre le
pouvoir, lui qui était marié avec une « Yvette » prolongée...
Or c'était non seulement malhabile mais faux, et on le lui
fit bien savoir. Énumérant les remarquables accomplis-
sements de madame Ryan, quelques journalistes se firent
un devoir d'exécuter la coupable sur la place publique.

Petite cause, en réalité, que ce lapsus, si déplorable fût-
il, mais promise à d'immédiats et fracassants effets. Fin
mars, déjà bien encadrées par les libéraux, quelques centaines d'« Yvettes » se réunissaient à Québec. Et lorsqu'on
en vit, le 7 avril, des milliers d'autres remplir le Forum, à
Montréal, agitant d'une main le drapeau canadien et de
l'autre le fleurdelisé, oubliant vite l'affaire qui leur servait
de prétexte pour lâcher leur NON enfin revigoré, on comprit
que la machine adverse avait réussi à démarrer.

Les quarante jours qui nous menèrent ensuite au 20 mai
mériteraient d'être racontés en détail, d'heure en heure,
pour l'édification des générations futures sinon de celle qui
eut à les vivre comme sous un rouleau compresseur.

Inqualifiable déluge de mensonges, de menaces et de
chantage. Ministre fédéral de l'Énergie, Marc Lalonde
promettant à un Québec souverain un déficit énergétique
très précisément évalué à 16,6 milliards. Sa collègue du
secteur social, Monique Bégin, nous prédisant un niveau de
taxation pharamineux pour arriver tout juste à maintenir
les pensions des vieux et les allocations familiales. Prenant
ce qu'on appelle en anglais le « low road » et frappant sans
vergogne en bas de la ceinture, de honteux terroristes se
répandaient chez les plus faibles et les plus démunis,

comme dans ce centre d'accueil où l'un d'eux, apercevant quelques oranges sur un plateau, eut le front de dire aux personnes âgées qui l'entouraient : « Prenez garde, si les séparatistes l'emportent, on n'en verra plus jamais d'oranges au Québec ! » Ce Québec pitoyable, rabougri, personne ne savait l'évoquer avec plus de verve qu'un Jean Chrétien, éructant en conclusion sa caricature d'un Claude Morin, promu ambassadeur dans quelque pays également sous-développé, où il se promènerait en Cadillac « avec le flag su'l'hood »...

En dépit des règles que nous avions légitimement fixées mais qu'il s'empressa de fouler aux pieds, le camp du NON ne se fit aucun scrupule de noyer également la campagne sous un flot d'argent dont personne, sauf erreur, ne saura jamais le montant exact. Les tribunaux auxquels nous eûmes recours se défilèrent prudemment en quelques phrases qui revenaient à placer les fonds publics fédéraux hors de portée de toute loi québécoise. Combien de millions engloutis dans ces officines d'Ottawa qui préparèrent toute la propagande du NON, y compris le matériel dont se servirent les libéraux provinciaux ? Combien encore pour placarder les médias et jusqu'aux moindres recoins du paysage de ces « Moi je reste — pour ma prospérité », et de ce « NON merci » qu'on retrouvait même dans les exhortations... anti-alcooliques du ministère de l'honorable Mme Bégin ?

Les nerfs et l'estomac martelés de coups sauvages, l'opinion s'était mise à chanceler. Dans les coins les plus fragiles — les gens du troisième âge et ces *flottants* qui sont toujours comme la plume au vent — l'ouragan du NON faisait de terribles ravages. Il paraissait irrésistible et, qui plus est, s'acharnait à faire peur. De l'ouest et de l'est, Blakeney de Saskatchewan, Hatfield du Nouveau-Brunswick, débarquaient les hérauts du refus anglo-canadien. Flairant la curée prochaine, ils se permettaient maintenant de nous envoyer promener de leur ton le plus cassant. Vers la fin d'avril, tous savaient, en effet, à Ottawa comme à Québec, que nous n'atteindrions pas nos 62% et que même la simple majorité ne nous était plus assurée au Québec français.

C'est alors que Trudeau, redevenu Premier ministre le mois précédent, décida d'entrer en scène et de participer sans risque au dernier acte. Le 2 mai 80, d'abord, il s'amenait à la Chambre de commerce et, devant cet auditoire réceptif, commençait par ironiser lourdement sur notre couardise, nous qui n'avions pas osé aller droit au but, mitraillette au poing... comme le Zimbabwe ou l'Algérie. Se rendant compte qu'il se fourvoyait, il se rabattit sur un autre filon, moins explosif quoique tout aussi déplacé : « Supposons, dit-il, que Cuba ou Haïti vienne nous proposer de s'associer avec nous, parce que, là-bas, on aime la prospérité canadienne, on aime la campagne canadienne, on aime les femmes canadiennes... Alors, on vote là-dessus et, en bloc, les Cubains ou les Haïtiens disent : Oui, nous voulons l'association avec le Canada. Est-ce que nous, au nom de la démocratie, on serait obligés d'accepter ? Est-ce que, au nom du fair-play, on n'aurait plus qu'à consentir : "Ben oui, ils ont voté fort, on n'a plus rien à dire" ? (*Gros rires et applaudissements nourris.*) Enfin, trahissant à la fois sa hargne et son soulagement, l'improvisateur d'évoquer la sagesse avec laquelle M. Castro ou M. Duvalier aurait d'abord tâté le terrain afin de n'avoir pas à s'entendre dire : "Allez vous faire voir !" »

Propos qui devraient à mon avis figurer en bonne place dans un petit manuel sur « la façon d'insulter impunément ceux qui ne pensent pas comme soi ». Manuel des plus minces, car peu nombreux dans l'histoire sont les hommes qui ont adressé à tant des leurs de si grossières outrances. Quant à l'anthologie de la duplicité politique qui, elle, remplirait plusieurs gros volumes, l'historique engagement de la semaine suivante mériterait certes d'y être encadré.

Le 14 mai, à une semaine du scrutin, voici, en bref, comment Trudeau proclama, devant des milliers de Montréalais et à la face de tout le Québec, que lui et les siens mettaient leur tête sur le billot : « Nous députés du Québec, nous demandons aux Québécois de voter NON, et nous vous avertissons en même temps, vous tous dans les autres provinces, que ce NON ne devra pas être interprété comme la preuve que tout va bien et qu'il n'y a rien à changer. Au contraire, c'est dans le but d'en arriver à changer les choses que nous mettons nos sièges en jeu!»

Le changement, d'accord. Mais quel changement? Mystère. Compte tenu du passé et de tant de revendications maintes fois répétées, un esprit droit ne pouvait s'attendre à rien de moins qu'une autonomie québécoise plus large et plus assurée. Sinon, ce n'était que promesse en l'air ou, ce qu'aucun démocrate ne saurait se permettre en un moment aussi solennel, pure fourberie.

De tribune en tribune, nous passâmes les derniers jours à exiger des précisions. En vain. Le sphinx gardait son secret, sachant bien que s'il en révélait la nature, d'innombrables Québécois en auraient un haut-le-cœur. Il attendait son heure, tandis que nous épuisions nos dernières forces à tâcher d'atteindre ce minimum vital que constituerait une nette majorité du vote français. Décrivant la solidarité instinctive et parfaitement compréhensible avec laquelle les anglophones se jetaient en masse de l'autre côté, j'allais suppliant les nôtres d'en faire autant pour une fois dans notre histoire. Mais il était trop tard. Ou peut-être n'était-ce pas encore l'heure...

À ce jour, nul ne sait si nos deux cinquièmes de OUI représentèrent ce soir-là 49% ou 51% du Québec français. En revanche, les trois cinquièmes du NON étaient tristement indiscutables. Et durs à avaler, devais-je ajouter à l'adresse des quelque 5 000 partisans qui s'étaient quand même rendus au centre Paul-Sauvé. Au fond de la scène, côte à côte, Corinne, retenant ses larmes, et Lise Payette, tout de noir vêtue comme une pénitente. Devant moi, des visages qu'aucune autre défaite n'avait affaissés à ce point.

— «Le jour viendra pourtant, dis-je en m'efforçant de m'en convaincre moi-même, et nous serons là pour l'accueillir. Mais je dois avouer que, ce soir, je serais bien en peine de vous dire quand ou comment. En attendant, il faut vivre ensemble...»

Pour couper court, j'entonnai «Gens du pays», en faussant comme d'habitude. Puis je pris congé sur un «À la prochaine» qui, lui non plus, n'était guère dans la note, mais pouvait au moins faire un peu oublier le présent.

À Ottawa, Trudeau se transformait peu après en guérisseur patelin, plein de sollicitude pour les éclopés, prétendant mettre du baume sur nos plaies en louant notre sens de la démocratie. Tartufe, comme nous allions bientôt l'apprendre de nouveau.

Chez Claude Ryan, enfin, je me suis laissé raconter qu'on avait eu la victoire plutôt sinistre. Pointant du doigt d'invisibles sceptiques, le chef libéral avait longuement énuméré, d'une voix étrangement vengeresse, toutes les régions et jusqu'aux villes qui l'avaient suivi, laissant commodément dans l'oubli les douze comtés qui avaient tenu bon dans la tempête : Taillon, l'Assomption (Parizeau), Louis-Hébert (Morin), Rivière-du-Loup, Saguenay, Maisonneuve, Sainte-Marie, Abitibi-est, et chacune des cinq circonscriptions du Saguenay–Lac Saint-Jean, auxquelles le même homme irait dire un jour qu'elles manquaient grandement d'information... Décidément, nous avions là un adversaire dont on devrait, en temps normal, ne faire qu'une bouchée. Maigre consolation.

PASSÉ DE MODE...

Treize ans d'espoir et d'«optimisme de la volonté» venaient de s'écrouler. Ça faisait mal. Moins, cependant, que de voir ce lourd rideau qui tombait en fermant l'horizon.

Pour la première fois, pendant ces quelques heures du 20 mai, notre peuple avait eu voix au chapitre de son destin, lui que l'histoire avait bousculé sans qu'il en pût mais, de l'Ancien Régime français à l'occupation anglaise, puis de là à l'amorce du *self-government*, puis à l'Union et enfin à la fédération. Combien en est-il, de par le monde, qui ont refusé pareille chance d'acquérir paisiblement, démocratiquement, les pleins pouvoirs sur eux-mêmes?

Le pire, c'était de se retrouver non pas devant une victoire du cœur ou de la raison, mais d'abord et avant tout devant le triomphe de la peur. Exacerbée par une propagande qu'aucun régime bien dans sa peau ne se serait permis, c'est la bonne vieille peur de Roosevelt — la seule chose à craindre — qui l'emportait.

Nous n'avions pas osé, pas été assez nombreux pour oser larguer les amarres. Nous n'étions même pas allés jusqu'à ce OUI clair et net du Québec français qui nous eût donné le moyen de forcer une certaine restauration de la vieille demeure fédérale. Au sens propre du mot, nous continuerions donc à y habiter une dépendance de plus en plus minoritaire. Je l'ai souvent répété, ce n'est pas l'enfer, loin de là ; c'est plutôt une sorte de purgatoire sans douleur où notre développement est simplement amenuisé, écartelé entre ce que les Inuit appelaient naguère le « little » et le « big Government ». Ce dernier ne nous appartenant pas, rien ne sert, comme on dit chez Provigo, de nous chanter des chansons. Jamais un tel contexte ne nous permettra de connaître l'épanouissement que justifierait toute la gamme de nos ressources. Jamais nous ne pourrons y apprendre la limite de nos capacités.

Je sais bien que le sujet n'est plus à la mode par les temps qui courent. L'ère de la décolonisation est révolue, nous dit-on. L'État-nation n'a pas meilleure presse que l'État-providence. Peut-être, sauf que je ne puis m'empêcher de noter que les États, nations ou pas, ne consentent pas souvent à quelque réduction substantielle que ce soit de leur pouvoir de décision. Même les plus mal pris et les plus endettés finissent par se rebiffer contre les ukases des riches. C'est face aux autres qu'on voit se réveiller ainsi, comme par un réflexe viscéral, jusqu'aux nationalismes qu'on est le moins porté à prendre au sérieux. Devant le viol américain de *nos* eaux arctiques, par exemple, et plus encore devant l'attitude léonine du grand voisin en matière de libre-échange, a-t-on entendu le brusque grondement de ce petit moteur habituellement si faiblard, le nationalisme *Canadian* ?

Je ne parle ici que de nationalismes qui ont eu le loisir de vivre l'indépendance, bien ou mal, peu importe, et d'en devenir quelque peu blasés. Tel n'est pas notre cas. Promettant de ne plus récidiver, pas dans ce livre en tout cas, je me permets de dire une dernière fois que, tant que nous n'aurons pas passé par là, nous ne constituerons à bien des points de vue qu'un peuple en puissance. Je reviens un instant à ces jours où les obstacles n'étaient encore qu'autant de défis et où, Lancelots d'un conte de fées du monde réel, nous marchions d'un pas alerte vers un Graal qui, je persiste à le croire, n'était pas illusoire.

« *Il y a dans l'indépendance un moment privilégié, écrivais-je ou plutôt m'écriais-je en 72, une occasion unique de mouvement et de renouveau. L'expérience d'une foule d'autres peuples nous l'apprend, et il faudrait que nous soyons affreusement diminués pour penser que ce ne sera pas notre cas à nous aussi. Dans la vie d'une nation, c'est une chance qui, par définition, passe une fois et ne revient plus, mais qui permet comme aucune autre, à condition de ne pas la manquer, de s'offrir une véritable révolution à la fois pacifique et féconde...*

« *L'homme d'ici ne s'y reconnaîtra plus. Son appartenance à un peuple entièrement responsable de lui-même ne peut qu'engendrer un sens inédit de la responsabilité et développer comme jamais auparavant l'esprit d'initiative. Il ne s'agit pas de songer à quelque impossible mutation de l'homme dont la nature changerait en même temps que les structures politiques. Nous parlons tout simplement de ce "supplément d'âme" qu'apporte infailliblement à ses membres la promotion suprême d'une collectivité nationale. Tous les peuples qui accèdent à leur souveraineté en font l'expérience, même ceux dont l'impréparation et le sous-développement empêchent ce bond normal de se maintenir au-delà de l'euphorie initiale et de porter des fruits durables...*

« *Bref, c'est la vraie entrée en action que l'indépendance. Tout le reste, depuis plus de 300 ans, n'aura été pour ainsi dire qu'une trop longue période d'entraînement...* [1] »

Là-dessus, je vais pourtant continuer tant bien que mal à nous voir comme de futurs champions et, tenant parole, passer à la suite. Une suite que je n'ai pas tellement le goût d'aborder, particulièrement lorsque viendra bientôt le moment de raconter les lendemains du référendum.

Chose certaine, le NON était destiné à nous coûter quelque chose. Combien au juste, nous n'en savions rien. Mais, connaissant les visées permanentes que nourrit l'Establishment fédéral et les idées fixes de l'homme qui le dirigeait à nouveau, nous nous doutions bien que nous ne perdions rien pour attendre. On n'attendit pas longtemps. Dès septembre, nous devions apprendre le sens véritable de

---

1. Extrait du manifeste « Quand nous serons vraiment chez nous », aux Éditions du Parti québécois, 1972.

«la tête sur le billot» et des grandes promesses de renouveau. Lors d'une discussion qui avait lieu à Ottawa sur le
partage des pouvoirs, cet éternel dialogue de sourds, une
fuite sensationnelle nous apprit que, cette fois non plus,
l'affaire n'aboutirait à rien. Il s'agissait d'un mémo de
Michael Kirby, un des plus intimes séides de Trudeau. Truffé
de citations de Machiavel, ce texte expliquait avec un
cynisme incommensurable que les négociations n'avaient
été engagées que pour la frime et que, au moment opportun,
le fédéral les ferait tourner en queue de poisson! Comme
mes homologues provinciaux, j'étais outré. Nullement gêné
de voir son jeu découvert, Trudeau se contenta de mettre un
terme à cette farce et, peu après, se décida à faire connaître
le vrai fond de sa pensée: ces misérables petits gouvernements provinciaux s'obstinant à lui tenir tête, le Prince
s'en irait régler l'affaire à Londres, «d'égal à égal», avec le
parlement de Sa Majesté!... Puisqu'il le faut, j'évoquerai
donc cette laide histoire telle que je l'ai vécue, en m'efforçant
d'y mettre la rigueur d'un honnête reportage. Mais comme
l'aboutissement ne survint que tard en 81, je dois d'abord
évoquer la stupéfiante victoire que nous allions remporter
dans l'intervalle. Pour notre plus grand malheur? J'aurais
maintes occasions de me le demander tout bas...

VIII

QUI GAGNE PERD

> «... Une espérance collective ne peut
> donc pas être domptée. Chaque touffe
> tranchée reverdit plus forte et plus
> belle. Tout désespoir en politique est
> une sottise absolue.»
>
> (Charles MAURRAS)

QUAND L'OPPOSITION REVIENT
AU POUVOIR...

— Monsieur le Premier ministre, de s'enquérir le doyen d'un ton que l'on sentait plein de compassion, nous diriez-vous comment vous voyez les prochaines élections ?

J'avais ma réponse toute prête. Une réponse à laquelle je ne croyais encore qu'à moitié.

Trois mois plus tôt, en effet, tout le monde nous donnait perdants. À tel point qu'à l'automne 80, vers la fin de notre quatrième année, ni les ministres ni les députés n'étaient parvenus à se « brancher » sur la date du scrutin. Discussion suivie d'un vote dont le résultat, ahurissant, avait abouti à deux reprises à une parfaite égalité. Une moitié de résignés pour qui mieux valait en finir tout de suite, l'autre moitié préférant éloigner ce calice, quitte à encaisser les diatribes d'une opposition qui se voyait déjà au pouvoir et les quolibets qui, de toutes parts, nous traiteraient de peureux.

Au bout du compte, on s'était donc tourné vers moi. In petto, j'avais littéralement tiré à pile ou face.

— Ça ne peut pas aller plus mal, dis-je, par conséquent ça pourrait finir par aller mieux. On verra au printemps.

Nous avions effectivement passé pour des froussards, mais l'on nous plaignait quand même un peu dans les notices nécrologiques qu'on ne cessait plus de nous dresser.

Toujours impuissants à gagner la moindre partielle, privés de quelques collègues partis le cœur brisé par la défaite référendaire, traînant loin derrière les libéraux dans les sondages, nous n'avions plus, semblait-il, qu'à recevoir l'extrême-onction électorale. J'avais pu le sentir jusqu'à Paris où, en décembre, lors de ce qui serait sans doute mon ultime voyage officiel, on nous serrait la main en nous prodiguant des amitiés en forme d'adieux : « On vous regrettera, vous savez... » Même le président Giscard d'Estaing me le laissait entendre avec force ménagements, superbement assuré qu'il se croyait de sa propre réélection.

— Non, je ne suis pas pressé d'entrer en campagne, dit-il. Je préfère m'occuper des affaires aussi longtemps que possible. C'est ce que veulent les gens, je crois.

Veinard, pensais-je à part moi.

— Mais deux fois sept ans, Monsieur le Président, c'est tout un bail.

— Oui, sans doute est-ce trop long. Je songe très sérieusement à faire réduire le mandat. De sept à cinq ans, ou même à quatre comme aux États-Unis. Mais une chose à la fois. D'abord l'élection, puis nous y repenserons.

Sauf, comme dit l'autre, que les plus beaux plans des souris et des hommes... Noël était venu, cette saison charnière où s'élabore parfois une spectaculaire alchimie de l'opinion.

Un jour de février, au moment où, là-bas, Giscard d'Estaing daignait commencer à s'inquiéter, Michel Lepage, faisant irruption dans mon bureau, vint m'informer de son dernier sondage. Bénédictin de ce métier qui est aussi un art, capable de métamorphoser en experts des dizaines de bénévoles, jamais il ne nous avait induits en erreur. Cette fois, pourtant, je crus bien qu'il était tombé sur la tête.

— Pourtant, m'affirmait-il, j'ai beau refaire mes calculs, je n'en sors pas. Si ça continue, ça devrait aller chercher tout près de 50 pour cent des suffrages. Dans les 79 ou 80 comtés.

Quelques jours après avait lieu ma rencontre annuelle avec le corps consulaire. Et le doyen venait de poser la question...

— Eh bien, lui répondis-je, je ne suis pas prophète, bien sûr. Mais si le vote avait lieu aujourd'hui ou demain, je crois que nous pourrions compter sur le même nombre de sièges que la dernière fois. Au moins 72, peut-être même 75.

Avec la courtoisie des bons diplomates, les consuls accueillirent cette énormité sans broncher. Moins gentils, une couple de journalistes, qui s'étaient cachés dans un placard pour éventer le huis clos, se hâtèrent en pouffant de rire d'aller répandre la chose, si bien qu'au sortir de la salle toute leur cohorte m'attendait en se tenant les côtes.

Pourtant, Lepage avait raison. Le revirement s'était produit. Depuis nos tergiversations automnales, en outre, nos organisateurs avaient besogné sans interruption. Flairant le bon vent, l'équipe était gonflée à bloc. La «machine» piaffait d'impatience. Le 11 mars, si l'on me permet de motoriser la métaphore, elle démarrait sur les chapeaux de roues.

Des sept campagnes électorales que j'ai vécues, celle-là fut de loin la plus facile. Contrairement à celles de 62 et de 76, où j'avais eu les nerfs tendus à craquer, celle-ci prit bientôt l'allure d'un mois de détente. Les gens étaient visiblement contents de nous revoir. Cette chaleur cachait-elle quelque chose comme une intention de nous consoler ? Peut-être un vague remords s'était-il installé dans de nombreux esprits depuis le triste soir du 20 mai 80. Pour répondre à cela, il m'eût fallu pouvoir, comme l'ange des Arabes, sonder les reins et les cœurs.

Ce que nous sentîmes clairement dès la première semaine, par ailleurs, c'est qu'on était plutôt satisfait de notre travail depuis quatre ans. La loi 101 apparaissait comme un rempart à toute épreuve pour la langue et l'avenir national lui-même. Trop, probablement. Je me demande encore si ce sentiment de sécurité béate n'aurait pas contribué sournoisement à affaiblir le OUI référendaire...

D'abord âprement discutés, l'assurance-automobile et le zonage agricole étaient maintenant deux de nos atouts maîtres. Guy Joron et son équipe nous avaient laissé une politique d'autonomie énergétique qui se tient toujours. De même que les grandes lignes de « Bâtir le Québec », perspective de développement industriel dessinée par le groupe de Bernard Landry. Depuis notre premier « sommet », qui s'était tenu dès 77 à Pointe-au-Pic, nous avions amélioré nos relations avec les milieux d'affaires, particulièrement avec nos PME qui, au Québec comme dans toute économie évoluée, demeurent les principales sources d'emplois. Industries culturelles, logement, protection du consommateur, mesures en faveur des personnes âgées, aide aux municipalités, etc. — à force de tant embrasser, sans doute avions-nous mal étreint dans certains cas, mais, sauf erreur, nous n'avions négligé aucun domaine important. Même la nationalisation partielle de l'amiante, dont la récession et les boycottages allaient bientôt assombrir le climat, semblait en voie de tenir les promesses qu'Yves Bérubé et moi avions évoquées quatre ans plus tôt : c'est-à-dire de nous assurer, en plus d'une tranche de propriété que nous n'avions jamais eue, des activités de transformation qui, dans le passé, avaient été à toutes fins utiles inexistantes.

Surtout, ce qui ne s'était jamais vu auparavant, nous avions maintenu dans tous les coins de l'administration une incorruptibilité sans failles. Aussi bien dans l'embauchage que dans les contrats et les achats, nous avions tâché d'éliminer jusqu'au souvenir du favoritisme. Comme la défense de la liberté, cela requiert une perpétuelle vigilance, et je ne serais pas autrement surpris si, en cherchant bien, on découvrait çà et là de petits coins où persiste un peu de poussière. Mais nous avions vraiment fait un grand ménage, et nous en sortions les mains propres [1].

---

1. On s'était quand même efforcé, bien sûr, de nous fabriquer des « scandales ». Assez drôlement, ce fut au sujet d'authentiques saletés léguées par nos prédécesseurs et que nous avions décidé de nettoyer. Depuis 72, par exemple, traînait devant les tribunaux le fameux « saccage de la baie James ». En faisant le tour du dossier, nous nous rendîmes

S'ajoutant au fait qu'on nous avait vus tenir de notre mieux nos engagements de la campagne précédente, ce constant souci d'intégrité n'était pas non plus passé inaperçu.

Pas davantage que le simple bon sens qui nous faisait promettre que « sans détour ni faux-fuyant, nous entendons respecter la décision de mai 80... Puisque la volonté majoritaire de la population s'est exprimée il y a moins d'un an, le gouvernement s'engage à ne pas tenir de référendum sur la souveraineté-association au cours d'un deuxième mandat. »

De nouveau nous proposions aussi toute une batterie de mesures concrètes que l'expérience nous aidait à formuler avec une grande précision. Je me contente d'en évoquer une seule, dont la conjoncture ne cesse, à mon humble avis, de rappeler dramatiquement le bien-fondé.

> « *Le désir d'être propriétaire de son logement, notions-nous, est largement répandu chez les familles ayant des enfants. Les besoins croissants de leurs jeunes qui grandissent les incitent à rechercher une habitation plus vaste, un environnement plus favorable. Cette accession des familles à la propriété est d'ailleurs le meilleur moyen d'accroître l'épargne*

---

compte que les syndicats concernés étaient pratiquement insolvables et que, pour toucher un jour la moindre fraction des énormes dommages-intérêts qu'on leur réclamait, il faudrait les pourchasser à travers le dédale de leurs maisons-mères et des cours américaines. De façon expéditive, tordant un peu le bras à l'Hydro, nous négociâmes donc le moins mauvais règlement, qui valait pourtant cent fois mieux qu'une aléatoire cascade de ruineuses procédures. On nous reprocha aussi, pendant quelque temps, d'avoir fait effectuer au galop par un de nos amis des « réparations majeures » à des HLM qu'avaient construites de véritables bandits, bâtiments flambants neufs dont les toits coulaient, les murs croulaient et les sous-sols étaient inondés. Or notre ami était également spécialiste de ce type de rénovation et, non content d'effectuer la besogne en un temps record, nous permit d'épargner quelques millions. Mais hélas, à l'instar de tout autre chef d'entreprise, il avait eu le malheur de confier à son fils étudiant un petit emploi de vacances, et cet autre « scandale » fut monté en épingle assez longuement pour le laisser amer et écorché.

et de stimuler la construction domiciliaire... Aussi le gouver-
nement compte-t-il mettre en œuvre sans tarder un pro-
gramme d'accès à la propriété pour les jeunes familles
québécoises...»

Plusieurs milliers de jeunes couples devaient bientôt
profiter de cette politique, dont l'un des effets les plus
frappants fut d'amorcer pour de bon la saine transformation d'un peuple de locataires en un peuple de propriétaires.
Que les subventions accordées à l'apparition de nouveaux
enfants eussent une intention nataliste, je n'ai pas à le
démentir. Ni à le regretter, au moment où notre taux de
natalité accentue sa dégringolade, où le vieillissement de la
population nous promet une fin de siècle hautement préoccupante et où, de surcroît, vont se multipliant logements
et condos destinés aux gens qui ne *s'embarrasseront* guère
de plus d'un rejeton, et encore. Évidemment, on n'achète
plus des enfants comme aux beaux jours de Mussolini, et la
revanche des berceaux date d'une époque en allée. Mais ce
n'est pas une raison pour assister les bras croisés à un tel
effondrement démographique.

Mais les vraies causes de notre réélection ne furent pas
ces beaux et bons projets. C'est en dehors de nous, j'en suis
persuadé, que ça se préparait, chez les libéraux fédéraux
comme dans leur succursale québécoise. Ironie du sort.

À Ottawa, Trudeau était de retour. Allait-on redevenir
rouge à Québec également ? Mettre tous nos œufs dans le
même vieux panier ? Comme d'habitude, l'électeur y pense-
rait à deux fois.

Mais notre chance suprême, ce fut d'avoir à affronter
un Claude Ryan qui, depuis la férocité révélatrice de sa
soirée référendaire, s'était laissé posséder par un «power
trip» d'une intensité déconcertante. Il parlait, se conduisait
comme celui qui rêve non pas seulement au pouvoir — à
son sens, il l'avait déjà — mais à un inquiétant degré
d'autocratie. Régentant son parti comme un Duplessis
réincarné en Grand Inquisiteur, exigeant presque un billet
de confession de ses candidats, tout en s'obstinant à garder
dans sa caisse de fortes ristournes versées naguère par des

profiteurs du désastre olympique, il était en passe de sombrer dans un certain ridicule.

Tous étaient d'accord et lui le premier, il n'en serait pas moins Premier ministre. Et moi, en face, je n'étais plus qu'un malheureux petit chef de l'opposition se démenant comme un damné pour enrayer la débâcle. (Lorsque vient l'élection cependant, quel cadeau du ciel que d'avoir été perçu depuis des mois comme le perdant garanti et même comme celui qui a déjà perdu, alors qu'on dispose encore de tous les avantages de situation que confère le gouvernement. L'idéal est de se retrouver ainsi en mesure d'attaquer plutôt que d'avoir à se replier sur la défensive.) Pour nous, la trop visible arrogance et diverses cocasseries du « gouvernement Ryan » devinrent le facteur le plus déterminant de la victoire. Tant il reste vrai que l'électeur vote toujours « contre » au moins autant que « pour ».

De là s'ensuit-il que ce retour du bâton, nous n'avions pas eu à en payer le prix ? Oh que non ! Tout l'automne puis une bonne partie de l'hiver, nous avions dû cheminer en grinçant des dents à travers une véritable vallée de l'humiliation. Une station de ce chemin de croix, que je pourrais tout aussi bien loger dans le chapitre suivant, m'est restée gravée au fer rouge dans la mémoire.

Comme je le disais ci-dessus, sitôt son NON en poche, Trudeau s'était empressé de dévoiler ses batteries. Ce qu'il exigeait n'était rien de moins qu'un rapatriement expéditif de la constitution, à laquelle il voulait de plus faire greffer son dada, une charte des droits qui avait l'heur d'horripiler tout le monde. Nous, parce que nous savions que ce serait un instrument pour réduire les pouvoirs du Québec, et les provinces anglo-canadiennes, parce que ce genre de « Bill of Rights » à l'américaine est complètement étranger à la tradition non écrite des institutions britanniques.

Intraitable, le Prince, nous envoyant promener, décida de s'adresser directement à Londres, sommant le parlement de Westminster d'accrocher sa charte au vieux « BNA Act » puis de rapatrier le tout dans les plus brefs délais. Les Anglais ne furent pas très chauds, c'est le moins qu'on puisse dire. Nombreux étaient ceux qu'offusquait ce procédé cavalier et qui n'en faisaient pas mystère.

— S'ils ont l'odorat si sensible, de proclamer Trudeau en les insultant davantage, ils n'ont qu'à se boucher le nez en prenant le vote !

C'est alors que nous fîmes appel à l'Assemblée nationale. Quand les intérêts supérieurs de la nation ou du pays sont clairement en jeu, la plupart des parlements, mettant de côté leurs œillères partisanes, arrivent presque toujours à s'entendre. Les libéraux ne pouvaient ignorer que notre unanimité aurait un poids considérable auprès des Britanniques. Selon nous, ils devaient d'autant moins hésiter à nous appuyer que Claude Ryan s'était lui-même empressé de dénoncer les attitudes de Trudeau et que, pour l'essentiel, notre résolution reprenait même ses propres termes.

Le texte n'avait donc rien de contentieux. Il s'agissait simplement de marquer notre opposition au geste fédéral, combattu d'ailleurs par une nette majorité des provinces. On demandait aux deux parlements, celui d'Ottawa comme celui de Londres, de condamner cette manœuvre, puisqu'elle était évidemment contraire à la nature même du fédéralisme, surtout à la règle établie qui avait toujours exigé que les provinces consentissent à toute modification constitutionnelle.

Logiquement, l'affaire aurait dû se régler en dix minutes. Mais on était en novembre 80. Le gouvernement était au plus bas. Non contents de nous voir au tapis, les libéraux étaient pour ainsi dire assoiffés de sang. Ils «fricotèrent» donc un amendement proprement inconcevable. Pour obtenir la précieuse unanimité, il nous incomberait, à nous les écorchés, d'endosser «l'attachement» que les Québécois avaient manifesté à l'endroit du régime fédéral et de ses «avantages» en rejetant la souveraineté-association. «Courbez-vous une fois de plus, nous enjoignait-on, passez sous nos fourches caudines !» Je suppliai Ryan de ne pas nous acculer ainsi. Je le priai de se mettre à ma place. Un peu plus et je me serais mis à genoux. Mais, tout en susurrant quelques propos lénitifs, le chef libéral se contenta de me laisser cuire sur mon gril. Sous son air de chattemite perçait quelque chose comme un brin de volupté sadique.

En dépit de quelques tractations de dernière minute, on n'eut plus qu'à enregistrer le vote divisé qui affaiblirait lamentablement notre position. En tâchant de s'expliquer gauchement, les libéraux ne firent que s'enfoncer davantage. Selon Léon Dion, nous vivions là un jour de deuil, dont l'éminent universitaire attribuait l'entière responsabilité à une « trahison objective aussi bien que subjective » de l'intérêt national.

Tel était bien mon sentiment. C'est à ce moment-là que je fis vœu de ne plus songer qu'au scrutin et de mener si possible la meilleure campagne de ma vie. Je suis ainsi fait, d'ailleurs, que plus ça va mal, plus j'ai d'ordinaire l'impression de retomber dans mon élément. Rien n'aurait pu me galvaniser plus sûrement que ce spectacle qu'on venait de nous infliger : des gens troquant une occasion en or de servir le Québec contre la plus mesquine des manœuvres parlementaires.

À ce propos, je crois reconnaître ma prose dans ce passage de notre programme électoral où, soutenant que « faut rester forts au Québec », nous demandions : « ... Lequel des partis en présence est assez exclusivement québécois pour exiger comme un minimum vital, dans toute reprise éventuelle des pourparlers (constitutionnels), la reconnaissance explicite de la société nationale distincte dont le Québec est la patrie, de son droit inaliénable à disposer librement d'elle-même et de son droit exclusif en matière de langue d'enseignement ? Nous croyons très simplement que poser la question, c'est y répondre. »

C'est bien ainsi que les électeurs en étaient venus également à voir les choses et, au fond, les jeux étaient faits. Claude Ryan ne pouvait plus que nous faciliter la tâche. Il n'y manqua pas. À l'ivresse qu'avait trahie son comportement de « Premier ministre » avant l'heure succéda fort normalement la campagne d'un homme qui, trop sûr de lui, n'avait pas cru bon de se préparer avec soin.

Tandis que nous suivions un rigoureux plan d'action, le pauvre en fut bientôt réduit aux plus hasardeuses élucubrations. Après avoir proclamé qu'il ne s'abaisserait pas à cette distribution de «candies», il s'aperçut vite que nos engagements précis recevaient un accueil favorable et se mit dès lors à lancer à la volée des promesses auxquelles il n'avait que fort peu réfléchi. Alors que notre équipe de candidats était partout à la fois, solide comme jamais au plan national ainsi que plus riche et mieux équilibrée dans la plupart des régions, lui, au contraire, pareil au Lesage de 1966, s'était cru assez fort pour gagner sans avoir besoin de personne. Kissinger du terroir, il n'était plus que le cow-boy solitaire s'enfonçant au galop dans son propre crépuscule. Le plus frappant, c'est qu'il parut inconscient du danger jusqu'aux sondages qui, à quinze jours du vote, vinrent brutalement lui dessiller les yeux et le jeter dans la frénésie du désespoir. Nous aurions même éprouvé une certaine compassion, n'eût été la manière dont il s'était complu, tant qu'il occupait le haut du pavé, à nous marcher sur la tête. Sans aller jusqu'à dire «chacun son tour», nous trouvions que la leçon n'était pas volée.

Sur la vague qui s'enflait magnifiquement, nous n'eûmes plus qu'à faire du surf les deux dernières semaines, puis, le soir du 13 avril 81, à attendre l'inéluctable. Le résultat était si bien prévu que, pour une fois, la traditionnelle cabale des parieurs libéraux, qui avaient ouvert la campagne en jetant sur la table une grosse somme tape-à-l'œil, s'étaient éclipsés ignominieusement lorsque, vers la fin, nos propres joueurs avaient gentiment offert d'augmenter la mise [2]!

La soirée commença pourtant par nous donner des sueurs froides. Comme pour démontrer que la machine n'arrive pas tout à fait à remplacer le cerveau humain, l'ordinateur de Télé-Métropole s'acharna pendant une heure

---

2. Scrupule excessif? Peur de tenter le sort? Plus probablement à cause de l'état de mes finances, c'est là, je crois bien, le seul *gambling* dont je me sois systématiquement privé...

René et Corinne Lévesque, Brian Mulroney, Ronald Reagan et son épouse.

Avec Juan Carlos, roi d'Espagne.

Le 24 mai 1985, M. et Mme Lévesque sont reçus au Quai d'Orsay, par le premier ministre français, Laurent Fabius et son épouse Françoise.

Rencontre en octobre 1984, avec le maire de Shanghai, M. Wang.

Avec Andréas Papandréou, premier ministre de la Grèce.

Pierre Maurois, premier Premier ministre de la Gauche, artisan généreux de la continuité franco-québécoise.

Au palais de l'Élysée, le président de la République française, M. François Mitterrand accueille, le 29 juin 1983, le premier ministre du Québec, M. René Lévesque.

À gauche, le premier ministre Raymond Barre, fidèle ami du Québec,
à droite, la ministre des universités, Mme Seite-Saumier. Au centre,
un nouveau docteur de la Sorbonne.

Plus québécois que nous, ou presque... Jacques Chirac nous reçoit
à son Hôtel de Ville de Paris.

En 1980 avec Valery Giscard d'Estaing, président de la République française.

Djao Dziang, premier ministre de la Chine, lors de sa visite à Montréal en 1984.

à soutenir que l'Union nationale était ressuscitée et que ce brave Roch Lasalle pouvait songer à former le prochain gouvernement, à condition, cependant, de s'allier avec cette extrême-gauche qu'on voyait également faire d'étourdissants progrès... électroniques !

Au moment où les réalisateurs admirent que la farce avait assez duré, nous avions tourné le bouton depuis longtemps, et c'est donc en anglais que j'appris l'ampleur de la victoire. Nous obtenions bel et bien 49 pour cent du vote, et non pas 72, ni 75, mais 80 sièges. Ce qu'on appelle une confortable majorité, mais on a tort. Plus il y a d'Indiens, plus il y aura d'aspirants-chefs qu'on ne saurait tous contenter. Mais allez donc suggérer aux citoyens de modérer leurs transports...

Enfin, j'entendis Claude Ryan nous féliciter de bon cœur et nous souhaiter bonne chance après avoir déclaré qu'il se pliait «sans aucune arrière-pensée» à ce cruel verdict populaire. Les revers, me dis-je, lui allaient décidément mieux que les triomphes. L'épreuve, je ne le savais que trop, a souvent de tels effets salutaires. Tout en nous rabattant le caquet, elle nous force à rentrer en nous-mêmes et à mesurer notre relative insignifiance.

Il vaut mieux se méfier de la grenouille victorieuse, qui peut vite songer à se faire aussi grosse que le bœuf.

Mais on va voir que je n'eus guère le loisir, ni bientôt le moindre goût, de céder à cette tentation...

NOCTURNE DE NOVEMBRE

Il me semble, en effet, quand je repense aux quatre années qui suivirent, que ce soir-là fut, politiquement, ma dernière joie sans mélange. Euphorie de miraculés que les observateurs enterraient encore si peu de temps auparavant. Aux milliers de partisans qui étaient venus célébrer cette sortie du tombeau, je devais pourtant rappeler que ça ne durerait même pas ce que durent les roses.

— Fêtons bien aujourd'hui, leur dis-je, mais demain faut se remettre au boulot.

Ce qui était strictement vrai. Je n'avais qu'une journée de répit, si l'on peut dire, pour me replonger dans le casse-tête des dossiers constitutionnels, puis, dès le surlendemain, aller retrouver à Ottawa les sept parrains de la « formule de Vancouver ».

Là-dessus, un bref retour en arrière. Je dois commencer par décrire une situation dont l'élection québécoise, évidemment, n'avait pas interrompu l'évolution.

À Ottawa, Trudeau avait beau presser les Communes de faire vite et de passer son « kit » unilatéral avant l'été, Joe Clark et l'opposition conservatrice refusaient mordicus d'obtempérer et, par tous les moyens, traînaient les choses en longueur. À Londres, bon nombre de parlementaires britanniques avaient avalé de travers les «bad manners» qu'ils s'étaient fait servir.

De plus, il y avait ces sept provinces qui se démenaient de leur côté pour dresser l'opinion publique contre le coup de force fédéral. Elles s'étaient vite rendu compte, cependant, qu'elles n'y parviendraient pas en maintenant une attitude purement négative. Le problème, c'était ce damné «rapatriement», qui créait l'image d'un trésor s'apprêtant à rentrer au pays après un long exil. Même au Québec, pas mal de gens commençaient à se montrer sensibles à cette magie du symbole. Que le vieux texte impérial continuât à dormir à Westminster ou qu'il vînt reposer sous la Tour de la Paix, cela ne changeait pas grand-chose en pratique.

— Mais n'oublions pas, clamaient fièrement Trudeau et les siens, que nous n'aurions plus jamais besoin d'aller à Londres pour obtenir des changements.

— La belle affaire, leur répondait-on, le parlement britannique n'est plus qu'un simple tampon.

— Oui, mais ce tampon est le dernier vestige des anciennes dépendances.

On découvrait ainsi, comme jadis Napoléon, que les hochets peuvent continuer à mener les hommes.

Les sept provinces dissidentes — toutes les autres sauf l'Ontario et le Nouveau-Brunswick — s'étaient alors réunies à Vancouver pour y bâtir leur propre projet constitutionnel, dont la clé serait donc l'inévitable rapatriement. On éliminait l'embarras de la charte des droits, mais, comme de bien entendu, on devait tout de même dessiner une formule d'amendement.

Le droit constitutionnel, je ne l'ai jamais caché, me paraît éminemment soporifique, et j'en ai trop souvent démontré ma connaissance fort approximative. J'en sais pourtant assez pour souligner que si des gens parlent de se donner une constitution dont ils seront désormais rois et maîtres, il faut bien qu'ils prévoient en même temps une façon de la modifier. Sinon la constitution n'est plus qu'un

bloc figé, incapable de répondre aux impératifs du changement. Voilà pourquoi, de la formule Fulton-Favreau à
celle de Victoria, on s'est heurté chaque fois, dès qu'on
parlait de rapatriement, à cette question des amendements.

En bref, le plan concocté à Vancouver proposait que
toute modification nécessitât, en plus de l'approbation du
parlement fédéral, celle d'au moins sept provinces représentant ensemble 50 pour cent de la population du pays.
Dans ces conditions, aucune province, le Québec pas plus
que les autres, ne pourrait plus se prévaloir du fameux droit
de veto. En revanche, il était prévu qu'une province dont tel
ou tel amendement ne ferait pas l'affaire serait libre
d'exercer un «opting out», c'est-à-dire un droit de retrait.
Au risque de passer pour hérétique, j'avoue que cette
perspective m'apparaissait dans l'ensemble plutôt sympathique. Et je n'hésitai pas à en faire part aux autres, lors
d'une conférence téléphonique à laquelle Bill Bennett, qui
assumait pour l'année courante la présidence de notre
aréopage interprovincial, m'avait convoqué au beau milieu
de la campagne électorale.

— Sauf qu'en toute franchise, ajoutai-je, nous aurons
quelques objections assez importantes à faire valoir.

— Eh bien, alors, d'interjeter quelqu'un, que diriez-
vous d'une rencontre à Ottawa, le... vos élections sont bien
le 13 avril ? Alors, pourquoi pas le 14 ?

— Whoa, les boys, ne vendons pas la peau de l'ours ! Si,
je dis bien *si*, nous sommes réélus, ok, j'y serais. Mais pour
l'amour du ciel, pas le 14 ! Laissez-nous respirer un peu.

Le sentiment d'urgence était tel qu'ils s'étaient fait
tirer l'oreille pour m'accorder deux jours de grâce. Mais
lorsque, le 16 avril, j'arrivai à la réunion en compagnie de
Claude Morin et de Louis Bernard, voilà que la tension
avait visiblement baissé. Dans l'intervalle, en effet, la Cour
d'appel terre-neuvienne — que nos voisins, tout aussi
friands que nous d'expressions ambitieuses, ont baptisée
leur «Cour suprême» — avait déclaré que, à son avis, le
projet de Trudeau était clairement illégal. Le fédéral se

voyait donc obligé d'en référer à la vraie Cour suprême, celle dont les juges sont nommés par lui... Nous pouvions respirer un peu.

De ce sursis, j'employai aussitôt ma large part, pendant le reste de la journée et jusque tard dans la nuit, pour discuter d'arrache-pied ces objections que j'avais évoquées au téléphone. La première et quant à moi la plus fondamentale, c'était que nos sept comparses n'avaient prévu aucune compensation financière en cas de retrait.

— Supposons, leur dis-je, qu'une majorité d'entre vous, sinon tous, en venez à la conclusion qu'un de vos champs de compétence vous coûte trop cher et que vous décidez alors de l'offrir à Ottawa. Bon, grand bien vous fasse. Mais pour nous, qui avons mené tant de luttes pour empêcher le fédéral d'envahir nos plates-bandes, tout transfert de ce genre serait sans doute impensable. S'il n'y avait pas de compensation, vous voyez d'ici ce qui en résulterait. Vous pourriez effacer des budgets que nous, nous aurions à maintenir tout en continuant à payer notre part du fardeau dont vous seriez débarrassés. Fran-che-ment...

Sur ce premier point, on ne pouvait que nous donner raison. Mais notre seconde objection vint se heurter à un mur. Dans leur formule, les sept avaient prévu que, pour exercer son droit de retrait, une province serait tenue d'avoir l'accord des deux tiers de son parlement. J'ai toujours cru qu'en démocratie, sauf dans certains cas limites, la majorité simple devrait emporter la décision. Aussi eus-je d'abord quelque peine à comprendre que, tout en admettant un droit, on insistât pour en rendre l'exercice aussi difficile. La raison était pourtant bien simple. Mes deux compagnons, à qui j'allais faire un rapport de quart d'heure en quart d'heure, eurent tôt fait d'éclairer ma lanterne.

Pour nos interlocuteurs, le plus important était que leur projet parût acceptable au fédéral et que, par conséquent, l'exercice du droit de retrait fût rendu malaisé. D'ailleurs, même si l'attitude de Trudeau les mettait hors de leurs gonds, ils n'en étaient pas moins attachés eux aussi à cette

« unité nationale » qui, pour l'Anglo-Canadien, se situe en dernière analyse au-dessus de l'autonomie de sa province. C'est par conséquent par principe autant que par stratégie qu'ils tenaient si fort à leur exigence des deux tiers.

Pour nous de même, principe et stratégie se rejoignaient très précisément, mais en sens inverse. Pour le Québec, qui aurait de toute évidence à l'employer plus souvent qu'à son tour, on devait plutôt faciliter l'exercice du droit de retrait. Et ainsi, me disais-je, ne pourrions-nous pas arriver peu à peu à bâtir cet État associé qu'on nous a refusé ? Arrière-pensées que je n'avouais pas plus que les autres ne nous faisaient part des leurs. Mais nous nous comprenions fort bien... Si bien même que nous demeurâmes braqués jusqu'à deux heures du matin. Quant à moi, j'étais prêt à y passer la nuit entière. Heureusement, les sept avaient eu l'imprudence de convoquer une conférence de presse en matinée en vue d'annoncer l'accord qui ferait de nous la « Banque des Huit ». Voyant que je ne céderais pas, ils se résignèrent enfin à laisser tomber leurs deux tiers, me faisant promettre en retour d'apposer solennellement ma signature en bonne place sur un historique parchemin au sommet duquel se déployait le drapeau unifolié ! Petit désagrément en regard de l'importance du résultat.

Devant un front commun de huit provinces sur dix, Trudeau n'avait plus aucune chance. Pourvu que chacun tînt bon et respectât sa signature...

Mais le Québec serait privé du droit de veto[1]. Dirai-je que, à tort ou à raison, cette vieille obsession ne m'a jamais emballé ? Le veto peut constituer une entrave au développement au moins autant qu'un instrument de défense. Si le

---

1. Sujet sur lequel la Cour suprême, comme on sait, devait statuer en décembre 82 : à son avis, le droit de veto n'existait pas, n'avait jamais été que fictif... On aura beau essayer de le réanimer politiquement, je vois mal les provinces anglophones et encore moins le fédéral renoncer à ce jugement qui fait rudement leur affaire. De toute façon, ce n'est pas non plus la direction qui me semble la plus prometteuse pour notre avenir national.

Québec devait l'obtenir, l'Ontario et peut-être d'autres provinces l'exigeraient sûrement à leur tour. Comme à Victoria
en 71, on peut ainsi bloquer le changement et se protéger en
paralysant les autres ; et tout le monde est bien avancé...

Alors que le droit de retrait, dont on a appris à se servir
pendant les années 60 — le plus bel exemple en étant la
création de la Caisse de dépôt — voilà à mon sens une arme
bien supérieure, à la fois plus flexible et plus dynamique :
« Vous voulez, chers amis, prendre telle ou telle voie où
nous ne saurions vous suivre ? Fort bien, allez-y. Mais sans
nous. » D'étape en étape, je le répète, on pourrait ainsi se
faire quelque chose comme un pays...

Peuvent survenir, bien sûr, certains cas dont l'extrême
gravité exige que le refus soit formulé d'une façon plus
dramatique. Par exemple, une constitution tarée par un
coup de force abusif. Mais j'anticipe.

Et tant qu'à y être, je me permets d'anticiper encore,
quand ce ne serait que pour souligner à quel point les
événements étaient en train de nous coincer. Au plus creux
du drame constitutionnel, on commençait aussi, confusément, à percevoir qu'une autre crise se préparait. Ce n'avait
d'abord été qu'un petit nuage, comme l'annonce d'un orage
saisonnier, mais déjà il s'enflait à vue d'œil, et tout l'horizon
économique s'était mis à s'assombrir. Relisant le discours
inaugural que je débitai moins de deux mois après le
scrutin pour ouvrir une brève session printanière, je suis
frappé par le long passage que j'y consacrais dès le début à
cette inquiétante perspective. De quoi demain serait-il fait ?
On ne le savait pas exactement, mais l'on pouvait pressentir

« ... et pas uniquement pour l'année qui passe, que le temps
des croissances tous azimuts est révolu. Aussi bien celui
d'une croissance automatique de l'économie que celui, par
conséquent, d'une croissance équivalente des dépenses.
Comme toutes les sociétés, sans exception, le Québec est
désormais confronté à des limites... auxquelles il est absolument impossible d'échapper...

« Il va donc falloir naviguer avec beaucoup de précautions
sur ces eaux traîtresses des années 80. Ainsi, tout en maintenant et en accentuant les mesures d'assainissement et de

compression que nous avons prises depuis 76, nous devrons aussi choisir désormais avec le plus grand soin chacun de nos programmes nouveaux, en sachant qu'il est devenu impensable de les ajouter sans arrêt à tous ceux qui existent déjà, comme cela se pratiquait dans le passé. Plus que jamais, ces choix parfois douloureux devront être "transparents", clairement expliqués et justifiés. C'est à cette condition seulement qu'une société démocratique peut consentir à une telle discipline, si nécessaire soit-elle.»

Cinq ans plus tard, je crois que tous admettraient le bien-fondé de ces propos, maintenant que la récession est venue si cruellement les confirmer. En dirais-je autant de la fin de ce discours, où je revenais sur l'affrontement constitutionnel ? C'était en tout cas mon opinion et, aujourd'hui encore, tel M. Prudhomme, je la partage !

« La très grave menace que fait peser sur le Québec le projet du gouvernement d'Ottawa n'a malheureusement pas été écartée. On attend présentement l'opinion de la Cour suprême touchant la légalité de ce chambardement unilatéral. Mais quoi qu'il advienne de ce côté, ce projet continuera quant à nous d'être parfaitement illégitime, c'est-à-dire politiquement injustifiable et même immoral. C'est pourquoi il nous incombe de toute façon de continuer à le combattre jusqu'au bout afin de le bloquer...

« Jamais ce peuple n'acceptera de se faire enlever des droits essentiels. Il ne l'aurait pas enduré en 1867, et après tant d'efforts de survivance puis d'affirmation collectives, il ne l'endurera pas non plus en 1981...

« Sous le couvert de donner aux citoyens une nouvelle charte des droits, le projet d'Ottawa est en fait une attaque sans précédent contre les pouvoirs de l'Assemblée nationale du Québec, qu'il viendrait limiter et encadrer notamment en matière de langue d'enseignement...»

Donc, nous en étions là, attendant que la Cour suprême daignât émettre cette opinion que trois provinces, dont le Québec, avaient sollicitée. Conformément à la règle qui veut que plus un tribunal est élevé moins il est pressé, les neuf puissants messieurs nous tinrent sur les charbons ardents jusqu'à la toute fin de septembre.

Je me souviens de ce jour comme si c'était hier, tant fut bien orchestrée la façon dont la Cour fédérale pencha comme il se doit...

En gros, nous lui avions posé trois questions. À la première, un enfant d'école aurait pu répondre : Le projet fédéral affecterait-il les pouvoirs des provinces ? Oui, 9-0. C'est avec la seconde qu'on entrait dans le vif du sujet : Existe-t-il une *convention* en vertu de laquelle Ottawa devrait obtenir d'abord le consentement des provinces ? Oui, 6-3. Et le hic, c'était la troisième question : Cet accord des provinces est-il nécessaire ? Selon la *convention*, oui, 6-3. Mais selon la loi, non, 7-2.

À quoi rimaient ces embrouilles venant s'ajouter à toutes les chinoiseries au milieu desquelles nous nous débattions déjà ? Issues de la tradition anglaise, où les précédents bien établis remplacent si souvent l'écrit, « les conventions peuvent avoir plus de poids que les lois elles-mêmes », nous apprenaient les Solons du régime. « Voilà pourquoi on peut dire que le viol d'une convention est un geste inconstitutionnel, même s'il n'a pas de conséquence sur le plan de la légalité. »

Autrement dit, les visées de Trudeau avaient beau être inconstitutionnelles, illégitimes et même « aller à l'encontre des principes du fédéralisme », elles étaient légales ! Entendant cela, un autre vieux brin de sagesse anglaise me revint à l'esprit : « The law is an ass », la loi n'est qu'un âne bâté...

D'autant que cette légalité n'était plus aucunement tenue de s'asseoir sur un consensus des provinces. Pour se donner un minimum de décence, il lui faudrait, bien sûr, un certain nombre d'appuis. Mais combien au juste ? Pas d'opinion à ce sujet, de conclure onctueusement le tribunal. Sous-entendu : Vous voyez bien que la partie politique ne nous concerne pas. Tu parles !

Sachant que son monstre constitutionnel était quand même légal, Trudeau devait maintenant trouver le moyen de le faire avaler par quelques autres provinces. Il ne pouvait se présenter à Westminster flanqué des seuls Bill Davis, d'Ontario, et Dick Hatfield, du Nouveau-Brunswick. Ce dernier, qui est moins chef de gouvernement que ministre de tout et de rien, fit sûrement partie du commando qui se chargea alors d'enfoncer la «Bande des Huit». Mais l'essentiel de la besogne fut confié à trois hommes qui pouvaient être vus comme autant de «dauphins». Jean Chrétien était en quelque sorte l'homme à tout faire de Trudeau. Roy McMurtry, d'Ontario, et Roy Romanow, de Saskatchewan, jouaient un rôle analogue auprès de leurs patrons respectifs. Dans le cas de Romanow, c'était particulièrement délicat, puisque lui et son chef, Allan Blakeney, s'affairaient tout simplement à saper le front commun de l'intérieur. En dépit de la sournoiserie et, au besoin, des purs mensonges qu'ils se permirent, nous eûmes bientôt une assez bonne idée de ce qui se tramait.

Mais que faire? Maintenir le contact, comme le fit assidûment Claude Morin, malgré les doutes qui l'envahissaient de jour en jour. Presser Gilles Loiselle, à Londres, d'intensifier encore l'admirable campagne de «désintoxication» qu'il menait auprès des parlementaires britanniques. Obtenir également, mais bien tard, l'appui presque unanime de l'Assemblée nationale, grâce à la lucidité que la défaite avait clairement réveillée chez Claude Ryan. C'était mieux que rien, bien qu'une dizaine de libéraux du West Island, prisonniers d'électeurs plus fédéralistes que québécois, refusèrent de suivre leur leader, dont cette dissidence révéla brusquement la fragilité.

Plusieurs jours avant l'ouverture de la ronde finale, qui avait été fixée au 2 novembre, tous ces efforts n'avaient pas empêché l'érosion de s'aggraver. Nous pouvions déjà subodorer que deux ou trois de nos alliés branlaient dans le manche et que diverses tractations inavouées se poursuivaient en coulisse.

Comme d'habitude, la première séance fut une suite de solos soigneusement préparés. Trudeau commença par énoncer de nouveau ses trois objectifs : le rapatriement, une formule d'amendement et son inséparable charte. Profitant de l'occasion, il s'attaqua du même coup au droit de retrait qui, à son avis, constituerait une négation permanente de la «volonté nationale», puisqu'une seule province serait libre de s'opposer à tout consensus et de s'en aller faire cavalier seul. Il parlait en regardant droit devant lui, mais on savait bien à qui et à quoi il pensait... Davis fit ensuite son habituel boniment de père noble, dont le seul but était de renforcer quelque peu la position fédérale.

Puis ce fut à mon tour, selon l'ordre qui accorde la parole aux «First Ministers»[2] en fonction de l'ancienneté de leur province. Je ne ménageai pas mes mots. Soulignant que Trudeau ne détenait aucun mandat pour agir de façon unilatérale, je le mis au défi d'aller soumettre son projet à l'électorat. Oubliant Hatfield, simple pantin des ventriloques, j'écoutai ensuite nos sept conjoints avec la plus grande attention. Aucun ne manqua de souligner le caractère inconstitutionnel du projet fédéral, mais chez Bennett, puis naturellement chez Blakeney, de discrets appels du pied s'ajoutaient aux reproches bien sentis. Ils semblaient dire à Trudeau : «Trouve-nous un petit quelque chose, de grâce, afin que nous puissions en arriver à un compromis.» Le front commun était bel et bien fissuré.

Le lendemain, mardi, c'est à Bill Davis, qui adorait poser à l'honnête entremetteur, que revint la tâche d'amorcer le jeu décisif. Il mit sur la table une proposition de troc. Si Trudeau acceptait la «formule de Vancouver», les huit dissidents ne pourraient-ils se résigner pour leur part à endurer sa charte? Pour nous, pas question d'endosser ce verbiage hypocrite qui visait essentiellement à arracher au Québec sa souveraineté scolaire. Sans en faire un tel absolu, plusieurs autres provinces avaient également de fortes réticences. Rappelant que l'Angleterre pouvait se passer de ce carcan juridique sans pour autant brimer les

---

2. En anglais, le titre de «Prime Minister» est réservé au fédéral, les provinces n'ayant droit qu'à des «Premiers». On avait donc inventé, en traduisant du français, cette appellation qui plaçait tout le monde sémantiquement sur le même pied!

droits des personnes, nos homologues anglo-canadiens se
méfiaient de ce « gouvernement de juges » qu'on prétendait
instaurer au-dessus des parlements. À plus juste titre,
puisque le Québec possédait sa propre charte des droits, je
partageais moi aussi ce point de vue, depuis surtout que
mon vieil et savant ami, le juge Pigeon, m'avait fait part de
son sentiment à ce sujet.

— Ce projet à l'américaine, m'avait-il dit en substance,
n'est pas du tout conforme à la logique de nos institutions.
Il risque de susciter plus de tension que de solutions. De
plus, comme je connais pour l'avoir vécue la grande lenteur
des tribunaux, je craindrais fort que cette nouvelle et
complexe responsabilité ne vînt qu'ajouter aux délais et à
la confusion.

Voyant sa précieuse charte battue en brèche, Trudeau
consacra, nous dit-on, une bonne partie de la soirée à
dresser ses ultimes batteries. Quant à nous, nous ne pouvions plus que toucher du bois, non sans savoir qu'il fallait
s'attendre au pire.

Le lendemain matin, au « breakfast meeting » de huit
heures trente, nul besoin d'être grand clerc pour constater,
dès l'abord, que nous n'étions plus que sept. Blakeney avait
mis au point une formule inédite dont toute l'originalité
résidait... dans l'élimination pure et simple du droit de
retrait. Cette traîtrise étant étayée par un épais document
d'appui, elle n'était certes pas le fruit d'une soudaine
inspiration nocturne. Par-dessus le marché, je me rendis
compte peu après que notre président, Bill Bennett, n'était
pas tout à fait « d'équerre » lui non plus. Je lui avais remis
le texte que nous avions préparé pour la séance publique,
mais en entrant dans la salle j'appris qu'il l'avait tout
bonnement égaré — « So sorry » — et ne semblait pas
autrement pressé de le retrouver. Après quoi, je n'eus qu'à
dénombrer autour de la table quelques autres regards
fuyants pour conclure que la « Bande des Huit » avait
décidément vécu.

C'est alors que Trudeau, en fin de matinée, au moment
où le temps ne permet plus guère d'explications, sortit le

lapin du chapeau. À défaut d'entente, annonça-t-il, il se contenterait du seul rapatriement, puis l'on se donnerait deux ans pour en arriver à un accord sur sa charte et une formule d'amendement. Après quoi, si l'impasse devait s'éterniser, le litige serait soumis à un référendum pan-canadien.

Trudeau avait adopté le style excédé, laissant claire-ment entendre que, cette fois, il avait fait son lit. Nos ex-alliés eurent un mouvement de recul, presque d'horreur. Ils n'avaient pas plus le goût d'un référendum que d'une charte. Moins, en fait, puisqu'ils avaient une peur bleue d'avoir à s'opposer à quelque chose que Trudeau était sûr de faire passer pour la vertu et «la tarte aux pommes».

De mon côté, je tâchais de peser le pour et le contre. Nous devions faire notre deuil du front commun. Dans l'immédiat, par conséquent, nous n'avions plus grand-chose à perdre, alors que dans deux ans on ne sait jamais... Que la population tout entière eût par ailleurs la chance de se prononcer sur un sujet aussi fondamental, ne serait-ce pas démocratiquement plus respectable que ces manigances qui achevaient d'empester l'atmosphère?

D'un ton à la fois insinuant et provocant, Trudeau me poussait au pied du mur.

— Vous, le grand démocrate, ne me dites pas que vous craindriez la bataille...

Il pouvait avoir l'air sincère.

— D'accord, lui dis-je.

Après le déjeuner cependant, on devait découvrir qu'il s'agissait en réalité d'une astuce politicienne plutôt répu-gnante. On nous avait distribué un texte «explicatif», bourré d'arguties à peu près indéchiffrables, mais dont le sens profond, lui, sautait aux yeux. Avant qu'un référendum eût lieu, il faudrait obtenir l'aval *de toutes et chacune des provinces*! On sentait que Trudeau jouissait, littéralement, derrière son impassibilité orientale. Il nous avait bien eus. Chacun sa conception de la démocratie. Dans la sienne, il y avait belle lurette que la fin justifiait les moyens. On n'en avait là qu'une preuve de plus.

De toute façon, sa manœuvre ne servait qu'à enfoncer un dernier clou dans le cercueil du défunt front commun. Je ne me demandais même plus comment on allait procéder à la mise en terre.

Avant de rentrer à l'hôtel de la Chaudière, du côté québécois, Claude Morin et moi prîmes pourtant la précaution, pour la forme, de rappeler notre numéro de téléphone à deux ou trois des autres qui, selon leur habitude, s'étaient installés à Ottawa.

— S'il survient du nouveau, n'oubliez pas de nous donner un coup de fil.

— Pas de problème, répondirent-ils. Mais ils avaient peine à nous regarder en face.

D'aucuns nous ont reproché d'être restés à Hull, ce soir-là. Auraient-ils voulu que nous allions traîner dans les couloirs du Château Laurier, peut-être même écouter aux portes ?...

Vers une heure du matin, le téléphone n'avait toujours pas sonné, sauf pour nous rappeler que l'affreux petit déjeuner nous serait servi à huit heures trente. Revivant l'aventure dans laquelle nous étions plongés depuis le printemps et qui allait fatalement prendre fin dans quelques heures, je mis du temps à m'endormir.

Jeudi, le 5 novembre 81. Devant traverser l'Outaouais au milieu de la pointe matinale, j'arrivai en retard. Brian Peckford, à qui l'on avait confié le soin d'attacher le grelot, me dit simplement :

— Nous avons mis au point une proposition finale. C'est très court, ça se lit en deux minutes, ajouta-t-il en m'indiquant un feuillet qu'on avait déposé près de mon assiette.

C'était très court, en effet, et non moins clair.

On avait profité de notre absence pour éliminer la plus cruciale de nos exigences, c'est-à-dire le droit à la compensation financière en cas de retrait. Le coup de poignard au milieu de la nuit.

Pour prix de leur consentement, les autres étaient parvenus de leur côté à arracher des concessions qui affaiblissaient sérieusement quelques dispositions de la charte. Bref, de tout ce ténébreux «fricotage» auquel, nous dit-on, avait présidé du fond d'une cuisine le trio Chrétien-McMurtry-Romanow, était issu un plat foncièrement médiocre, où se trouvaient pas mal diluées les grandes visées initiales de Trudeau. On raconta d'ailleurs que ce dernier était furieux d'avoir dû mettre autant d'eau dans son vin. Il le fut encore davantage, j'en suis sûr, lorsqu'il se vit obligé, pour réparer partiellement le tort inqualifiable qu'on nous avait fait, de redonner au Québec son droit à la compensation financière en matière d'éducation et de culture.

Fruit de beaucoup de fourberie, plaqué sur un pays que, pas plus cette fois-ci qu'aucune autre, on n'avait daigné consulter, ce monument constitutionnel déjà lézardé n'avait sûrement pas promesse d'éternité. Le seul embêtement vraiment grave qu'il nous créait, c'est qu'Ottawa aurait maintenant le pouvoir de réduire, au profit des Anglo-Québécois, la portée de la loi 101. Nullement au point, cependant, de mettre en danger nos positions essentielles.

Bien plus que le contenu, c'est le procédé qui était intolérable. Le 20 mai 80 avait été jour de deuil, infiniment triste. Ce 5 novembre 81, c'était jour de rage et de honte.

Nous étions trahis par des hommes qui n'avaient pas hésité à déchirer leur propre signature. En cachette. Sans se donner au moins la peine de nous prévenir. C'est à contrecœur, nous le savions, qu'ils avaient accepté en avril certaines de nos conditions. Mais ils avaient bel et bien signé. Pour nous, c'était un contrat en bonne et due forme. Mais pour eux, on voyait maintenant que ce n'avait été qu'un simple instrument de pression qui leur fournissait le moyen de marchander avec le fédéral. Leur signature n'avait jamais eu le poids que nous accordions à la nôtre. Comme je l'ai lu chez un certain auteur, autant l'Anglais peut se montrer impeccablement scrupuleux dans la vie privée, autant on devrait toujours le tenir à l'œil dès qu'il s'agit d'affaires publiques. Je jurai donc, mais un peu tard...[3]

Bernés par Trudeau, lâchés par les autres, nous n'avions plus qu'à leur dire brièvement notre façon de penser avant de retourner à Québec.

Tout autour de la grande table de conférence, sauf dans notre coin, ce n'étaient que congratulations et gros éclats de rire. D'aucuns allaient même jusqu'à trinquer à cette douteuse victoire.

— Je regrette infiniment, leur dis-je, de voir le Québec se retrouver à cette place que le régime fédéral s'est fait une tradition de lui réserver : une fois de plus, le Québec est tout seul. C'est au peuple de chez nous qu'il appartient maintenant d'en tirer les conclusions. Quand il les fera connaître, je crois qu'on perdra vite le goût des petites réjouissances auxquelles on s'adonne en ce moment.

Dès le lendemain, je fis à nos députés un compte rendu à l'emporte-pièce. Les réactions furent à l'avenant, pleines d'une fureur qu'alimentait un vif sentiment d'humiliation. À la rentrée parlementaire, le 9 novembre, je mis dans mon discours inaugural tout le vitriol dont je disposais encore. De son côté, Claude Morin, à qui sa nature interdisait de tels emportements, se contenta d'écrire à ses homologues et ex-partenaires pour leur faire part de l'amertume qu'il ressentait. Désormais, soulignait-il, un gouvernement fédéral majoritairement anglophone ainsi que neuf provinces anglo-canadiennes n'auraient plus qu'à demander à Londres, autre gouvernement non moins anglophone, « de

---

3. D'aucuns nous ont reproché d'avoir misé si fort sur un tel château de cartes. Simple question : en avril 81, le référendum perdu et le Québec pesant, hélas, moins lourd qu'avant, avions-nous vraiment le choix ?

diminuer, sans son consentement, l'intégrité et les compétences du seul gouvernement de langue française d'Amérique du Nord». Ainsi se soldaient pour Morin une bonne vingtaine d'années de labeur intensif, sans cesse périlleux, dans ce champ de mines constitutionnel. Cruelle déception qui fut à coup sûr largement responsable de la décision qu'il prit peu après d'abandonner la vie politique.

Quant à moi, faisant appel à toutes les ressources du vocabulaire, je continuais à fulminer de plus belle. De la «nuit des longs couteaux» à la «plus méprisable trahison», je ne trouvais plus de termes assez forts pour exprimer tout le ressentiment qui me brûlait. Pour la première fois, j'allai même jusqu'à laisser entendre que nous pourrions bien songer à administrer aux Anglo-Québécois une «médecine» scolaire équivalente à celle qu'on faisait avaler à nos minorités ailleurs au Canada.

Défoulement dont j'avais eu grand besoin, mais qui devenait excessif. Priant ministres et députés d'en faire autant, je tâchai, sans trop de succès, de mettre la pédale douce. Au tout début de décembre aurait lieu le congrès du parti, et déjà quelques résolutions proprement incendiaires nous étaient parvenues. Il fallait cesser de jeter de l'huile sur le feu. Mais le mal était fait.

Dès leur arrivée, les quelque 2 500 délégués se montrèrent à la fois désabusés et pleins d'une rancœur sous laquelle on sentait une féroce envie de cogner. Sur la grande plaie référendaire, encore loin d'être refermée, la magouille constitutionnelle venait de répandre de l'acide. Défaits en 80, floués en 81, c'en était trop. De ce climat de frustration grinçante, ce qui se dégageait d'emblée, c'était une hostilité sans précédent à l'endroit du Canada anglais. On ne voulait plus rien savoir d'un tel voisin. Le contraire eût été surprenant. Emporté de nouveau par le ressentiment, je fis l'erreur d'aller chercher une ovation facile.

— Finie, clamai-je, notre présence à ces tables du régime où les dés sont toujours pipés !

Je pris tout de même la précaution de souligner que les principaux responsables de nos malheurs n'étaient autres que «ces éminents Québécois du nom de Trudeau et de Chrétien». M'efforçant d'attirer l'attention sur une épreuve autrement plus angoissante, je rappelai aussi la crise économique qui s'était maintenant installée à demeure et que nous aurions à traverser avant de pouvoir reparler sérieusement d'avenir politique.

Rien n'y fit. Les activistes n'avaient plus qu'une idée en tête, celle d'effacer jusqu'aux moindres perspectives de coopération avec le reste du pays. Et, pour commencer, au diable le projet d'association. N'était-ce pas là ce qui avait fourni à des gens comme Blakeney, lors du référendum, l'occasion de nous asséner des fins de non-recevoir parfaitement ridicules, mais qu'une foule d'âmes inquiètes n'avaient pas moins encaissées comme argent comptant? Là-dessus, j'étais forcé d'être d'accord. D'accord aussi pour laisser tomber le fameux trait d'union de la souveraineté-association. Une fois rompu ce mariage jusqu'alors indissoluble, on se consacrerait d'abord et exclusivement à la souveraineté. Ensuite, l'accord qu'on offrirait librement aux autres ne pourrait plus être un objet de chantage.

Mais de là à biffer purement et simplement le mot même d'association, à éliminer toute idée d'interdépendance de nos esprits comme de notre programme, il y avait un pas que je me refusais à franchir. Avec quelques collègues que la tournure du débat rendait eux aussi de plus en plus inquiets, je fis tout ce que je pus pour renverser la vapeur. Ce n'était plus possible. Dans une atmosphère d'autant plus déchirante qu'elle était devenue franchement hargneuse, l'association s'en alla droit au panier. Au milieu d'une confusion telle que vers la fin, on avait pu voir Jacques Parizeau s'amener à la tribune où se relayaient les anti-associationnistes, puis, se ravisant, inventer un très pâle prétexte et retourner à sa place en disant qu'il s'était trompé de micro...

Le lendemain matin, le congrès compléta le virage en un tournemain. Sans se préoccuper du vote populaire, un gouvernement n'aurait désormais besoin, pour proclamer l'indépendance, que de la simple majorité parlementaire. La boucle était bouclée. Après treize ans, c'était Dr. Jekyll et Mr. Hyde. Tandis que le Parti québécois achevait de s'estomper, c'était le visage implacable du vieux RIN qui réapparaissait. En compagnie de l'indépendance pure, dure et inaccessible.

Dans le petit bureau où je m'étais retiré pour songer à la traditionnelle allocution de clôture, j'avais à peine griffonné quelques phrases que, soudain, un incident fracassant vint consommer le désastre. Quelqu'un avait présenté une résolution apparemment anodine, dans laquelle il demandait que les anciens du FLQ, alors détenus dans les pénitenciers fédéraux, fussent transférés dans des prisons québécoises. Surgissant de la foule comme un diable d'une boîte, un jeune rouquin trapu s'approcha aussitôt du micro. Je n'en crus pas mes yeux. C'était Jacques Rose, l'un des membres de la cellule qui avait assassiné Pierre Laporte en 70. Non seulement le laissa-t-on parler en faveur de la résolution, mais, l'intervention se prolongeant, c'est avec beaucoup de déférence que le président d'assemblée finit par y mettre le holà. Parmi les applaudissements qui fusèrent alors de plusieurs coins de la salle, on entendit même une voix qui saluait avec ferveur un des «vrais pionniers de la libération»!

C'était le bouquet. Je n'eus plus à chercher mes mots. De ces notes que j'ai conservées, par inadvertance sans doute, je me contente de retenir la conclusion.

«Ayant résumé les faits, je me permettrai ce seul commentaire : me mettant dans ma peau d'électeur, j'aurais quelque hésitation à voter pour moi-même dans une telle perspective! Car de tout cela il s'ensuit : 1° que le parti risque jusqu'à nouvel ordre, je le dis comme je le pense, de perdre une partie importante de ce précieux capital politique que j'évoquais à l'ouverture du congrès ; et 2° qu'à titre de président du parti, à qui on a eu la généreuse idée de conserver un certain rôle de porte-parole, votre serviteur se trouve sérieusement mal pris.

« Hier soir, ça ne surprendra personne et ce n'est d'ailleurs pas un grand secret, j'ai songé spontanément à me départir de ce rôle et à démissionner illico de la présidence. Mais, me suis-je dit, il y a ceux à qui ça ferait trop grand plaisir. J'ai donc réfléchi. Et je continue. Un tel investissement qui en rejoint tant d'autres, ces quinze ans d'efforts et d'espérance dévorante, ça ne permet pas de prendre une décision trop à chaud, d'une façon qui pourrait être dictée uniquement par l'émotion ou par une sorte de déprime, si normale soit-elle.

« Donc, je m'en excuse en vous assurant que je n'ai pas la moindre intention de fabriquer du suspense, vous me permettrez sans doute d'y penser encore pendant quelques jours. »

De ces quelques jours sortit une idée qui n'était pas de moi. Un de nos collègues du conseil exécutif nous proposa de tenir sur tout cela un référendum où l'on demanderait l'avis non plus seulement de délégués sous pression mais, à tête reposée, des quelque 300 000 membres du parti. Ayant trop vu nos congrès coupés de la réalité par ces monceaux de résolutions grossissant d'année en année, venant tout juste d'assister à des scènes d'une absurdité totale où des coups de gueule bien appliqués pouvaient jeter dans l'irrationnel, je me ralliai au projet sans aucune hésitation.

Plutôt qu'à la démocratie déléguée, si terriblement manipulable, au point parfois d'aboutir à la plus pure anti-démocratie, pourquoi ne donnerait-on pas, pour une fois, un droit de réponse à la démocratie directe, à tous ces citoyens que l'on consulte généralement si peu ?

Les trois questions soumises à ce référendum — qui devait rester dans la petite histoire sous l'appellation péjorative de « renérendum » — furent rapidement mises en forme par un comité ad hoc. Les deux premières concernaient les points fondamentaux sur lesquels le congrès était allé se fracasser.

1. L'accession du Québec à la souveraineté devait-elle, pour se réaliser de façon démocratique, exiger l'accord majoritaire des citoyens ?

2. Tout en éliminant le lien obligatoire qu'on établissait jusqu'à maintenant avec la souveraineté, notre programme devait-il comporter l'offre concrète d'une association avec le Canada ?

Quant à la dernière question, elle nous était inspirée par quelques accès d'intolérance qui s'étaient manifestés au cours du congrès.

3. Le parti ne devait-il pas réaffirmer son respect et son esprit d'ouverture à l'endroit de tous les Québécois, quelle que fût leur origine ethnique ou culturelle, reconnaissant en particulier le droit de la minorité anglophone à ses institutions essentielles, d'enseignement et autres ?

Des 292 888 questionnaires qu'on expédia, tout près de la moitié, soit 48,8 pour cent, furent dûment remplis et retournés au secrétariat du parti. De ce nombre, 95 pour cent avaient répondu oui aux trois questions.

Prévue depuis longtemps, une deuxième moitié du congrès désavoué se tint en février 82. Les délégués — les mêmes pour la plupart — se remirent au pas. Je fis ma modeste part de replâtrage. Mais tout le monde sentait bien que de tels cataplasmes ne suffiraient pas à nous guérir vraiment.

C'est du dehors, comme il arrive si souvent, que provinrent les événements dont l'influence allait nous amener, bon gré mal gré, à nous ressouder pour de bon pendant deux ans.

« LE BOUCHER DE NEW-CARLISLE »

C'était à vous rendre fou. D'avril 81 à février 82, nous eûmes à faire face non pas à une, mais à deux crises en même temps. Pendant ces dix interminables mois, en effet, la catastrophe constitutionnelle et ses déchirantes conséquences accompagnèrent pas à pas la débâcle économique dans laquelle nous nous sentions emportés comme des fétus. Une chatte y aurait perdu ses petits, et le lecteur admettra, je l'espère, qu'il n'est pas plus facile de s'y retrouver aujourd'hui. D'ailleurs, comme on ne s'attend sûrement pas à ce que je souffle sur chaque poussière, je serais tenté d'oublier cette période qui fut bien assez pénible à vivre et que, de toute façon, les vrais historiens commencent tout juste à décanter.

Sous toute réserve, je me dois pourtant de planter le décor de cette chaotique descente aux enfers et d'y repérer certaines étapes qui peuvent servir de jalons pour la suite.

Tout au long de 81, le petit nuage qu'on avait perçu au début de l'année n'avait cessé de se gonfler, finissant par accoucher d'un ouragan dont la violence rappelait aux aînés les jours les plus noirs de la Grande Dépression. Le Canada, l'Amérique du Nord tout entière, l'Europe occidentale, tous étaient ou allaient être frappés. Or c'est chez nous que la situation s'était détériorée le plus vite. Ouverte comme peu d'autres et, partant, hypersensible à tout vent mauvais, notre économie avait attrapé la pneumonie, alors qu'ailleurs on ne souffrait encore en général que d'une vilaine grippe.

Dès le printemps, la situation paraissait déjà si grave que nous avions jugé nécessaire de présenter, avant même d'entrer en campagne, un budget dont quelques aspects fort peu «électoralistes» risquaient de mécontenter bien des gens. En retour de quelques allègements mineurs qui ne servaient vraiment qu'à dorer la pilule, les citoyens avaient dû encaisser pour près d'un milliard de compressions — mot qui faisait ainsi son entrée définitive dans le vocabulaire — ainsi que cette tranchante sentence de Jacques Parizeau : «Il faut à la fois modifier la structure des revenus pour qu'elle rapporte davantage, et couper sérieusement le rythme d'augmentation des dépenses.» Le déficit ne s'en allait pas moins vers les quatre milliards : nous vivions dangereusement au-dessus de nos moyens.

Voilà pourquoi, au lendemain de notre réélection, j'avais dû me résoudre à trancher dans le vif. Depuis cinq ans, Parizeau était à la fois ministre des Finances et président du Conseil du Trésor. Selon plusieurs de nos collègues, c'était beaucoup de pouvoir, trop même pour un seul homme. Autrement plus préoccupante, cependant, était devenue l'ampleur excessive de cette double responsabilité. Toute capacité de travail a ses limites, et Parizeau n'arrivait plus à s'occuper du Trésor que de la main gauche, comme on dit familièrement. Vu la rigueur sans précédent à laquelle nous allions désormais être contraints, il nous fallait de toute évidence un trésorier à plein temps, qui veillerait jalousement et pour ainsi dire jour et nuit sur l'emploi des fonds publics. Mais les hommes sont là-dessus comme les enfants à qui l'on arrache un de leurs jouets. Même si, au fond, il devait savoir mieux que moi que c'était nécessaire, Parizeau l'avait d'abord pris assez mal et, avec cet art du suspense dont il a le secret, m'avait laissé pendant deux jours me faire du mauvais sang. Puis, le bon sens et sa proverbiale loyauté reprenant le dessus, il s'était fait une raison.

J'avais aussitôt prié Yves Bérubé de quitter son cher et fascinant domaine de l'Énergie et des Ressources pour ce poste normalement sans éclat qu'est le Trésor.

— Me voici donc condamné à l'inexistence, de soupirer la victime. Mais bah, là comme ailleurs on trouve sûrement des choses à apprendre. Alors, s'il le faut, je veux bien devenir l'homme invisible...

— Les choses à apprendre, lui avais-je répondu, ce n'est pas ce qui manquera. Et pour ce qui est de la visibilité, je vous parie qu'avant longtemps vous en aurez trop !

Je ne croyais pas si bien dire. Trois années durant, la calculatrice constamment à portée de la main, il allierait à une gestion inflexible et attentive au moindre détail une étonnante aptitude à saisir et rendre clair le tableau d'ensemble. Souvent honni mais toujours respecté, non seulement se tailla-t-il dans ce périlleux emploi une solide réputation d'administrateur, mais il fut à coup sûr celui qui contribua le plus efficacement à nous maintenir à flot jusqu'à la fin de la tempête.

Se respectant l'un l'autre, Parizeau et lui avaient vite appris à se compléter, et c'est en tandem qu'ils déclenchèrent en novembre 81 l'opération-matraque, qui constituait l'ouverture d'une véritable politique de crise. Le premier, non content de doubler la taxe sur l'essence, l'installait du même coup dans le fameux «ascenseur» qui allait la faire grimper automatiquement à chaque nouvelle hausse de prix, et le second coupait brutalement quelques centaines de millions additionnels dans les crédits des ministères.

Si je ne m'abuse, notre gouvernement fut le premier à prendre ainsi le taureau par les cornes. Non pas que nous fussions plus perspicaces que d'autres, tout bonnement nous n'avions pas le choix. Même les forces dont nous étions le plus fiers achevaient de se transformer en faiblesses. Ces prodigieuses PME qui, depuis 77, nous avaient permis d'établir des records de croissance s'étaient mises à tomber comme des mouches, laissant sur le pavé un nombre de plus en plus effarant de travailleurs. Une foule d'entre elles, faisant partie d'une « garde montante » encore toute jeune et pauvre en capital, avaient dû se financer à grand renfort d'emprunts, et l'escalade vertigineuse des taux d'intérêt leur cassait les reins.

Affolés comme des pompiers aux prises avec une conflagration incontrôlable, nous avions donc lancé bien avant les Fêtes un SOS à Ottawa, puisque ces taux meurtriers de 18, 19 et parfois même au-delà de 20 pour cent, c'était de là qu'ils partaient. Mais tant que le Québec est seul à crier, on fait toujours la sourde oreille. Ce n'est qu'au bout de deux longs mois, une fois que l'alerte générale eût sonné par tout le Canada, que fut enfin convoquée, en février 82, une conférence fédérale-provinciale sur l'état d'urgence...

C'est avec surprise que nous avions constaté en arrivant que, selon toute apparence, le vrai maître du gouvernement canadien n'était plus Pierre-Elliot Trudeau mais un puissant manitou du nom de Gerald Bouey. Président de la Banque centrale, c'est ce manipulateur de masses monétaires qui s'obstinait de mois en mois, comme l'araignée dans sa toile, à nous tisser cette politique aveugle qui menaçait d'étouffer complètement la vie économique.

Je revois la rencontre où Trudeau, se donnant une allure de simple spectateur, nous laissa discuter en vain avec son gourou. Aucun argument ne parvenait à entamer l'indifférence olympienne avec laquelle Mr. Bouey semblait voir disparaître tant d'entreprises et tant de gens se retrouver sans emploi du jour au lendemain.

— C'est l'inflation qu'il faut d'abord enrayer, répétait-il inlassablement.

À l'entendre, le prix de l'argent devait donc se maintenir loin au-dessus des taux américains afin d'empêcher la flambée qu'on devait redouter avant toute chose.

— Fort bien, répondions-nous, mais ce chômage qui, lui, flambe déjà en dévorant tant d'activités et tant d'espoirs, n'est-il pas tout aussi redoutable? Sans compter qu'il est tout simplement inhumain de ne pas...

— Je vous l'accorde, de répéter l'oracle, mais l'inflation d'abord.

— Fort bien, mais pourquoi des taux tellement plus élevés que ceux de nos voisins? Ne pourrait-on les laisser descendre un peu de cette stratosphère où tout le monde est en train de s'asphyxier? Il faudrait un peu plus de temps pour réduire l'inflation. Et puis après? En n'employant que le marteau, on finit par jeter la maison par terre au lieu de la réparer. Il y a plein d'autres outils dans le coffre...

— Mais pensez également au dollar...

Justement, nous y pensions. Je ne sais plus lequel, de Peter Lougheed ou moi, osa le premier proférer la suprême hérésie.

— Eh bien, parlons-en du dollar. Au lieu de le maintenir lui aussi bien au-dessus de sa valeur, aidons-le plutôt à trouver un plancher qui lui convienne. Ça pourrait être 75, peut-être même 70 cents!

La réaction de notre interlocuteur, traduisant un mélange d'horreur et d'amusement, me fit penser à celle que les grandes personnes réservent au garnement qui laisse échapper une énormité. La discussion n'alla pas plus loin. Nous avions évoqué l'inconcevable: un dollar canadien qui aurait en quelques mois perdu environ quinze ou seize pour cent de son poids! Et qui aurait donc affiché la relative maigreur, insuffisante encore aujourd'hui, qu'il atteignit finalement par la suite mais bien trop tard. Je ne donne qu'un seul exemple de ce que d'autres surent faire. C'est à l'automne de cette même année que la Suède, sans même se soucier d'y aller par étapes, pratiqua très précisément l'opération que nous avions proposée. J'ai conservé à tout hasard un numéro de la revue française *L'Expansion*, où l'on raconte comment l'économie suédoise, de même que celles d'une poignée d'autres pays intelligents, parvint à traverser la crise presque sans encombre: «Décidée le 8 octobre 1982, au lendemain du retour au pouvoir des sociaux-démocrates, la *dévaluation de 16 pour cent* a d'autant mieux atteint son but que la conjoncture internationale s'y prêtait... et que le dollar (US) était en pleine ascension... Un cadeau aux entreprises? Bien sûr. Les sociaux-démocrates ne craignent pas de l'avouer puisque, sans une industrie performante, le modèle suédois ne serait pas viable...»[1]

Nous, hélas, qui n'avions à Ottawa qu'un gouvernement arthritique et ces technocrates pareils aux anciennes familles qui n'avaient «jamais rien appris ni rien oublié», nous devrions donc nous contenter du bon vieux modèle canadien, avec son incohérence, ses vaches sacrées et cette capitale qui m'est souvent apparue comme une sorte de Vatican laïque, siège de la plus arrogante des fausses infaillibilités.

Superbe incarnation de tout cela, Trudeau avait assisté avec un visible ennui au long et stérile affrontement entre son homme qui savait tout et nous qui n'y comprenions rien. À quoi songeait-il de cet air absent? Aux voluptés toutes récentes des combines constitutionnelles? Ou peut-être à ces nouveaux coups de Jarnac que lui et les siens venaient de nous donner sous la forme de deux projets de loi spécialement odieux — l'un qui visait à entraver le développement sensationnel, et abusif puisque québécois, des activités de la Caisse de dépôt, et l'autre, plus ridicule qu'insultant, où l'on prétendait exproprier au profit de Terre-Neuve un «corridor» à travers tout notre territoire! C'était au point que j'en venais à me dire que l'économie, pour ces gens-là, c'était comme tout le reste: ça ne les intéressait qu'à condition de leur fournir en même temps une chance de nuire au Québec. J'exagérais. Si peu. Aussi est-ce sans illusion que je leur quêtai tout de même un peu de *notre* argent fédéral afin de bonifier les mesures de soutien de l'emploi auxquelles nous étions à mettre la dernière main. Si l'on refusait d'abandonner la ruineuse obsession monétaire, ne daignerait-on au moins nous aider

---

1. «Modèle suédois pas mort!», *L'Expansion*, 22 février-7 mars 1985.

à en atténuer les effets? On nous fit entendre que nous n'avions qu'à nous arranger avec nos troubles. Nous ne pouvions décidément compter que sur nos propres moyens...

Mais ce ne fut là, en fin de compte, qu'un à-côté de la crise. Tellement à côté qu'on en sortit avec l'impression d'avoir vécu deux ou trois jours hors du monde réel. Peut-être n'est-il pas complètement inutile, cependant, de rappeler qu'on n'avait trouvé dans cette tour d'ivoire que des esprits bien assis sur la possession tranquille de leur vérité déshumanisée, alors qu'un vrai gouvernement «national» n'aurait dû se préoccuper, à ce moment-là et depuis un bon bout de temps, que de venir en aide à tant de gens aux abois.

* * *

À Québec, les 5, 6 et 7 avril 82. Un «sommet» qui reste à la fois comme le moment de la prise de conscience, sorte d'accalmie avant la tempête, et le début d'une tourmente qui allait nous en faire voir de toutes les couleurs. Deux années d'une absurde mais explicable cruauté, coupées de quelques passages exaltants qui révélèrent aussi dans une bonne partie du Québec des réserves d'énergie et de générosité qu'on ne soupçonnait pas.

Le ban et l'arrière-plan des «décideurs» socio-économiques, sentant que l'heure était grave, se sont fait un devoir d'assister au rendez-vous. Assis à la grande table centrale, les chefs des quatre blocs syndicaux, représentant les centaines de milliers de travailleurs du public et du privé, les présidents des deux unions qui regroupent l'ensemble des municipalités, les dirigeants de l'UPA parlant au nom des agriculteurs, puis les associations patronales, les organisations féminines, les porte-parole des consommateurs. Première puissance financière du milieu, le Mouvement Desjardins se doit d'être présent lui aussi, en la personne de son président, Raymond Blais, ce gros petit homme dont la démarche lourdement handicapée ne sert qu'à faire ressortir la vivacité d'esprit et l'imagination qui voit grand tout en gardant les deux pieds solidement sur terre.

À l'arrière-plan, des dizaines d'adjoints et de conseillers, sans compter la foule d'observateurs et de journalistes, achèvent de nous faire une salle comble.

C'est à moi qu'on a confié le spectacle d'ouverture. Les experts des Finances et du Trésor ont mis au point un impitoyable constat étayé de statistiques à travers lesquelles on perçoit l'angoissante ampleur de la dégringolade.

On aura bientôt perdu 200 000 emplois, soit tout l'acquis des années fastes. Faillites et fermetures accélèrent leur ronde infernale. À l'exception des mieux nanties, est-il encore dans tout le secteur privé une seule famille qui ne soit plongée dans une insécurité sans précédent ? En plus des innombrables foyers qui ont déjà perdu leur gagne-pain et qui tomberont bientôt de l'assurance-chômage à l'aide sociale, il y a tous ceux où l'on s'inquiète du lendemain ; et puis tous ces travailleurs à qui l'on demande de renoncer non seulement aux augmentations mais souvent aussi à des avantages remportés de haute lutte ; et enfin ces jeunes de 15 à 25 ans dont le taux de chômage constitue, à 23 pour cent, une tragédie humaine autant qu'économique.

Pourtant, cette crise venue d'ailleurs et si vite amplifiée par certaines de nos fragilités, cette crise dont l'irresponsabilité fédérale se lave les mains, il va bien falloir y passer comme les autres. Et trouver le moyen d'en sortir. Nous en sommes capables, mais cela va exiger de sacrés efforts avec une dose sans précédent de solidarité, et aussi — le plus difficile puisqu'on en a perdu l'habitude — quelques sacrifices.

À qui reviendra le redoutable honneur de prescrire et d'encadrer cette cure forcément impopulaire ? Je n'ai pas à poser la question. Chaque fois que les choses décident d'aller vraiment mal, c'est vers l'État qu'on se tourne automatiquement. Bien d'accord, c'est aussi pour cela qu'on nous a élus. Pour cela surtout, à bien y penser. Mais je dois également rappeler à mes auditeurs que seuls, nous n'y arriverions jamais.

— Ça doit vous concerner tout autant que nous, leur dis-je. Le fait, par exemple, que nous ne pouvons nous attaquer à la tâche les mains vides. Or voici la situation financière dans laquelle se trouve présentement le gouvernement...

C'est un parfait cercle vicieux. Non seulement tous ces gens qu'on met à pied ne payent-ils plus d'impôt, mais ils coûtent de plus en plus cher. Les ravages de la crise ne cessent ainsi de grossir les sommes astronomiques que l'on consacrait déjà à la «clientèle» régulière de l'aide sociale. Pas question, d'autre part, de sabrer sauvagement dans ces services essentiels que fournissent les hôpitaux, les centres d'accueil, les maisons d'enseignement.

Ce qui n'empêche les «ciseaux» de Bérubé de pratiquer, partout où c'est possible, des coupures qui font hurler. Ignorant que le pire est encore à venir, tout le monde rouspète aussi contre les hausses de taxes que nous avons décrétées. Mais en dépit de tous ces efforts, nous sommes en fort mauvaise posture. Saisissant un crayon noir à mine grasse, appuyant sur la feuille qu'on a glissée devant moi, je projette sur l'écran le chiffre, énorme, que je dois inscrire dans les esprits.

— Sept cent millions! Pour l'année qui vient, voilà l'impasse budgétaire à laquelle nous sommes confrontés. Sept cent millions. Comment les trouver? En haussant encore les impôts? Oui, bien sûr, mais on ne peut plus presser le citron pour un tel montant. Couper dans le vif des programmes et des services, vraiment dans le vif? Si jamais c'est nécessaire, il faudra bien s'y résoudre, mais à la toute dernière extrémité. Alors quoi?

La réponse, c'est l'essentiel de ce long propos et, comme elle peut être explosive, l'heure n'est pas aux grandes envolées.

— Eh bien, dis-je de ma voix la plus neutre, il reste enfin — j'ose à peine l'évoquer mais je dois le faire — un troisième choix possible pour sortir de l'impasse, une troisième question à se poser : pourrions-nous envisager un gel total ou partiel de la rémunération dans le secteur public et parapublic?

Il s'agit à la fois d'une invitation et d'un avertissement auxquels nous avons longuement songé. Le 1er juillet, trois mois plus tard, doivent être versées de très grosses augmentations, quelque chose comme douze pour cent en moyenne. Le trou de 700 millions que je viens d'évoquer, il est là.

Au moment de la dernière convention collective, en 79, c'était déjà excessif, mais comme ceux qui nous avaient précédés, nous croyions encore à la croissance illimitée. En 82 cependant, de telles hausses de salaire seraient parfaitement indécentes, alors que c'est en pleine décroissance que nous nous trouvons. Elles nous priveraient par surcroît d'un argent dont nous avons le plus urgent besoin pour apporter un peu de soutien à ces pans entiers de l'économie qui continuent à s'écrouler sur la tête de leurs travailleurs. Il nous a semblé que ceux du secteur public et parapublic, avec leurs emplois à vie, devraient pouvoir comprendre, sentir que c'est l'occasion de faire leur part...

... Tous les regards étaient donc tournés vers les chefs syndicaux, surtout ceux de la CSN (Confédération des syndicats nationaux) et de la CEQ (Corporation des enseignants du Québec), dont le pouvoir s'étend sur tous les établissements de santé et l'ensemble des écoles élémentaires et secondaires. Comment réagiraient-ils? Si j'ai bonne mémoire, ils demeurèrent de glace, se contentant de hausser les épaules en attendant que quelqu'un eût l'heureuse idée de changer de sujet.

La partie ne serait pas facile. Nous nous en doutions d'ailleurs depuis que nous avions demandé à ces mêmes syndicats, quelque temps auparavant, de renoncer à cent autres millions qui leur revenaient en vertu d'une disposition de la convention que la conjoncture rendait sombrement caricaturale: une «clause d'enrichissement»... au moment où la société s'appauvrissait à vue d'œil! Deux piliers de la CSN que je tiens à nommer, Marcel Gilbert et

Jean-François Munn, qui plaidaient déjà pour une modération des appétits, avaient tâché de convaincre leurs
confrères de saisir cette chance de démontrer que le syndicalisme n'avait pas étouffé chez eux la conscience sociale.
Ils s'étaient heurtés à un mur...

C'est d'un chef syndical que nous vint pourtant, au
cours de ce même «sommet» d'avril 82, une proposition
d'une géniale pertinence, sur laquelle l'assemblée tout
entière, d'abord estomaquée, sauta bientôt avec l'impression
d'avoir soudain découvert l'œuf de Colomb.

Louis Laberge, l'indestructible président de la FTQ
(Fédération des travailleurs du Québec) dont les membres
forment l'armature du secteur de la construction, savait
mieux que nous tous que dans le bâtiment non plus ça
n'allait pas fort. Ce personnage haut en couleur, à la
faconde torrentueuse et au style à l'emporte-pièce, ne dis-
simule qu'à ceux qui ne le connaissent pas son farouche
attachement au Québec ainsi que son astuce de vieux
renard madré.

Le projet qu'il nous servit mariait à merveille ces deux
caractéristiques. Pour sortir d'urgence de la stagnation qui
avait fait plonger le total des mises en chantier à 23 000
pour l'année courante, il ne prévoyait rien de moins qu'une
incroyable injection de 50 000 logements additionnels dans
les plus brefs délais. Ainsi, toutes nos régions, qui en
avaient un besoin si désespéré, connaîtraient un certain
regain d'activité dont les corps de métier de la construction,
soit dit en passant, ne seraient pas les moindres bénéficiaires... Ce à quoi l'habile proposeur n'avait pas manqué
de penser.

— Mes membres m'ont autorisé, dit-il, à mettre immédiatement sur la table la contribution qu'ils sont prêts à
faire. Chacun d'eux versera un cent pour toute heure de
travail que ça pourra lui fournir. Évidemment, c'est loin de
suffire. Il faut que ça devienne, comme au temps jadis, une
vraie corvée où tous mettront l'épaule à la roue. Vous avez
notre cent de l'heure, qui dit mieux ?

C'est Raymond Blais qui fut le premier à répondre en assurant qu'on pourrait sans doute compter sur les Caisses populaires. Les entrepreneurs de construction, qui n'auraient pu se dérober, promirent un pourcentage de leur chiffre d'affaires. Entrant dans le jeu, les maires d'évoquer de possibles subventions pour l'achat des terrains, puis architectes et ingénieurs un rabais d'honoraires...

Ce fut l'un de ces moments exaltants dont je parlais ci-dessus. On connaît la suite. Les chantiers de « Corvée-Habitation » ne surgirent pas tout de suite. Il fallait d'abord organiser l'opération et, la coiffant d'un conseil d'administration où tous les participants devaient avoir leur mot à dire, arriver à maintenir un climat d'entente et de cœur à l'ouvrage, c'est-à-dire une véritable concertation (autre mot qui commençait à faire fortune) parmi des gens qui avaient plus souvent vécu le face à face que le coude à coude.

Coordonnant le tout au nom du gouvernement, qui était en quelque sorte l'entrepreneur suprême et le garant de l'entreprise, notre collègue Guy Tardif, ministre de l'Habitation, abattit là une besogne colossale, digne d'un grand animateur aussi bien que d'un diplomate de carrière. Ce bûcheur infatigable, pour qui les vacances ne signifiaient que perte de temps, demeure l'un des hommes publics les plus dévoués et les plus productifs que j'aie vus à l'œuvre.

En quelques mois, il parvint à lancer si efficacement cette affaire sans précédent que des 23 000 mises en chantier de 82, on devait passer à 40 000 en 83 puis à 42 000 en 84. En même temps, il avait inventé de toutes pièces un programme qui fut baptisé « Loginove » et qui permit en trois ans de rénover 140 000 logements vétustes. Rappelons aussi que c'est principalement sous son impulsion que le nombre de nos HLM, de 16 000 qu'il était en 76 après tant d'années de train-train routinier, aura plus que doublé dès 83.

Cependant, quoi qu'en dise le vieux dicton, quand le bâtiment va, bravo, mais il n'est pas nécessairement vrai que tout va également. Du côté des PME, où la crise continuait à faire des ravages inimaginables, le moment était plus que venu de lancer ces mesures de soutien que nous avions annoncées. En mai 82, allant au plus pressé, le gouvernement décida donc d'assumer lui-même une portion substantielle des taux d'intérêt, tendant sous les entreprises une sorte de filet de sauvetage. Communément appelé le Plan Biron, du nom de notre ingénieux ministre de l'Industrie et du Commerce, ce programme permit de sauver en deux ans quelque 800 PME et plusieurs milliers d'emplois.

Dans l'intervalle, notre impasse de 700 millions n'était pas disparue. Au contraire, tous ces efforts que nous devions déployer ne pourraient que l'aggraver encore. La caisse criait famine. Le budget de mai 82 n'y alla pas par quatre chemins. La taxe de vente passait de 9 à 10 pour cent et les droits sur le tabac de 45 à 50 pour cent. De plus, les honoraires des médecins et les traitements des cadres de l'État seraient gelés jusqu'à nouvel ordre. Décision qui n'apporterait qu'un mince filet d'eau à l'océan des besoins, mais qui constituait à nouveau un avertissement adressé aux 300 000 syndiqués du secteur public et parapublic. Au plus creux d'une épreuve collective qui causait tant de souffrances et qui, du même coup, étirait les finances publiques au-delà de leurs limites, pas question de consentir les exorbitantes augmentations négociées trois ans plus tôt. Nous avions en conscience le devoir de mettre plutôt ces centaines de millions au service de l'ensemble de la population ; de cela nous étions absolument convaincus.

Comment nous y prendre ? D'aucuns auraient voulu que nous répétions le geste que nous venions de poser à l'endroit des cadres et des médecins, celui d'imposer le gel des salaires après avoir tout bonnement annulé les augmentations. En y repensant plus tard, je me suis souvent dit que peut-être, en effet, est-ce cela que nous aurions dû faire. Après quelques rudes secousses, l'été serait bientôt venu calmer l'atmosphère et, à l'automne, on aurait pu, selon toute probabilité, parler d'autre chose.

Seulement, voilà. La convention collective des syndicats avait encore sept mois à courir, jusqu'au 31 décembre 82. Nous avions sous les yeux la signature que nous avions donnée en 79, et nous ne nous reconnaissions pas le droit de la déchirer comme d'autres s'étaient si récemment permis de le faire à nos dépens. Mais comment honorer notre engagement jusqu'à l'expiration du contrat, sans perdre pour autant ces sommes astronomiques dont le Trésor ne pouvait strictement pas se passer ?

Ainsi naquit la loi 70. On y acceptait de verser de juillet à décembre les augmentations prévues. Mais ensuite, par une ponction pouvant aller jusqu'à 20 pour cent, le plus clair de l'argent serait récupéré en trois mois, entre janvier et avril 83.

C'est de là que provint le drame dans lequel on fut bientôt emporté et que, je l'admets, surent prévoir mieux que nous les critiques qui ne tardèrent pas à s'élever. Nous taxant de naïveté, certaines se demandaient comment diable nous pouvions nous imaginer que, au bout de plusieurs mois, quand tout cet argent aurait été non seulement empoché mais largement dépensé, la récupération s'en effectuerait aussi facilement. Dieu sait, comme nous eûmes aussi à l'apprendre, qu'ils n'avaient pas tort. D'autres, poussant plus loin la même analyse, n'arrivaient pas à se persuader que nous étions vraiment sérieux. « Le moment venu, disaient-ils, ils n'oseront pas. » Pour eux, la loi 70 n'était donc, au fond, que pur bluff. J'ai gardé l'impression que c'est aussi, malheureusement, l'opinion qui se répandit bientôt chez nos interlocuteurs syndicaux, et leur fit croire trop longtemps que selon l'usage antique et solennel nous finirions bien par reculer.

C'était là ce qu'on pensait également dans quelques coins du parti. Dans cette « aile gauche », surtout, où les attaches syndicales étaient souvent plus solides que la solidarité parlementaire. Deux députés nous l'avaient fait voir à la fin du débat sur la loi, l'une, Louise Harel, se contentant de voter contre, et l'autre, Guy Bisaillon, nous assénant de plus sa démission.

Remous qui auraient pu se répandre plus avant, n'eût été l'ajournement de la Chambre qui renvoya bientôt chacun dans ses foyers. Pendant ces deux mois de pause, les députés furent à même de constater dans chacune de leurs circonscriptions, en écoutant les électeurs, en rencontrant aussi leur propre parenté qui n'était pas épargnée, que le Québec économique était bel et bien sinistré. Des centaines de milliers de familles étaient aux abois. On tombait de si haut après tant d'années où tout avait semblé possible sinon facile! Une vraie déroute psychologique était en train de s'infiltrer dans les esprits. Un sentiment de révolte également. Contre l'injustice du sort. Contre le gouvernement, bien sûr, qui n'avait pas su arrêter cette marée de malheur — pas plus que ceux d'Ottawa, de Paris ou d'ailleurs, d'où nous parvenait l'écho de grondements identiques. Mais contre les syndicats tout autant. Qu'une caste privilégiée prétendît exiger encore davantage d'une société qui n'en pouvait plus, cela, les gens ne le prenaient décidément pas. Il n'était pas malaisé de deviner une écrasante majorité derrière ceux et celles qui, pendant tout cet été, se firent un devoir de venir nous rencontrer afin de nous recommander à chacun, sur le ton qu'on prend d'ordinaire pour donner un ordre: «Surtout, tenez bon!».

À la rentrée, les dernières hésitations s'étaient envolées. Ministres et députés revenaient avec la détermination inébranlable d'aller jusqu'au bout en renversant au besoin tous les obstacles. Au besoin, dis-je, car nous n'avions pas perdu l'espoir de trouver un terrain d'entente. C'était d'ailleurs l'une des raisons qui nous avaient amenés à courir le risque de la loi 70.

Nous avions encore trois mois devant nous avant l'échéance du 31 décembre. Le temps de réfléchir avant qu'il ne fût trop tard. Du fond de cette insécurité qui les faisait chanceler sur leurs bases, devant l'hémorragie qui emportait une telle multitude de leurs cotisants, les syndicats du privé ne trouveraient-ils pas les mots qu'il fallait dire à leurs camarades du public? Non sans courage, d'aucuns s'y essayèrent en soulignant, par exemple, que lorsqu'on jouit de l'absolue sécurité d'emploi, de vacances enviables, d'une retraite assurée et d'une riche gamme d'autres avantages, il devient presque immoral, quand le voisin est sur le carreau, de continuer comme si de rien n'était à réclamer le « toujours plus ». On les envoya paître.

Tout l'automne, nous refusâmes pourtant d'abandonner la partie. Tandis qu'Yves Bérubé, affrontant tous les publics jusqu'aux plus houspilleurs avec le même aplomb imperturbable, parcourait les cantons en développant sa rigoureuse « pédagogie » de crise, à Québec on tâchait de renouer le dialogue avec les dirigeants du Front commun syndical. On cherchait des passerelles à jeter au-dessus du fossé qui allait s'élargissant. Ainsi septembre s'envola, puis octobre, et lorsque novembre fut arrivé on dut se rendre à l'évidence. Le Front commun s'affairait à la mobilisation générale. Le fossé était devenu un abîme : il subsistait entre nous un écart de *sept milliards de dollars* ! Les carottes étaient cuites.

À la mi-novembre, je me résignai à lancer l'ultimatum. Si, après trois autres semaines, on devait se retrouver toujours au même point, l'Assemblée nationale serait chargée de régler la question. Rien ne bougea. L'affrontement était désormais inévitable.

Le 11 décembre 82 entraient donc en vigueur les décisions que nous avions gardées en veilleuse depuis le printemps. C'étaient assez précisément celles que la loi 70 avait alors énoncées. Elles allaient nous permettre d'éliminer plus de 600 des 700 millions de l'impasse budgétaire. Mais cela se ferait en réduisant la douleur au minimum. Nous avions établi, en effet, une gradation selon laquelle la récupération salariale épargnait complètement les employés les plus modestes, touchait assez peu ceux des catégories intermédiaires et ne s'appliquait pleinement, sur 20 pour cent du traitement, qu'aux revenus les plus élevés. À maintes reprises, nous avions demandé aux syndicats de travailler de concert avec nous à humaniser ainsi l'opération. Comme ils avaient refusé, il ne restait plus qu'à procéder unilatéralement.

La loi, portant cette fois le numéro 105, décrétait du même coup 109 conventions collectives, détaillant les conditions de travail de tous les syndicats. Vu l'invraisemblable fatras qui, d'une «négo» à l'autre, a envahi ce domaine depuis vingt ans, allant jusqu'à préciser à la minute près le découpage de la fameuse tâche des enseignants, cela donnait une montagne de quelque... 80 000 feuilles de papier.

Poids caricatural qui contribua sans doute à inspirer à certains commentateurs — comme aussi à notre collègue Louise Harel, qui se devait d'être fidèle à elle-même — des jugements qui glissaient allègrement de l'énormité à la «brutalité» de la chose.

En réalité, les esprits étaient curieusement divisés. Pour les uns, les employés de l'État étaient victimes d'un odieux hold-up; pour les autres, c'était bien fait pour eux. Un certain flottement se manifestait aussi dans les rangs du Front commun. Au moment même où l'on appelait à la grève générale pour la fin de janvier, les représentantes des infirmières, aussi combatives mais plus réalistes que d'autres, s'étaient assises à la table et négociaient ferme en vue d'arrondir utilement quelques coins de leur décret. Un bon nombre de militants syndicaux nous avaient discrètement fait savoir, tout au long de l'affrontement, qu'ils finissaient par trouver gênant ce corporatisme rigide et insatiable dans lequel ils avaient été entraînés.

Cette lettre, par exemple, à laquelle était joint un chèque à l'ordre du ministère du Revenu:

«*Monsieur le premier ministre,*

Je suis un enseignant québécois, père de quatre enfants. Je vous fais parvenir avec la présente un chèque au montant de 300 dollars, qui constitue une partie de ce que je compte remettre à l'État du Québec. La convention collective qui régit mon salaire m'accorde une augmentation que je considère trop généreuse, eu égard à la crise économique...

«*On s'attendrait à ce que, çà et là, se manifestent des mouvements de sympathie et de collaboration devant le grave danger que nous courons. Non... On n'a pas conscience que le Québec vit au-dessus de ses moyens... Les travailleurs du secteur public gagnent de 15 à 20 pour cent de plus que*

*ceux du secteur privé... (et) malgré la conjoncture, on refuse
d'ouvrir les conventions collectives. En ma qualité de syndiqué et de citoyen, je m'objecte à ce qu'on prenne l'État du
Québec pour une vache à lait, etc.*

Hugues A.»

Cas exceptionnel, mais on en découvrait de plus en
plus. Chez la grande majorité cependant, ce qu'on décelait
encore c'était le comportement un peu cynique qu'une
longue période de trop rentable contestation avait inscrit
dans les mœurs. Comme cet autre enseignant, membre très
actif du parti, à qui je reprochais de s'apprêter à plonger
dans une grève perdue d'avance.

— Je sais bien, me dit-il, ce ne sera pas notre meilleure.
Mais on ne sait jamais. N'oubliez pas que ça a toujours
rapporté...

Se doutant bien que cette fois ça ne serait guère
profitable, les «durs» du Front commun ne s'activaient pas
moins à la préparation du grand débrayage. À la CSN et à
la CEQ surtout, où le pouvoir réel était depuis longtemps
concentré dans quelques instances intermédiaires, souvent
dominées par des permanents pour qui la grève, ce moment
orgastique, constituait aussi la justification suprême de
leur existence.

En revanche, la masse des syndiqués, semblant résignés à l'inévitable, ne montraient guère d'enthousiasme
pour un baroud d'honneur qui les jetterait automatiquement
dans la désobéissance civile. Pour fouetter les troupes, le
Front commun déclencha alors la plus délirante des campagnes de propagande. C'était truffé de grossiers mensonges, où l'on racontait, par exemple, que c'est à tout le
monde que l'on arrachait 20 pour cent de la paye, et pas
seulement pour trois mois mais à perpétuité ou presque.
Plus encore, c'était débordant d'une hargne qui tombait
volontiers dans les plus belles outrances. Cible de choix, je
me vis tout à coup au cœur d'une «manif», guillotiné, la
tête au bout d'une pique, le visage recouvert de longues
mèches de papier rouge sang... L'actualité était remplie à ce

moment-là du criminel de guerre surnommé le boucher de Lyon. Tout inspiré, un brillant publicitaire syndical de me gratifier aussitôt d'un placard où je devenais le «boucher de New-Carlisle»! C'était quelque peu forcé, mais amusant tout de même. Tristement.

Non moins triste, la grève arriva, menée plutôt mollement par des enseignants et des employés d'hôpitaux que cette cérémonie rituelle ne passionnait visiblement plus comme par le passé. Arrêt de travail parfaitement illégal, dont étudiants et surtout malades et vieillards faisaient de nouveau les frais. Mais après quelques jours, comprenant que ça ne leur apportait rien d'autre que la réprobation générale, les employés d'hôpitaux mirent bas les armes et vinrent rejoindre les infirmières qui, leur accord signé, étaient heureusement demeurées au travail. Restaient les enseignants de la CEQ. Quelques jours encore, et il fallut sortir des tiroirs l'arme finale, une loi d'exception que les juristes avaient baptisée la «bombe atomique».

Cette loi 111, on nous la reprocha violemment dans divers milieux où les sympathies syndicales s'alliaient à une interprétation excessivement sourcilleuse des droits civiques. Que l'on exigeât le retour au travail immédiat en prévoyant des sanctions draconiennes en cas de refus, rien là qui ne fût conforme à la règle. Mais on fit tout un plat de l'article 28. Il y était précisé que, pour les fins spécifiques de cette seule loi, la Charte des droits de la personne était suspendue. Ce fut un beau tollé, au milieu duquel un journaliste s'emporta jusqu'à découvrir dans ce paragraphe un «équivalent moral de la Loi des mesures de guerre de 70»! Alors qu'en fait des dispositions analogues s'étaient retrouvées, sans guère provoquer de bruit, dans bon nombre de législations antérieures [2]. Nos prédécesseurs libéraux s'en étaient eux-mêmes servis mais, la mémoire étant la

2. Vu qu'on en parle encore à l'occasion, replaçons cette loi 111 dans son vrai contexte... et toute son *horreur*. D'un aide-mémoire qu'on nous avait préparé pour l'occasion, j'ai tiré les quelques extraits qu'on trouvera en Annexe F, à la page 520.

faculté qui oublie, tout spécialement dans l'opposition, ils nous menèrent pourtant un chahut de tous les diables, débordant d'une très démocratique indignation...

Puis, brusquement, la CEQ s'affaissa comme un coureur exténué. Au bout d'une semaine, les cours avaient repris dans les écoles.

Le dernier carré de la résistance sentait pourtant le besoin d'un ultime défoulement. Le 5 mars 83, à l'hôtel Concorde, à Québec, où nous tenions un Conseil national du parti, quelques centaines d'enragés vinrent donc nous accueillir. Comme ils bloquaient l'entrée principale, nous prîmes la direction du garage. Ma voiture fut allègrement abreuvée de coups de matraque, et celles qui suivaient eurent quelques vitres fracassées. Pour son malheur, Camille Laurin avait reconnu quelques-uns de *ses* enseignants. Tout souriant, il partit tranquillement à pied au milieu de la cohue. Mal lui en prit. Il s'en tira de justesse, les traits tuméfiés et à moitié éclopé par la volée de coups de bâton qu'il avait reçus dans les jambes.

Rapportée dans les médias, cette scène de sauvagerie eut tout de même un effet bénéfique. Le mouvement syndical comprit qu'il en sortait plus écorché que nous, et se retira définitivement sous sa tente.

Mais nous non plus n'en menions pas large. Nombre de ces syndiqués avaient compté naguère parmi nos meilleurs militants. Pleins de rancœur, ils ne songeaient plus maintenant qu'à nous faire payer très cher leur première grande défaite en vingt ans. Quant à l'opinion publique, déjà bien assez rongée par les difficultés économiques, elle en avait ras le bol de toutes ces secousses additionnelles. Elle revenait au penchant classique qui, l'alerte une fois passée, lui fait blâmer tout le monde indifféremment. Dans le dernier sondage, elle ne nous accordait même plus 20 pour cent d'appuis. Nous étions au plus bas.

Paradoxalement, je me sentais pourtant en excellente forme. Après deux années de déboires sans précédent et d'intolérable tension, on apercevait enfin le bout du tunnel.

LA SORTIE C'EST PAR LÀ

Auprès de cette lueur de reprise, en effet, même le pire des sondages ne pesait pas lourd.

Une brise revigorante soufflait du sud. L'économie américaine s'était remise en marche. Ses rétablissements étant aussi contagieux que ses maladies, on flaira bientôt la reprise qui s'amorçait également au Québec, et de tout le reste de 83 pas une journée ne s'écoula sans nous voir au chevet du convalescent. Si par malheur il y avait une rechute, nous disions-nous. Chat échaudé craint l'eau froide...

Parizeau consacra donc son budget à une vigoureuse stimulation de ce regain de vie. « Budget d'affaires », dirent dédaigneusement quelques pisse-vinaigre. C'était exact. Il n'y en avait vraiment que pour les entreprises, pour la bonne et suffisante raison que c'est de là seulement que pouvait venir le retour à la santé et, partant, le retour de tous ces emplois perdus.

Les étapes suivantes se retrouvent plus facilement sur la carte que dans la mémoire: Mont Ste-Anne, Pointe-au-Pic et, enfin, Compton. C'est de là que furent déclenchées, en salves qui allaient se renforçant à mesure que les idées et jusqu'aux intuitions apprenaient à se transformer en projets, toute une batterie de mesures qui, au-delà d'une simple reprise, visaient à un enrichissement permanent de notre assiette économique. Tout n'y prétendait pas à l'originalité, et d'ailleurs ces questions-là sont d'abord affaires de bon sens. Quoi de plus traditionnel, par exemple, que des subventions ? Sauf que dans le secteur minier, où elles ne furent destinées qu'à l'ouverture de nouvelles exploitations, nos 120 millions firent surgir en quelques mois près de 700 millions d'investissement et que, lors d'une tournée en Abitibi, les gens nous disaient qu'on n'avait pas vu de telle fièvre productive depuis vingt ans.

De même, le programme de modernisation des pâtes et papiers, lancé quatre ans plus tôt et tenu à bout de bras par Yves Bérubé dont c'était alors le dossier, avait fini par toucher toute une industrie qui, de décrépite qu'elle était au départ, était redevenue compétitive. À quoi nous devions maintenant ajouter une accélération phénoménale du reboisement. Sachant que nos forêts avaient été si longtemps et si outrageusement pillées, nous avions déjà multiplié par quatre la plantation de nouveaux arbres. C'était loin d'être suffisant. Au cours de ces mois excitants de 83, nous décidâmes de porter avant 88 le rythme annuel du reboisement de 65 à 300 millions d'arbres et d'assurer ainsi le renouvellement perpétuel du patrimoine forestier, à la scandinave. Objectif qu'il faut absolument maintenir, si l'on ne veut plus se laisser aller comme avant...

J'ai sous les yeux, par ailleurs, un mémoire de 85 qui résume — avec une allusion à peine méchante — le résultat spectaculaire d'une autre décision qui fut prise alors : « une politique de rabais tarifaires en faveur des entreprises grosses consommatrices d'électricité... L'hydro-électricité au service d'abord de notre propre développement, plutôt que de l'exporter massivement pour créer les emplois... ailleurs, au Sud. Ce faisant, nous attirons des entreprises d'avenir, comme les alumineries (Pechiney à Bécancour, Reynolds à Baie-Comeau, Alcan à Laterrière, le Québec se hissant dans ce domaine au niveau des plus grands producteurs). De plus, nous entrons de plain-pied dans les technologies de demain, comme la production d'hydrogène électrolytique (usine pilote à Shawinigan).»

Les technologies de demain... Comme la langue d'Ésope, la meilleure et la pire des choses. Ce que la panique des deux années terribles nous avait empêché de voir, en effet, c'est que la crise avait donné le signal d'une métamorphose révolutionnaire. Tout un lot de pratiques et d'équipements s'en allaient par le fond comme, à la mue, la carapace du homard. L'économie faisait peau neuve. Aucune entreprise efficace ne se passerait plus désormais de toutes ces inventions qui ne cessent de réduire le temps de production mais qui, par ailleurs, réduisent tout aussi dramatiquement le nombre d'emplois. Ainsi, lors de l'annonce de la nouvelle aluminerie, ce n'est qu'à force d'insistance que j'étais parvenu à arracher cet aveu au porte-parole de l'Alcan.

— Une usine de pointe qui va augmenter le rendement de façon extraordinaire, répétait-il pour la ennième fois.

— Oui, parfait, mais les emplois ?

— Les emplois, eh bien, euh... Ouais, les emplois... Eh bien, peut-être autant qu'avant. Chose certaine, pas beaucoup moins en tout cas.

Autant d'emplois, donc. Peut-être. Et un jour, sûrement bien davantage quand cette économie robotisée, « ordinatisée », où l'âge quaternaire commence à pointer au-dessus du vieux tertiaire, aurait pris son plein envol vers l'an 2000. Mais, dans bien des cas, des emplois qui ne seraient plus les mêmes et qui demanderaient une formation différente, pas mal plus poussée que celle dont on se contentait encore récemment.

Il allait donc falloir « bonifier » également la main-d'œuvre. Les jeunes, en particulier, auraient à s'équiper en champions pour se tailler une place dans ce monde aussi impitoyable qu'inédit. Les jeunes ? Entendons-nous. Rien ne m'horripile davantage que ces croque-mitaines qui prennent un sombre plaisir à vitupérer la jeunesse d'aujourd'hui, à commencer par les juvéniles Cassandres qui pleurent à l'avance sur leur « génération perdue ». La jeunesse, c'est en réalité un ensemble aussi complexe que la société tout entière, puisque demain, ainsi que La Palisse l'aurait bien dit, la société ce sera elle. Or, chez les 15-25 ans d'aujourd'hui, près des neuf dixièmes se débrouillent tout compte fait aussi bien sinon mieux que nous à leur âge, et toutes ces transformations et ces exigences qui les attendent, ils ont une merveilleuse aptitude à les deviner et à s'y frayer un chemin.

Eux qui, faute d'ancienneté, prennent la porte les premiers quand ça va mal, sont également les premiers à qui l'on fait appel dès le retour du beau temps. Les gens qu'on doit plaindre d'abord, ce sont plutôt ceux de quarante et cinquante ans, qui ont le défaut de coûter plus cher et d'être devenus moins adaptables, et qu'on ne se fait guère scrupule d'envoyer au rebut avec leurs familles...

Je m'arrête. Pour tous les collègues qui l'ont vécue, j'en suis sûr, cette année demeure comme pour moi l'une de nos plus étourdissantes. Mais si je m'avisais de la raconter par le menu, ce serait vite fastidieux pour le lecteur normal, celui que j'achève de redevenir moi-même. Mais sur le moment, tout dossier de projet même le plus sec, avait le don de m'emballer, puisque chacune de ces lignes squelettiques fourmillait de jobs. Lesquels n'avaient au fond qu'un mince rapport avec nous. Comme à tout un chacun, la crise nous avait apporté à nous aussi sa cruelle leçon d'humilité et nous ne nous prenions plus pour d'autres. Nous avions appris à mesurer la faiblesse du gouvernement devant ce cataclysme qui l'avait emporté comme une coquille de noix, tout juste capable de replier les voiles et d'empêcher le mât de partir, tandis qu'en bas, dans la cale, l'équipage écopait désespérément. Et ce bon vent qui était revenu et qui soufflait chez nous d'abord, justice immanente car c'est par chez nous que la récession avait aussi fait son entrée au Canada, ce bon vent n'avait pas attendu notre signal pour se lever. Tout ce dont nous pouvions être modestement fiers, c'était d'avoir contribué de toutes nos forces à éviter les avaries irréparables et d'être maintenant en mesure de pousser le redémarrage.

Dans ce but, nous prîmes en septembre la décision de retarder un peu la rentrée parlementaire, ce que « les amis

d'en face» accueillirent avec les cris de putois convention-
nels. Mais nous avions besoin de ces quelques semaines
pour ajuster au mieux l'ambitieux programme de développement qui allait couronner nos efforts. J'annonçai en
même temps que trente millions de plus étaient disponibles
en attendant.

— Peuh, firent les becs fins, on n'ira pas loin avec ça.

Décidément le pli était pris. La cote ne remontait plus.
On le sentit plus clairement encore lorsque, peu après, ce
furent cette fois des centaines de millions qui apparurent,
sans compter le « Plan Biron II » qui offrait aux entreprises
jusqu'à deux milliards en garanties. Nous n'eûmes droit
qu'au silence, ce minimum de ménagement qu'on accorde
aux réprouvés. En peinant comme des forçats, nous avions
trouvé le moyen en pleine crise de remplir au moins en
partie presque tous nos engagements de 81, du bon d'emploi
pour les jeunes qui entrent dans la vie active à « Logirente »
pour les vieux au moment de la quitter, et de la plongée
dans le flot impétueux du grand virage scientifique et
technique jusqu'au prosaïque nettoyage de nos eaux usées
après une éternité de négligence. En dépit d'obstacles dont
les pires sont les préjugés têtus, nous avions tâché, partout
où c'était possible, de favoriser la montée des femmes vers
des rôles de plus en plus valables, tout en sachant bien que
ce serait forcément trop peu trop tard...

Mais à quoi bon rappeler la bonne chère de la veille à
celui qui n'a plus faim, ou lui proposer quoi que ce soit pour
demain s'il ne prise plus vos plats? Le jour commençait à
s'approcher où nous serions priés de rendre nos tabliers.
Toute cette année passée près des fourneaux de la relance
avait par ailleurs dévoré le plus clair de nos énergies.

Épuisé physiquement, vidé de cet allant généreux qui
lui avait permis de tant se dépenser, Pierre Marois, tout
blanchi, venait de nous quitter, comme ça, tout à coup, avec
l'apparente froideur dont les êtres sensibles savent se
revêtir à ces moments-là. Je jetai un coup d'œil sur les
autres vétérans de 76 et d'avant, et je sursautai en m'apercevant à mon tour dans le miroir. Bon Dieu, qu'on avait

vieilli! La fatigue aidant, la grande forme printanière s'était envolée et l'humeur n'était rien moins qu'au beau fixe.

Pour la première fois de ma vie à l'exception de quelques fugitives et narcissiques velléités du temps que j'étais jeune, c'est alors que je me mis à tenir, à peu près, mon journal. Avec la lourdeur maladroite de l'homme qui n'a pas l'habitude, et bien que ce fût l'an nouveau, sans rien d'olé olé ni beaucoup d'illusions sur la suite. J'avais plutôt le sentiment d'entreprendre peut-être le compte à rebours final...

Dimanche, 22 janvier 84

L'exercice est périlleux, je le sais bien. Même quand ça allait plutôt mal avec Lesage, vers 64-65, et que je laissais (faisais) courir le bruit pour semer un peu d'inquiétude, à peine arrivais-je à jeter sur le papier quelques notes éparses.

Parce que c'est sûrement dangereux de se mettre ainsi à se suivre soi-même. Cela peut créer une psychologie de «Mémoires». Donc une sorte de préparation à la sortie.

Mais justement, j'ai l'impression que 1984 menace — non, ne menace pas, le mot est trop fort pour une perspective aussi naturelle. Mettons simplement que ça pourrait bien être ma dernière année politique. So what? Je me surprends de plus en plus souvent à rêver à après. Pas encore à l'état de projet, ça je m'y refuse, car alors ce serait vraiment décidé. Mais la tentation est là et s'est mise peu à peu à prendre un air «le fun».

Dieu sait que ce ne sont pas les bonnes raisons qui manqueraient par les temps qui courent. Dans les médias, c'est la curée. Je n'ai pas vérifié scientifiquement, mais on voit, à la lecture comme à l'écoute, que s'est établi un curieux parallélisme: du côté anglo-canadien, ce sont Trudeau et les libéraux fédéraux à qui on ne passe plus rien, pas même s'ils disent qu'il fait beau aujourd'hui. Idem pour nous dans l'information française (que je déteste le jargon en «phone»!) au Québec, laquelle a par ailleurs les oreilles et les yeux bouchés sur tout ce qui touche nos rouges d'Ottawa. Pudeur devant le « French Power » agonisant ?

Quoi qu'il en soit, il semble bien que notre creux de la vague ait persisté au-delà des Fêtes. En tout cas, on ne nous ménage guère. Par exemple, cette mesquinerie avec laquelle nos informateurs, de pair à égal sur ce point avec la meute libérale, ont accueilli la nomination d'Yves Michaud au Palais des Congrès. Jusqu'à ce que nous arrivent d'outremer des témoignages aussi nombreux que prestigieux sur la qualité de son travail, après quoi les dénigreurs ont imité de Conrart le silence prudent. Non sans avoir lourdement souligné l'*énormité* de son traitement de 82 000 dollars... Or, à peu près en même temps, ce brave Jean Marchand lâchait le Sénat pour être aussitôt bombardé président de la Commission fédérale des Transports, soit une grosse augmentation. En cumulant de plus combien de pensions ? Un seul œil de lynx du terroir s'est-il intéressé si peu que ce soit à la question ? Nenni. Il est vrai que là-bas, sur l'autre bord de l'Outaouais...

Nous voici donc fin janvier. Fort mal en point. Avec les défaites dans Mégantic-Compton et surtout Jonquière, sept partielles perdues depuis la réélection de 81. Moi-même, ancien remorqueur, il paraît clair que je ne remorque plus grand-chose. Selon le mémoire confidentiel dont on m'a fait cadeau pour Noël, ce n'est pas très gai ce que je laisse dans mon sillage : « Même vos plus fidèles supporteurs se demandent ce qui se passe, y ai-je appris. On vous sent plus facilement irascible, moins ouvert aux suggestions... de plus en plus isolé... » Le pire, c'est que c'est vrai, je le sens.

Mercredi, 25 janvier

Petite guerre des chiffres entre Parizeau et Bourassa, et ce dernier s'est fait river son clou à propos des 121 000 emplois récupérés en 83, à un moment où on travaillait si fort que j'avais oublié sitôt noté son retour à la « chefferie » libérale.

Voici que nous arrive brusquement par surcroît une dépêche new-yorkaise qui est un vrai petit don du ciel. Comme quoi toujours l'inattendu arrive et le seul stratège politique digne de ce nom ce sera toujours ce bon vieux général Temps. Que dit-il, ce Mr. Honan, vice-président d'une grande maison financière où l'on vient de terminer une étude dithyrambique sur l'Hydro?

1. Que cette dernière a une cote bien inférieure à ce que mériteraient son management... et la façon exemplaire dont nous-mêmes avons su respecter son autonomie de gestion!

2. Que rien de plus dangereux ne saurait arriver que les super projets de Bourassa au moment où l'on nage dans les surplus d'électricité. «En 1973, rappelle-t-on à ce sujet, la première phase de la baie James avait été entreprise sans aucune stratégie préalable de commercialisation. La situation avait été sauvée par la crise du pétrole de 1978...» Et v'lan! Combien de fois n'avons-nous pas dit la même chose, mais ça fait tellement plus sérieux quand c'est répété en anglais par des Américains.

3. Que, de plus, et ça c'est le bouquet, «même l'accession à l'indépendance du Québec n'aurait probablement aucun effet sur la situation financière d'Hydro-Québec, prédit M. Honan. Au contraire, les investisseurs pourraient être alléchés par le fait que l'Hydro, advenant l'indépendance, se tournerait plutôt du côté des États-Unis...»

Quelqu'un de suggérer aussitôt un petit slogan temporaire, qui fait déjà son tour de piste: «Les Américains ont plus peur de l'incompétence que de l'indépendance!»

Jeudi, 26 janvier

Ce matin, ma première conférence de presse depuis trop longtemps. Tout le monde est d'accord, il faut sortir et se montrer, afin surtout de pousser les plans de relance et de développement, d'y injecter un maximum de cet ingrédient essentiel: la confiance. C'est Edison, sauf erreur, qui voyait dans le génie 90 pour cent de transpiration pour

10 pour cent d'inspiration ; dans la prospérité, je suis sûr que les proportions sont les mêmes, et que c'est la confiance qui constitue les 90 pour cent.

Par conséquent, cette semaine je fais ma part. Lundi, c'était une rencontre plutôt chaleureuse avec les élèves de l'école d'aéro-technique, à St-Hubert. Ça a sûrement bien marché, puisque deux jeunes libéraux, me croisant au départ dans l'escalier, m'ont crié : « Aux douches ! » Demain, j'assiste au lancement de la succursale du CRIQ (Centre de recherche industrielle) à Montréal.

Ce matin, donc, cette conférence de presse, avec le public blasé et foncièrement paresseux de la tribune parlementaire. Plutôt que de traiter un thème spécifique, vu qu'il s'agissait en quelque sorte de retrouvailles, on m'avait recommandé de proposer un tour d'horizon politique en laissant venir les questions.

Tu parles. En une heure, j'ai eu droit au bas mot à 45 minutes de rabâchage sur la question nationale, l'élection « référendaire », et patati et patata. Un sujet si bien rebattu, c'est tellement plus facile à délayer. Il faut dire aussi que divers collègues qui n'en avaient soufflé mot, hier, à la séance du Conseil, se sont joyeusement épanchés à la sortie : qui pour un vrai va-tout électoral, qui pour renvoyer la question aux calendes grecques, et l'autre qui reviendrait à l'étapisme... Et voilà pourquoi notre fille y gagnerait à redevenir un peu plus muette.

Dimanche, 29 janvier

Le week-end, c'est pour jongler, tout en relaxant. C'est, je crois bien, ce qui m'a sauvé pendant bien des années, cette capacité de faire le vide en faisant autre chose. Lire, par exemple, lire n'importe quoi sauf l'actualité réchauffée. J'ai mis la main sur le livre d'Henry Cabot Lodge — premier du nom, au siècle dernier — qui est une vie d'Alexander Hamilton. Réédition d'une vieille « série » sur les accoucheurs des États-Unis : un volume chacun pour Washington, les trois Adams, Madison, Jackson, Marshall, Daniel

Webster, Jefferson, Burr, Randolph et Cie. Jamais depuis la Grèce antique un pays n'a vu un tel concours de génies se pencher sur son berceau.

Génies, par conséquent insupportables et « contraireux », mais d'une vitalité et d'une polyvalence qui coupent le souffle. Ce Hamilton, entre autres, dont même la phrase pédestre et le conservatisme avant la lettre de son jeune et snob biographe n'arrivent pas à vider l'existence de son rythme trépidant et du constant jaillissement d'idées qui l'ont marquée jusqu'à cette fin bien de son temps ; un duel et la mort au « champ d'honneur »...

Mais ce qui m'a surtout frappé — car on ne sort pas vraiment de ses soucis — c'est l'indescriptible pagaille des premières années. La faillite financière, les soldats de l'indépendance renvoyés sans pouvoir toucher un sou de leur solde, les perpétuels affrontements d'amour-propre et de « state rights » dans la fragile Confederacy initiale, l'appauvrissement général menant à des émeutes qu'un seul geste de Washington aurait poussées jusqu'à une dictature militaire. Vrai climat latino-américain, dont les hautaines puissances de la vieille Europe, à commencer par l'Angleterre revancharde, attendaient un bordel permanent qui permettrait de se partager les dépouilles. Pourtant, on a fini par s'en tirer. Quand je pense à nous d'aujourd'hui, deux fois plus nombreux qu'ils ne l'étaient alors, à tous les atouts dont nous disposons et qu'ils n'auraient pu imaginer... À croire qu'il faut peut-être une situation de vie ou de mort pour faire comprendre qu'on n'a rien à perdre, au contraire.

Bon. Déjà six heures passées, et je me retrouve devant au moins un gros problème. Coup sur coup, voilà-t-il pas que Louis-Marie Dubé, secrétaire de comté qui n'a pas son pareil, et Jean-Roch Boivin lui-même, viennent de m'annoncer qu'ils partent. Deux irremplaçables qu'il va quand même falloir remplacer. Louis-Marie, je le comprends fort bien. C'est tuant, ce rôle de « vicaire » de celui qui est fatalement l'un des plus absentéistes des députés. Quant à Jean-Roch il va rester encore un peu mais je n'ai pas osé le retenir autant que j'aurais dû. J'ai trop remarqué l'écœurement et, ce qui est plus grave, l'espèce de détachement qu'il manifestait depuis quelque temps. À quel point ma propre période creuse déteignait-elle là-dessus? Mais surtout, sept ans de stress, l'usure effarante de la crise, puis la séquelle des malchances, sans oublier toutes ces années, jusqu'en 76, de laborieuse construction du parti, ça suffit et de reste. Mais si c'est vrai pour J.-R., ça doit ou devrait l'être pour moi aussi...

À quelque chose malheur est bon. J'ai sous la main, si j'ose dire, un remplaçant. Ou plutôt une remplaçante: Martine Tremblay. Femme-miniature auprès de laquelle je suis un vrai colosse! Mais dans ce tout petit pot quel onguent. C'est fait de solide formation, d'expérience politique au départ, puis administrative, de curiosité sans cesse en éveil et, avec tout cela une inébranlable loyauté. À l'État, certes, mais d'abord au Québec. Elle sera bientôt la première femme à ce poste. Elle n'aura plus qu'à se le faire pardonner...

Mardi, 31 janvier

Brève rencontre officielle avec nos deux nouveaux «ambassadeurs» déguisés en consuls généraux. Curieux statut, et non moins flatteur, quoique issu de motifs très différents, même diamétralement opposés.

Si les Américains ont un tel pignon sur rue dans la capitale provinciale, c'est que justement notre provincialisme leur paraît sans doute un peu fragile et, en dépit du référendum, peut-être bien transitoire. Quoi qu'il en soit, nous sommes tenus à l'œil par l'Oncle Sam et je mettrais ma main au feu qu'il y a de la CIA en permanence dans les coulisses...

Quant à la France, sa quasi-ambassade est un legs de de Gaulle. Mutatis mutandis, elle est comparable à notre propre Délégation générale à Paris: poste d'écoute, de coopération et, si on peut comparer les petites choses aux grandes, de relations «au plus haut niveau». Après deux produits typiques de la Carrière, ultra-sympathiques mais discrets jusqu'à l'effacement, Messieurs Marcel Baux et Henri Réthoré, nous voici dotés cette fois d'un phénoménal activiste, Renaud Vignal. Insatiable, il avale goulûment ce Québec qu'il connaissait déjà remarquablement bien par personnes interposées. Sa jeune et superbe femme, Anne, s'y est mise elle aussi à peine débarquée. Inscrite à un Cégep pour y potasser l'informatique, elle nous raconte avec émerveillement toutes les richesses en « hardware » qu'elle y a découvertes. Pour les contenants au moins, on est un peu là !

Pour ce qui est de notre propre « ambassadrice », Louise Beaudoin, sa nomination à Paris n'a pas fait de vagues, contrairement à ce qu'on pouvait appréhender et que d'autres souhaitaient très certainement. À sa compétence qu'on ne peut mettre en doute, s'est ajoutée, diffuse mais énorme, la force du lobby féminin qui fait de plus en plus peur à tout le monde. Tant mieux, même si ça charrie souvent dans les bégonias !

Mercredi, 1ᵉʳ février

Conseil des ministres « pesant » aujourd'hui. Près de sept heures de séance. Trois gros morceaux.

Tout un lot d'investissements dans les pêches : aux Îles, à Newport en Gaspésie et à Natashquan et Blanc-Sablon sur la Côte nord. Du bel ouvrage à la fois fonceur et bien fait, comme la plupart des projets de Garon. Mais ce dernier, pour ficeler toute l'affaire, gagnera-t-il enfin sa guéguerre avec l'ineffable de Bané et sa gang fédérale ? À Ottawa, c'est la panique terminale des libéraux qui se font fort, en vidant la caisse, d'acheter n'importe quoi et n'importe qui... surtout au Québec comme de bien entendu.

Puis le bloc massif de la nouvelle politique d'éducation permanente. On a donné le OK à la publication, très heureux en particulier d'y retrouver une ferme intention, avec l'argent qui va avec, d'entamer une bonne fois le combat « alpha », contre la plaie de l'analphabétisme. Mal qu'on partage avec tout le reste du continent, d'accord, mais qui ne donne pas moins le frisson.

S'enchaînent les trois projets que Pauline Marois a ficelés à une vitesse record du côté des jeunes laissés pour compte. Partant des perspectives que Pierre, son prédécesseur et homonyme, avait abandonnées dans un flou généreux, elle nous arrive avec trois instruments clairs, cohérents et en apparence opérationnels : le programme de stages en milieu de travail pour ceux qui ont besoin d'apprendre un métier tout en commençant à gagner un salaire ; les inévitables « travaux communautaires » qui peuvent aider les plus mal pris des mal pris à se reprendre en main ; et puis, pour le plus grand nombre possible de « drop out », le retour aux études. Je dis : en apparence, parce que la distance est souvent si grande du papier aux résultats concrets, because la machine administrative. Si elle réussit à mater ce monstre paralysant, Pauline Marois sera peut-être un de nos meilleurs « hommes », comme disait Ben Gourion de Golda Meir ! Il faut que ça marche. Et qu'on corrige enfin cette façon de gaspiller à la fois des gens, surtout des jeunes, ainsi que d'effarantes sommes d'argent qui ne servent en fin de compte qu'à entretenir de l'oisiveté (plus ou moins) forcée et à en enfermer les victimes dans un goulag sous-culturel.

Mardi, 7 février

Je relis quelques topos qui nous concernent.

Dans un savantissime examen de tous mes successeurs éventuels et de la façon dont les « camps » s'organisent en coulisse, Gilles Lesage laisse tomber dans *Le Devoir*, comme une chose qui va de soi, que nous sommes « ce gouvernement miné par l'opportunisme »... Exemple parfait de l'homme aux « préjugés défavorables ». Des erreurs, des gaffes même et de trop fréquents accès de cette maladie mortelle qu'est l'arrogance du pouvoir, d'accord. Mais l'opportunisme ! C'est plutôt le contraire qui est dangereusement vrai : réforme par-ci, réforme par-là, c'est encore dans toute

l'équipe une soif inextinguible de changement, de renouveau, la vraie «coupe à blanc», comme l'écrit bien plus
justement Jean Paré dans le numéro courant de *L'Actualité* :
réforme scolaire, éducation des adultes, réforme fiscale, etc.
Opportunisme, mon œil. J'ai nettement l'impression que
c'est ce qui nous manque le plus !

Au rayon de la lucidité, un coup de chapeau en passant
à Louis Falardeau pour les propos perceptifs qu'il a accro-
chés à son papier sur le «front commun» des restaurateurs
contre la loi sur les pourboires (beurk). Notant que lorsqu'un
gouvernement est impopulaire, «même les bonnes lois
peuvent être combattues victorieusement», il ajoute que si
nous n'arrivons pas à améliorer notre cote dans l'opinion
publique, «tous les opposants réunis pourraient bien (nous)
forcer à reculer.» Voilà de la bonne analyse. C'est là, en
effet, une tentation délétère qui nous assaille sournoisement
de plus en plus. En position de force, certains reculs sont
souvent vus comme des signes de sagesse ; mais quand on
est déjà mal pris, ça devient plutôt une invitation au
massacre.

Mercredi, 8 février

Je dois être prophète. Excellente illustration de ma
dernière phrase d'hier, *Le Devoir* étale en manchette que
«Québec a depuis octobre un rapport policier incriminant
Jean-Roch Boivin». Croustillant tour de presse, tandis
qu'on se demande de quoi il peut bien s'agir. On ne trouve
rien à Québec. Enfin, de Montréal, le substitut en chef du
Procureur général confirme qu'il existe effectivement un
insignifiant dossier qu'un policier a soumis l'an dernier et
qu'il vient maintenant, pour les nobles motifs qu'on imagine, de refiler au journal. Opinion du substitut en chef :
«J'ai (...) participé, peu avant Noël, à une discussion sur ce
dossier, et la conclusion à laquelle nous en sommes venus
est que les faits révélés par ce rapport ne constituent en
aucune façon (quelque) crime que ce soit.» Cette opinion
«définitive» des juristes va-t-elle clore le bec aux roquets ?
Allons donc, il ne faut pas les connaître. Chose certaine,

cette fois Boivin va faire son paquet. Ce coup bas l'a visiblement achevé.

Mercredi, 29 février

Coquet jusqu'au bout, Trudeau a choisi ce mercredi bissextile pour annoncer son nouveau départ. Heureux résultat : pour une fois, le Conseil des ministres a été très court. Plus personne n'écoutait personne. J'ai ajourné pour le lunch, puis, tant bien que mal, on est parvenu à épuiser l'ordre du jour. Vers quinze heures, j'ai bouclé la séance en demandant des suggestions pour la conférence de presse qu'il va falloir donner. Quelques bonnes idées, entre autres celle de Jean Garon sur le « rêve » effondré d'un Canada bilingue, rêve généreux dans la perspective centralisatrice de Trudeau, mais qui n'aura été imposé en partie, et de force, qu'au seul Québec.

Que dire encore ? Que je me rappelle avoir commenté un autre départ, il y a quelques années. Si, donc, *si* c'est aujourd'hui définitif, c'est la fin d'un long et important chapitre d'histoire politique. La fin probable, aussi, d'un gouvernement devenu ultra-personnel et que vomit désormais le Canada anglais tout entier.

Puis, en Chambre, j'ai évoqué l'intelligence du personnage, osé parler de sa brutalité et souligné que, pour réussir pendant tant d'années à imprimer sa marque sur un pays, il faut être très fort. « Quoi qu'il en soit, ai-je ajouté, ce qu'on a appelé le "French Power", et qui ne pourra plus se reproduire dans un avenir prévisible, on devra bien établir un jour le bilan de ce qu'il nous a rapporté et de ce qu'il a pu nous coûter ».

Bref, je me suis retenu. Ce n'est pas le moment de parler de la façon dont un démocrate peut finir dans la peau d'un petit potentat, ni de l'incurie avec laquelle on a traité, ou plutôt ignoré la chute du niveau de vie canadien du deuxième au douzième ou treizième rang, ni surtout les abus de pouvoir et la lente déchéance d'un règne qui a duré trop longtemps. Aux historiens de s'en charger. Pour aujourd'hui, *de mortuis...*

Dimanche, 11 mars

Deux longues journées perdues à Ottawa, pour assister à l'échec de la seconde conférence sur les droits des autochtones. Malgré une couple d'interventions où Trudeau, jetant ses derniers rayons, s'est montré éloquent et persuasif comme jamais. Drôle de Québécois qui défend avec feu les droits «nationaux» des Inuit et des Amérindiens, mais reste si complètement bouché dès qu'on évoque cette nation non moins indiscutable qui s'appelle le Québec français. Concernant les autochtones, soit dit en passant, nous n'avons de leçons à recevoir de personne : « À peu près sans exception, d'écrire John Price dans une étude encore récente, les comparaisons montrent que le sort des Amérindiens est plus vivable au Québec que partout ailleurs au Canada». [1]

Avril...

N'enlève pas un fil. Sauf à Paris et à Londres où, toute la semaine sainte, il a fait chaud comme en juillet.

Et aussi à Saint-Malo, notre berceau de 1534 où l'on se retrouve pour lancer le 450e. Splendeur de la vieille ville promontoire, détruite de fond en comble pendant la guerre, puis reconstruite pierre par pierre, par des citoyens amoureux... et des entrepreneurs qui, eux, avaient le cœur plus près du portefeuille. Splendeur de la rade et de la baie, légèrement écumantes sous le vent frisquet, grouillantes de voiliers, des tout petits et des moyens, et puis quelques trois-mâts modestes entourant le navire-école polonais, cathédrale de la mer toutes voiles déployées, qui nous ramène aux images de Surcouf, de Jean Bart et de notre d'Iberville à nous.

Paris, ses maronniers, partout les feuilles et les fleurs déjà sorties. La ville-femme par excellence, dans ses plus beaux atours printaniers.

Dîner avec Pierre Mauroy, en compagnie de Louise Beaudoin et de Clément Richard. Un Mauroy solide comme

---

1. *Indians of Canada*, John Price. 1979.

le roc, du moins en apparence, malgré les coups qui pleuvent, au milieu de la tempête économique où il sert (jusques à quand ?) de brise-lames à Mitterand.

Comme d'habitude, on se remémore les beaux jours des dernières années. Cette continuité qu'aucun changement, d'un côté ou de l'autre, n'est venu interrompre. Sur le plan franco-québécois, les socialistes ont assumé l'héritage et l'ont fait fructifier de leur mieux. Remontant plus loin, je songe à la bonhomie subtile de Raymond Barre naviguant entre Charybde-Ottawa et Scylla-Québec, à la passion avec laquelle Jacques Chirac nous est apparu plus Québécois que nous-mêmes, au président Giscard me remettant cette Légion d'honneur que de Gaulle avait eu, trop tard, l'intention de décerner à son ami Daniel «Jonsonne»...

Entre Français et Québécois aussi, ça va finir par être «tricoté serré»...

Ô miracle, Londres aussi est en beauté! Mais la circulation ralentissant peu à peu pour finir par s'immobiliser longuement devant Buckingham, on sent que quelque chose se passe. Un policier tendu refuse de nous dire ce qu'on lui raconte dans son walkie-talkie. C'est en arrivant à l'hôtel Savoy que nous apprenons l'affaire des tueurs libyens en même temps qu'un appel de Paris nous fait savoir que, selon une dépêche fofolle émanant Dieu sait d'où, j'aurais, moi, été victime de l'attentat! Puis Reuter qui téléphone pour savoir si c'est bien vrai : je réponds moi-même — ça règle la question...

Déjeuner avec les huiles du British Canadian Board of Trade. Parmi lesquelles, en plus des Canadiens «londonisés», bon nombre d'éminents vrais patrons de grandes entreprises qui font affaire chez nous. Leur présence illustre à merveille mon propos de ce jour : hors d'Amérique du Nord, la bonne vieille Albion est encore notre plus gros client, et nous sommes nous-mêmes un de ses plus importants partenaires.

Retour à Paris. Juste une heure avant qu'à ce même aéroport une bombe aveugle ne vienne cette fois faire quatre morts. Jamais deux sans trois : en descendant de l'avion, nous nous trouvons devant deux « spéciaux » de la police française chargés de nous talonner sans arrêt, Corinne et moi, à la suite de nouvelles menaces ou rumeurs. Quelle chance nous avons tout de même de ne pas vivre sous cette tension infernale que le terrorisme inflige aux vieux pays. Touchons du bois.[2]

Mai

La campagne de financement du parti traîne de la patte. Non pas que les militants rechignent. Au contraire, on a l'impression qu'un peu partout ils relèvent la tête et que, dans nos rangs du moins, la confiance est revenue, en même temps qu'on faisait ce pari sur une nouvelle campagne souverainiste qui me semble de plus en plus hasardeux. Car ceux qui comptaient sur une remontée — et j'en fus — ont dû déchanter. Même si l'ambiance est moins hargneuse qu'avant, l'insatisfaction persiste, et la désaffection tout autant.

Claude Morin, Pierre Marois, Claude Charron, puis tout récemment Jacques-Yvan Morin, combien d'autres sont partis ? Comme Pamphile Lemay, je commence à me sentir « un vieil arbre oublié dans la plaine »...

(Rideau)

---

2. C'est deux semaines après qu'un certain caporal Lortie effectuait sa sanglante visite à l'Assemblée nationale...

2 septembre 1986

« La pensée vole, écrit Julien Green, et les mots vont à pied. » Il est minuit. La pensée bat de l'aile et les mots ne vont plus qu'en rampant. Je n'ai presque plus de papier et plus du tout de temps. Juste assez pour le mot « fin ».

ANNEXES

ANNEXE A

PLUS ÇA CHANGE...

« *Le présent dossier a été préparé avec l'accord du Premier ministre à l'intention de son successeur. Il consiste en un ensemble de courts résumés (...) des principales questions qui sont d'actualité ou susceptibles de le devenir au cours des prochains mois. À dessein, le focus y a donc été mis sur le très court terme...*

« *Il est difficile, sinon impossible, de résumer encore davantage ce qui est déjà un résumé (...). Par ailleurs on peut mettre en évidence certaines questions qui pourraient avoir une signification particulière pour illustrer le message que le nouveau Premier ministre voudra transmettre à ses concitoyens...*

« *Ainsi, en ce qui concerne* les rapports avec le gouvernement fédéral, *il y a des choses qui pourraient faire l'objet d'une rencontre prochaine avec M. Mulroney (accord-cadre sur la négociation des accords fiscaux, usines de Port-Cartier et de Matane, pétrochimie). Une telle rencontre devrait être intensément préparée de façon à aboutir à des résultats concrets ; il y a d'ailleurs certaines embûches à éviter (e.g. comment traiter le dossier constitutionnel, la position des conservateurs lors de la prochaine élection au Québec).*

« *En ce qui touche* les relations internationales, *la signature du contrat d'exportation avec Neepool (New England Power Pool) pourrait être une belle occasion de mettre en lumière nos liens avec les USA. Le sommet de la francophonie peut faire de même pour nos liens avec la France et les autres pays francophones...* »

Suit une table des matières. Je n'en retiens que des têtes de chapitre et des sujets qui n'ont pas fini, plusieurs mois après, de faire parler d'eux :

« *EMPLOI*
— *Salaire minimum*

INDUSTRIE ET COMMERCE
— *Magnésium (Norsk Hydro)*
Aluminium (Laterrière-Kaiser)
Automobile (Hyundai, Toyota, Bombardier, Renault)
— *Pétrochimie (Pétromont)*
— *Transport des liquides de gaz naturel*
— *Privatisation de la SAQ*
— *Plan de redressement de Sidbec (750 mises à pied)*

ÉNERGIE ET RESSOURCES
— *Amiante*
— *Mine de sel (des Îles-de-la-Madeleine)*
— *Fermeture de la raffinerie Gulf...*

COMMERCE EXTÉRIEUR
— *Nouvelle politique commerciale (libre-échange)*

TOURISME
— *Vente du Manoir Richelieu*
— *Difficultés possibles à Mont-Tremblant*

COMMUNICATIONS
— *Consortium TV-5*
— *Privatisation de Téléglobe*
— *Radio-Québec (négociations difficiles avec les réalisateurs)*

SANTÉ ET SERVICES SOCIAUX
— *Insuffisance des services hospitaliers (urgence, chroniques, mésadaptés)*
— *Négociations avec les professionnels (pharmaciens, spécialistes)*
— *Déficits hospitaliers*

TRAVAIL
— *Construction : maraudage en novembre*
— *Commission Beaudry (31 octobre)*

CONDITION FÉMININE
— *Reprise du Sommet (décembre)*
— *Financement et expansion des garderies...»*

À peine un tiers des ministères se trouvent mentionnés, mais c'est assez pour qu'apparaisse clairement la terrible continuité. De même dans ce petit choix d'aperçus concis que je pige çà et là.

À tout seigneur tout honneur : Québec et Ottawa d'abord.

«*L'actualité intergouvernementale canadienne...*

Pour le Québec, le secteur a pour toile de fond deux questions majeures dont l'évolution à terme influencera l'ensemble des dossiers.

Il s'agit tout d'abord de la **renégociation des accords fiscaux** *(1987–1992), opération qui s'est amorcée ces dernières semaines. Inutile d'insister sur l'importance de ce dossier dont découlera en bonne partie la marge de manœuvre financière du gouvernement québécois pour les prochaines années : les transferts fédéraux équivalent au tiers du budget du Québec. On sait qu'Ottawa a annoncé sa volonté de couper environ $2 milliards par année dans ses dépenses de transfert aux provinces, afin de réduire son déficit.*

Le dossier constitutionnel influencera aussi à terme l'ensemble du secteur intergouvernemental. Ottawa a déjà pris prétexte de la position québécoise rendue publique au début de l'été pour refuser d'accéder à certaines demandes du Québec concernant la formation de la main-d'œuvre. M. Mulroney vient de déclarer que les négociations sur ce dossier ne pourraient débuter qu'après les prochaines élections provinciales. Certaines recommandations de la Commission Macdonald, qui ont trait à la spécificité du Québec, pourraient fournir à Ottawa une base de négociation à cet égard...»

Viennent tout de suite après le budget et le *portrait* financier avec le diagnostic-éclair qu'on en faisait en ce début d'octobre 85 :

1. *Les* **opérations budgétaires** *du gouvernement pour l'exercice en cours se déroulent à peu près comme prévu. Les revenus se maintiennent mais les dividendes attendus d'Hydro-Québec et de la SAQ sont incertains ;* ***il nous faudra donc réaliser au moins 600 millions $ de crédits périmés d'ici le 31 mars prochain.***

2. *Une révision complète des équilibres financiers sur la période 1985-1986 et 1988-1989 sera disponible au début de novembre prochain.*

3. *Les* **opérations de financement** *vont bon train. Le programme d'emprunt du gouvernement pour l'année en cours (2,8 milliards $) est déjà complété sauf pour un emprunt en devises étrangères et un autre en dollars canadiens (300 millions $ au total) et les emprunts périodiques à venir auprès de la Caisse de dépôt.*

Au niveau du **financement** *des Sociétés d'État et des organismes scolaires et hospitaliers, les besoins d'emprunts pour 1985-1986 sont de l'ordre de 2,150 milliards de dollars.*

Nous disposons de **marges de crédit** *(près de 3 milliards $) sur lesquelles nous pouvons tirer en tout temps, en cas de coup dur.*

Notre cote de crédit (rating) n'a pas été modifiée depuis 1982 et ne devrait pas l'être cette année alors que plusieurs provinces viennent de subir des baisses : B.C., Sask., Man., N.-É. et T.-N., tandis que l'Ontario est sous « credit watch » par Standard and Poor's.

Nos titres se transigent à des écarts de rendement (spreads) beaucoup plus près du fédéral que dans le passé et même, dans certains cas, à des niveaux presque identiques à ceux de l'Ontario...

FISCALITÉ

Le fardeau fiscal des contribuables du Québec demeure trop élevé par rapport à celui de ses principaux concurrents, dont l'Ontario. Les impôts et taxes étant beaucoup plus axés sur les producteurs que sur les consommateurs, la fiscalité diminue la capacité concurrentielle. La réforme fiscale américaine devant réduire considérablement les taux marginaux d'impôts sur le revenu rendra encore plus difficile la position fiscale du Québec.

De plus, la structure fiscale (taxation et transferts) à laquelle font face les particuliers à faible revenu est peu incitative au travail. La mauvaise intégration des programmes de transferts entre eux et avec le régime de taxation et les taux marginaux élevés qui en découlent laissent souvent peu de bénéfices financiers à ceux qui sont actifs. Ceci a des conséquences néfastes sur le nombre de bénéficiaires des programmes sociaux et sur notre potentiel économique.

Quant aux entreprises, leur situation fiscale s'est relativement améliorée suite à la remontée des profits relativement moins taxés au Québec. Cependant, plusieurs font état du niveau trop élevé des taxes sur la masse salariale et des impacts négatifs que cela entraîne sur le nombre d'emplois au sein des secteurs qui font une utilisation intensive en main-d'œuvre.

*Il faudrait revoir le **Livre blanc** sur la fiscalité des particuliers, afin de déterminer quelles mesures devront être mises en œuvre dans le prochain budget ; il faudra aussi amorcer l'équivalent d'un livre blanc sur la fiscalité des entreprises...*

SOCIÉTÉS D'ÉTAT

La révision de la situation actuelle et prospective de chaque société est en cours au ministère, conformément aux intentions énoncées au Discours sur le budget ; un aperçu sommaire des principales difficultés courantes se présente comme suit :

***Hydro-Québec :** la vente d'actions privilégiées implique l'adoption d'un projet de loi qui n'a pas encore été soumis au Conseil des ministres.*

***Société des Alcools :** le projet de privatisation est suspendu, en attendant le dénouement des procédures judiciaires, dans les prochaines semaines.*

***Société nationale de l'amiante :** le regroupement des opérations **minières** rationalisera les opérations, ce qui devrait éliminer les besoins de fonds de la SNA pour ses opérations courantes mais laissera une dette de près de 200 millions $, à compter de 1987, à rembourser. Dans les opérations **manufacturières**, la plupart des filiales sont dans des situations précaires, ce qui amènera quelques fermetures et liquidations.*

***Raffinerie de sucre du Québec :** la R.S.Q. accumule des déficits annuels de l'ordre de 10 millions $ et propose un plan d'expansion impliquant des déboursés gouvernementaux non prévus au budget* *de 30 millions $. Le ministère des Finances a entrepris des discussions confidentielles avec «Les Sucres Lantic Ltée» en vue d'y fusionner la R.S.Q. pour une somme s'établissant, à ce moment-ci, entre 33 et 56 millions $.*

***Pétromont :** les divers intervenants québécois se sont regroupés autour de la S.G.F. pour mettre au point un plan stratégique global pour assurer la survie et le développement de la pétrochimie au Québec. Bien que le gouvernement fédéral a été saisi de ce plan, sa décision est attendue depuis plusieurs mois et aucune indication ne nous est parvenue sur ses intentions. Pendant ce temps, le Québec supporte seul des pertes mensuelles de l'ordre de 4 à 5 millions $ par mois depuis avril dernier...*

***SOQUEM :** le principal problème demandant une attention immédiate est relié aux opérations de sa mine de sel aux Îles-de-la-Madeleine (SELEINE). Le Conseil des ministres a donné mandat récemment d'examiner les options de vente de ces opérations.*

Tiens, relevons en passant cette note aussi brève que prophétique :

*«**La raffinerie de Gulf à Montréal.** La fermeture apparaît inévitable. Le ministère exerce des pressions pour amener Pétro-Canada à accroître sa capacité de raffinage à Montréal et serait favorable à ce qu'Ultramar se porte acquéreur du réseau de distribution de Gulf au Québec et dans les Maritimes, ce qui pourrait amener un accroissement de production à la raffinerie de St-Romuald.»*

Passons enfin à deux sujets d'importance vraiment majeure. Comment ont-ils évolué depuis que ces résumés lapidaires étaient fournis à mon successeur ?

LE COMMERCE EXTÉRIEUR

*«Bon an mal an depuis plus d'une vingtaine d'années, **environ 40% de l'activité économique du Québec est tributaire des exportations.** Le principal défi à relever, c'est celui d'augmenter la part de la valeur ajoutée dans nos exportations et d'assurer à nos grandes entreprises de service les moyens d'être compétitives avec succès sur les marchés internationaux. La prise de conscience de ces exigences a suscité la création du ministère du Commerce extérieur, le 13 janvier 1983...*

«Les missions organisées par le ministère notamment pour aider les entreprises à mieux connaître les marchés extérieurs, à y exposer leurs produits et à favoriser des transferts technologiques, ont généré d'importantes retombées économiques. On estime à 61 $ millions les ventes réalisées sur place et à 425 $ millions les ventes projetées sur douze mois pour un total de cent missions organisées en 1984-1985...

« *Le ministère a élargi sa représentation à l'extérieur. Trois nouveaux bureaux ont été ouverts : Bogota, Stockholm et Singapour. De plus, un conseiller économique a été affecté à la nouvelle délégation de Hong-Kong. À ce jour, 23 conseillers économiques sont en poste dans 21 délégations et bureaux du Québec à l'extérieur. Ils sont assistés par 32 attachés commerciaux qui sont recrutés localement.* »

LA SANTÉ ET LES SERVICES SOCIAUX

« *L'environnement du système de la santé et des services sociaux est dominé par les récents constats de divers problèmes. Tout d'abord, les laborieuses démarches pour revoir le cadre de négociation avec le personnel syndiqué et finalement l'adoption de la Loi 37 visant à civiliser les traditionnels affrontements. Il reste tout de même à voir jusqu'à quel point la nouvelle loi pourra les atténuer et le cas du transport ambulancier constitue probablement un premier test. De même le Ministère prend les dispositions appropriées suite aux premiers dépôts des syndicats.*

En second lieu, il faut garder à l'esprit que ce sont de sérieuses difficultés dans la régionalisation, le fonctionnement et le financement du système de la santé et des services sociaux qui ont conduit à la création d'une commission d'enquête ; dans ses rapports, celle-ci proposera certes des solutions, mais en attendant les lacunes, voire les contradictions de notre système demeureront des contraintes fort réelles.

Décisions spécifiques

D'ici la fin de l'année, une série de dossiers s'imposeront d'eux-mêmes et obligeront à des décisions ou des choix. Ces dossiers touchent l'organisation des services et des établissements, la quantité et la qualité des services disponibles ou directement le financement des services...

Un groupe de dossiers est relié à la capacité des établissements de satisfaire les demandes et les attentes de services. Il s'agit de situations où les établissements paraissent débordés et les listes d'attente font la manchette des journeaux (sic), des dossiers telles les urgences dans les centres hospitaliers de Montréal, l'hébergement des personnes âgées, le débordement des malades chroniques dans les lits de courte durée, les jeunes mésadaptés socio-affectifs en attente d'une place dans un centre d'accueil de réadaptation. Les programmes d'apprentissage pour handicapés intellectuels et les services à domicile sont également des exemples de tels dossiers sauf que pour ces cas les ressources disponibles ne sont pas à la hauteur de nos discours... »

TANT QU'IL Y AURA DU POISSON
DANS LA MER...

— Embarquez-vous ? L'hareng nous espèrera pas toute la nuitte... Pis faites attention de pas trop barauder la barge !

Nuit d'encre. L'eau soulevée par un vent «franc ouest», se brise sur la jetée par paquets furieux ; on sent l'armature qui frémit avec de caverneuses protestations. La barge — une frêle coquille de vingt pieds — danse comme une petite folle en faisant craquer toutes ses jointures. L'on prendrait bien ses jambes à son cou, n'étaient le ton placide et l'air ennuyé des deux pêcheurs... Sous leur double écorce de grosse étoffe et de caoutchouc, ils luisent faiblement, tels de gauches poissons empêtrés dans les amarres et les filets gluants.

Un subit accès de toux, rageur, vous précipite dans l'embarcation. Le moteur, se réveillant au fond de la «cabane», s'éclaircit la voix quelques secondes, crache et grogne, hésite, puis tout à coup se met à popopotter avec entrain.

Le nez dans les vagues, nous longeons la rive. Au bout de cinq minutes, la lune émerge des nuages, disque plein qui roule paresseusement en laissant une traînée de lumière pâle... À l'étrave, l'écume se détache comme une fumée blanche ; des étincelles qui semblent jaillir des profondeurs viennent un instant briller sur la soie glauque de la surface.

Dans un rayon de lune, le profil aquilin de l'homme à la barre se découpe, maigre et osseux, avec des yeux d'un bleu froid et un grand corps rudement charpenté. C'est Maurice, le propriétaire de la barge. Mais il y a également... le moteur. Or, le moteur, il appartient à Donat, dont la silhouette nous apparaît, toute menue, accroupie à l'avant. Un petit homme aux traits mobiles, jamais rasé, bavard comme une pie et hâbleur comme un Marseillais.

— Un parleux pas ordinaire, le Donat ! vous diront les gens. Et pis pas aisé avec les criatures !

Pourtant, au début de la trentaine, Donat n'est pas marié...

Le mariage, c'est pas une invention pour moé, ça, fait-il d'un air narquois. Les femmes, c'est ben avenant, mais ça me fait peur !

Un bref sourire détend les lèvres minces de Maurice. Lui, à trente-quatre ans, il est père de cinq marmots et, comme il dit avec une candeur qui est bien un peu malicieuse :

— Y en aura p't-être ben d'autres. Y faut ben prendre c'que le Bon Dieu nous envoye...

Tels quels, le célibataire et le père de famille, l'un fournissant le moteur et l'autre le bateau, le premier frétillant comme une truite et l'autre impavide comme une carpe — les deux compères s'entendent à merveille. Sans jamais l'ombre d'une querelle, voilà plusieurs années déjà qu'ils pêchent de compagnie.

Après un quart d'heure de marche échevelée, le moteur s'enroue un instant, et s'étouffe. Dans le silence brusquement rétabli, on perçoit les vagues qui galopent et s'en vont avec une explosion sourde, se fracasser contre une invisible falaise.

Aussitôt, deux « rêts » — près de deux cents pieds chacun — sont lâchés, et se tendent contre le courant, soutenus par de gros flotteurs de bois. C'est la « drive » qui commence.

— La drive, nous explique Donat, c'est pour prendre l'hareng. Ça se fait toujours la nuitte, pour dire cœur de nuitte. Quand on a de l'hareng en masse, on boette nos crocs avec, pour prendre la morue...

C'est le travail préliminaire, — la pêche à l'appât. Une besogne terriblement monotone. Il faut attendre que le courant fasse dériver — « driver » — le bateau, malgré la résistance des longs filets gonflés d'eau. La conversation des deux hommes est brève, ponctuée d'interminables pauses qu'ils meublent doucement de commentaires inexprimés.

— J'ai ben peur, ronchonne Donat, que l'hareng soye pas ben ben nourri, avec une « gale » pareille...

— On va toujours espérer un brin. On est pas pressés, surtout que l'courant hale pas fort fort à soir. Silence...

— Les mers sont pas mal grosses, murmure Donat en mesurant une vague du regard. Moé, depuis qu'j'ai varsé dans le cyclone y a deux ans, à chaque fois qu'le temps est contraireux, j'ai le cœur qui me r'monte dans la bouche...

— C'est pas chrétien, un métier pareil, reprend Maurice. Si y a un p'tit moyen, je te passe un papier que mes garçons y s'ront pas des pêcheux. J'ai mon plus vieux, là, qui marche su' ses huit ans. C'est une permission du Bon Dieu, chaque fois qu'y est su' l'eau, y a l'mal de mer. Une bonne fois, j'vas le rendre assez malade pour qu'y r'vienne pu jamais. Ça s'ra rien qu'une bonne chose.

Ainsi, une heure entière agonise lentement. La barge a dérivé d'un bon demi-mille. À grand-peine, en s'écorchant les doigts sur la corde lisse et coupante comme un fil d'acier, les hommes ramènent hâtivement leurs rêts. Çà et là, trop rare, un petit hareng aux écailles miroitantes se détache d'une maille et, dans un dernier sursaut, se coule à fond de cale.

Donat suppute la maigre prise, en secouant la tête.

— Y va falloir y r'tourner encore c'te nuitte, dit-il, pis plus loin de la grave. Avec un rire de philosophe, il ajoute cette conclusion sentencieuse :

— C'est pas la mort d'un homme ; y a plus d'jours que d'semaines !

... Deux fois cette nuit, ils vont mettre le cap au large, pour «driver». Puis, à quatre heures du matin, les hameçons grassement boettés de hareng frais, ils iront pêcher la morue. Si elle mord bien et que la mer n'est pas trop mauvaise, ils seront là jusqu'à six heures demain soir.

Exténués, ils reviendront alors dans la baie. Tout le long du rivage, les maisonnettes jaunes, vertes, blanches, chatoient dans les feux du couchant comme des jouets neufs. Sur la colline la vieille église, d'une teinte gris-bleu délavée par les embruns, égrène l'Angélus au-dessus des toits. L'heure du repos ? Pour les femmes et les enfants, bien sûr. Mais pas pour le pêcheur.

Par grandes fourchées, il lance sur le quai cinq, six, sept cents livres de morue ; un amas visqueux de ventres flasques et de gros yeux bêtes. Sur l'étal en bois brut, il faut ouvrir chaque morue de trois coups de couteau, la vider d'un tour de main, déposer le foie dans une chaudière, enfin arracher la tête qu'on rejette à l'eau...

— Arranger tout ça, pis charger la charette : on s'ra pas clair avant huit heures.

Après quoi, dans un seul cri d'essieux, la charette suivra le chemin de «gravoi» qui mène au syndicat. Dédaigneusement, elle passera devant le magasin jaune des Robin, souvenir des années pas si lointaines de misère noire et d'esclavage...

— Ah! monsieur, s'exclame le père Hilaire Cotton d'une voix qui chevrote à travers sa barbe de 83 ans, la pêche d'aujourd'hui, c'est une farce! Dans l'temps, y avait pas d'moteurs; c'était la voile, pis ben souvent rien qu'la rame. Et savez-vous, c'que les compagnies nous payaient? Une piastre et demie pour 224 livres... oui, monsieur, pour 224 livres!...

Heureusement le Syndicat des pêcheurs est venu saper cet exécrable régime. Les pêcheurs syndiqués — à peu près tous — reçoivent maintenant de deux à trois «cents» la livre de morue. Les foies et les déchets sont aussitôt vendus aux Laboratoires Nadeau, de Montréal, dont les usines gaspésiennes fabriquent de l'huile et des farines de poisson. Quant aux filets, ils sont expédiés frais dans le Québec et l'Ontario, séchés aux États-Unis, au Brésil, en Grande-Bretagne et jusqu'aux Indes.

L'argent, jadis introuvable, circule généreusement par tout le village. Au restaurant, au magasin coopératif et au minuscule «5-10-15», les achats sont payés comptant. On remarque bon nombre d'autos et, pour l'hiver de «snow-mobiles»; la rue est un incessant capharnaüm de programmes radiophoniques...

Parmi les pêcheurs, certains sont même devenus un peu fermiers; sur une échelle modeste, juste assez d'ordinaire pour subvenir à quelques besoins de la famille. Et les chantiers comblent infailliblement l'hiatus de l'hiver.

— L'année dernière, nous dit monsieur Samuel en parlant de ses trois fils, y en a un qu'est parti six mois, l'autre cinq mois, pis l'autre quatre mois.

— Ils sont revenus?

— Ouais, ils sont revenus. Ah! y r'viennent toujours... Vous savez, tant qu'y aura du poisson dans la mer, y aura des pêcheux pour le prendre!...

Maintenant, surtout, que le métier fait à peu près vivre son homme.

* * *

Ce village, où j'ai rencontré Maurice et Donat et messieurs Cotton et Samuel, c'est Rivière-aux-Renards. Un village typique, à l'extrême pointe de la Gaspésie. Il en est peut-être de plus riches; et certes de bien plus pauvres... Dans chacun, vous trouverez ces gens simples et accueillants, la mine éveillée et le sourire vite ironique... Bûcherons et draveurs pendant six mois, fermiers et pêcheurs — nuit et jour — pendant six autres mois : des hommes durs et résistants...

— Ils ont besoin d'avoir la vie dure! bougonne le jeune médecin frais émoulu de la Faculté. Quand on ne dort pour ainsi dire jamais, et que des enfants de trois ans sont nourris au thé noir comme de vieilles madames!...

Vieilles habitudes. Qui lâchent prise, lentement, comme toutes les habitudes... comme celle, aussi, de faire travailler les bambins dès neuf ou dix ans, en les condamnant à l'analphabétisme quasi complet... Dures côtes qui sont encore à gravir. Mais déjà, si l'on se retourne, combien de montées — les premières, toujours les plus essoufflantes — que l'on a conquises [1] !

---

1. Paru en 1947, quelque part par là, dans *Le Petit Journal* ... ou peut-être *La Presse* : la référence n'y est plus.

ANNEXE C

UN INNOCENT CHEZ LES SOVIETS [1]

À chaque étage de notre hôtel moscovite, il y avait un grand portrait à l'huile de Staline. Il était partout présent, dans les mosaïques du Métro et les monuments des places publiques, son nom à toutes les sauces sur la carte de l'URSS et des satellites. À vingt pieds sous terre, ses restes blafards mais bien conservés reposaient dans la même chapelle ardente et sombrement rougeoyante que ceux de Lénine... de Lénine qu'on l'accuse aujourd'hui d'avoir trahi.

Mais, en dépit de cette omniprésence, il était déjà terriblement absent il y a quatre mois. Portraits, statues et cadavre embaumé avaient rejoint, dans la poussière des régimes en-allés, les églises-musées, les trônes-reliques et les couronnes-caricatures que le nationalisme russe conserve, eux aussi, avec un curieux mélange d'admiration et de mépris. Il aurait suffi, pour oser le dire, de se prendre pour un expert.

Pas une fois, en quinze jours, un Russe ne m'a parlé de lui. Partout présent, et comme invisible pourtant. Dans la vitrine des librairies, toutes les grandes signatures — Marx, Lénine, Mao, Boulganine — mais pas la sienne. Sur les lèvres, toujours un peu dédaigneuses, des jeunes communistes qui nous pilotaient en nous endoctrinant de leur mieux, un nom, un seul revenait sans cesse, obsédant :

— Lénine a dit ceci, Lénine a fait cela... Lénine nous a demandé de respecter l'Histoire... Dans ce tableau, vous voyez Lénine demandant à la jeunesse soviétique d'étudier, d'étudier encore, d'étudier toujours... C'est d'ici, de ce coin paisible de Léningrad que Vladimir Ilyitch a dirigé la Révolution...

Même dans l'ancienne Tsaritsine, rebaptisée en son honneur et à laquelle sa ténacité de vieux khan oriental aura valu une

---

1. Titre approprié, puisque cet article parut dans *Vrai*, hebdo fondé par Jacques Hébert, le même qui signa avec Pierre-Elliot Trudeau un livre également plein de candeur : *Deux innocents en Chine rouge*.

gloire sanglante, on n'a pas fait la moindre allusion au disparu. Dans le petit musée de la victoire, à deux pas de la Volga paresseuse et blasée, le jeune homme qui nous évoquait d'une voix de clairon cette interminable tuerie de Stalingrad ne lui a même pas rendu le plus discret des hommages.

Dans le sud, enfin, dans la grande ville perchée entre le granit gris de la montagne et les eaux bleu-vert de la baie, dans cette Crimée qui joint aux âpres contours de la Gaspésie les vignobles et l'air capiteux de la Côte d'Azur, quelle allure ont-ils ces deux sexagénaires robustes qui ont été ses héritiers et qu'on a pris pour ses disciples ?

Une allure d'hommes nouveaux. Au mystère s'enroulant sur la fameuse énigme dont Churchill a parlé, à la face féline et à l'impassibilité mongole (qui persiste encore, comme un dernier reflet au crépuscule, chez Molotov), succèdent des visages durs mais mobiles, des sourires qui ne sont plus indéfinissables, les coups rudes et directs d'une agressivité sûre d'elle-même.

Khrouchtchev surtout est renversant. L'antithèse vivante, bondissante, du stalinisme figé, buté et de plus en plus étouffant des dernières années. Trapu et replet, le teint rose et l'œil porcin, il est solide et débraillé comme un paysan mal dégrossi, avec la faconde et la familiarité vulgaire du commis-voyageur. Quand il s'anime, c'est-à-dire dès qu'il ouvre la bouche, son timbre de baryton grimpe aussitôt vers l'aigu, il gesticule, il rit très fort, on le sent infatigable, naïf, curieux, insatiable... et tout autour de lui flotte une atmosphère infiniment subtile d'émancipation si neuve encore qu'elle a besoin de s'affirmer avec éclat. Un vague relent de geôle et le survoltage d'ex-prisonniers qui refont leurs muscles, se saoulent d'air libre et reprennent frénétiquement le temps perdu.

Se peut-il que cette libération des héritiers gagne peu à peu, et si imparfaitement que ce soit, tous les étages du régime ? qu'elle s'infiltre dans toutes les couches de cette multitude d'hommes que Staline a voulu robotiser ? Même d'un très bref séjour, une foule d'images vous reviennent qui semblent dire oui : ouvriers s'achetant leurs petites voitures, garçons passionnés de jazz, filles s'arrachant l'autographe de Gérard Philipe, étudiants parlant de voyages possibles...

Et maintenant, c'est le Parti lui-même qui répond oui à son tour. En déboulonnant, avec la statue de Staline, le culte du héros dont il s'entourait. En jetant bas la muraille de Chine derrière laquelle il faisait se terrer la Révolution...

Le vingtième Congrès ne fait que proclamer et précipiter cette transformation. Il la transfère des coulisses à l'avant-scène et en fait une politique non plus seulement effective mais officielle. Les maudits de Staline sont réhabilités : aujourd'hui Béla-Kun, demain Trotsky. L'aide économique, offerte avec un culot tranquille même à toute l'Amérique du Sud, vient nourrir ce moteur de la Révolution que Lénine demandait d'entretenir avec soin : le nationalisme refoulé et rageur des primitifs, des exploités, des coloniaux, des peuples de couleur. Aux partis communistes de l'étranger, que le Staline de la fin traitait comme des outils de rien, excommuniait au moindre sursaut ou laissait croupir dans le cul-de-sac de l'opposition systématique, on rend la liberté de manœuvre. Comme aux jours de Blum et de la république espagnole, ils pourront chercher les Fronts Populaires et troquer les rigidités stériles du grand-soirisme contre la souplesse et l'autonomie relative du gradualisme.

Qu'y a-t-il derrière tout cela ? À coup sûr, par-delà trente années staliniennes, une nostalgie insoupçonnée du léninisme, de cette vision à la fois impitoyable et fraternelle, de cette grande explosion sanglante mais généreuse aussi, dont tant d'intellectuels sincères et de cœurs simples s'étaient épris jusqu'à ce que Staline les en dégoûtât. Il ne faut pas se faire d'illusions : l'état policier et le dogmatisme insupportable dureront sans doute indéfiniment, quoique les excès les plus récents n'en seront peut-être plus possibles...

Et nous, au moment où la communisme se révèle ainsi plus vigoureux et plus insinuant que jamais, que faisons-nous ? Nous surtout, confortables insulaires d'Amérique du Nord ? Nous choisissons ce moment exact pour nous montrer plus étroits, plus myopes, plus mesquins que jamais.

À l'Oriental dans sa rizière, à l'Africain dans sa brousse, nous parlons de Cadillac 56, de frigidaires et de splendeurs hollywoodiennes. À ce conte des Mille-et-une-Nuits les Russes répondent par une « success-story » grossière mais réalisable en une vie d'homme.

Ignorant tout des forces qui grondent et bouillonnent dans le reste du monde, nous érigeons devant le raz-de-marée des forteresses de sable qui s'appellent SEATO et Pacte de Bagdad.

Oubliant que le christianisme est lui-même une Révolution que nous avons trahie et que des centaines de millions d'hommes n'ont apprise de nous que sous forme d'exploitation et de racisme, nous parions inévitablement sur le cheval le plus taré, le plus arthritique: la démocratie à la matraque de Sygman Rhee, la corruption de Chiang-kai-shek et de Pibul Sanggram.

L'arme atomique est neutralisée. Celle de la supériorité économique, stupidement gaspillée en vaines pressions politiques et militaires, est de moins en moins efficace. Il reste la meilleure de tout l'arsenal, cette arme suprême: l'allant, la conviction de l'homme libre, son intelligence sans œillères.

Et c'est cette arme-là, justement, qu'un dogmatisme bouché par les deux bouts s'acharne ces temps-ci à nous enlever. Plus ça va mal, plus on nous dit que ça va bien. Plus on s'éloigne de toute charité, plus Dieu est à jamais avec nous. Au moindre doute, on est suspect. Une orthodoxie chaque jour plus aveugle et irraisonnée est la condition sine qua non du civisme. Il ne faut pas se poser de questions, ni aller voir ce qui se passe ailleurs, ni surtout le dire, ni douter de la moindre des idées reçues.

Monseigneur l'évêque de Worchester, Mass., est même venu dire à des étudiants montréalais la semaine dernière que ce climat est précisément celui dans lequel éclosent les nazismes et les fascismes.

Ce climat, c'est également celui que Staline a entretenu autour de lui jusqu'à la fin. Aujourd'hui que ses successeurs font au moins semblant de s'en éloigner, il y a des gens qui n'aimeraient rien tant que de nous y plonger. Par vertu, bien sûr, et dans l'intérêt du bien commun.

Si nous les laissions faire, ces stalines au petit pied, on se demande vraiment au nom de quelle supériorité nous prétendrions encore guider le monde. Au nom de «bord de la guerre» de M. Dulles? ou des vacillements de M. Mollet? ou de la fraternité de l'Alabama? ou encore — pour descendre jusqu'à l'univers microscopique — au nom des visions généreuses de MM. L. Richer ou L.-P. Roy[2]?

---

2. Ce dernier était le docteur Louis-Philippe Roy qui, pontifiant à l'*Action Catholique* de Québec, mit un jour à un de ses éditoriaux les plus virulents ce point final demeuré classique: « *Et que Staline se le tienne pour dit.* »

ANNEXE D

«... On ne remplace pas 30,000 actionnaires par plus de 5,300,000 sans consulter ces derniers. Jean Lesage et son équipe demandent à l'ensemble de la population de leur donner un mandat clair et précis qui leur permettra de poursuivre, avec une vigueur accrue, la réalisation du programme de 1960 du Parti libéral du Québec. Maintenant ou jamais "maîtres chez nous", tel est l'objectif que propose le Parti libéral du Québec.

Les onze compagnies à nationaliser

L'électricité est la plus abondante de toutes nos richesses naturelles. Elle est produite et consommée presque entièrement chez nous.

Dans l'économie moderne, l'électricité est à l'origine de tout le développement industriel.

Dans le Québec, en devenant maîtres de cette richesse naturelle, nous entrons dans la voie de notre libération économique.

La nationalisation, c'est l'acquisition par Hydro-Québec des entreprises électriques suivantes :

- The Shawinigan Water and Power Company
- Quebec Power Company
- Southern Canada Power Company Limited
- St. Maurice Power Company
- Gatineau Power Company
- La compagnie de Pouvoir du Bas St-Laurent
- Saguenay Electric Company
- Northern Quebec Power Company Limited
- Électrique de Mont-Laurier, ltée
- Électrique de Ferme-Neuve, ltée
- La Sarre Power Company Limited

Les effets de la nationalisation

La nationalisation de l'électricité, étape indispensable d'une politique vraiment nationale, aura des avantages directs ou

indirects pour tous les citoyens du Québec. Ils pourront compter
notamment sur les avantages suivants :

- Baisse de taux dans les zones où ceux-ci sont un obstacle
au développement régional. Les tarifs domestiques et
commerciaux seront rajustés de façon à supprimer la
confusion et les injustices flagrantes qui règnent présentement. Bref, non seulement personne, nulle part, ne paiera
plus qu'il ne paie maintenant — mais un grand nombre
d'usagers verront leurs comptes diminuer.

- Conversion de 25 à 60 périodes (cycles) de l'électricité en
Abitibi et distribution générale de l'électricité à des taux
sensiblement plus bas dans le Bas-du-Fleuve et en Gaspésie.
Du coup, on permet un nouveau départ à des régions trop
longtemps négligées.

- Politique dynamique de décentralisation industrielle. Des
régions entières seront ouvertes à l'industrie, ce qui contri-
buera à augmenter le nombre d'emplois disponibles. Dans
son travail de développement et de décentralisation économique, le gouvernement pourra compter sur une puissante Hydro — devenue vraiment capable de mener à bien
une politique rationnelle et dynamique de tarifs industriels.

- Diminution des coûts de production de l'électricité par
suite des économies réalisées. Cela placera le Québec en
meilleure position sur les marchés internationaux où
s'écoulent certains de nos produits dont la fabrication
exige l'utilisation de l'énergie électrique.

- La nouvelle Hydro assumera le paiement, sur la base
courante, de toutes les taxes municipales et scolaires des
entreprises nationalisées, y compris les taxes payées pour
les lignes de transmission, les sous-stations, stations,
centrales et barrages.

- De plus, dans toutes les municipalités où elle possède
actuellement des biens, la nouvelle Hydro paiera à l'avenir
les taxes municipales et scolaires non plus seulement sur
les fonds de terre et les bâtiments, mais aussi sur tous ses
immeubles, sauf les centrales et les barrages.

- La nouvelle Hydro deviendra la propriété collective de
5,300,000 actionnaires à part entière, fiers de leur avoir
commun et fiers de leur puissance nouvelle.

- Comme acheteurs de nombreux matériaux et services (près de 200,000,000 $ par année) la nouvelle Hydro favorisera avant tout les gens du Québec.

- La nouvelle Hydro permettra la formation plus poussée et la promotion de nos jeunes techniciens du Québec qui eux pourront, par la suite, participer de façon efficace à la poursuite de notre œuvre de *libération économique.*

- Le Québec conservera les quelque 15,000,000 $ d'impôt que chaque année les compagnies privées versent au gouvernement central.

Le coût de la nationalisation

L'Hydro-Québec fera face aux dépenses de la nationalisation grâce à son expansion normale, grâce aux économies résultant de l'unification des réseaux et aussi grâce aux revenus normaux provenant de ses nouveaux territoires. De plus, pourront servir à cette fin les quelque 15,000,000 $ que les compagnies versent présentement à l'impôt fédéral chaque année.

Il sera nécessaire d'emprunter des capitaux à long terme. Il n'est pas indispensable que ces emprunts se fassent sur le marché canadien. Si la conjoncture est favorable comme elle l'est actuellement, ils peuvent se faire aussi sur le marché américain ou européen, en tout ou en partie. Ceci assurera l'entrée au Québec de capital canadien ou étranger, dont nous avons besoin, mais *sous une forme où le contrôle reste entre nos mains.* De plus, les capitaux que plusieurs Québécois ont placés dans les compagnies d'électricité nationalisées seront rendus disponibles pour investissements dans d'autres secteurs de notre économie.

Les employés des entreprises nationalisées deviendront des employés de la nouvelle Hydro, et ne perdront ni leur rang ni leurs droits acquis.

Les actionnaires de ces mêmes entreprises recevront une juste compensation — fixée en tenant rigoureusement compte de leurs intérêts légitimes comme aussi de ceux des contribuables québécois. Cette compensation restera soumise à l'arbitrage décisif des tribunaux.

Inutile d'ajouter que le Parti libéral du Québec ne se lancera pas dans une politique générale de nationalisation. Son unique souci, c'est d'ériger une base large et solide pour l'expansion et la décentralisation de l'industrie. Son unique souci, c'est de donner à l'Hydro une taille à la mesure des besoins et des espoirs du Québec.

La nationalisation de l'électricité est clairement la mesure économique la plus vaste et la plus féconde jamais proposée dans notre histoire.

C'est pourquoi, ayant longuement examiné et discuté le problème, le Parti libéral du Québec est convaincu que la nationalisation de l'électricité est une grande et fructueuse affaire, non seulement pour le bien-être matériel du Québec, mais tout autant pour la santé sociale et l'avenir national du Canada français.

La nationalisation :
Étape de la libération économique

Un peuple comme le nôtre doit se servir des instruments de libération économique dont il peut disposer.

- D'abord nous devons nous affirmer dans des domaines comme ceux des finances, de l'industrie et du commerce. Nous en avons fini d'être *spectateurs* de l'activité des autres. Nous devons être actifs si nous voulons survivre...

La nationalisation et le programme de 1960

Enfin le Parti libéral du Québec poursuivra sans relâche la réalisation de son programme de 1960 pour :

- Intensifier notre vie nationale
- Compléter la grande charte de l'éducation
- Favoriser l'expansion économique
- Assurer le plein emploi
- Adopter un Code du travail
- Augmenter le bien-être de la population
- Affirmer le rôle du Québec dans la confédération
- Assainir l'administration de la chose publique.

Cependant, pour que tout cela se continue, pour réaliser entièrement et dans sa plénitude le programme d'action déjà approuvé par le peuple, pour l'étendre dans l'avenir et pour obtenir les moyens qui nous manquent encore, le moment est venu de nous attaquer à fond, sans délai et sans hésitation, à l'œuvre exaltante de la *libération économique du Québec*.

Pour ce principe, le Parti libéral du Québec joue son existence. Jamais chez nous un parti politique n'a combattu avec autant d'ardeur pour un idéal.»

L'ORDRE DANS L'INJUSTICE

> « Aujourd'hui comme il y a 20 siècles, il
> s'agit de savoir qui l'emportera : la Justice
> selon l'Ordre ou l'Ordre selon la Justice. »
>
> (Georges BERNANOS)

Les manifestations, d'ordinaire, je suis de ceux qui s'en méfient comme de la peste. Il y a toujours trop d'à-peu-près, avec la possibilité d'être agi en dehors de sa volonté, car rien n'a le don de se dépasser dangereusement comme de tels groupes face à l'objet tangible de leur protestation...

Mais je n'ai littéralement pas pu m'empêcher, vendredi après-midi, de me retrouver avec quelques centaines d'autres devant la prison de la rue Parthenais, à Montréal.

Ce qui règne derrière ces hauts murs de béton vitré, en effet, c'est vraiment la Justice selon l'Ordre dont parlait Bernanos. C'est-à-dire la plus odieuse de toutes les formes de l'injustice : celle que le pouvoir revêt hypocritement de ses apparences de légitimité.

Avec tous ces autres où il y avait parents et sympathisants, bien sûr, mais aussi une foule de simples citoyens qui ont leur voyage, j'ai donc fait deux fois le tour de cette triste et ridicule Jéricho de la rue Parthenais.

Parce que je suis d'accord avec ceux qui sont en dedans ? Non. Au contraire, les cas les mieux connus me semblent avoir eu grandement tort de s'afficher comme ils l'ont fait. Mais quand ils l'ont fait — ceux surtout qui ont endossé plus ou moins bruyamment les soi-disant « objectifs » du fameux manifeste — ce n'était pas un crime. C'en est devenu un, rétroactivement, dans la nuit du 15 au 16 octobre. Puis le parlement fédéral a cautionné cet abus de pouvoir en votant, *pour le seul Québec*, l'indigne loi Turner. Et maintenant, dans les officines légales de deux gouvernements, on essaie de peine et de misère de fabriquer des chefs d'accusation qui ne soient pas trop visiblement artificiels...

Les hommes à tout faire

Même aux moments les plus déprimants du duplessisme, je n'avais encore jamais vu politiciens abuser du monde comme ceux d'Ottawa, de Québec et Montréal l'ont fait ces derniers temps. Et ce qui ajoute à l'injustice quelque chose de particulièrement révoltant, c'est l'hypocrisie avec laquelle, tous leurs prétextes soufflés leur ayant pété dans la figure l'un après l'autre, ils s'obstinent quand même à sauver cette précieuse face aux dépens d'autrui.

Il y avait au moins, à Noël, l'occasion toute trouvée de détendre un peu le climat sans avoir à confesser d'erreur. Noël, le Nouvel An, saison de fraternité — même si elle est fugitive, de réconciliation — si fragile soit-elle. De calcul aussi, et pourquoi pas, pourvu qu'il aille dans le sens de la magnanimité...

En Bolivie militariste, c'est le moment qu'on a choisi pour libérer l'écrivain Régis Debray en même temps que les plus farouches guérilleros de Ché Guévara. Dans la Grèce des colonels, on en profite pour vider les cellules de plusieurs centaines de prisonniers. Les Basques ont pris le risque de libérer sans condition leur otage allemand. Même au Vietnam, la tuerie a presque cessé pendant les 24 heures de trêve.

À Québec, les Hon. Jérôme Choquette et Robert Bourassa, depuis octobre pâles hommes à tout faire de nos princes fédéraux, n'ont rien ressenti... Ou simplement n'en auraient-ils plus le droit ? Des gens — des gens tout ce qu'il y a de plus comme il faut et de moins partisan — sont pourtant allés, respectueusement, les prier de consentir au moins des cautionnements, des libérations provisoires.

Rien à faire. Ces hommes-là non seulement ne semblent rien sentir, ils ne savent même plus calculer... À moins que le calcul ne soit, justement, à force de rigidité bête et inexpliquée, de provoquer des sursauts, de faire germer au plus vite de nouveaux FLQ et de durer ainsi conjointement avec leur Justice selon l'Ordre. Autrement dit, dans ce désordre qu'engendre fatalement la faiblesse qui se bute et se raidit pour se donner le masque de la force...

Ils ne sont pas tombés au son des grelots, les murs de Jéricho de la rue Parthenais. Mais on les sent minés, par l'aveuglement de ceux-là mêmes qui devraient veiller à l'Ordre selon la Justice, le seul qui tiendra jamais solidement dans une société à peu près civilisée[1].

---

1. *Le Journal de Montréal*, 28 décembre 1970.

DE QUELQUES QUESTIONS RELATIVES
À LA LOI 111
(février 1983)

Q. La loi 111 est-elle contraire à la Charte québécoise des droits et à la Charte canadienne des droits ?

R. Non.
L'article 52 de la Charte québécoise prévoit qu'une loi peut énoncer expressément qu'elle s'applique malgré la Charte...

Q. La loi 111 abolit-elle la Charte québécoise ou la Charte canadienne des droits ?

R. Non. La dérogation contenue à l'article 28 de la loi 111 ne vaut que pour les droits, obligations et mécanismes contenus dans la loi 111. Elle n'affecte en rien les activités de notre société. Les Chartes canadienne et québécoise continuent de s'appliquer normalement.

Q. Quels sont les effets de l'article 28 de la loi 111 ?

R. A) *Premièrement*, au niveau des dispositions pénales de la loi, il y a renversement du fardeau de la preuve qui incombe normalement à la Couronne. Le renversement apparaît légitime puisqu'il est connu de tous que la grève est déjà illégale, que les écoles sont fermées et que des milliers d'enseignants contreviennent aux lois. Pour ces raisons et aussi à cause du nombre très grand de personnes pouvant potentiellement contrevenir à la loi 111, celle-ci précise que si les enseignants sont absents, ils sont présumés, sur preuve prima facie à cet effet, être en grève illégale. Cependant, dans tous les cas, les enseignants pourront venir faire la preuve qu'ils ont respecté la loi ou pris les moyens raisonnables pour ce faire...

Q. Y a-t-il des précédents à ce renversement du fardeau de la preuve ?

R. Oui.

Au moins cinq lois adoptées depuis 1969 prévoient un tel renversement. À titre d'exemple, une pareille disposition est prévue dans le chapitre 29 des lois de 1976 (juillet) concernant le retour au travail dans les services de santé...

B) Le Code du Travail étant déjà foulé aux pieds par les syndicats d'enseignants, le gouvernement se devait de s'assurer que sa loi s'applique. Sans l'article 28, certaines dispositions de la loi 111 auraient pu être attaquées devant les tribunaux comme possiblement contraires à des dispositions des chartes... Dans le contexte exceptionnel que nous vivons, le gouvernement ne pouvait se permettre de donner aux grévistes qui désobéissaient *déjà aux lois générales*, des armes pour nourrir une guérilla judiciaire.

Q. La loi 111 empêche-t-elle les contrevenants de se défendre ?

R. Non. Toute personne qui subira une sanction prévue par cette loi pourra se faire entendre devant un tribunal ou un arbitre selon le cas.

TABLE DES MATIÈRES

COMPOSÉ AUX ATELIERS
GRAPHITI BARBEAU, TREMBLAY INC.
À SAINT-GEORGES-DE-BEAUCE

Achevé   Imprimerie
d'imprimer Gagné Ltée
au Canada Louiseville